Reihe: Steuer, Wirtschaft und Recht · Band 118
Herausgegeben von vBP StB Dr. Johannes Georg Bischoff, Köln; Dr. Alfred Kellermann, Vorsitzender Richter a. D. am BGH, Karlsruhe; Prof. Dr. Günter Sieben, Köln und Prof. Dr. Norbert Herzig, Köln

Dr. Wolfgang Sturm

Die verdeckte Gewinnausschüttung im europäischen Konzern

Verlag Josef Eul

Bergisch Gladbach · Köln

Die Deutsche Bibliothek – CIP-Einheitsaufnahme

Sturm, Wolfgang:
Die verdeckte Gewinnausschüttung im europäischen Konzern / Wolfgang Sturm. – Bergisch Gladbach ; Köln : Eul, 1994.
(Reihe: Steuer, Wirtschaft und Recht ; Bd. 118)
Zugl.: Köln, Univ., Diss., 1994
ISBN 3-89012-414-3
NE: GT

Josef Eul Verlag GmbH
Postfach 10 06 56
51406 Bergisch Gladbach

Printed in Germany
Druck: Rosch-Buch, Hallstadt-Bamberg

Für Silke und Malte-Frederik

Vorwort

Der Gewinn des europäischen Konzerns gleicht einem Kuchen, von dem die Staaten Europas ein möglichst großes Stück beanspruchen und besteuern. Da die Steuerrechtsordnungen in Europa, ganz entgegen den sonstigen Harmoniebestrebungen, insbesondere bei grenzüberschreitenden Leistungsbeziehungen, nicht aufeinander abgestimmt sind, verwundern die aus diesem "Kuchendenken" resultierenden systemwidrigen Folgen, meist Mehrfachbesteuerungen ein und desselben Gewinns in verschiedenen Staaten, nicht. Ziel dieser Arbeit war es einmal, diese Inkongruenzen nicht nur sichtbar zu machen, sondern auch zu zeigen, wie sie vermieden werden können. Das Kernstück der Arbeit ist der Versuch, den Beschluß des Großen Senates des BFH zur Nutzungseinlage (BStBl. II 1988, S. 348) auf einen europäischen Konzern zu übertragen und zu untersuchen, welche dort bislang nicht bekannten Systemwidrigkeiten mit entsprechenden Steuerrechtsfolgen dieser Beschluß bewirken kann. Wegen des Modellcharakters, der konkreten Beispiele und des Kapitels zur Konzernsteuerplanung ist die Arbeit auch für den steuergestaltenden Berater interessant. Zum besseren Verständnis war die kritische Würdigung des Beschlusses des Großen Senates im 1. Teil der Arbeit unverzichtbar.

Die Arbeit wurde von Herrn Prof. Dr. Lang, dem Leiter des Instituts für Steuerrecht an der Universität zu Köln, im Wintersemester 1993/1994 als Dissertation angenommen. Ihm als Doktorvater bin ich zu besonders herzlichem Dank verpflichtet. Herr Prof. Dr. Lang hat mir die für das Thema notwendige wissenschaftliche Freiheit gelassen. Bei Problemen stand er stets hilfreich zur Seite. Herrn Prof. Dr. Meincke bin ich für das Erstellen des Zweitgutachtens dankbar. Ganz besonders danken möchte ich schließlich der Rudolf Siedersleben'schen Otto Wolff-Stiftung. Sie hat die Veröffentlichung mit einem großzügigen Zuschuß unterstützt.

Bad Salzuflen, Spätsommer 1994 — Dr. Wolfgang Sturm

Inhaltsübersicht

Inhaltsverzeichnis

Abkürzungsverzeichnis

ABLEG	Amtsblatt der Europäischen Gemeinschaften
a.F.	alte Fassung
AG	Die Aktiengesellschaft
Anh.	Anhang
Anm.	Anmerkung
Art.	Artikel
AStG	Außensteuergesetz
BB	Der Betriebsberater
BdF	Bundesminister der Finanzen
BFH	Bundesfinanzhof
BFH/NV	Sammlung amtlich nicht veröffentlichter Entscheidungen des Bundesfinanzhofes
BGBl.	Bundesgesetzblatt
BStBl.	Bundessteuerblatt
DB	Der Betrieb
DBA	Doppelbesteuerungsabkommen
DIHT	Deutscher Industrie-und Handelstag
Diss.	Dissertation
DStR	Deutsches Steuerrecht
DStZ	Deutsche SteuerZeitung
E	Enkelgesellschaft
EFG	Entscheidungen der Finanzgerichte
EG	Europäische Gemeinschaften
EStG	Einkommensteuergesetz
ET	European Taxation
EuGH	Europäischer Gerichtshof

FG	Finanzgericht
FR	Finanz-Rundschau
GB	Großbritannien
GmbHR	GmbH-Rundschau
IStR	Internationales Steuerrecht
IWB	Internationale Wirtschaftsbriefe
JBFfSt	Jahrbuch der Fachanwälte für Steuerrecht
KÖSDI	Kölner Steuerdialog
KStG	Körperschaftsteuergesetz
KStR	Körperschaftsteuerrichtlinien
M	Muttergesellschaft
NL	Niederlande
OECD	Organisation für wirtschaftliche Zusammenarbeit und Entwicklung (Organization for Economic Cooperation and developement)
OECD - MA	Muster eines Abkommens zur Vermeidung der Doppelbesteuerung der OECD
RIW	Recht der Internationalen Wirtschaft
Rdnr.	Randnummer
S.	Seite
StAnpG	Steueranpassungsgesetz
StÄndG	Steueränderungsgesetz
StBJb	Steuerberater-Jahrbuch
StBp	Die Steuerliche Betriebsprüfung
StuW	Steuer und Wirtschaft
T	Tochtergesellschaft
Tz.	Textziffer
Wpg.	Die Wirtschaftsprüfung

ZfbF	Schmalenbachs Zeitschrift für betriebswirtschaftliche Forschung
ZGR	Zeitschrift für Unternehmens-und Gesellschaftsrecht
ZHR	Zeitschrift für das gesamte Handelsrecht-und Wirtschaftsrecht
ZIP	Zeitschrift für Wirtschaftsrecht

Einleitung

In Europa wird die grenzüberschreitende Zusammenarbeit auch zwischen international verbundenen Unternehmen nach Vollendung des europäischen Binnenmarktes zunehmen.[1] Damit wird das internationale Steuerrecht ständig an Bedeutung gewinnen.[2] Zugleich wird die Bereitschaft, Tochtergesellschaften im europäischen Ausland zu gründen, steigen.[3] Dieser Entwicklung hat die Europäische Gemeinschaft (EG) Rechnung getragen. Am 23.07.1990 hat der Rat der EG ein Maßnahmenpaket auf dem Gebiet der direkten Unternehmenssteuern verabschiedet.[4]

In dieser Entwicklung liegen für einen europäischen Konzern aber nicht nur Chancen, sondern auch Risiken. Denn bei der Beurteilung grenzüberschreitender Leistungsbeziehungen zwischen Unternehmen eines europäischen Konzerns treffen stets die Steuerrechtsordnungen mindestens zweier europäischer Staaten aufeinander.[5] Jeder Staat besteuert den Gewinn des in seinem Hoheitsgebiet domizilierenden Unternehmens zunächst nach seinem

---

1 Leitlinien der Kommission der EG zur Unternehmensbesteuerung vom 20.04.1990, SEK (90) 601 endg., Teil 1 A Rdnr.9; *Ruding - Ausschuß*, Schlußfolgerungen, Beilage Nr. 5 zu DB 1992, S. 8.

2 Siehe nur die 1992 und 1993 erschienenen Monographien von *Mössner et al.*, Steuerrecht international tätiger Unternehmen sowie von *Schaumburg*, Internationales Steuerrecht.

3 Darauf deuten auch die zahlreichen Abhandlungen zur Unternehmensplanung für den europäischen Binnenmarkt hin. Siehe nur *Flick*, DStR 1989, S. 557; *Thömmes*, Wpg. 1990, S. 473; *Krebs*, BB 1990, S. 1945; *Debatin*, BB 1991, S. 947; *Voß*, DStR 1991, S. 925.

4 Die Richtlinie des Rates der EG über das gemeinsame Steuersystem für Fusionen, Spaltungen, die Einbringung von Unternehmensteilen und den Austausch von Anteilen, die Gesellschaften verschiedener Mitgliedstaaten betreffen (sog. "*Fusionsrichtlinie*"), die Richtlinie über das gemeinsame Steuersystem der Mutter - und Tochtergesellschaften verschiedener Mitgliedstaaten ("*Mutter-Tochter-Richtlinie*") und das Übereinkommen über die Beseitigung der Doppelbesteuerung im Falle von Gewinnberichtigungen zwischen verbundenen Unternehmen ("*EG-Übereinkommen*"), alle drei Maßnahmen abgedruckt in: ABLEG Nr. L 225/1990; zu weiteren Tendenzen der Steuerharmonisierung in der EG auf dem Gebiet der direkten Steuern siehe *Möhrle*, IWB 1992 Fach 11 Europäische Gemeinschaften Gruppe 2, S. 63 sowie *Förster*, IWB 1992 Fach 11 Europäische Gemeinschaften Gruppe 2, S. 69.

5 *Mössner*, Methoden, S. 135 (140 f.); *derselbe* in *Mössner et al.*, Steuerrecht international tätiger Unternehmen, Rdnr. B. 2; *Nieß*, Einfluß, S. 93 ff; *Scheffler*, ZfbF 1991, S. 471 (473 f.).

nationalen Steuerrecht ohne Rücksicht auf ausländische Steuerrechtsordnungen.[6] Halten die Staaten die den grenzüberschreitenden Leistungsbeziehungen zugrundeliegenden Verrechnungspreise für unangemessen, erhöhen sie den Gewinn des bei ihnen domizilierenden Unternehmens durch Anwendung von Gewinnberichtigungsnormen, die Bundesrepublik Deutschland z.B. durch Annahme verdeckter Gewinnausschüttungen.[7] Daraus ergeben sich Doppelbesteuerungen, wenn der Sitzstaat des oder der anderen ausländischen Konzernunternehmen keine zu der gewinnerhöhenden Berichtigung korrespondierende Gegenberichtigung des Gewinns vornimmt.[8]

Weitere Doppelbesteuerungen können sich durch die Inkongruenzen der nationalen Steuerrechtsordnungen der europäischen Staaten ergeben. Zu denken ist hier an nicht aufeinander abgestimmte Vorschriften der nationalen Steuerrechtsordnungen zur Gewinnermittlung oder zur Angemessenheit der Verrechnungspreise.[9] Es ist aber auch denkbar, daß sich infolge des Aufeinandertreffens inkongruenter nationaler Steuerrechtsordnungen in Europa statt einer Doppelbesteuerung Minder - oder Keinmalbesteuerungen, die in dieser Arbeit als "faktische Steueroasen" bezeichnet werden, ergeben.[10]

Die vorliegende Arbeit untersucht die steuerrechtlichen Folgen, die sich im Zusammenhang mit verdeckten Gewinnausschüttungen und anderen Ge-

---

6 *Jacobs*, Internationale Unternehmensbesteuerung, S. 10 ff.; *Menck* in *Mössner et al.*, Steuerrecht international tätiger Unternehmen, Rdnr. A. 25; *Mössner* in *Mössner et al.*, Steuerrecht international tätiger Unternehmen, Rdnr. B. 2; *Engel*, Konzerntransferpreise, S. 58; *Bühler*, Prinzipien, S. 112 ff.; *Wessel*, Doppelbesteuerung, S. 7.

7 *Lawlor*, Cross - Border Transactions, S. 8 f.; *Baumhoff* in *Mössner et al.*, Steuerrecht international tätiger Unternehmen, Rdnr. C. 189; *Rieger*, Prinzipien, S. 289; *Jacobs*, Internationale Unternehmensbesteuerung, S. 376 ff.

8 *Popkes*, Internationale Prüfung, S. 4; *Vogel*, DBA, Anm. 68 zu Art. 9; *Jacobs*, Internationale Unternehmensbesteuerung, S. 390 f.; *Engel*, Konzerntransferpreise, S. 63 f.; *Nieß*, Einfluß, S. 95; *Schröder*, Probleme der Gewinnverlagerung, S. 47 f.; *DIHT* - Planspiel, S. 10; Leitlinien der Kommission der EG zur Unternehmensbesteuerung vom 20.04.1990, SEK (90) 601 endg., Teil 1 A. Rdnr. 13; *Ruding-Ausschuß*, Beilage Nr. 5 zu DB 1992, S. 8.

9 *Scheffler*, ZfbF 1991, S. 471 (473); *Schröder*, Probleme der Gewinnverlagerung, S. 47 f.; *Jacobs*, Internationale Unternehmensbesteuerung, S. 695 ff., spricht von "Qualifikationskonflikten"; *Lawlor*, Cross - Border Transactions, S. 2.

10 Siehe dazu die Beispiele für Qualifikationskonflikte bei *Jacobs*, Internationale Unternehmensbesteuerung, S. 695 ff.

winnberichtigungen bei grenzüberschreitenden Leistungsbeziehungen im europäischen Konzern ergeben können. Besondere Berücksichtigung findet dabei das deutsche Steuerrecht. Insbesondere soll untersucht werden, ob der Beschluß des Großen Senats des BFH zur Nutzungseinlage[11] den bereits bestehenden Inkongruenzen zwischen den nationalen Steuerrechtsordnungen neue hinzugefügt hat, die ihrerseits zu neuen Doppelbesteuerungen oder "faktischen Steueroasen" im europäischen Konzern führen.

Die Arbeit ist in zwei Teile untergliedert. Im ersten Teil wird die verdeckte Gewinnausschüttung im Rahmen des deutschen Steuerrechts untersucht. Der Schwerpunkt liegt dabei in der kritischen Würdigung des Beschlusses des Großen Senats des BFH zur Nutzungseinlage.[12] In der Grundlegung des ersten Teils werden die verdeckte Gewinnausschüttung des Steuerrechts und die verdeckten Vorteilszuwendungen im Aktien - und GmbH - Recht, auch im Konzern, dargestellt und miteinander verglichen. In Exkursen behandelt der erste Teil schließlich Besonderheiten bei Leistungsbeziehungen zwischen der Gesellschaft und beherrschenden Gesellschaftern, den Vorteilsausgleich und die Problematik der Übertragung immaterieller Wirtschaftsgüter aus steuerrechtlicher Sicht.

Im zweiten Teil der Arbeit wird die verdeckte Gewinnausschüttung im europäischen Konzern untersucht. Ziel ist es, die im europäischen Konzern im Zusammenhang mit grenzüberschreitenden Leistungsbeziehungen auftretenden möglichen Doppelbesteuerungen oder "faktischen Steueroasen" aufzuzeigen, ihre Ursachen zu erfassen und zu analysieren. Besonderes Gewicht liegt dabei auf der Frage, ob die im ersten Teil der Arbeit herausgearbeiteten Besonderheiten des Beschlusses des Großen Senats des BFH zur Nutzungseinlage[13] neue Gefahren der Doppelbesteuerung oder der Bildung faktischer Steueroasen mit sich bringen. Dazu werden auch die Möglichkeiten zur Vermeidung der Doppelbesteuerung dargestellt und analysiert.

Ein Schwerpunkt liegt auf der Untersuchung des EG-Übereinkommens[14]

---

11 Beschluß vom 26.10.1987 GrS 2/86, BStBl. II 1988, S. 348.

12 Beschluß vom 26.10.1987 GrS 2/86, BStBl. II 1988, S. 348.

13 Beschluß vom 26.10.1987 GrS 2/86, BStBl. II 1988, S. 348.

14 Vom 23.07.1990, ABLEG Nr. L 225 vom 20.08.1990, S. 10.

und der neuen Mutter-Tochter-Richtlinie[15], da diese beiden Maßnahmen der EG zur Beseitigung und Vermeidung der Doppelbesteuerung bislang in der Literatur insoweit noch nicht eingehend behandelt worden sind.[16]

Berücksichtigung bei den Methoden zur Vermeidung der Doppelbesteuerung findet auch die Konzernsteuerplanung als Steuergestaltungsberatung im Rahmen der unternehmerischen Ziele im europäischen Konzern. Denn die Konzernsteuerplanung wird auch im europäischen Konzern bestrebt sein, im Rahmen der unternehmerischen Ziele[17] vermeidbare Steuern tatsächlich nicht entstehen zu lassen und die bei den einzelnen Konzerngliedern entstehenden Steuern durch rechtlich zulässige Gewinnverlagerungen im Konzern unter Ausnutzung der bestehenden internationalen Steuergefälle zu planen und zu minimieren.[18]

Ein weiterer Schwerpunkt des zweiten Teils liegt in der Untersuchung der sy-

---

15 Vom 23.07.1990, ABLEG Nr. L 225 vom 20.08.1990, S. 6, umgesetzt in nationales deutsches Steuerrecht durch § 26 IIa KStG (Art. 8 StÄndG 1992).

16 Die hierzu vorliegenden Äußerungen in der Literatur beschränken sich entweder auf die Darstellung des Inhalts der beiden Regelungen, siehe z.B. *Wingert*, IWB 1993, Fach 11 Europäische Gemeinschaften Gruppe 2, S. 113 8115 f.); *Schaumburg*, Internationales Steuerrecht, S. 587; *Thömmes*, Wpg. 1990, S. 473; *Krebs*, BB 1990, S. 1945; *Voß*, DStR 1991, S. 925; *Saß*, DB 1990, S. 2340; *derselbe*, DB 1991, S. 984 oder geben Gestaltungshinweise ohne Bezug zum Beschluß des BFH zur Nutzungseinlage: z.B. *Altheim*, IStR 1993, S. 353; *Herzig/ Dautzenberg*, DB 1992, S. 1.

17 *Flick*, DStR 1989, S. 557 (557) führt daher zur Unternehmensplanung in Europa zutreffend aus: "Sind die unternehmerischen Vorfragen geklärt - und sie haben immer Vorrang vor steuerlichen Überlegungen - so sind in die Gesamtentscheidung die steuerlichen Nebenbedingungen und Möglichkeiten einzubeziehen". Der von der EG - Kommission eingesetzte *Ruding - Ausschuß* hat aber im Rahmen einer Erhebung ermittelt, daß die Besteuerung bei Finanzentscheidungen multinationaler Unternehmen regelmäßig eine entscheidende Rolle spielt (*Ruding - Ausschuß*, Schlußfolgerungen, Beilage Nr. 5 zu DB 1992, S. 4); zur Reaktion der EG - Kommission auf den Ruding - Bericht siehe *Förster*, IWB 1992 Fach 11 Europäische Gemeinschaften Gruppe 2, S. 69.

18 Eingehend dazu *Kratz*, Steuerplanung, der auf S. 26 als Unternehmensziel die langfristige Maximierung des Gewinns nach Abzug von Steuerlasten definiert; *Klein*, Verrechnungspreisgestaltung, S. 10; *Popkes*, Internationale Prüfung, S. 6; *Nieß*, Einfluß, S. 20, 24, spricht von der "Maximierung des Netto - Ergebnisses nach Steuern"; *Baumhoff*, Verrechnungspreise, S. 16; *Schröder*, Probleme der Gewinnverlagerung, S. 16 f.; *Kormann*, Steuerpolitik, S. 35; *Strobl*, Gewinnabgrenzung, S. 15; zur Vorsicht bei solchen Gestaltungen mahnt *Reuter*, AG 1978, S. 228 (228).

stematischen Stellung der verdeckten Gewinnausschüttung im Normgefüge des internationalen deutschen Steuerrechts. Der Anhang der Arbeit enthält schließlich eine Zusammenfassung der im europäischen Konzern möglichen Doppelbesteuerungen und faktischen Steueroasen in Form tabellarischer Übersichten.

Im Rahmen international tätiger Unternehmen ist die Problematik der verdeckten Gewinnausschüttung besser unter dem Begriff der Gewinnberichtigung oder Berichtigung der Verrechnungspreise[19] bei grenzüberschreitenden Leistungsbeziehungen international verbundener Unternehmen[20] bekannt. Zu dem Problembereich der Verrechnungspreise, insbesondere zu dem Problem der Angemessenheit von Verrechnungspreisen, liegen bereits zahlreiche erschöpfende Untersuchungen vor[21]. Die vorliegende Arbeit verzichtet daher auf eine erneute Beschäftigung mit dieser Problematik. Aufgrund der Themenstellung klammert die Arbeit auch die Untersuchung grenzüberschreitender Leistungsbeziehungen zwischen Betriebsstätten aus. Denn nur bei selbständigen juristischen Personen, die Gegenstand dieser Untersuchung sind, sind verdeckte Gewinnausschüttungen begrifflich möglich.

Eine bisher in diesem Umfang nie dagewesene Tätigkeit des Steuergesetzgebers[22] erforderte es, die bereits abgeschlossene Arbeit zweimal zu ändern. Die vorliegende Arbeit berücksichtigt die Rechtslage nach dem Steueränderungsgesetz 1992[23] und dem Gesetz zur Verbesserung der steuerlichen Bedingungen zur Sicherung des Wirtschaftsstandortes Deutschland im Europäischen Binnenmarkt, insbesondere die §§ 8a, 8b KStG[24].

---

19 Die Terminologie ist hier nicht einheitlich. Manche sprechen auch von Konzerntransferpreisen, Konzernverrechnungspreisen usw..

20 Art. 9 OECD - MA.

21 *Baumhoff*, Verrechnungspreise für Dienstleistungen; *Engel*, Konzerntransferpreise; *Popkes*, Internationale Prüfung der Angemessenheit steuerlicher Verrechnungspreise; *Klein*, Verrechnungspreisgestaltung; *Krüger*, Steuerökonomische Analyse der Verrechnungspreise internationaler Unternehmungen; *Popp*, Erfassung und Besteuerung von Leistungsbeziehungen zwischen international verbundenen Unternehmen; *Menger*, GmbHR 1987, S. 397; *Scheffler*, ZfbF 1991, S. 471.

22 *Lang*, FR 1993, S. 661 (664), bezeichnet das Jahr 1993 daher auch zutreffend als "Chaosjahr der Steuergesetzgebung".

23 BGBl. I 1992, S. 297.

24 sog. Standortsicherungsgesetz (StandOG, BGBl. I 1993, S. 1569).

1. Teil: Die verdeckte Gewinnausschüttung im Konzern nach nationalem deutschen Steuerrecht

1. Kapitel: Grundlegung

A. Konzern

Das Aktienrecht definiert den Konzern als Zusammenfassung eines herrschenden und mindestens einem abhängigen Unternehmen unter der einheitlichen Leitung des herrschenden Unternehmens.[1]
Die einzelnen Unternehmen des Konzerns nennt das AktG Konzernunternehmen.[2] Bei abhängigen Unternehmen wird vermutet, daß sie mit dem herrschenden Unternehmen einen Konzern bilden.[3] Weiter gelten als Konzern Unternehmen, zwischen denen ein Beherrschungsvertrag[4] besteht oder bei denen das eine Unternehmen in das andere eingegliedert ist.[5] Letztlich das entscheidende Merkmal für das Vorliegen eines Konzerns ist die einheitliche Leitung. Denn selbst wenn zwischen den einzelnen Unternehmen keine Abhängigkeit besteht, bilden sie dennoch einen Konzern, wenn sie nur unter einheitlicher Leitung zusammengefaßt sind.[6]

Konzerne unterliegen im Handelsrecht besonderen Konzernrechnungslegungsvorschriften[7], die der wirtschaftlichen Einheit der Konzerne Rechnung tragen.[8] Weitere Vorschriften über verbundene Unternehmen, insbesondere über Unternehmensverträge, die Sicherung der abhängigen Gesellschaft, der außenstehenden Aktionäre, der Gläubiger sowie über die Leitungsmacht und Verantwortlichkeit des herrschenden Unternehmens enthält das Dritte Buch des AktG.[9] Das GmbHG selbst regelt die Rechtsfol-

---

1 § 18 I 1 1. Halbsatz AktG.
2 § 18 I 1 2. Halbsatz AktG.
3 §§ 18 I 3, 17 I und II AktG.
4 § 291 AktG.
5 § 18 I 3 AktG.
6 § 18 II 1 1. Halbsatz AktG.
7 §§ 290 ff. HGB.
8 Z.B. die Vorschriften über die Konsolidierung in §§ 294 ff, 300 ff. HGB.
9 §§ 291 bis 337 AktG.

gen der konzernierten GmbH explizit nicht. Es gelten für die GmbH aber die allgemeinen Vorschriften des Aktienrechts über verbundene Unternehmen[10] sowie die Konzernrechnungslegungsvorschriften der §§ 290 ff. HGB. Bei den konzernierten GmbH unterscheidet man Vertragskonzerne und faktische Konzerne, die wiederum in einfache und qualifiziert faktische Konzern unterteilt werden.[11]

Dem Steuerrecht ist der Begriff des Konzerns und der verbundenen Unternehmen fremd. Das Steuerrecht behandelt grundsätzlich jede einzelne Kapitalgesellschaft als selbständiges Körperschaftsteuersubjekt.[12] Partielle Ausnahmen bestehen nur in den Vorschriften über die Organschaft.[13] Aus der körperschaftsteuerlichen Organschaft folgt im wesentlichen die Zurechnung des positiven oder negativen Einkommens der eingegliederten Organgesellschaft auf das Einkommen des Organträgers. Es bleibt aber trotzdem dabei, daß die Einkommen von Organgesellschaft und Organträger vor der Zurechnung zunächst getrennt ermittelt werden.

Die einfachste Form des hier untersuchten Konzerns ist der aus einem Mutter - und einem Tochterunternehmen gebildete Konzern, in dem das Mutterunternehmen sämtliche Anteile an dem Tochterunternehmen hält.[14] Gegenstand der Arbeit sind aber auch Konzerne, die aus einem Mutterunternehmen und mehreren, mindestens zwei Tochterunternehmen bestehen.[15] Die Tochtergesellschaften der gemeinsamen Muttergesellschaft sind im Verhältnis zueinander Schwestergesellschaften.[16] Als weiteres Modell wird schließlich der dreistufige Konzern behandelt, der aus einem Mutterunternehmen, Tochterunternehmen und Enkelgesellschaften besteht, wenn seine Verwendung zu weiteren Erkenntnissen als bei den oben genannten Konzerntypen führt.

---

10 §§ 15 bis 21 AktG.

11 Zu den im einzelnen umstrittenen Folgen insbesondere im faktischen Konzern siehe: *Emmerich*, Konzernrecht, S. 367 ff..

12 *Tipke/Lang*, Steuerrecht, S. 415; *Ebenroth*, AG 1990, S. 188 (188).

13 §§ 14 ff. KStG für die Körperschaftsteuer, § 2 II Nr. 2 UStG für die Umsatzsteuer sowie § 2 II 2 GewStG für die Gewerbesteuer.

14 Zweigliedriger Konzern.

15 Drei - oder mehrgliedriger Konzern.

16 Beschluß vom 26.10.1987 GrS 2/86, BStBl. II 1988, S. 348 (355).

B. Die verdeckte Gewinnausschüttung

I. Handels - und Gesellschaftsrecht

1. Die Regelung im Aktienrecht

a) Unmittelbare Vorteilszuwendungen der Aktiengesellschaft an Aktionäre

Die Einlagen der Aktiengesellschaft (AG) dürfen an die Aktionäre nicht zurückgewährt werden.[1] Die Aktionäre einer AG haben nur Anspruch auf den Bilanzgewinn.[2] Darüber hinausgehende Vorteilszuwendungen sind im Aktienrecht verboten.[3] Diese Vorteilszuwendungen sind als offener oder verdeckter Verstoß gegen das Verbot der Einlagenrückgewähr denkbar.[4] Dabei sind verdeckte Verstöße gegen das Verbot der Einlagenrückgewähr häufiger anzutreffen als offene.[5] Verdeckte Verstöße werden auch als verdeckte Gewinnausschüttungen bezeichnet.[6]

Verdeckte Gewinnausschüttungen können auch in Leistungsbeziehungen zwischen der AG und einem Aktionär eingekleidet sein.[7] Dabei verdeckt ein neutrales Geschäft die Vorteilszuwendung an den Aktionär.[8] Voraussetzung für eine verdeckte Gewinnausschüttung ist in diesen Fällen ein objektives Mißverhältnis von Leistung und Gegenleistung zu Lasten der AG.[9]

---

1 § 57 I AktG.

2 § 58 IV, V AktG.

3 Argumentum ex § 58 V AktG; *Lutter* in *Kölner Kommentar*, Rdnr. 16 zu § 57 AktG; *ders.*, Verdeckte Leistungen, S. 505 (526); *Koenen*, BB 1989, S. 1455 (1455); *Schneider*, ZGR 1985, S. 279 (281).

4 *Hefermehl/Bungeroth* in *Geßler et al.*, AktG, Rdnr. 10 f. zu § 57 AktG.

5 *Lutter* in *Kölner Kommentar*, Rdnr. 14 zu § 57 AktG; *Hefermehl/Bungeroth* in *Geßler et al.*, AktG, Rdnr. 11 zu § 57 AktG.

6 *Barz* in Großkommentar AktG, Anm. 3 zu § 57 AktG; *Wiedemann*, Gesellschaftsrecht I, S. 440 schlägt stattdessen den Begriff der verdeckten Vermögensverlagerung vor.

7 *Lutter* in *Kölner Kommentar*, Rdnr. 21 zu § 57 AktG; *Hefermehl/Bungeroth* in *Geßler et al.*, AktG, Rdnr. 17 zu § 57 AktG.

8 *Hefermehl/Bungeroth* in *Geßler et al.*, AktG, Rdnr. 11 zu § 57 AktG.

9 *Lutter* in *Kölner Kommentar*, Rdnr. 16 zu § 57 AktG.

Die verdeckten Gewinnausschüttungen verstoßen gegen das in § 57 I AktG normierte Verbot der Einlagenrückgewähr. Streitig ist nur, ob durch den Gesetzesverstoß allein das schuldrechtliche Verpflichtungs - oder auch das dingliche Erfüllungsgeschäft nach § 134 BGB nichtig ist.[10] Je nach Auffassung folgt der Rückgewähranspruch der AG gegenüber dem Aktionär entweder schon aus § 985 BGB[11] oder aus § 62 AktG.[12] Die allgemeinen Bereicherungsansprüche schließt § 62 AktG als lex specialis aus.[13]

b) Vorteilszuwendungen der Aktiengesellschaft an Dritte und im Konzern

Ein Verstoß gegen das gesetzliche Verbot der Einlagenrückgewähr mit den genannten Rechtsfolgen kann auch in Vorteilszuwendungen an Dritte liegen, die nicht Aktionäre der AG sind.[14] Zwar sind Vorteilszuwendungen an Dritte von dem gesetzlichen Verbot der Einlagenrückgewähr nicht erfaßt. Dieser Grundsatz darf aber nicht zur Aushöhlung oder Umgehung des § 57 I 1 AktG führen.[15] Der Rückgewähranspruch der AG kann daher auch bei Vorteilszuwendungen an Dritte gegenüber dem Aktionär entstehen. Das setzt allerdings voraus, daß die Vorteilszuwendung der AG an den Dritten dem Aktionär zugerechnet werden kann.[16]

---

10 Nur für die Nichtigkeit des Verpflichtungsgeschäfts: *Lutter* in *Kölner Kommentar*, Rdnr. 67, 70 m.w.N. zu § 57 AktG; für die Nichtigkeit von Verpflichtungs - und Erfüllungsgeschäft: *Hefermehl/Bungeroth* in *Geßler et al.*, AktG, Rdnr. 71, 75 m.w.N. zu § 57 AktG; *Wiedemann*, Gesellschaftsrecht I, S. 442; *Canaris*, Rückgewähr, S. 31 (33).

11 *Hefermehl/Bungeroth* in *Geßler et al.*, AktG, Rdnr. 83 zu § 57 AktG.

12 *Lutter* in *Kölner Kommentar*, Rdnr. 62, 67 zu § 57 AktG.

13 *Lutter* in *Kölner Kommentar*, Rdnr. 25 zu § 57; Rdnr. 17 zu § 62; *Flume*, ZHR 1980, S. 18 (27).

14 *Hefermehl/Bungeroth* in *Geßler et al.*, AktG, Rdnr. 24 zu § 57 AktG; *Lutter* in *Kölner Kommentar*, Rdnr. 36 zu § 57 AktG.

15 *Hefermehl/Bungeroth* in *Geßler et al.*, AktG, Rdnr. 24 zu § 57 AktG; *Lutter* in *Kölner Kommentar*, Rdnr. 36 zu § 57 AktG.

16 *Hefermehl/Bungeroth* in *Geßler et al.*, AktG, Rdnr. 41 zu § 57 AktG; *Lutter* in *Kölner Kommentar*, Rdnr. 41 zu § 57 AktG; *Wiedemann*, Gesellschaftsrecht I, S. 441.

Eine solche Zurechnung auf den Aktionär wird in den folgenden Fallgruppen angenommen:

1. Bei Leistungen der AG an Dritte
   a) für Rechnung des Aktionärs, z.B an Strohmänner;[17]
   b) auf Veranlassung des Aktionärs;[18]
   c) wenn die Dritten nahe Verwandte des Aktionärs sind;[19]
   d) bei Vorteilszuwendungen an ein mit dem Aktionär verbundenes Unternehmen.[20]

2. Darüber hinaus bei Beteiligungen von Strohmännern oder Treuhändern an der AG; hier werden Vorteilszuwendungen an den Hintermann oder den Treugeber dem Aktionär als eigene Vorteilszuwendungen zugerechnet.[21]

Rechtsfolge eines solchen Verstoßes gegen das Verbot der Einlagenrückgewähr im Zusammenhang mit Leistungen an Dritte ist ebenso wie bei verbotenen unmittelbaren Vorteilszuwendungen an Aktionäre die Pflicht des Aktionärs zur Rückgewähr.[22] In diesen Fällen ist von den Ansprüchen der AG gegenüber dem Aktionär das Schicksal der Rechtsgeschäfte der AG mit dem

---

17 *Lutter* in *Kölner Kommentar*, Rdnr. 43 zu § 57 AktG; *Hefermehl/Bungeroth* in *Geßler et al.*, AktG, Rdnr. 26 zu § 57 AktG; *Canaris*, Rückgewähr, S. 31 (36).

18 *Lutter* in *Kölner Kommentar*, Rdnr. 45 zu § 57 AktG; *Hefermehl/Bungeroth* in *Geßler et al.*, AktG, Rdnr. 27 zu § 57 AktG; *Canaris*, Rückgewähr, S. 31 (52).

19 *Lutter* in *Kölner Kommentar*, Rdnr. 44 zu § 57 AktG: *Hefermehl/Bungeroth* in *Geßler et al.*, AktG, Rdnr. 27 zu § 57 AktG; *Canaris*, Rückgewähr, S. 31 (38).

20 *Lutter* in *Kölner Kommentar*, Rdnr. 46 zu § 57 AktG: nur bei Veranlassung des Aktionärs, bei Möglichkeit der Verfügung in der Empfängerunternehmung oder bei konzernmäßiger Verflechtung; *derselbe*, Verdeckte Leistungen, S. 505 (531 f.); *Canaris*, Rückgewähr, S. 31 (41 f.); ähnlich *Hefermehl/Bungeroth* in *Geßler et al.*, AktG, Rdnr. 30 zu § 57 AktG: Verstoß gegen § 57 I AktG, wenn der Vorteil dem beteiligten Aktionär mittelbar zufließt. Besteht ein Unternehmensvertrag nach §§ 291, 292 ff. AktG, dann bedarf es der Annahme verdeckter Gewinnausschüttungen nicht mehr, da die abhängigen Gesellschaften über § 302 AktG geschützt sind (*Lutter*, Verdeckte Leistungen, S. 505 [530 f.]).

21 *Hefermehl/Bungeroth* in *Geßler et al.*, AktG, Rdnr. 25 zu § 57 AktG; *Lutter* in *Kölner Kommentar*, Rdnr. 42 zu § 57 AktG; zugleich ist der Hintermann oder Treugeber aus §§ 62, 46 V AktG analog der AG zur Rückgewähr verpflichtet (*Canaris*, Rückgewähr, S. 31 [40 f.]).

22 *Lutter* in *Kölner Kommentar*, Rdnr. 74 zu § 57 AktG; *Hefermehl/Bungeroth* in *Geßler et al.*, AktG, Rdnr. 76 f., 83 zu § 57 AktG.

Dritten sowie die daraus gegenüber dem Dritten resultierenden Ansprüche zu trennen.[23]

Die dargestellten Grundsätze der Zurechnung von Leistungen der Gesellschaft an Dritte auf Gesellschafter gelten entsprechend für Vorteilszuwendungen im Konzern. Es bestehen im Aktienrecht aber Sonderregelungen, die der Regelung über die verdeckte Gewinnausschüttung vorgehen oder sie modifizieren. Besteht ein Unternehmensvertrag[24], sind Gewinnverlagerungen zwischen den am Vertrag beteiligten Konzernunternehmen erlaubt[25], da die abhängige AG und ihre Gesellschafter über § 302 AktG und die Gläubiger der AG über § 303 AktG geschützt sind.[26] Diese Sonderregelungen gehen dann den Regeln über die verdeckten Gewinnausschüttungen vor. Besteht im Konzern kein Unternehmensvertrag, sind Gewinnverlagerungen dagegen nicht erlaubt. Die abhängige AG ist dann über die §§ 311 ff. AktG geschützt[27], die die Regeln über die verdeckte Gewinnausschüttung ergänzen.

2. Die Regelung im GmbH - Recht

Das Rechtsinstitut der verdeckten Gewinnausschüttung im GmbH - Recht dient dem Schutz der Mitgesellschafter vor der Zuwendung ungerechtfertigter Vorteile an einzelne Gesellschafter und dem Schutz der Gläubiger der

---

23 *Hefermehl/Bungeroth* in *Geßler et al.*, AktG, Rdnr. 76 f. zu § 57 AktG nehmen auch hier im Grundsatz die Nichtigkeit des Verpflichtungs - und des Erfüllungsgeschäfts nach § 134 BGB, § 57 I 1 AktG an, da zumindest die AG als Adressatin des Verbots der Einlagenrückgewähr gegen das gesetzliche Verbot des § 57 I 1 AktG verstoßen hat, lassen aber von diesem Grundsatz Ausnahmen zu; ebenso *Canaris*, Rückgewähr, S. 31 (37 f.), der den Rückgewähranspruch gegenüber dem Dritten grundsätzlich den allgemeinen Anspruchsgrundlagen entnimmt (§§ 812 ff., 985, 987 ff.), wobei eine Berufung auf § 818 III BGB wegen § 819 II BGB ausgeschlossen und §§ 814, 817 S.2 BGB nicht anwendbar sein sollen; anders dagegen *Lutter* in *Kölner Kommentar*, Rdnr. 73 f. zu § 57 AktG, nach dem Ansprüche der AG nur in Sonderfällen wie bei Strohmanngeschäften, Leistungen an eine mit dem Aktionär identische Person (100 % - ige Tochtergesellschaft) sowie in Fällen des § 826 BGB gegeben sein sollen.

24 §§ 291 ff. AktG.

25 Argumentum ex §§ 291 III, 308 AktG.

26 *Lutter*, Verdeckte Leistungen, S. 505 (530 f.).

27 *Schneider*, JbFfSt 1984/1985, S. 497 (506 f.); *derselbe*, ZGR 1985, S. 279 (294); *Lutter*, Verdeckte Leistungen, S. 505 (531).

Gesellschaft.[28] Ebenso wie im Aktienrecht versteht man im Recht der GmbH unter einer verdeckten Gewinnausschüttung die unzulässige Vorteilszuwendung seitens der Gesellschaft an einen Gesellschafter.[29] Auch im GmbH - Recht kann die verdeckte Gewinnausschüttung in eine Leistungsbeziehung zwischen Gesellschaft und Gesellschafter eingekleidet sein.[30] Die Annahme einer verdeckten Gewinnausschüttung setzt dann wie im Aktienrecht ein objektives Mißverhältnis zwischen Leistung und Gegenleistung zu Lasten der Gesellschaft voraus.[31] Es fehlt, wenn die Leistung der Gesellschaft an den Gesellschafter durch betriebliche Gründe gerechtfertigt war.[32]

a) Der umfassende Schutz der Stammkapitalziffer vor verdeckten Gewinnausschüttungen

Das GmbH - Recht kennt im Gegensatz zum Aktienrecht keine strikte Vermögensbindung. Es verbietet verdeckte Gewinnausschüttungen explizit nur, soweit die verdeckte Gewinnausschüttung das Stammkapital angreift.[33] Rechtsfolge einer solchen verdeckten Gewinnausschüttung ist die verschuldensunabhängige Pflicht des empfangenden Gesellschafters zur Rückgewähr der erhaltenen Zahlung.[34] Der Rückgewähranspruch richtet sich auf den zu Unrecht erhaltenen Gegenstand.[35] Der Rückgewährschuldner kann der Ge-

---

28 *Hager*, ZGR 1989, S. 71 (74); *Schneider*, ZGR 1985, S. 279 (281).

29 *Scholz - Westermann*, GmbHG, Rdnr. 18 zu § 30 GmbHG; BGH NJW 1987, S. 1194 (1195); *Winter*, ZHR 1984, S. 579 (579); *derselbe*, Treuebindung, S. 221; auch im GmbH - Recht wird der Begriff als zu eng angesehen (*Tries*, Die verdeckte Gewinnausschüttung, S. 27; *Schneider*, ZGR 1985, S. 279 [280]). Der Begriff hat sich aber durchgesetzt und soll daher auch in dieser Arbeit verwendet werden.

30 *Tries*, Die verdeckte Gewinnausschüttung, S. 44 ff.

31 OLG Düsseldorf vom 08.06.1989, 8 U 197/88, GmbHR 1990, S. 134.

32 BGH vom 1.12.1986, II ZR 306/85, GmbHR 1987, S. 187; OLG Düsseldorf vom 08.06.1989, 8 U 197/88, GmbHR 1990, S. 134.

33 § 30 I GmbHG; *Scholz - Westermann*, GmbHG, Rdnr. 3, 18 zu § 30 GmbHG; *Lutter - Hommelhoff*, GmbHG, Rdnr. 47 zu § 29 GmbHG; *Lutter*, Verdeckte Leistungen, S. 505 (524 f.); *Winter*, ZHR 1984, S. 579 (582); OLG Düsseldorf, ZIP 1989, S. 1458 (1459).

34 Aus § 31 I GmbHG als eigenständiger gesellschaftsrechtlicher Norm; *Butzke*, ZGR 1990, S. 357 (366); *Hager*, ZGR 1989, S. 71 (97); *Canaris*, Rückgewähr, S. 31 (54 f.).

35 *Lutter - Hommelhoff*, GmbHG, Rdnr. 50 zu § 29 GmbHG; *Wiedemann*, Gesellschaftsrecht I, S. 442; a.A. *Joost*, ZHR 1984, S. 27 (53 f.), der den

sellschaft stattdessen aber auch Wertersatz in Höhe der verdeckten Gewinnausschüttung leisten.[36]

b) Der Schutz vor verdeckten Gewinnausschüttungen oberhalb der Stammkapitalziffer

(1) Auch soweit das Stammkapital der GmbH nicht tangiert ist, sollen verdeckte Gewinnausschüttungen unzulässig sein und von der GmbH zurückgefordert werden können. Die Anspruchsgrundlage dafür ist allerdings umstritten.[37] Im wesentlichen werden hierzu drei verschiedene Ansätze vertreten.[38] Rechtsfolge aller Ansätze ist ein verschuldensunabhängiger Rückgewähranspruch der GmbH. Nach einer Auffassung soll sich das Verbot verdeckter Gewinnausschüttungen oberhalb der Stammkapitalziffer aus der analogen Anwendung des § 31 GmbHG ergeben.[39] Zur Vermeidung von Wertungswidersprüchen soll der den Empfänger privilegierende § 31 II GmbHG und der die übrigen Gesellschafter benachteiligende § 31 III GmbHG nicht eingreifen.[40]

Eine andere Auffassung will in verdeckten Gewinnausschüttungen eine

---

Anspruch von vornherein als auf einen bloß wertmäßigen Ausgleich gerichtet sieht.

36 *Lutter - Hommelhoff*, GmbHG, Rdnr. 50 zu § 29 GmbHG; *Tries*, Die verdeckte Gewinnausschüttung, S. 54; *Winter*, ZHR 1984, S. 579 (589); *Hager*, ZGR 1985, S. 71 (97 f.); *Lutter*, Verdeckte Leistungen, S. 505 (524) spricht zutreffend von einer bloß wertmäßigen, rechnerischen Bindung des Gesellschaftsvermögens.

37 Siehe hierzu umfassend *Tries*, Die verdeckte Gewinnausschüttung.

38 Die Auffassung von *Wilhelm*, Vermögensbindung, S. 337 (370), der jede Zahlung der Gesellschaft an Gesellschafter ohne vorherige Aufhebung einer von ihm angenommenen Vermögensbindung der GmbH als rechtsgrundlos ansieht, ist eine vereinzelte Meinung geblieben und soll hier nicht diskutiert werden.

39 *Winter*, ZHR 1984, S. 579 (589 f.); *derselbe*, Treuebindung, S. 228; *Lutter - Hommelhoff*, GmbHG, Rdnr. 51 zu § 29 GmbHG; *Scholz - Emmerich*, GmbHG, Rdnr. 118 zu § 29 GmbHG; *Schneider*, BB 1986, S. 201 (204); *derselbe*, ZGR 1985, S. 279 (284 f.); *Wittkowski*, GmbHR 1990, S. 544 (546); *Canaris*, Rückgewähr, S. 31 (55 f.) nimmt an, daß ebenso wie im Recht der AG Verpflichtungs - und Verfügungsgeschäft wegen Verstoßes gegen § 30 I GmbHG nach § 134 BGB nichtig sind.

40 *Lutter - Hommelhoff*, GmbHG, Rdnr. 51 zu § 29 GmbHG; *Scholz - Emmerich*, GmbHG, Rdnr. 118 zu § 29 GmbHG; *Winter*, ZHR 1984, S. 579 (590).

Kompetenzüberschreitung der Geschäftsführer der GmbH sehen.[41] Die Befugnis zur Gewinnverwendung stehe nach zwingendem GmbH - Recht ausschließlich den Gesellschaftern zu.[42] *Immenga*[43] sieht in dem Kompetenzverstoß der Geschäftsführer einen Nichtigkeitsgrund für die von ihnen vorgenommenen Geschäfte. Der GmbH stünden dann Ansprüche aus § 812 BGB zu.[44] *Schulze - Osterloh*[45] und *Hager*[46] folgern aus dem Kompetenzverstoß der Geschäftsführer das Fehlen der Vertretungsmacht der Geschäftsführer. Die von den Geschäftsführern abgeschlossenen und den verdeckten Gewinnausschüttungen zugrundeliegenden Verpflichtungs - und Verfügungsgeschäfte seien daher zunächst schwebend unwirksam.[47] Bis zu einer Genehmigung der Gesellschafter stünden der GmbH Vindikations - und Kondiktionsansprüche zu.[48] Genehmigten die Gesellschafter die schwebend unwirksamen Geschäfte nicht, würden sie endgültig unwirksam.[49]

Eine dritte Auffassung stützt den Rückgewähranspruch der GmbH auf einen Verstoß gegen ein generelles Verbot verdeckter Gewinnausschüttungen, das auf der gesellschafterlichen Treuepflicht und einem daraus folgenden Gleichbehandlungs - und Sondervorteilsverbot beruhen soll.[50]

(2) Die analoge Anwendung des § 31 GmbHG auf verdeckte Gewinnausschüttungen oberhalb der Stammkapitalziffer begegnet einigen Bedenken. Eine Analogie setzt zunächst eine Regelungslücke voraus.[51] Eine Rege-

---

41 *Hager*, ZGR 1989, S. 71 (77 ff.); *Immenga*, Die personalistische Kapitalgesellschaft, S. 222 f.; *Schulze - Osterloh*, Die verdeckte Gewinnausschüttung, S. 487 (491 f.); *Schneider*, BB 1986, S. 201 (204).

42 § 46 Nr. 1 GmbHG; *Hager*, ZGR 1989, S. 71 (78); *Immenga*, Die personalistische Kapitalgesellschaft, S. 222 f.

43 Die personalistische Kapitalgesellschaft, S. 225 f.

44 *Immenga*, Die personalistische Kapitalgesellschaft, S. 226.

45 Die verdeckte Gewinnausschüttung, S. 487 (491).

46 ZGR 1989, S. 71 (87 f.).

47 *Hager*, ZGR 1989, S. 71 (87).

48 *Schulze - Osterloh*, Die verdeckte Gewinnausschüttung, S. 487 (493); *Hager*, ZGR 1989, S. 71 (87 f.).

49 *Hager*, ZGR 1989, S. 71 (87).

50 BGHZ 65, 15 (18); *Scholz - Emmerich*, GmbHG, Rdnr. 117 zu § 29 GmbHG; *Tries*, Die verdeckte Gewinnausschüttung, S. 140 ff.; zum Teil auch *Schneider*, ZGR 1985, S. 279 (285).

51 *Larenz*, Methodenlehre, S. 354, 365.

lungslücke besteht hier aber gar nicht. Denn wenn § 30 I GmbHG nur das zur Erhaltung des Stammkapitals dienende Vermögen zu Gunsten der Gläubiger der GmbH schützt[52], ist daraus der Umkehrschluß zu ziehen, daß oberhalb der Stammkapitalziffer für die GmbH eine so strikte Vermögensbindung zum Schutz der Gläubiger wie im Aktienrecht gerade nicht besteht.[53] Die Kapitalerhaltungsregeln in der GmbH stehen damit verdeckten Gewinnausschüttungen oberhalb der Stammkapitalziffer nicht entgegen. Die Begründung für das Vorliegen einer Regelungslücke für die Behandlung verdeckter Gewinnausschüttungen oberhalb der Stammkapitalziffer ist bei dieser Betrachtung zirkulär. Denn das gewünschte Ergebnis - Erhalt des Vermögens der GmbH auch oberhalb der Stammkapitalziffer[54] - dient zugleich zu seiner Begründung. Das Vorliegen einer Regelungslücke kann daher nicht aus der Vermögensbindung in der GmbH abgeleitet werden.

Unterstellt man einmal das Vorliegen einer Regelungslücke, setzte die Analogie des § 31 GmbHG weiter voraus, daß die Auszahlung von Vermögen an Gesellschafter oberhalb der Stammkapitalziffer dem in § 30 I GmbHG enthaltenen Tatbestand der Auszahlung des zur Erhaltung des Stammkapitals der GmbH erforderlichen Vermögens ähnlich ist.[55] Eine Ähnlichkeit der Tatbestände erfordert nach *Larenz*[56] Übereinstimmung in für die rechtliche Beurteilung maßgebender Hinsicht, wobei auf die ratio legis zurückzugehen ist. §§ 30, 31 GmbHG dienen allein dem Gläubigerschutz.[57] Geschützt ist nach §§ 30, 31 GmbHG nur das Stammkapital.[58] Dem Schutz der §§ 30, 31 GmbHG unterfallen dagegen Auszahlungen, die das Stammkapital nicht be-

---

52 *Schneider*, ZGR 1985, S. 279 (282).

53 *Lutter - Hommelhoff*, GmbHG, Rdnr. 3 zu § 30 GmbHG; *Tries*, Die verdeckte Gewinnausschüttung, S. 69; *Hager*, ZGR 1989, S. 71 (76 f.), nach dessen Auffassung die verdeckten Gewinnausschüttungen nach dem Modell der Kompetenzüberschreitung durch das Vertretungsrecht erfaßt werden, so daß bereits aus diesem Grund eine Regelungslücke nicht besteht; *Schneider*, ZGR 1985, S. 279 (283).

54 Durch analoge Anwendung der §§ 30, 31 GmbHG.

55 *Larenz*, Methodenlehre, S. 365.

56 Methodenlehre, S. 366.

57 *Hager*, ZGR 1989, S. 71 (77); *Tries*, Die verdeckte Gewinnausschüttung, S. 69.

58 *Lutter*, Verdeckte Leistungen, S. 505 (525): "jenseits dieser rechnerischen Grenze ist unter den Aspekten des Kapitals alles erlaubt."

rühren, gerade nicht.[59]

Aus der Schutzfunktion der §§ 30, 31 GmbHG zur Erhaltung des Stammkapitals zu Gunsten der Gläubiger folgt weiter, daß auch die Rechtsfolge des § 31 I GmbHG auf Vorteilszuwendungen an Gesellschafter oberhalb der Stammkapitalziffer nicht paßt. Denn die in § 31 I GmbHG vorgesehene Erstattung einer gegen § 30 I GmbHG verstoßenden Auszahlung im Zusammenhang mit einem schuldrechtlichen Geschäft zwischen GmbH und Gesellschafter verbleibt nicht stets endgültig im Vermögen der Gesellschaft. Da die §§ 30, 31 GmbHG nur dem Schutz des Stammkapitals zu Gunsten der Gläubiger der GmbH dienen, kann der Gesellschafter nach Herstellung des Stammkapitals seinen schuldrechtlichen Anspruch gegen die Gesellschaft durchsetzen.[60] Bei verdeckten Gewinnausschüttungen im Zusammenhang mit schuldrechtlichen Leistungsbeziehungen zwischen Gesellschaft und Gesellschafter oberhalb der Stammkapitalziffer könnte die in § 31 I GmbHG vorgesehene Rechtsfolge mangels Verletzung des Stammkapitals daher nicht eingreifen. Passende Rechtsfolge wäre vielmehr der endgültige Verbleib des Zurückgewährten im Vermögen der GmbH. Da § 31 I GmbHG diese Rechtsfolge aber schon bei unmittelbarer Anwendung nicht enthält, kann auch die analoge Anwendung der Norm diese Rechtsfolge nicht hervorbringen.[61] Die analoge Anwendung der §§ 30, 31 GmbHG auf Vorteilszuwendungen an Gesellschafter oberhalb der Stammkapitalziffer ist daher abzulehnen.

(3) Auch die Theorie der Kompetenzüberschreitung der Geschäftsführer bei der Vornahme verdeckter Gewinnausschüttungen ist nicht bedenkenfrei. Denn zum einen ist die Vertretungsmacht der Geschäftsführer der GmbH gegenüber Dritten nicht beschränkbar.[62] Zum anderen erscheint die Be-

---

59 *Lutter - Hommelhoff*, GmbHG, Rdnr. 3 zu § 30 GmbHG; *Schneider*, ZGR 1985, S. 279 (282).

60 *Tries*, Die verdeckte Gewinnausschüttung, S. 54 ff., 72; BGH NJW 1988, 139 f.; *Scholz - Westermann*, GmbHG, Rdnr. 4 zu § 31 GmbHG; *Lutter - Hommelhoff*, GmbHG, Rdnr. 28 zu § 30 GmbHG; *Butzke*, ZGR 1990, S. 357 (370 ff.).

61 Ebenso *Tries*, Die verdeckte Gewinnausschüttung, S. 72.

62 § 37 II GmbHG; a.A. *Schulze - Osterloh*, Die verdeckte Gewinnausschüttung, S. 487 (492), der § 37 II GmbHG nicht auf Rechtsgeschäfte der GmbH mit Gesellschaftern anwenden will; ebenso *Schneider*, BB 1986, S. 201 (203), nach dem der Gesellschafter nicht Dritter i.S.v. § 37 II GmbHG ist.

gründung der Kompetenzüberschreitung aus § 46 Nr. 1 GmbHG verfehlt. § 46 Nr. 1 GmbHG behält den Gesellschaftern nur die Verwendung des Ergebnisses vor, das vereinfacht gesagt als Jahresüberschuß der GmbH zuzüglich Gewinnvortrag und abzüglich eines Verlustvortrags definiert ist.[63] Verdeckte Gewinnausschüttungen sind in diesem Jahresergebnis aber gerade nicht enthalten, weil sie sich als Geschäftsvorfälle innerhalb eines Geschäftsjahres bereits vorab auf das Ergebnis ausgewirkt haben.[64] Die unmittelbare Anwendung des § 46 Nr. 1 GmbHG kann einen Kompetenzverstoß der Geschäftsführer bei Vornahme verdeckter Gewinnausschüttungen daher nicht begründen.

§ 46 Nr. 1 GmbHG kann auch nicht dahingehend ausgelegt werden, daß das Tatbestandsmerkmal "Ergebnis" nicht nur an die Legaldefinition des § 29 I GmbHG anknüpft, sondern auch verdeckte Gewinnausschüttungen erfaßt. Dem steht schon der systematische Zusammenhang zwischen § 46 Nr. 1 GmbHG und § 29 I GmbHG entgegen. Denn § 46 Nr. 1 GmbHG knüpft an das in § 29 I GmbHG definierte und bereits ermittelte Ergebnis an. Diese systematische Auslegung wird durch den Wortlaut des § 46 Nr. 1 GmbHG bestätigt. Diese Norm gibt den Gesellschaftern nur die Kompetenz, über die Verwendung des bereits in einem durch Gesellschafterbeschluß festgestellten Jahresabschluß ausgewiesenen Jahresergebnisses zu beschließen.[65] Eine andere Auslegung würde auch gegen das handelsrechtliche Realisationsprinzip verstoßen. Das Realisationsprinzip verbietet den Ausweis nicht realisierter Gewinne und verlangt den Ausweis tatsächlich erlittener Verluste. Die Einbeziehung verdeckter Gewinnausschüttungen in das Ergebnis der GmbH führte aber dazu, unter Verstoß gegen das Realisationsprinzip tatsächlich nicht realisierte Gewinne oder tatsächlich eingetretene Verluste aufgrund verdeckter Gewinnausschüttungen aus Geschäften mit Gesellschaftern dem bereits ermittelten Ergebnis wieder hinzuzurechnen.[66]

§ 46 Nr. 1 GmbHG kann auch nicht analog angewendet werden, um einen Kompetenzverstoß der Geschäftsführer zu begründen. Dazu fehlt es an der

---

63 § 29 I 1 GmbHG.

64 *Schulze - Osterloh*, Die verdeckte Gewinnausschüttung, S. 487 (491).

65 *Lutter - Hommelhoff*, GmbHG, Rdnr. 5 zu § 46 GmbHG.

66 *Tries*, Die verdeckte Gewinnausschüttung, S. 94; dies erkennt auch *Schulze - Osterloh*, Die verdeckte Gewinnausschüttung, S. 487 (491), an.

für eine Analogie notwendigen Ähnlichkeit[67] zwischen dem in § 46 Nr. 1 GmbHG geregelten Tatbestand und dem der verdeckten Gewinnausschüttung. § 46 Nr. 1 GmbHG hat allein den Zweck, der Gesellschafterversammlung als oberstem Organ in der GmbH die Kompetenz über die Verwendung eines erzielten Ergebnisses zuzuweisen. Das setzt notwendig die Ermittlung des Ergebnisses voraus. Die Ermittlung des Ergebnisses richtet sich nach handelsrechtlichen Normen. § 46 Nr. 1 GmbHG ist aber keine Ergebnisermittlungsnorm, sondern eine Kompetenzzuweisungsnorm. Die analoge Anwendung des § 46 Nr. 1 GmbHG auf verdeckte Gewinnausschüttungen würde § 46 Nr. 1 GmbHG entgegen seinem Zweck von einer Kompetenzzuweisungs - zu einer Ergebnisermittlungsnorm machen.[68] Zugleich dient die Kompetenzzuweisung in § 46 Nr. 1 GmbHG der klaren Abgrenzung zwischen der Geschäftsführung als Aufgabe der Geschäftsführer und der Ergebnisverwendung als Aufgabe der Gesellschafter. Die daraus resultierende Rechtssicherheit würde aber durch die analoge Anwendung des § 46 Nr. 1 GmbHG auf verdeckte Gewinnausschüttungen verwischt.

(4) Dogmatisch zutreffender ist es daher, die verdeckten Gewinnausschüttungen oberhalb der Stammkapitalziffer im Rahmen der zwischen den Gesellschaftern sowie zwischen der Gesellschaft und den Gesellschaftern bestehenden Pflichten, insbesondere der gegenseitigen Treuepflicht, zu erfassen. Aus der Treuepflicht resultieren als speziellere Pflichten das Gleichbehandlungsge - und das Sondervorteilsverbot.[69] Verdeckte Gewinnausschüttungen an einzelne Gesellschafter sind grundsätzlich ein Verstoß gegen diese Ge - und Verbote. Rechtsfolge eines solchen Verstoßes ist neben dem verschuldensabhängigen Schadensersatzanspruch der GmbH[70] die verschuldensunabhängige, aus der Mitgliedschaft folgende Pflicht des Empfängers zur wertmäßigen Rückgewähr des Vorteils.[71]

---

67 *Larenz*, Methodenlehre, S. 365 f..

68 *Tries*, Die verdeckte Gewinnausschüttung, S. 100.

69 Grundlegend BHGZ 65, S. 15 (18); ausführlich *Tries*, Die verdeckte Gewinnausschüttung, S. 220 ff.

70 *Scholz - Winter*, GmbHG, Rdnr. 62 m.w.N. zu § 14 GmbHG; *Lutter - Hommelhoff*, GmbHG, Rdnr. 14 f. zu § 14 GmbHG; *Tries*, Die verdeckte Gewinnausschüttung, S. 212 ff.

71 *Tries*, Die verdeckte Gewinnausschüttung, S. 223 ff..

(5) Im Gegensatz zum Aktienrecht[72] ist im GmbH - Recht aber nicht jede Vorteilszuwendung der Gesellschaft an Gesellschafter außerhalb der Gewinnverteilung nach §§ 29, 46 Nr. 1 GmbHG unzulässig. Das GmbH - Recht ist hier weniger strikt als das Aktienrecht. Verdeckte Gewinnausschüttungen sind im GmbH - Recht zulässig[73], wenn

1. alle für die Gewinnverwendung zuständigen Entscheidungsträger die Ausschüttung beschlossen oder ihr zugestimmt haben und

2. bei einer verdeckten Gewinnausschüttung an nur bestimmte Gesellschafter alle übrigen Gesellschafter, deren Gewinnbezugsrecht durch die verdeckte Gewinnausschüttung gefährdet ist, zustimmen.[74]

c) Verdeckte Gewinnausschüttungen bei Vorteilszuwendungen an Dritte und im Konzern

Verdeckte Gewinnausschüttungen sind auch möglich, wenn nicht der Gesellschafter, sondern ein Dritter Empfänger des Vorteils ist. Rückgewährschuldner der Gesellschaft ist in diesen Fällen nicht der Dritte, sondern der Gesellschafter.[75] Dogmatisch setzt dies ebenso wie im Aktienrecht die Zurechnung der dem Dritten gewährten Vorteilszuwendung auf den Gesellschafter vor-

---

72 *Lutter* in *Kölner Kommentar*, Rdnr. 6 zu § 57 AktG.

73 *Lutter - Hommelhoff*, GmbHG, Rdnr. 47 zu § 29 GmbHG; *Wiedemann*, Gesellschaftsrecht I, S. 441; *Schneider*, ZGR 1985, S. 279 (284); *Schulze - Osterloh*, Die verdeckte Gewinnausschüttung, S. 487 (499 ff.); *Lutter*, Verdeckte Leistungen, S. 505 (524 f.); *Tries*, Die verdeckte Gewinnausschüttung, S. 208.

74 Dies gilt allerdings nicht, wenn die verdeckte Gewinnausschüttung durch §§ 30, 31 GmbHG geschützte Interessen der Gläubiger tangiert. In diesem Fall ist die Zustimmung der Gesellschafter für die Gläubiger bedeutungslos, weil die Gesellschafter nicht über die Schutzfunktion der §§ 30, 31 GmbHG disponieren dürfen (*Hager*, ZGR 1989, S. 71 [85, 97]; *Lutter*, Verdeckte Leistungen, S. 505 [525]); *Tries*, Die verdeckte Gewinnausschüttung, S. 208.

75 *Lutter - Hommelhoff*, GmbHG, Rdnr. 52 zu § 29 GmbHG; *Hager*, ZGR 1989, S. 71 (101 ff.); *Lutter*, Verdeckte Leistungen, S. 505 (531); *Canaris*, Rückgewähr, S. 31 (42), auch wenn daneben Ansprüche gegen den Dritten als tatsächlichen Empfänger gem. §§ 812 ff. BGB oder § 826 BGB bestehen sollten; *Winter*, ZHR 1984, S. 579 (590); *Tries*, Die verdeckte Gewinnausschüttung, S. 73 ff.

aus.[76] Es kann daher im Grundsatz[77] auf die im Aktienrecht dargestellten Fallgruppen[78] verwiesen werden. Die Regeln über verdeckte Gewinnausschüttungen gelten daher auch für Vorteilszuwendungen zwischen konzernierten GmbH. Im mehrstufigen Konzern[79] kommt es bei Vorteilszuwendungen der Enkel - an die Muttergesellschaft zur sogenannten "Kaskadenausschüttung"[80], die auf jeder Stufe des Konzerns zu Erstattungsansprüchen führt, weil jede Stufe den Vorteil an ihren Gesellschafter weitergibt.[81]

Bei Vorteilszuwendungen zwischen Schwestergesellschaften[82] gelten die für Vorteilszuwendungen der Gesellschaft an Dritte entwickelten Regeln. Die Zurechnung der Vorteilszuwendung einer Tochtergesellschaft T_1 an die Tochtergesellschaft T_2 auf die Muttergesellschaft, aus deren Sicht die T_2 Dritter ist, knüpft an die Vermutung an, daß die Vorteilszuwendung der T_1 an die T_2 durch das Konzernverhältnis veranlaßt ist.[83] Wird diese Vermutung nicht widerlegt, ist die Vorteilszuwendung an die begünstigte Schwestergesellschaft T_2 zugleich eine verdeckte Gewinnausschüttung an die gemeinsame Muttergesellschaft.[84] Bei bloß mittelbarer Beteiligung der Muttergesellschaft an der leistenden Schwestergesellschaft[85] dagegen soll das herrschende Unternehmen nur haften, wenn es aufgrund der Vorteilszuwendung selbst einen Vermögensvorteil erlangt oder wenn es schuldhaft seine Konzernleitungspflicht verletzt hat.[86]

---

76 *Scholz - Westermann*, GmbHG, Rdnr. 23 ff. zu § 30 GmbHG; *Wiedemann*, Gesellschaftsrecht I, S. 441; *Tries*, Die verdeckte Gewinnausschüttung, S. 73 ff.

77 *Canaris*, Rückgewähr, S. 31 (55 ff.).

78 1. Teil 1. Kapitel B. I. 1. b); diese Grundsätze gelten auch im Konzern. Zu Vorteilszuwendungen im Konzern grundlegend: *Schneider*, ZGR 1985, S. 279 (286 ff.) und BB 1986, S. 201.

79 Bestehend mindestens aus Mutter-Tochter-und Enkelgesellschaft.

80 *Schneider*, JbFfSt 1984/1985, S. 497 (511).

81 *Schneider*, JbFfSt 1984/1985, S. 497 (512) bejaht außerdem einen unmittelbaren Anspruch der Enkel - gegenüber der Muttergesellschaft.

82 Tochtergesellschaft T_1 an Tochtergesellschaft T_2.

83 *Schneider*, JbFfSt 1984/1985, S. 497 (511).

84 *Lutter*, Verdeckte Leistungen, S. 505 (531).

85 Vorteilszuwendung Enkelgesellschaft E_1 an Enkelgesellschaft E_2.

86 *Schneider*, JbFfSt 1984/1985, S. 497 (513); *derselbe*, ZGR 1985, S. 279 (299 f.).

Ebenso wie im Aktienrecht können auch im GmbH - Recht die Regelungen über die verdeckte Gewinnausschüttung durch Sonderregelungen verdrängt oder modifiziert werden. Besteht ein Unternehmensvertrag mit einer abhängigen GmbH, sind die abhängige GmbH und ihre Gläubiger durch §§ 302, 303 AktG analog geschützt.[87] Besteht kein Unternehmensvertrag, sondern eine faktische Beherrschung, ist hinsichtlich der Rechtsfolgen zwischen dem einfachen faktischen und dem qualifizierten faktischen Konzern zu differenzieren. Im einfachen faktischen Konzern verstoßen Vorteilszuwendungen gegen die Treuepflicht[88]. Im qualifizierten faktischen Konzern hingegen bestehen Sonderregeln, die die Regeln der verdeckten Gewinnausschüttung modifizieren. Ein qualifizierter faktischer Konzern liegt vor, wenn das herrschende Unternehmen eine dauernde und umfassende Leitungsmacht über das oder die abhängigen Unternehmen ausübt.[89] Aufgrund der Dichte und Vielzahl der aus der Leitungsmacht folgenden Maßnahmen des herrschenden Unternahmens lassen sich in der abhängigen GmbH die einzelnen Schäden nicht mehr feststellen. Im qualifizerten faktischen Konzern ist das herrschende Unternehmen daher zum Verlustausgleich analog § 302 AktG verpflichtet.[90] Ob und in welchen Fällen das herrschende Unternehmen dieser Verlustausgleichspflicht entgehen kann, ist strittig.[91]

---

87 *Lutter - Hommelhoff*, GmbHG, Rdnr. 33 Anh. zu § 13 GmbHG.

88 *Lutter - Hommelhoff*, GmbHG, Rdnr. 13 Anh. zu § 13 GmbHG; *Schneider*, JbFfSt 1984/1985, S. 497 (508 f.) spricht von Ergänzung.

89 BGHZ 95, S. 330 (344); BGHZ 107, S. 7 (17); *Lutter - Hommelhoff*, GmbHG, Rdnr. 16 f. Anh. zu § 13 GmbHG; im einzelnen streitig, siehe auch: *Scheffler*, AG 1990, S. 173 (173) aus betriebswirtschaftlicher Sicht; *Lutter*, AG 1990, S. 179 (180 ff.); *Ebenroth*, AG 1990, S. 188 (189, 193).

90 BGHZ 95, S. 330 (344); BGHZ 107, S. 7 (17 f.); *Lutter - Hommelhoff*, GmbHG, Rdnr. 21 ff. Anh. zu § 13 GmbHG; a.A. *Wiedemann*, ZGR 1986, S. 656 (660 f., 670), der die Haftung bei der fehlenden Legitimation der Haftungsbegrenzung beim Einsatz juristischer Personen ansetzen möchte (Durchgriffshaftung).

91 Zum Streitstand siehe *Lutter - Hommelhoff*, GmbHG, Rdnr. 16, 22 ff. Anh. zu § 13 GmbHG.

II. Die Regelung im Steuerrecht

Die Regeln über die verdeckte Gewinnausschüttung im Recht der AG und der GmbH dienen dem Erhalt des Vermögens und damit dem Schutz der Minderheitsgesellschafter sowie der Gläubiger der Gesellschaften. Im Steuerrecht ist der Zweck der verdeckten Gewinnausschüttung ein anderer. Dem Steuerrecht geht es um die zutreffende Erfassung des von der Kapitalgesellschaft erzielten Gewinns ohne Rücksicht auf seine Verteilung an die Gesellschafter.[92] Die Gewinnverteilung kann aber nicht nur durch reguläre, offene Gewinnausschüttungen[93], sondern auch verdeckt, z. B. durch Vorteilszuwendungen im Rahmen schuldrechtlicher Leistungsbeziehungen zwischen der Gesellschaft und dem Gesellschafter, erfolgen.[94] Auch diese verdeckten Gewinnausschüttungen dürfen nach dem Gesetz[95] das Einkommen der Gesellschaft nicht mindern.

Zur Trennung der Einkommenserzielung von der Einkommensverwendung ist es daher notwendig, bei der körperschaftsteuerpflichtigen Kapitalgesellschaft die betriebliche von der außerbetrieblichen Sphäre abzugrenzen.[96] Die Problematik bei der Abgrenzung entspricht der aus dem EStG bekannten Trennung der betrieblichen[97] von der privaten[98] Sphäre.[99] Da Kapitalgesellschaften als juristische Personen keine Privatsphäre haben, ist bei ihnen die betriebliche von der gesellschaftsrechtlichen Sphäre abzugrenzen.[100] Maßgebend für diese Abgrenzung ist die den Lebenssachverhalten zugrundeliegende Veranlassung. Der betrieblichen Sphäre sind alle betrieblich ver-

---

92 § 8 III 1 KStG.

93 *Streck*, KStG, Anm. 56 zu § 8 KStG.

94 § 8 III 2 KStG.

95 § 8 III 2 KStG: "Auch"; *Streck*, KStG, Anm. 63 zu § 8 KStG.

96 *Tipke/Lang*, Steuerrecht, S. 421.

97 § 4 IV EStG.

98 § 4 I EStG mit der Entnahmen - und Einlagenregelung sowie § 12 EStG.

99 *Tipke/Lang*, Steuerrecht, S. 421.

100 *Tipke/Lang*, Steuerrecht, S. 421; *Dötsch et al.*, Körperschaftsteuer, Rdnr. 63 zu § 8 KStG; *Jakob*, Einkommensteuer, S. 255; *Sturm*, DB 1991, S. 2055 (2056).

anlaßten Aufwendungen[101], der gesellschaftsrechtlichen Sphäre dagegen alle gesellschaftsrechtlich veranlaßten Aufwendungen der Gesellschaft zuzuordnen.

Nach der früheren Rechtsprechung des BFH lagen verdeckte Gewinnausschüttungen vor, wenn eine Kapitalgesellschaft ihrem Gesellschafter außerhalb der gesellschaftsrechtlichen Gewinnverteilung einen Vermögensvorteil zuwendete und diese Zuwendung ihre Ursache im Gesellschaftsverhältnis hatte.[102] Die Ursache einer Zuwendung lag im Gesellschaftsverhältnis, wenn ein ordentlicher und gewissenhafter Geschäftsleiter einem fremden Dritten gegenüber die Zuwendung nicht erbracht hätte.[103] Hinsichtlich der Figur des ordentlichen und gewissenhaften Geschäftsleiters knüpfte das Steuerrecht an das Zivilrecht an.[104]

Zwischenzeitlich hat der BFH die Definition der verdeckten Gewinnausschüttung modifiziert. Nach der neueren Rechtsprechung des I. Senates des BFH setzt eine verdeckte Gewinnausschüttung eine Vermögensminderung oder verhinderte Vermögensmehrung einer Kapitalgesellschaft voraus, die durch das Gesellschaftsverhältnis veranlaßt ist, sich auf die Höhe des Einkommens auswirkt und nicht in Zusammenhang mit einer offenen Ausschüttung steht.[105] Ob die neue Definition des BFH auch inhaltlich Neues bringt, ist umstritten.[106]

---

101 § 8 I KStG, § 4 IV EStG.

102 BFH - Urteil vom 24.01.1989 VIII R 74/84, BStBl. II, 1989, S. 419 (420); BFH - Urteil v. 19.05.1982 I R 102/79, BStBl. II 1982, S. 631 (632); BFH - Urteil v. 18.11.1980, BStBl. II 1981, S. 260 (262).

103 BFH - Urteil v. 07.12.1983 I R 70/77, BStBl. II 1984, S. 384 (387); BFH - Urteil v. 07.12.1988 I R 25/82, BStBl. II 1989, S. 248 (249); A. 31 III 1 KStR.

104 § 93 I 1 AktG und § 43 I GmbHG: *Lang*, FR 1984, S. 629 (630); *Streck*, KStG, Anm. 65 zu § 8 KStG.

105 BFH - Urteil v. 22.02.1989 I R 44/85, BStBl. II 1989, S. 475 (476); BFH - Urteil v. 22.02.1989 I R 9/85, BStBl. II 1989, S. 631 (632); BFH - Urteil v. 12.04.1989 I R 142 - 143/85, BStBl. II 1989, S. 636 (636 f.); BFH - Urteil v. 22.02.1989 I R 172/86, BFH/NV 1989, S. 669 (669); BFH - Urteil v. 11.10.1989 I R 12/87, BStBl. II 1990, S. 89 (90); BFH - Urteil v. 13.12.1989 I R 99/87, BStBl. II 1990, S. 454 (455); dagegen hält der VIII. Senat des BFH an der alten Definition der verdeckten Gewinnausschüttung fest (Urteil vom 24.07.1990 VIII R 290/84, BB 1990, S. 2025 [2026]).

106 Dagegen: *Döllerer*, Verdeckte Gewinnausschüttungen, S. 30; a.A. *Wassermeyer*, FR 1989, S. 218 (218); *ders.*, GmbHR 1989, S. 298 (300 f.):

Die neue Definition des BFH ist ein rechtssystematischer Fortschritt, da der I. Senat des BFH mit ihr an das Tatbestandselement der gesellschaftsrechtlichen Veranlassung der verdeckten Gewinnausschüttung anknüpft.[107] Die neue Definition verdeutlicht damit den Sinn und Zweck der verdeckten Gewinnausschüttung, der in der Abgrenzung der gesellschaftsrechtlich von der betrieblich veranlaßten Sphäre[108] und damit zugleich in der Abgrenzung der Einkommenserzielung von der Einkommensverwendung liegt.

Wie im Aktienrecht und im GmbH - Recht können auch im Steuerrecht verdeckte Gewinnausschüttungen vorliegen, wenn nicht der Gesellschafter, sondern ein Dritter eine Zuwendung von der Gesellschaft erhält.[109] Eine solche verdeckte Gewinnausschüttung setzt aber voraus, daß zwischen dem Gesellschafter und dem Dritten ein Näheverhältnis besteht, das es rechtfertigt, die Leistung der Kapitalgesellschaft an den Dritten zugleich als Leistung an den

---

Der BFH wollte mit dieser neuen Definition einen einheitlichen Begriff der verdeckten Gewinnausschüttung schaffen, der ohne den Rekurs auf den ordentlichen und gewissenhaften Geschäftsleiter auskommt; *Pezzer*, StuW 1990, S. 259 (264) spricht von einem rechtssystematischen Fortschritt, indem der BFH die klare Abgrenzung der gesellschaftsrechtlichen von der betrieblichen Veranlassung herausstellt. Im übrigen sei der BFH damit von seiner starren Haltung im Falle der Beziehung zwischen Gesellschaft und beherrschendem Gesellschafter abgerückt (265); kritisch zur neuen Definition des I. Senates aber auch *Scholtz*, FR 1990, S. 386 (388 f.).

107 *Pezzer*, AG 1990, S. 365, 371.

108 Ebenso wie hier *Wassermeyer*, FR 1989, S. 218 (218); *Tipke/Lang*, Steuerrecht, S. 425; *Pezzer*, StuW 1990, S. 259 (265), erkennt in der neuen Definition einen rechtssystematischen Fortschritt, indem der BFH die klare Abgrenzung der gesellschaftsrechtlichen von der betrieblichen Veranlassung anstellt. Im übrigen sei der BFH von seiner starren Haltung bei der Beurteilung von Beziehungen zwischen der Gesellschaft und beherrschenden Gesellschaftern abgerückt; *Bellstedt*, FR 1990, S. 65 (65).

109 BFH - Urteil v. 06.12.1967 I 98/65, BStBl. II 1968, S. 322 (323); BFH - Urteil v. 19.03.1975 I R 137/73, BStBl. II 1975, S. 722 (722); BFH - Urteil v. 27.11.1974 I R 250/72, BStBl. II 1975, S. 306 (307); A. 31 X KStR; *Dötsch et al.*, Körperschaftsteuer, Rdnr. 78 zu § 8 KStG; *Risse*, DStR 1984, S. 711 (714); nach der Änderung der Definition der verdeckten Gewinnausschüttung durch den I. Senat dürfte eine Zuwendung im Sinne eines Vermögensvorteils für die Annahme einer verdeckten Gewinnausschüttung nicht mehr notwendig sein, da der I. Senat für das Vorliegen einer verdeckten Gewinnausschüttung eine Vermögensminderung oder verhinderte Vermögensmehrung bei der Gesellschaft ausreichen läßt.

Gesellschafter zu qualifizieren.[110] Denkbar sind auch verdeckte Gewinnausschüttungen, bei denen der Nahestehende nur mittelbar begünstigt ist.[111] Das Näheverhältnis ist daher letztlich nur eine Definition des Tatbestandsmerkmals der gesellschaftsrechtlichen Veranlassung. Denn Vorteilszuwendungen an Dritte können nur dann zur Annahme einer verdeckten Gewinnausschüttung an den Gesellschafter führen, wenn die causa der Vorteilszuwendung im Verhältnis zwischen der Gesellschaft und dem Gesellschafter liegt.[112] Bestimmte persönliche oder sachliche Beziehungen zwischen Gesellschafter und Dritten sollen eine Vermutung für die gesellschaftsrechtliche Veranlassung begründen.[113]

Bei Vorteilszuwendungen zwischen Schwestergesellschaften, die von einer gemeinsamen Muttergesellschaft beherrscht werden, kann die den Vorteil empfangende Tochtergesellschaft eine der Muttergesellschaft nahestehende Person sein.[114] Entsprechend können Vorteilszuwendungen zwischen Schwestergesellschaften zu verdeckten Gewinnausschüttungen an die Muttergesellschaft führen, wenn die Vermögensminderung oder verhinderte Vermögensmehrung der leistenden Tochtergesellschaft auf das Verhältnis zur Muttergesellschaft als Gesellschafterin zurückzuführen und damit gesellschaftsrechtlich veranlaßt ist.[115]

---

110 BFH - Urteil v. 23.10.1985 I R 247/81, BStBl. II 1986, S. 195 (199); *Tipke/Lang*, Steuerrecht, S. 426; *Jakob*, Einkommensteuer, S. 257 f.; *Dötsch et al.*, Körperschaftsteuer, Rdnr. 66, 67 zu § 8 KStG.

111 *Streck*, KStG, Anm. 73 zu § 8 KStG.

112 *Streck*, KStG, Anm. 72 zu § 8 KStG.

113 Siehe die Fallgruppen bei *Streck*, KStG, Anm. 75 zu § 8 KStG.

114 *Groh*, DB 1988, S. 571 (571) spricht davon, daß die eine Tochtergesellschaft aufgrund der Beteiligung der Muttergesellschaft im Deckungsverhältnis leiste, die andere Tochtergesellschaft den Vorteil aufgrund der Beteiligung der Muttergesellschaft im Valutaverhältnis erhalte.

115 "Dreiecksmodell"; BFH - Urteil v. 23.10.1985 I R 247/81, BStBl. II 1986, S. 195 (199); BFH - Urteil v. 23.10.1985 I R 248/81, BStBl. II 1986, S. 178 (180).

Die verdeckte Gewinnausschüttung wird mit dem erzielbaren Veräußerungserlös bewertet.[116] Der erzielbare Veräußerungserlös ist die Vergütung, die ein ordentlicher und gewissenhafter Geschäftsleiter für die Leistung der Gesellschaft von einem Nichtgesellschafter gefordert und erhalten hätte.[117]

III. Vorteilsausgleich im Steuerrecht

Die verdeckte Gewinnausschüttung setzt eine Vermögensminderung oder verhinderte Vermögensmehrung bei der Gesellschaft voraus.[118] Fehlt dieses Tatbestandsmerkmal, ist eine verdeckte Gewinnausschüttung nicht gegeben. Übereignet z. B. die Gesellschaft dem Gesellschafter ein Grundstück und aktiviert den Kaufpreis als Forderung gegenüber dem Gesellschafter, wird die Vermögensminderung aus der Übereignung des Grundstücks durch die aus dem Anspruch auf Kaufpreiszahlung resultierende Vermögensmehrung ausgeglichen, so daß eine verdeckte Gewinnausschüttung mangels einer Vermögensminderung nicht vorliegt.

Diesen Fall meint der Vorteilsausgleich nicht. Der Vorteilsausgleich erfaßt Sachverhalte, bei denen die Voraussetzungen für eine verdeckte Gewinnausschüttung isoliert betrachtet zwar gegeben sind, zugleich aber der Vorteilszuwendung seitens der Gesellschaft an den Gesellschafter Leistungen des Gesellschafters an die Gesellschaft gegenüberstehen.[119] Die gegenseitig gewährten Vorteile dürfen saldiert werden, so daß eine verdeckte Gewinnausschüttung insoweit nicht mehr vorliegt, als der Leistung der Gesellschaft an den Gesellschafter eine Leistung in umgekehrter Richtung gegenüber-

---

116 *Streck*, KStG, Anm. 65 zu § 8 KStG; A. 31 X KStR; BFH - Urteil vom 19.03.1975, BStBl. II 1975, S. 722 (722); BFH - Urteil vom 27.11.1974, BStBl. II 1975, S. 306 (307); *Dötsch et al.*, Körperschaftsteuer, Rdnr. 78 a zu § 8 KStG; *Risse*, DStR 1984, S. 711 (714); a.A. *Salditt*, StuW 1971, S. 107 (115 -119), der den Teilwert ansetzen will. Nach *Pezzer*, Verdeckte Gewinnausschüttung, S. 104, ist der Streit durch die KSt - Reform 1977 gegenstandslos geworden, da hier Wertabfluß bei der Gesellschaft und Wertzugang dem Gesellschafter immer übereinstimmen; im übrigen dort m.w.N. zum Streitstand.

117 *Döllerer*, Verdeckte Gewinnausschüttungen, S. 139 f.; *Streck*, KStG, Anm. 90 zu § 8 KStG.

118 BFH - Urteil vom 12.04.1989 I R 142 - 143/85, BStBl. II 1989, S. 636 (637); BFH - Urteil v. 22.02.1989 I R 9/85, BStBl. II 1989, S. 631 (632).

119 BFH - Urteil v. 20.08.1986 I R 87/83, BStBl. II 1987, S. 75 (76); *Döllerer*, Verdeckte Gewinnausschüttungen, S. 116;

steht.[120] *Lang*[121] hat zutreffend darauf hingewiesen, daß beim Vorteilsausgleich die unternehmerische Entscheidung nachzuvollziehen und der Ermessensspielraum des Geschäftsleiters zu respektieren ist. Ausgleichsfähig sollen nach der Rechtsprechung des BFH aber nicht alle Geschäfte sein. Ausgleichsfähig sind nach dem BFH nur[122]:

1. Leistung und Gegenleistung bei gegenseitigen Verträgen;

2. Leistung und Gegenleistung bei anderen Rechtsgeschäften, die so eng zusammenhängen, daß sie wirtschaftlich als einheitliches Geschäft anzusehen sind.

IV. Steuerliche Rechtsfolgen gesellschaftsrechtlicher Ausgleichsansprüche als Folge verdeckter Gewinnausschüttungen

1. Rückgewähransprüche der Gesellschaft aufgrund Gesetz oder Vertrag

Steuerrechtliche verdeckte Gewinnausschüttungen sind in der Mehrzahl der Fälle zugleich handels - und gesellschaftsrechtlich verdeckte Gewinnausschüttungen.[123] Sie ziehen daher in der Regel Rückgewähransprüche der Gesellschaft gegenüber dem Gesellschafter nach sich, sei es aufgrund der Satzung, sei es aufgrund Gesetzes.[124] Da eine verdeckte Gewinnausschüttung im Steuerrecht eine Vermögensminderung oder verhinderte Vermögensmehrung der Gesellschaft voraussetzt, könnte eine verdeckte Gewinnausschüttung entfallen, wenn die aus der verdeckten Ge-

---

120 BFH - Urteil 08.06.1977 I R 95/75, BStBl. II 1977, S. 704 (705); *Döllerer*, Verdeckte Gewinnausschüttungen, S. 119 f.; *Dötsch et al.*, Körperschaftsteuer, Rdnr. 80 zu § 8 KStG; darüber hinaus wird der Vorteilsausgleich auch auf verdeckte Einlagen angewendet (BFH - Urteil v. 09.03.1983 I R 182/78, BStBl. II 1983, S. 744 [746]; *Döllerer*, Verdeckte Gewinnausschüttungen, 203; *Streck*, KStG, Anm. 41 zu § 8 KStG).

121 FR 1984, S. 629 (638).

122 BFH - Urteil vom 08.06.1977 I R 95/75, BStBl. II 1977, S. 704 (705).

123 *Lutter* in *Kölner Kommentar*, Rdnr. 21 zu § 57 AktG; *Hager*, ZGR 1989, S. 71 (73); *Döllerer*, Verdeckte Gewinnausschüttungen, S. 26.

124 Z.B. § 62 AktG, § 31 I GmbHG; problematisch bleibt hier aber die Anspruchsgrundlage für die Erstattung der Körperschaftsteuergutschrift, wenn insoweit kein vertraglicher Anspruch auf Rückgewähr besteht. Hier werden als Anspruchsgrundlagen die §§ 677 ff., 812 ff. BGB sowie die Grundsätze über den Wegfall der Geschäftsgrundlage angeführt; im einzelnen dazu eingehend *Zenthöfer*, DStZ 1987, S. 217 (220).

winnausschüttung folgenden Rückgewähransprüche der Gesellschaft als Vermögensmehrung die vorangegangene Vermögensminderung oder verhinderte Vermögensmehrung der Gesellschaft ausgleichen würden. Ob Rückgewähransprüche diese Folge haben, ist umstritten.

2. Der Streitstand im Steuerrecht

Die Finanzverwaltung[125] und ein Teil der Literatur[126] sind der Auffassung, daß Rückgewähranspruche der Gesellschaft diese Wirkung nicht haben. Die Rückgewähr einer verdeckten Gewinnausschüttung sei als actus contrarius zur gesellschaftsrechtlich veranlaßten verdeckten Gewinnausschüttung eine ebenfalls gesellschaftsrechtlich veranlaßte verdeckte Einlage des Gesellschafters. Die Finanzrechtsprechung hat sich dem angeschlossen und ist der Auffassung, daß der Rückgewähranspruch der Gesellschaft den Charakter einer gesellschaftsrechtlichen Einlageforderung habe.[127] Daher dürfe der Rückgewähranspruch den steuerlichen Gewinn ebensowenig erhöhen wie die verdeckte Gewinnausschüttung den Gewinn nicht mindern dürfe.[128]

Dagegen ist die Literatur überwiegend der Auffassung, daß es bei Vorliegen eines Rückgewähranspruchs gegen den Gesellschafter bereits an der für eine verdeckte Gewinnausschüttung notwendigen Voraussetzung der

---

125 BdF - Schreiben vom 06.08.1981 IV B 7 - S 2813 - 23/81, BStBl. I 1981, S. 599; BdF - Schreiben vom 23.04.1985, DB 1985, S. 1437.

126 *Schmidt*, JbFfSt 1979/1980, S. 314 (321), der darauf abstellen möchte, daß das EStG keine Gewinnrealisierung kenne. Das EStG knüpfe vielmehr die Gewinnrealisierung an die zivilrechtlich auch nicht schwebende Aufgabe und Begründung von Eigenbesitz an. Durch das Zivilrecht könne hier kein Schwebezustand eintreten, da die Begründung und Aufhebung von Eigenbesitz Realakte sind, ungeachtet der Bedingtheit der zugrundeliegenden Kausalgeschäfte; *derselbe* in *Schmidt*, EStG, Anm. 7b zu § 20 EStG.

127 BFH - Urteil v.24.07.1990 VIII R 290/84, BB 1990, S. 2025 (2026); BFH - Urteil v. 14.03.1989 I R 105/88, BStBl. II 1989, S. 741 (743); Urteil vom 29.04.1987 I R 176/83, BStBl. II 1987, S. 733 (734); BFH - Urteil vom 02.08.1983 VIII R 15/80, BStBl. II 1983, S. 736 (738) = kein Rückgängigmachen von Geschäftsvorfällen mit steuerlicher Wirkung; BFH - Beschluß v. 02.03.1988 I B 58/87, BFH/NV 1989, S. 460 (460); Urteil des FG Baden - Württemberg vom 23.01.1986 X - K 39/83, EFG 1986, S. 307; a.A. FG Düsseldorf v. 30.01.1987 VI 351/86 A (F), EFG 1987, S. 373 (374).

128 Gleicher Ansicht: *Döllerer*, Verdeckte Gewinnausschüttungen, S. 169.

Vermögensminderung oder verhinderten Vemögensmehrung bei der Gesellschaft fehle. Dies setze aber voraus, daß die Gesellschaft bereits in der Bilanz für das Geschäftsjahr der Vornahme der verdeckten Gewinnausschüttung den Rückgewähranspruch aktiviere.[129]

Auch *Buyer*[130] meint, der Anspruch auf Rückgewähr einer verdeckten Gewinnausschüttung sei einer Einlageforderung nicht vergleichbar. Denn die Rückgewähr sei keine freiwillige Zuzahlung i.S.v. § 272 II Nr. 4 HGB und könne daher nicht zu Kapital der Gesellschaft werden. Verdeckt ausgeschütteter Gewinn sei zu Unrecht ausbezahlter Gewinn. Die Rückgewähr einer solchen unrechtmäßigen Gewinnausschüttung stelle nur das durch die Gewinnausschüttung fehlerhafte Kausalverhältnis zwischen Gesellschaft und Gesellschafter richtig. Nach *Buyer* kann zu Unrecht ausbezahlter Gewinn[131] nicht in Kapital umqualifiziert werden. Zurückgezahlter Gewinn bleibe Gewinn und müsse bei der Gesellschaft auch so dargestellt werden.[132]

3. Stellungnahme

Die verdeckte Gewinnausschüttung setzt eine Vermögensminderung oder verhinderte Vermögensmehrung der Gesellschaft voraus. Ein Rückgewähranspruch der Gesellschaft gegen den Gesellschafter als Folge der verdeckten Gewinnausschüttung erhöht aber das Vermögen der Gesellschaft und verhindert bereits bei der Ausschüttung eine Vermögensminderung oder verhinderte Vermögensmehrung. Denn der Rückgewähranspruch der Gesell-

---

129 *Pezzer*, Verdeckte Gewinnausschüttung, S. 194 ff. m.w.N.; *Brezing*, DB 1984, S. 2053 (2053). Dabei soll es unerheblich sein, ob der Anspruch noch im Jahr der Vornahme oder später aktiviert werde; erkenne der Kaufmann später, daß ein Rückgewähranspruch bestehe, seien die Voraussetzungen für eine Bilanzberichtigung gegeben. Gleicher Ansicht *Meyer - Arndt*, JbFfSt 1979/1980, S. 297 (305), nach dem es für die Besteuerung nicht auf die dingliche, sondern auf die schuldrechtliche Rechtslage ankommen soll (307); *Zenthöfer*, DStZ 1987, S. 185 (190); *Döllerer*, DStR 1980, S. 395 (399); *Risse*, DStR 1984, S. 711 (715); *Streck*, KStG, Anm. 115 zu § 8 KStG.

130 Gewinn und Kapital; *derselbe* in *Dötsch et al*, Körperschaftsteuer, Anhang zu § 27 KStG.

131 Die verdeckte Gewinnausschüttung.

132 *Buyer*, Gewinn und Kapital, S. 97 und passim; *derselbe* in *Dötsch et al.*, Körperschaftsteuer, Anhang zu § 27 KStG, Rdnr. 82 ff.

schaft entsteht schon im Zeitpunkt der Ausschüttung.

Der Rückgewähranspruch hat entgegen der Ansicht der Finanzrechtsprechung und der Finanzverwaltung nicht den Charakter einer Einlageforderung. Hier ist der Auffassung *Buyers*[133] zu folgen, daß die Rückzahlung der verdeckten Gewinnausschüttung an die Gesellschaft nicht zu Kapital führt. Dies folgt aus dem Grundsatz der Maßgeblichkeit der Handelsbilanz für die Steuerbilanz.[134] Führt nach den Vorschriften des Handelsrechts die Rückgewähr der verdeckten Gewinnausschüttung bei der Gesellschaft nicht zu Kapital, dann kann für das Steuerrecht nur etwas Abweichendes gelten, wenn das Steuerrecht ausdrücklich eine andere Rechtsfolge anordnet.[135] Nach § 272 II Nr. 4 HGB setzt die Einstellung von Zuzahlungen der Gesellschafter in die Kapitalrücklage voraus, daß die Zahlungen freiwillig erfolgen. Dieses Tatbestandsmerkmal ist bei der Rückgewähr verdeckter Gewinnausschüttungen aber nicht erfüllt. Denn der Gesellschafter folgt mit der Rückzahlung der verdeckten Gewinnausschüttung einer Rechtspflicht.

Aus dem Steuerrecht folgt nichts Abweichendes. Die Rückgewähr der verdeckten Gewinnausschüttung ist keine Einlage nach § 4 I 5 EStG, § 8 I KStG. Denn wenn bereits die Aktivierung des Rückgewähranspruchs als Vermögensmehrung bei der Gesellschaft die Vermögensminderung oder verhinderte Vermögensmehrung aus der verdeckten Gewinnausschüttung ausgleicht, dann ist die tatsächliche Rückgewähr der verdeckten Gewinnausschüttung für die Gesellschaft ein erfolgsneutraler Vorgang, der auf den Gewinn der Gesellschaft keinen Einfluß hat. Führt die Rückgewähr nicht zu einer Vermögensmehrung, bedarf es auch nicht des gewinnmindernden Abzugs einer Einlage. Die tatsächliche Rückgewähr der verdeckten Gewinnausschüttung ist daher nur Rückzahlung fehlerhaft ausgezahlten Gewinns.[136] Auf der Ebene des Gesellschafters führt die Rückgewähr der verdeckten Gewinnausschüttung als Rückzahlung von Gewinn daher zu negativen Einnahmen, soweit die verdeckte Gewinnausschüttung bei ihm zu Einkünften geführt hat.

---

133 Gewinn und Kapital, S. 97 f.

134 § 5 I EStG, § 8 I KStG.

135 Zustimmend auch *Dötsch* in *Dötsch et al.*, Körperschaftsteuer, Rdnr. 87 im Anhang zu § 27 KStG.

136 *Buyer*, Gewinn und Kapital, S. 99: letztlich erfaßt § 8 III 2 KStG dann nur noch Fälle, in denen kein Rückgewähranspruch der Gesellschaft besteht und das Einkommen der Gesellschaft daher zu niedrig ist.

Der bei dieser Lösung vom BFH und seinen Anhängern befürchtete Verstoß gegen das aus dem Prinzip der Abschnittsbesteuerung[137] abgleitete "Rückwirkungsverbot"[138] liegt nicht vor. Das Rückwirkungsverbot verbietet dem Steuerpflichtigen nur die rückwirkende Gestaltung von in der Vergangenheit abgeschlossenen Sachverhalten. Rückgewähransprüche als Folge verdeckter Gewinnausschüttungen werden aber vom Steuerpflichtigen nicht rückwirkend gestaltet. Sie entstehen vielmehr bereits im Zeitpunkt der Vornahme der verdeckten Gewinnausschüttung.[139]

Es bleibt damit festzuhalten, daß die Aktivierung eines Rückgewähranspruchs als Folge einer verdeckten Gewinnausschüttung die Vermögensminderung oder verhinderte Vermögensmehrung bei der Gesellschaft beseitigt und damit der Annahme einer verdeckten Gewinnausschüttung entgegensteht. Mit der Rückgewähr der verdeckten Gewinnausschüttung wird nur das fehlerhafte Kausalverhältnis zwischen Gesellschaft und Gesellschafter korrigiert. Die tatsächliche Rückgewähr ist aus Sicht des Gesellschafters die Rückzahlung zu Unrecht bezogenen Gewinns.[140]

---

137 §§ 2 VII 1,2, 25 I, 36 I EStG.

138 *Schmidt*, JbFfSt 1979/1980, S. 314 (320).

139 Wenn auch möglicherweise von den Beteiligten unbemerkt.

140 Durch Ansatz negativer Einnahmen.

C. Verdeckte Einlagen

I. Handels - und Gesellschaftsrecht

Das Handels - und Gesellschaftsrecht kennt nur den Begriff der gesellschaftsrechtlichen Einlagen.[1] Das sind die Leistungen, die der Gesellschafter aufgrund einer im Gesetz oder in einem Gesellschaftsvertrag festgelegten Verpflichtung erbringt.[2] Darüber hinaus gibt es aber auch sonstige gesellschaftliche Leistungen in Form freiwilliger Leistungen der Gesellschafter an die Gesellschaft, denen keine Gegenleistung der Gesellschaft entspricht.[3] Diese sonstigen gesellschaftlichen Leistungen entsprechen weitgehend den verdeckten Einlagen im Steuerrecht.[4] Im Handels - und Gesellschaftsrecht sind diese Leistungen als Kapitalrücklagen auszuweisen.[5]

Von den verdeckten Einlagen sind Vorgänge zu trennen, die als "verdeckte Sacheinlage" bezeichnet werden. Statt das Grund - oder Stammkapital bei Gründung der Gesellschaft bar einzuzahlen, können die Gesellschafter ihre Einlageverpflichtung auch durch Sacheinlagen erfüllen. Manipulationen hinsichtlich des Werts der Sacheinlage sollen die strengen Vorschriften über die Sacheinlagen und die Sachgründung verhindern.[6] Diese Schutzvorschriften

---

1 Z.B. in §§ 54 I, 55 I, 57 I AktG, §§ 5, 26 GmbHG.

2 *Döllerer*, Verdeckte Gewinnausschüttungen, S. 183; *Wassermeyer*, StBJb. 1985/1986, S. 213 (217).

3 *Selder*, Einlage, S. 138 ff.; *Wassermeyer*, StbJb. 1985/1986, S. 213 (217); zum Teil sind diese Vorgänge in § 272 II Nr. 4 HGB geregelt; nach früherem Recht wurden diese Leistungen als a.o. Erträge der Gesellschaft behandelt, die den Bilanzgewinn erhöhten (BFH - Urteil v. 12.01.1977 I R 157/74, BStBl. II, 1977, S. 439 (440); § 157 I Nr. 14 AktG a.F.; nach dem neuen HGB i.d.F. des BIRILIG (§ 272 II Nr. 4 HGB) werden diese Vorgänge dann nicht als Gewinn, sondern als Kapital behandelt, wenn sie subjektiv als Kapitalzuzahlung gewollt waren. Sinn und Zweck dieser Regelung ist es, Kapitalzuzahlungen ohne Gewährung von Gesellschaftsrechten nicht den übrigen Gesellschaftern als Gewinn zur Verteilung zur Verfügung zu stellen; *Wassermeyer*, StBJb. 1985/1986, S. 213 (217).

4 Der Begriff der steuerlichen Einlagen ist umfassender. Jede handelsrechtliche Einlage ist stets eine steuerliche, aber nicht auch umgekehrt jede steuerliche auch eine handelsrechtliche (*Herzig/Förster*, Wpg. 1986, S. 289 [294, 295]; *Wassermeyer*, StBJb. 1985/1986, S. 213 [221]).

5 § 272 II Nr. 4 HGB.

6 In der AG: §§ 27, 31, 33 II Nr. 4, 34 (Gründungsprüfung), § 36 a II AktG; in der GmbH: §§ 5 IV, 9 I, 9 a, 19 V GmbHG.

zu Gunsten der Gläubiger würden umgangen, wenn der Gesellschafter zunächst im Wege der Bargründung eine Bareinlage in die Gesellschaft leistet und die Gesellschaft anschließend von dem Gesellschafter eine Sache zu einem unangemessen hohen Preis kauft.[7] Die Bargründung verdeckt hier gewissermaßen die Sachgründung. Dieser Sachverhalt ist der verdeckten Gewinnausschüttung ähnlich. In beiden Fällen liegen Vorteilszuwendungen der Gesellschaft an den Gesellschafter vor. Anders als bei der verdeckten Gewinnausschüttung geht es bei der verdeckten Sacheinlage aber nicht um die Kapitalverwendung. Bei der verdeckten Sacheinlage geht es um die der Kapitalverwendung vorgelagerte Frage der Kapitalaufbringung.[8] Da die verdeckte Sacheinlage eine Umgehung der Sacheinlageregeln ist, sind auf sie die umgangenen Vorschriften anzuwenden.[9]

Im übrigen sind verdeckte Einlagen im Handels - und Gesellschaftsrecht ohne Bedeutung. Denn das Handels - und Gesellschaftsrecht dient in erster Linie dem Schutz der Gläubiger und der Minderheitsgesellschafter vor Minderungen des Gesellschaftsvermögens.[10] Sonstige gesellschaftliche Einlagen mehren aber das Gesellschaftsvermögen[11], so daß kein Schutzbedarf für den vom Handels - und Gesellschaftsrecht geschützten Personenkreis besteht.

Die Rückgewähr verdeckter Gewinnausschüttungen an die Gesellschaft dient nur der Richtigstellung der Vermögensstände der Gesellschaft und des Gesellschafters entsprechend der zivilrechtlichen Güter - und Werteordnung.[12] Denn bei dem verdeckt ausgeschütteten Gewinn handelt es sich um von der Gesellschaft erwirtschafteten Gewinn, der schuldrechtlich fehlerhaft ausbe-

---

7 *Lutter*, Verdeckte Leistungen, S. 505 (508).

8 Zur verdeckten Sacheinlage im einzelnen siehe *Lutter*, Verdeckte Leistungen, S. 505 (507 ff.)

9 *Lutter*, Verdeckte Leistungen, S. 505 (511 ff.), der eine objektive Umgehung der Vorschriften über Sacheinlagen genügen läßt. Liege zudem eine subjektive Umgehungsabsicht vor, sei bereits die Umgehungsvereinbarung gemäß § 138 BGB nichtig.

10 *Döllerer*, BB 1971, S. 1245 (1245).

11 Daher sollen Nutzungen nicht Gegenstand einer Einlage sein können (*Scheel*, BB 1988, S. 1211 [1213]; *Döllerer*, BB 1988, S. 1789 [1790]; *ders.*, BB 1971, S. 1245 [1245]).

12 *Buyer*, Gewinn und Kapital, S. 51.

zahlt worden ist.[13] Die Rückgewähr ist auch keine Einlage des Gesellschafters, die als Kapitalrücklage i.S.v. § 272 II Nr. 4 HGB zu erfassen ist, da sie nicht freiwillig, sondern aufgrund Gesetzes oder Satzung erfolgt.

II. Steuerrecht

Das KStG regelt die verdeckte Einlage nicht ausdrücklich. Es erwähnt die verdeckte Einlage nur in § 30 II Nr. 4 KStG. Über die Verweisungnorm des § 8 I KStG sind aber die Regeln des EStG über die Einlage in § 4 I EStG auch im KStG anwendbar.[14]

Der Begriff der verdeckten Einlage wird im Steuerrecht nicht einheitlich definiert.[15] Einigkeit besteht aber darin, daß verdeckte Einlagen Vorteilszuwendungen eines Gesellschafters an die Gesellschaft sind, die ihre Ursache im Gesellschaftsverhältnis haben.[16] Ursächlich ist das Gesellschaftsverhältnis für die Vorteilszuwendung, wenn der Gesellschafter bei Anwendung der Sorgfalt eines ordentlichen und gewissenhaften Geschäftsleiters der Gesellschaft den Vermögensvorteil nicht eingeräumt hätte.[17] Ob als weitere Voraussetzung der verdeckten Einlage die Erhöhung der Aktiva oder die Minderung der Passiva bei der Gesellschaft hinzukommen muß, ist umstritten.[18]

---

13 *Buyer*, Gewinn und Kapital, S. 57 ff.

14 Ob die Regelung des § 4 I EStG über § 8 I KStG unmittelbar (so Beschluß des Großen Senats des BFH vom 26.10.1987 GrS 2/86, BStBl. II 1988, S. 348 [354]; *Pezzer*, StuW 1975, S. 222 [223] und *Wassermeyer*, StBJb 1985/1986, S. 213 [220] sowie *Groh*, DB 1988, S. 514 [522]) oder nur analog anwendbar ist, ist strittig; siehe dazu *Kronenberg*, Abgrenzung, S. 39 f.; Die Anwendung ist aber durch den Grundsatz der Einheitlichkeit des Steuerrechts und der Trennung von Einkommensermittlung und Einkommensverwendung zwingend (*Döllerer*, verdeckte Gewinnausschüttungen, S. 209; *Popp*, Leistungsbeziehungen, S. 95 f.; *Dötsch et al.*, Körperschaftsteuer, Rdnr. 36 zu § 8 KStG).

15 *Wismeth*, Einlage, S. 119 ff..

16 BFH - Urteil vom 21.09.1989 IV R 115/88, BStBl. II 1990, S. 86 (87); *Wismeth*, Einlage, S. 125; *Döllerer*, Verdeckte Gewinnausschüttungen, S. 173; *Streck*, KStG, Anm. 41 zu § 8 KStG; A. 36a I KStR.

17 BFH - Urteil v. 14.11.1984 I R 59/80, BStBl. II 1985, S. 227 (229); BFH - Urteil v. 09.03.1983 I R 182/78, BStBl. II 1983, S. 744 (745 f.).

18 Der Große Senat fordert dies; Beschluß vom 26.10.1987 GrS 2/86, BStBl. II 1988, S. 348 (354); ebenso BFH - Urteil v. 03.02.1971 I R 51/66, BStBl. II 1971, S. 408 (410); sowie die Finanzverwaltung in A. 36 a I 2 KStR; im einzelnen siehe unten 1. Teil D. I.).

Sinn und Zweck der Regelung über die Einlagen ist es, nur betrieblich veranlaßte Vermögensmehrungen in den Gewinn einfließen zu lassen und zu besteuern.[19] Alle anderen, außerbetrieblich veranlaßten Vermögensmehrungen dürfen den Gewinn nicht beeinflussen.[20] Dieses Ziel erreicht das Gesetz, indem es zum Ausgleich der nicht betrieblich veranlaßten Vermögensänderung eine (verdeckte) Einlage von dem Gewinn der Gesellschaft absetzt (§ 4 I 1, 5 EStG, § 8 I KStG). Die verdeckte Einlage ist damit von der betrieblich veranlaßten Betriebseinnahme abzugrenzen.[21]

Die verdeckte Einlage ist nach einer Auffassung mit dem Teilwert[22], nach anderer Auffassung mit dem gemeinen Wert zu bewerten.[23] Dem einlegenden Gesellschafter entstehen durch die verdeckte Einlage nach der Rechtsprechung und h.M. in der Literatur nachträgliche Anschaffungskosten auf seine Beteiligung.[24] Gehörte das eingebrachte Wirtschaftsgut zu einem Betriebsvermögen, soll wie beim Tausch in Höhe der Differenz zwischen gemeinem Wert und Buchwert des Wirtschaftsguts ein Gewinn entstehen.[25]

---

19 *Herzig/Förster*, Wpg. 1986, S. 289 (294).

20 *Lang*, Gewinnrealisierung, S. 45 (53, 57); *Streck*, KStG, Anm. 30 zu § 8 KStG.

21 Umfassend dazu *Kronenberg*, Abgrenzung; *Lang*, Gewinnrealisierung, S. 45 (57).

22 *Döllerer*, Verdeckte Gewinnausschüttungen, S. 209; *Salditt*, StuW 1971, S. 107 (114 f.) unter Bezug auf § 8 I KStG, § 6 I Nr. 5 EStG.

23 Zusammenfassend: *Otto*, DB 1979, S. 30 - 32; 131 - 133; 183 - 187.

24 BFH - Urteil v. 26.07.1967 I R 138/65, BStBl. III 1967, S. 733 (734); ebenso *Döllerer*, Verdeckte Einlagen, S. 293 (296); a.A. *Meyer - Arndt*, BB 1968, S. 410 (411), der von Herstellungskosten spricht; a.A. auch *Pezzer*, StuW 1975, S. 222 (226), der weder nachträgliche Anschaffungs - noch Herstellungskosten annimmt. Noch anders *Knobbe - Keuk*, die bei der verdeckte Einlage den Gewinnrealisierungstatbestand verneint (Bilanz - und Unternehmenssteuerrecht, S. 198 f.).

25 BFH - Urteil v. 12.02.1980, BStBl. II 1980, S. 494 (497); ebenso *Döllerer*, Verdeckte Gewinnausschüttungen, S. 215; a.A. *Knobbe-Keuk*, Bilanz - und Unternehmenssteuerrecht (S. 198 f.), die eine gesetzliche Grundlage für die Gewinnrealisierung vermißt.

2. Kapitel: Leistungsbeziehungen im Konzern und verdeckte Gewinnausschüttungen nach der BFH - Rechtsprechung[1]

A. Die Leistungsbeziehungen im Konzern

In Konzernen kann es zu einem umfangreichen Leistungsaustausch kommen. In Betracht kommen hier Warenlieferungen und Dienstleistungen, die nach der klassischen Betrachtungsweise[2] in Assistenzleistungen[3], Management[4] - und Kontrollkosten[5], Finanzdienstleistungen[6], Nutzungsüberlassungen materieller und immaterieller Wirtschaftsgüter[7] sowie Übertragungen materieller und immaterieller[8] Wirtschaftsgüter unterteilt werden.

Alle diese Leistungsbeziehungen können aus den verschiedensten Gründen zu verdeckten Gewinnausschüttungen führen. Denn sie bergen die Gefahr in sich, daß bei einem der beteiligten Konzernunternehmen eine durch das Gesellschaftsverhältnis veranlaßte Vermögensminderung oder verhinderte

---

1 Insbesondere nach dem Beschluß des Großen Senats des BFH vom 26.10.1987 GrS 2/86, BStBl. II 1988, S. 348.

2 *Engel*, Konzerntransferpreise, S. 112, der diese klassische Betrachtung aber verwirft und stattdessen ein eigenes Konzept entwickelt; auch *Scheffler*, ZfbF 1991, S. 471 (478), hält die klassische Einteilung für überflüssig; *Baumhoff*, Verrechnungspreise, S. 30 ff., hält die klassische Unterteilung auch für nicht praktikabel und fragt stattdessen danach, ob die Verrechnung dem Grunde nach erforderlich und das dafür gezahlte Entgelt angemessen ist; *Haas/Bacher/Scheuer*, Steuerliche Gestaltung, S. 82; *Ebenroth*, Verdeckte Vermögenszuwendungen, S. 228, der der Dreiteilung keinen praktischen Nutzwert mehr zubilligt; a.A. auch die Verwaltungsgrundsätze in Tz. 3.2.2. Noch anders der *OECD - Bericht* 1984, Verrechnungspreise, S. 78.

3 Kosten, die von der Konzernspitze im Interesse der Tochtergesellschaft erbracht werden und statt von der Konzernspitze auch von einem fremden Dritten erledigt werden könnten, wie z.B. Werbung, Marketingberatung, Marktforschung.

4 Kosten für unternehmerische Entscheidungen, die zumindest auch im Interesse der Konzernspitze liegen wie z.B. Investitions - und Finanzplanungen.

5 Kosten, die allein im Interesse der Muttergesellschaft als Gesellschafterin anfallen und mit denen die Konzernspitze ihre Gesellschaftsrechte gegenüber der Tochtergesellschaft wahrnimmt.

6 Z.B. durch Hingabe von Darlehen.

7 Miete, Pacht, Leihe.

8 Z.B. Know - How, Patente, Warenzeichen, gewerbliche Schutzrechte usw..

Vermögensmehrung eintritt, die sich auch auf das Einkommen dieser Gesellschaft auswirkt.[9] So ist z.B. die Übernahme von Kontrollkosten durch eine Tochtergesellschaft eine verdeckte Gewinnausschüttung an die Muttergesellschaft. Denn die Kontrollkosten liegen ausschließlich im Interesse der Muttergesellschaft und haben damit ihre Ursache im Gesellschaftsverhältnis.[10]

Für die weitere Untersuchung soll und muß nun nicht jede denkbare Variante der genannten Leistungsbeziehungen gesondert untersucht werden. Die Leistungsbeziehungen können zu Gruppen zusammengefaßt werden. Als Ordnungskriterium dafür bietet sich die jeweilige steuerliche Gleichbehandlung durch die Rechtsprechung des BFH innerhalb einer Gruppe an, weil die Ergebnisse der Rechtsprechung auf die Stimmigkeit hin untersucht werden sollen. Im weiteren Verlauf der Untersuchung wird jede Gruppe stellvertretend für die von ihr repräsentierten Leistungsbeziehungen analysiert. Die einzelnen Leistungsbeziehungen werden zu den folgenden Fallgruppen zusammengefaßt.

Fallgruppe 1: Übertragen materieller Wirtschaftsgüter (Unterpreislieferung).

Diese Gruppe umfaßt alle Leistungsbeziehungen im Konzern, denen die Übertragung materieller Wirtschaftsgüter zu unangemessenen Preisen zugrundeliegt. Darunter fallen z.B. Warenlieferungen, aber auch solche Lebenssachverhalte wie die Übertragung von Wirtschaftsgütern des Anlagevermögens.

Fallgruppe 2: Überlassen materieller und immaterieller Wirtschaftsgüter zur Nutzung und Erbringen von Leistungen (Unterpreisleistung)

Die zweite Gruppe umfaßt alle Leistungsbeziehungen, denen die Überlassung materieller und immaterieller Wirtschaftsgüter zur Nutzung oder das Erbringen von Leistungen zu unangemessenen Preisen im Konzern zugrundeliegt. Darunter fallen alle Arten von Dienstleistungen einschließlich Finanzdienstleistungen sowie die Nutzungsüberlassung materieller und immaterieller Wirtschaftsgüter.

---

9 Z.B durch das Berechnen unangemessener Entgelte.

10 BFH - Urteil v. 29.08.1984 I R 68/81, BStBl. II 1985, S. 120 (122); *Engel*, Konzerntransferpreise, S. 111; *Haas/Bacher/Scheuer*, Steuerliche Gestaltung, S. 83; *Streck*, KStG, Anm. 150 "Konzernumlagen" zu § 8 KStG.

Fallgruppe 3: Das Übertragen immaterieller Wirtschaftsgüter

Die dritte Gruppe schließlich umfaßt die Leistungsbeziehungen, denen die Übertragung immaterieller Wirtschaftsgüter im Konzern zugrundeliegt. Die Rechtsprechung differenziert zwar nicht zwischen der Übertragung immaterieller und materieller Wirtschaftsgüter.[11] Insoweit ist die Rechtsprechung aber nicht unkritisiert geblieben. Diese dritte Gruppe dient daher zunächst der Analyse der BFH - Rechtsprechung.

Das Steuerrecht enthält keine Definition des immateriellen Wirtschaftsgutes. Aufgrund der Maßgeblichkeit der Handelsbilanz für das Steuerrecht[12] ist auf das Handelsrecht zurückzugreifen. Das Handelsrecht läßt in der Bilanz nur die Aktivierung von Vermögensgegenständen zu.[13] Dabei differenziert das Handelsrecht zwischen materiellen und immateriellen Vermögensgegenständen. Sachen i.S.v. § 90 BGB sind körperliche Gegenstände[14] und können damit als materielle Vermögensgegenstände stets aktiviert werden.[15] Dagegen sind immaterielle Vermögensgegenstände unkörperliche Güter, für die dem Kaufmann das wirtschaftliche Verfügungsrecht zusteht und die selbständig übertragen werden können.[16] Weil das Steuerrecht keine eigenständige Definition des immateriellen Wirtschaftsgutes kennt, ist hier der steuerrechtliche Begriff des Wirtschaftsgutes mit dem handelsrechtlichen Begriff des Vermögensgegenstandes identisch.[17]

---

11 BFH - Urteil v. 20.08.1986 I R 150/82, BStBl. II 1987, S. 455 (457); BFH - Urteil v. 24.03.1987 I R 202/83, BStBl. II 1987, S. 705 (706).

12 § 5 I EStG.

13 Argumentum ex §§ 240 I, 246 I HGB.

14 § 90 BGB.

15 Wenn diese selbständig übertragen werden können und der Kaufmann das wirtschaftliche Verfügungsrecht über sie hat (*Heymann - Jung*, Handelsgesetzbuch, Rdnr. 9 zu § 247 HGB).

16 *Heymann - Jung*, Handelsgesetzbuch, Rdnr. 10 zu § 247 HGB.

17 BFH - Urteil vom 06.12.1978 I R 35/78, BStBl. II 1979, S. 262 (263); *Plückebaum* in *Kirchhof/Söhn*, EStG, Rdnr. B 57 zu § 4 EStG.

Als immaterielle Wirtschaftsgüter sind insbesondere zu nennen:

Konzessionen, gewerbliche Schutzrechte und ähnliche Rechte sowie Lizenzen an solchen Rechten und Werten, Geschäfts - oder Firmenwerte, geleistete Anzahlungen auf eigene Aufwendungen für Forschung und Entwicklung, Know - How, Rezepte, Software, Geheimverfahren.[18]

Im übrigen gehören zu den immateriellen Wirtschaftsgütern alle anderen nicht körperlichen Gegenstände sowie Möglichkeiten und Vorteile, deren Erlangung der Steuerpflichtige sich etwas kosten läßt, wenn sie nach der Verkehrsauffassung einer besonderen Bewertung zugänglich sind und einen besonderen Nutzen für mehrere Jahre erbringen.[19]

---

18 *Heymann - Jung*, Handelsgesetzbuch, Rdnr. 11 zu § 248 HGB; *Schmidt*, EStG, Anm. 21 zu § 5 EStG.

19 BFH - Urteil vom 20.02.1975 IV R 79/74, BStBl. II 1975, S. 510 (511); *Plückebaum* in *Kirchhof/Söhn*, EStG, Rdnr. B 57 zu § 4 EStG; ähnlich *Pankow/Reichmann* in Beck'scher Bilanzkommentar, Rdnr. 389 zu § 247 HGB.

B. Die verdeckte Gewinnausschüttung im Konzern nach der BFH - Rechtsprechung

Die Darstellung der verdeckten Gewinnausschüttung nach dem Beschluß des Großen Senats des BFH zur Einlagefähigkeit von Nutzungen und Leistungen[1] erfolgt an dieser Stelle zunächst unkommentiert, um einen Überblick über die sich aus dem Beschluß ergebenden Rechtsfolgen zu vermitteln. Danach folgt die Untersuchung des BFH - Beschlusses.[2] Beteiligt sind in den folgenden Modellannahmen nur nach deutschem Steuerrecht unbeschränkt steuerpflichtige Kapitalgesellschaften. Untersucht werden Vorteilszuwendungen im Konzern in der Leistungsrichtung Gesellschaft an Gesellschafter, in der umgekehrten Leistungsrichtung Gesellschafter an Gesellschaft sowie Vorteilszuwendungen zwischen Schwestergesellschaften und zwischen Enkelgesellschaften.

I. Vorteilszuwendung der Tochtergesellschaft[3] an die Muttergesellschaft[4]

1. Steuerliche Behandlung bei T

Die Vorteilszuwendung ist bei T als verdeckte Gewinnausschüttung an die Gesellschafterin M zu erfassen und einkommenserhöhend anzusetzen, soweit bisher eine Einkommensminderung bei T eingetreten ist. Dabei ist gleichgültig, ob der Vorteil Gegenstand einer Unterpreislieferung oder einer Unterpreisleistung ist.[5] Weiter ist die Ausschüttungsbelastung herzustellen, soweit nicht EK 04 als verwendet gilt.[6]

---

1 Beschluß vom 26.10.1987 GrS 2/86, BStBl. II 1988, S. 348.

2 Beschluß vom 26.10.1987 GrS 2/86, BStBl. II 1988, S. 348.

3 Gesellschaft.

4 Gesellschafter.

5 Beschluß des Großen Senates vom 26.10.1987 GrS 2/86, BStBl. II 1988, S. 348 (354).

6 *Streck*, KStG, Anm. 6 zu § 27 KStG.

2. Steuerliche Behandlung bei M

Bei M ist der erhaltene Vorteil als zugeflossene verdeckte Gewinnausschüttung zu erfassen.[7] Grundsätzlich ergibt sich daraus bei M eine Einkommenserhöhung. Hat der Vorteil bei M bereits zu steuerpflichtigen Einkünften geführt, ist das Einkommen allerdings nur intern umzugliedern.[8] In jedem Fall ist das Körperschaftsteuerguthaben neben der zugeflossenen verdeckten Gewinnausschüttung als Einnahme anzusetzen und auf die Steuerschuld der M anzurechnen.[9] Liegt eine Unterpreisleistung der T an M vor, ist bei M der erhaltene Vorteil als für Zwecke der Beteiligung an T verbraucht anzusehen. Dieser Vorteilsverbrauch führt bei M nach dem BFH - Beschluß[10] zu Betriebsausgaben.[11]

II. Vorteilszuwendung der Muttergesellschaft an die Tochtergesellschaft

1. Steuerliche Behandlung bei M

a) Liegt der Vorteilszuwendung eine Unterpreislieferung der M an T zugrunde, dann ist bei M der gemeine Wert des Wirtschaftsgutes als der Betrag anzusetzen, mit dem das Wirtschaftsgut aus dem Betriebsvermögen ausscheidet. Die Differenz zwischen gemeinem Wert und Buchwert des Wirtschaftsgutes hat M als aufgedeckte stille Reserve zu versteuern.[12] Zugleich ist der gemeine Wert des Wirtschaftsgutes von M als nachträgliche Anschaffungskosten für die Beteiligung an der T zu aktivieren.[13]

---

7 § 8 I KStG, § 20 I Nr. 1 EStG.

8 *Pezzer*, Verdeckte Gewinnausschüttung, S. 173 m.w.N. in Fn. 234; Dieses Verfahren dient dem Zweck, das Anrechnungsverfahren nach den §§ 27 ff. KStG zu verwirklichen. Die Gewinnausschüttungen sollen danach exakt nach dem individuellen Steuersatz des Gesellschafters besteuert werden.

9 § 8 I KStG, §§ 20 I Nr. 3, 36 II 3 EStG.

10 Beschluß vom 26.10.1987 GrS 2/86, BStBl. II 1988, S. 348.

11 *Herzig/Förster*, DB 1988, S. 1329 (1331).

12 BFH - Urteil v. 26.07.1967 I R 138/65, BStBl. III 1967, S. 733 (734).

13 Beschluß vom 26.10.1987 GrS 2/86, BStBl. II 1988, S. 348 (356); *Döllerer*, Verdeckte Gewinnausschüttungen, S. 215.

b) Besteht der zugewendete Vorteil dagegen in Nutzungen und Leistungen (Unterpreisleistung), kann nach Auffassung des BFH eine Einlage der M in T nicht vorliegen, da Nutzungen und Leistungen keine einlagefähigen Wirtschaftsgüter sind.[14] Steuerrechtlich ist somit bei M nichts zu veranlassen.

2. Steuerliche Behandlung bei T

a) Besteht der Vorteil in einlagefähigen Wirtschaftsgütern (Unterpreislieferung), dann hat T die erhaltenen Wirtschaftsgüter mit dem Teilwert als Zugang zu ihrem Betriebsvermögen anzusetzen.[15] Bei der Gewinnermittlung wird dieser Betrag als Einlage gewinnmindernd abgezogen.[16] Der Vorgang ist also für T einkommensneutral.

b) Besteht der Vorteil hingegen in Nutzungen und Leistungen (Unterpreisleistung), kommt der Abzug einer den steuerlichen Gewinn mindernden Einlage nach Auffassung des BFH nicht in Betracht.[17] Steuerrechtlich ist bei T nichts zu veranlassen. Faktisch kommt es damit zu einer Gewinnverlagerung von M auf T.[18] Denn der M fehlen aufgrund der Unterpreisleistung Betriebseinnahmen, der T hingegen Betriebsausgaben. M versteuert damit einen aus gesellschaftrechtlichen Gründen zu niedrigen, T dagegen einen aus dem gleichen Grunde zu hohen Gewinn.

---

14 Beschluß vom 26.10.1987 GrS 2/86, BStBl. II 1988, S. 348 (353 ff.)

15 § 8 I KStG, § 6 I Nr. 5 EStG.

16 § 4 I 1, 5 EStG, § 8 I KStG.

17 Beschluß vom 26.10.1987 GrS 2/86, BStBl. II 1988, S. 348 (353).

18 Gemessen am Fremdvergleich.

3. Zusammenfassung der steuerlichen Auswirkungen zu I und II

I. verdeckte Gewinnausschüttung T an M

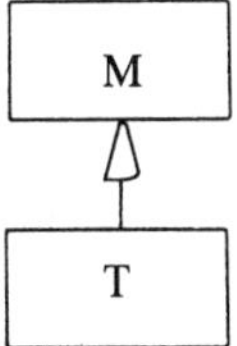

T: verdeckte Gewinnausschüttung an M; Herstellen der Ausschüttungsbelastung

M: Erfassen der verdeckten Gewinnausschüttung und des KSt-Guthabens als Einnahme sowie Anrechnung des KSt-Guthabens; Betriebsausgaben aus dem Vorteilsverbrauch bei Unterpreisleistung

II. Vorteilszuwendung der M an T

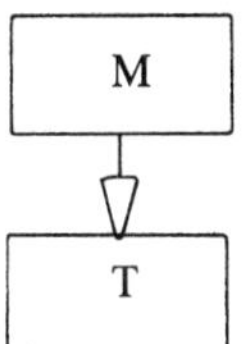

M: a) verdeckte Einlage der M in T, wenn aktivierbare materielle oder immaterielle Wirtschaftsgüter Gegenstand der Vorteilszuwendung sind; Aufdeckung der stillen Reserven und Versteuerung nach Auffassung des BFH;

b) keine verdeckte Einlage bei Zuwendung von Nutzungen und Leistungen.

T: a) keine Auswirkung, da Abzug einer Einlage zur Gewinnkorrektur.

b) Versteuerung eines um den Vorteil erhöhten Gewinns; keine Einlage zur Gewinnkorrektur.

III. Vorteilszuwendungen im mehrgliedrigen Konzern, insbesondere zwischen Schwestergesellschaften

Vorteilszuwendungen treten im Konzern nicht nur zwischen Gesellschaft und Gesellschafter in beiden Leistungsrichtungen, sondern auch zwischen Tochtergesellschaften oder Tochtergesellschaften und Enkelgesellschaften auf. Diesen Fall der Vorteilszuwendung bezeichnet man als Vorteilszuwendung zwischen Schwestergesellschaften.[19] Die aus der BFH - Rechtsprechung resultierenden Rechtsfolgen der Vorteilszuwendung zwischen Schwestergesellschaften sollen nachfolgend an dem Modell des dreigliedrigen Konzerns, bestehend aus zwei Tochtergesellschaften[20] und einer gemeinsamen Muttergesellschaft[21] dargestellt werden. Es wird unterstellt, daß die Tochtergesellschaft T_1 gegenüber der Tochtergesellschaft T_2 eine Vorteilszuwendung erbringt.

1. Steuerliche Behandlung bei der Tochtergesellschaft T_1

Es ergeben sich keine Abweichungen gegenüber der Behandlung von Vorteilszuwendungen im zweigliedrigen Konzern[22]; die Zuwendung ist bei T_1 als verdeckte Gewinnausschüttung an M zu erfassen.

2. Steuerliche Behandlung bei der Muttergesellschaft

a) Besteht der Vorteil in einlagefähigen Wirtschaftsgütern (Unterpreislieferung), dann vollziehen sich auf der Ebene der M steuerrechtlich nach Auffassung des BFH[23] zwei Schritte:
(1) M erhält in einem ersten Schritt den Vorteil von T_1 und steuerrechtlich damit eine verdeckte Gewinnausschüttung wie im zweigliedrigen Konzern;[24]

---

19 Beschluß vom 26.10.1987 GrS 2/86, BStBl. II 1988, S. 348 (355).

20 T_1 und T_2.

21 M.

22 bestehend aus M und T.

23 Beschluß vom 26.10.1987 GrS 2/86, BStBl. II 1988, S. 348 (355 f.)

24 Beschluß vom 26.10.1987 GrS 2/86, BStBl. II 1988, S. 348 (356).

(2) M gibt den von T_1 erhaltenen Vorteil in einem zweiten Schritt an T_2 weiter, da ja auch T_2 den Vorteil tatsächlich erhalten hat. Die Weitergabe der Wirtschaftsgüter von M an T_2 ist eine verdeckte Einlage seitens der M in T_2, die bei M zu einer Erhöhung des Beteiligungswertes an T_2 führt.[25]

b) Besteht der Vorteil hingegen in der Überlassung von Nutzungen und Leistungen (Unterpreisleistung), dann ergibt sich nach Auffassung des BFH eine andere als die eben dargestellte Lösung, die aber auch aus zwei Schritten besteht:[26]

(1) M erhält wie bei der Unterpreislieferung den Vorteil von T_1 und steuerrechtlich damit eine verdeckte Gewinnausschüttung;[27] dieser Schritt ist mit dem ersten Schritt im Fall der Unterpreislieferung noch identisch.

(2) M gibt - ebenfalls wie bei der Unterpreislieferung - den Vorteil in einem zweiten Schritt an T_2 weiter. Die Weitergabe ist hier aber nach Auffassung des BFH im Gegensatz zur Unterpreislieferung keine verdeckte Einlage seitens der M in T_2, da Nutzungen und Leistungen nicht Gegenstand einer Einlage sein können.[28] Damit führt die Weitergabe des Vorteils auch nicht zu einer Erhöhung des Beteiligungswertes der M an T_2. Stattdessen führt die Weitergabe des Vorteils an T_2 bei M zu Betriebsausgaben.[29]

3. Steuerliche Behandlung bei der Tochtergesellschaft T_2

a) Besteht der Vorteil in einlagefähigen Wirtschaftsgütern (Unterpreislieferung), dann ist bei T_2 die von M erhaltene Zuwendung als gesellschaftsrechtlich veranlaßte Einlage vom Gewinn abzuziehen, so daß bei T_2 die Vermögensmehrung nicht der Besteuerung unterliegt.[30]

---

25 Beschluß vom 26.10.1987 GrS 2/86, BStBl. II 1988, S. 348 (355 f.).

26 Beschluß vom 26.10.1987 GrS 2/86, BStBl. II 1988, S. 348 (356 f.).

27 Beschluß vom 26.10.1987 GrS 2/86, BStBl. II 1988, S. 348 (356).

28 Beschluß vom 26.10.1987 GrS 2/86, BStBl. II 1988, S. 348 (356).

29 Beschluß vom 26.10.1987 GrS 2/86, BStBl. II 1988, S. 348 (357).

30 Beschluß vom 26.10.1987 GrS 2/86, BStBl. II 1988, S. 348 (356).

b) Besteht der Vorteil in der Überlassung von Nutzungen und Leistungen (Unterpreisleistung), dann ist bei T_2 nach Auffassung des BFH nichts zu veranlassen, da Nutzungen und Leistungen nicht einlagefähig sind.[31] Im Ergebnis versteuert T_2 damit einen zu hohen Gewinn, da der T_2 entsprechende Betriebsausgaben aufgrund der gesellschaftsrechtlich veranlaßten Unterpreisleistung fehlen.

31 Beschluß vom 26.10.1987 GrS 2/86, BStBl. II 1988, S. 348 (356).

4. Zusammenfassung zu III.

Zuwendungen im mehrgliedrigen Konzern; tatsächliche Zuwendung von T_1 an T_2

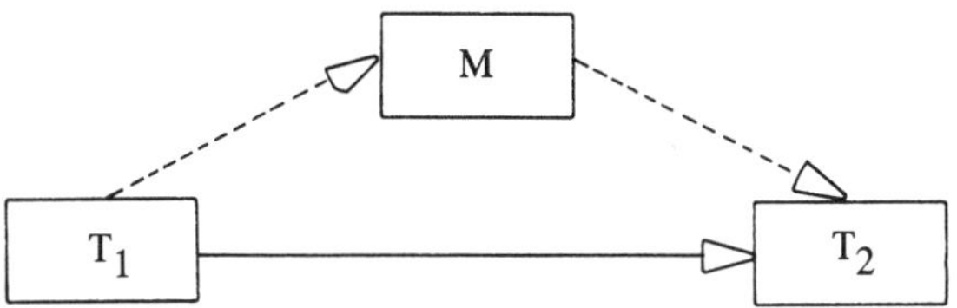

———————— = zivilrechtliche Leistungsbeziehungen

- - - - - - - - - - = steuerliche Betrachtung der Leistungsbeziehungen

T_1: verdeckte Gewinnausschüttung an M
M: Erhalt der verdeckten Gewinnausschüttung und a) verdeckte Einlage in T_2, wenn einlagefähige Wirtschaftsgüter; b) Abzug der Weiterleitung des Vorteils an T_2 als Betriebsausgaben, wenn Nutzungen und Leistungen.
T_2:a) Abzug einer verdeckten Einlage, wenn einlagefähige Wirtschaftsgüter; b) keine Änderung, wenn Nutzungen und Leistungen.

5. Rechnerische Zusammenfassung zu III, wenn der Vorteil 100 beträgt

1. Verdeckte Einlage von M in T_2 möglich (Unterpreislieferung)

		Steuer
T_1	Verdeckte Gewinnausschüttung 100 (30 % = 30/70)[32]	+ 42,867
M	Erhalt der vGA und des KSt - Guthabens	
	(100 + 42,867) Steuersatz 45 %	+ 64,164
	Anrechnung der KSt aus der vGA[33]	- 42,857
T_2	Vermögensmehrung durch Zuwendung von 100, aber zugleich Minderung durch Abzug der Einlage	0
	Summe	+ 64,164

2. Verdeckte Einlage von M in T_2 nicht möglich (Unterpreisleistung)

		Steuer
T_1	wie oben	+ 42,867
M	Erhalt der vGA und des KSt - Guthabens	+ 64,164
	Abzug des an T_2 gegebenen Vorteils als Betriebsausgaben 45 % Steuersatz von 100	- 45,00
	Anrechnung der KSt	- 42,867
T_2	Versteuerung eines um 100 erhöhten Gewinns	+ 45,00
	Summe	+ 64,164

---

32 Wenn für die Ausschüttung nur EK 45 aus der verdeckten Gewinnausschüttung vorhanden ist. Wird für die gesamte verdeckte Gewinnausschüttung EK 45 verwendet, ist die Steuerbelastung der verdeckten Gewinnausschüttung geringer. Aufgrund des Anrechnungsverfahrens ändert sich aber an der Gesamtbelastung im Konzern nichts.

33 Siehe vorhergehende Fn..

IV. Vorteilszuwendung zwischen Enkelgesellschaften oder zwischen Enkel - und Schwestergesellschaften im Konzern

Diese Form der Vorteilszuwendung bringt gegenüber den bisher behandelten Fallgruppen keine neuen Erkenntnisse. Liegt eine Vorteilszuwendung der Enkelgesellschaft E_1[34] an die Enkelgesellschaft E_2[35] vor, wird dieser Sachverhalt steuerrechtlich so beurteilt, daß der Vorteil zunächst von E_1 über die Tochtergesellschaft T_1 an die gemeinsame Muttergesellschaft und von dort über die Tochtergesellschaft T_2 an E_2 gelangt.[36] Das gilt entsprechend für Vorteilszuwendungen zwischen Enkel - und Schwestergesellschaften.

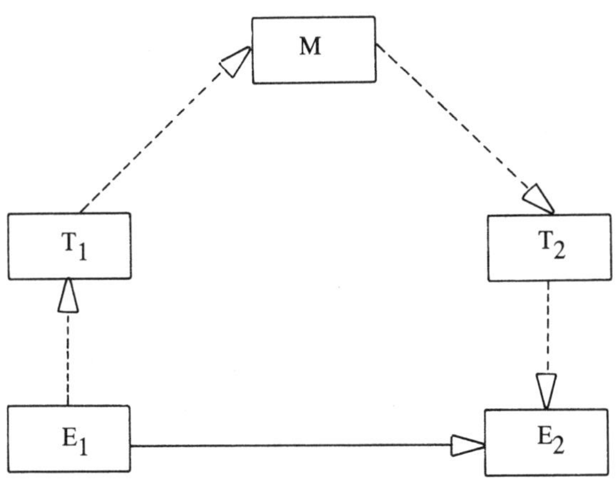

———————— zivilrechtliche Leistungsbeziehungen

- - - - - - - - - - - - steuerliche Betrachtung der Leistungsbeziehungen

---

34 Beteiligungsgesellschaft der Tochtergesellschaft T_1.

35 Beteiligungsgesellschaft der Tochtergesellschaft T_2.

36 *Lang*, FR 1984, S. 629 (633) *Korn*, KÖSDI 1989, S. 7528 (7532); BFH - Urteil v. 23.10.1985 I R 247/81, BStBl. II 1986, S. 195 (200); siehe dazu auch § 26 V KStG.

V. Exkurs: Besonderheiten bei Leistungsbeziehungen zwischen Gesellschaft und beherrschendem Gesellschafter im Konzern

1. Das Rückwirkungs - und Nachzahlungsverbot der BFH - Rechtsprechung

Beruht die Vermögensminderung oder verhinderte Vermögensmehrung infolge einer Vorteilszuwendung im Konzern bei der leistenden Gesellschaft nicht auf gesellschaftsrechtlichen, sondern auf betrieblichen Gründen, fehlt ein Tatbestandsmerkmal der verdeckten Gewinnausschüttung und eine verdeckte Gewinnausschüttung liegt somit nicht vor.[1] Eine betriebliche Veranlassung ist gegeben, wenn ein ordentlicher Geschäftsleiter die Vermögensminderung oder verhinderte Vermögensmehrung ebenfalls hingenommen hätte. Das setzt voraus, daß bei Leistungsbeziehungen zwischen Gesellschaft und Gesellschafter die vereinbarten Bedingungen angemessen sind und einem Fremdvergleich standhalten.[2]

Bei Leistungsbeziehungen zwischen der Gesellschaft und beherrschenden Gesellschaftern hat der BFH jedoch ein Sonderrecht geschaffen. Dieses Sonderrecht wird auch als Rückwirkungs - und Nachzahlungsverbot bezeichnet. Danach werden Leistungsbeziehungen zwischen der Gesellschaft und beherrschenden Gesellschaftern steuerlich nur anerkannt, wenn sich Leistung und Gegenleistung angemessen gegenüberstehen[3] und zusätzlich über Leistung und Gegenleistung im voraus klare und eindeutige Vereinbarungen getroffen worden sind.[4]

---

1 Statt vieler: *Döllerer*, Verdeckte Gewinnausschüttungen, S. 58.

2 *Streck*, KStG, Anm. 88 zu § 8 KStG; *Döllerer*, Verdeckte Gewinnausschüttungen, S. 58 f.

3 Sind also Leistung und Gegenleistung angemessen, fehlt aber die vom BFH geforderte vorherige und eindeutige Vereinbarung, dann liegt trotz der Angemessenheit der Leistungsbeziehungen eine verdeckte Gewinnausschüttung vor.

4 Ständige Rechtsprechung des BFH: BFH - Urteil vom 28.10.1987 I R 22/84, BFH/NV 1989, S. 131 (132); BFH - Urteil vom 22.02.1989 I R 172/86, BFH/NV 1989, S. 669 (670); BFH - Urteil vom 22.02.1989 I R 9/85, BStBl. II 1989, S. 631 (632); BFH - Urteil vom 28.06.1989 I R 89/85, BStBl. II 1989, S. 854 (856); BFH - Urteil vom 02.03.1988 I R 63/82, BStBl. II 1988, S. 590 (591); BFH - Urteil vom 03.11.1976, I R 98/75, BStBl. II 1977, S. 172 (173); ebenso *Dötsch et al.*, Körperschaftsteuer, Rdnr. 68 zu § 8 KStG; *Meier*, GmbHR 1991, S. 70 (71);

Darüber hinaus müssen die Vereinbarungen zwischen der Gesellschaft und dem beherrschenden Gesellschafter für die steuerrechtliche Anerkennung auch zivilrechtlich wirksam sein.[5] § 41 AO, nach dem die zivilrechtliche Unwirksamkeit für die Besteuerung unerheblich ist, soweit und solange die Beteiligten das wirtschaftliche Ergebnis des Rechtsgeschäfts gleichwohl eintreten und bestehen lassen, soll dagegen zurücktreten.[6] Diese zusätzlichen Erfordernisse bei Leistungsbeziehungen zwischen der Gesellschaft und beherrschenden Gesellschaftern werden damit begründet, daß der beherrschende Gesellschafter in der Lage sei, in der Gesellschaft einen maßgeblichen Einfluß darauf auszuüben, daß ihm Sondervorteile eingeräumt würden.[7] Der beherrschende Gesellschafter habe daher die Möglichkeit, für die Leistungsbeziehungen zwischen der Kapitalgesellschaft und sich entweder einen schuldrechtlichen[8] oder einen gesellschaftsrechtlichen Ausgleich[9] zu suchen. Um klare Verhältnisse zu schaffen, müsse der Gesellschafter im voraus klar und eindeutig festlegen, welchen der beiden Wege er wähle.[10]

2. Die Auffassung der Literatur zum Rückwirkungs - und Nachzahlungsverbot

Die überwiegende Meinung in der Literatur akzeptiert das vom BFH entwickelte Sonderrecht des Nachzahlungs - und Rückwirkungsverbots für Leistungsbeziehungen zwischen der Gesellschaft und beherrschenden Gesellschaftern.[11] Es gibt aber auch Stimmen in der Literatur, die einen Teilaspekt

---

Die Verwaltung hat sich in A. 31 V KStR dieser Auffassung angeschlossen.

5 BFH - Urteil vom 22.09.1976 I R 68/74, BStBl. II 1977, S. 15 (16) zu § 5 III StAnpG als Vorläufer des § 41 AO 1977; *Dötsch et al.*, Körperschaftsteuer, Rdnr. 69 zu § 8 KStG.

6 BFH - Urteil vom 22.09.1976 I R 68/74, BStBl. II 1977, S. 15 (16).

7 BFH - Urteil v. 02.03.1988 I R 63/82, BStBl. II 1988, S. 590 (591); *Streck*, KStG, Anm. 120 zu § 8 KStG; *Döllerer*, Verdeckte Gewinnausschüttungen, S. 102.

8 Entgelt.

9 Gewinnausschüttung.

10 BFH - Urteil vom 10.07.1974 I R 205/72, BStBl. II 1974, S. 719 (720); *Döllerer*, Verdeckte Gewinnausschüttungen, S. 104.

11 *Streck*, KStG, Anm. 120 zu § 8 KStG; *derselbe*, GmbHR 1987, S. 104 (107); *Dötsch et al.*, Körperschaftsteuer, Rdnr. 68 zu § 8 KStG; *Döllerer*,

des Nachzahlungs - und Rückwirkungsverbotes kritisieren. Dieser Teil der Literatur wendet sich dagegen, daß Rechtsprechung und Finanzverwaltung das Nachzahlungs - und Rückwirkungsverbot zu restriktiv anwenden und in der Praxis schon immer dann eine verdeckte Gewinnausschüttung bejahen, wenn Leistung und Gegenleistung zwar angemessen sind, eine klare und vorherige Vereinbarung darüber aber fehle.[12] Auch wenn klare und vorherige Vereinbarungen fehlten, sollten die Gesellschaft und der beherschende Gesellschafter die Möglichkeit haben, mit dem Nachweis der Angemessenheit des Leistungsaustausches die Annahme einer verdeckten Gewinnausschüttung zu verhindern.[13]

3. Stellungnahme

Der zuletzt genannten Literaturauffassung ist zuzustimmen. Bei Leistungsbeziehungen zwischen Gesellschaft und Gesellschaftern ist stets zu prüfen, ob Vermögenminderungen oder verhinderte Vermögensmehrungen bei der Gesellschaft betrieblich oder gesellschaftsrechtlich veranlaßt sind. Dies gilt auch für Leistungsbeziehungen zwischen Gesellschaft und beherrschenden Gesellschaftern. Nur so kann festgestellt werden, ob die aufgrund dieser Beziehungen entstandenen Aufwendungen Betriebsausgaben sind und den Gewinn der Gesellschaft mindern oder als gesellschaftsrechtlich veranlaßte Aufwendungen verdeckte Gewinnausschüttungen sind und den Gewinn nicht mindern dürfen.[14]

Richtig ist zwar, daß es der beherrschende Gesellschafter aufgrund seiner Beteiligung in der Hand hat, den Ausgleich für seine Leistungen entweder

---

Verdeckte Gewinnausschüttungen, S. 102 ff.; *Wassermeyer*, DStR 1990, S. 158 (161); *Meyer - Arndt*, FR 1989, S. 637 (637); *Woerner*, Auflockerungstendenzen, S. 327 (329).

12 *Döllerer*, Verdeckte Gewinnausschüttungen, S. 115.

13 *Pezzer*, Verdeckte Gewinnausschüttung, S. 46 ff, der das Problem dem Beweisrecht zuordnet; nach *Streck*, GmbHR 1987, S. 104 (109), soll die betriebliche Veranlassung maßgebend sein. Kleinere Fehler in der Durchführung der Vereinbarung sollen nicht schon zur Annahme verdeckter Gewinnausschüttungen führen; *Döllerer*, Verdeckte Gewinnausschüttungen, S. 115, der zutreffend darauf hinweist, daß sich das Handelsrecht bei der Prüfung des Vorliegens verdeckter Gewinnausschüttungen auch auf die Angemessenheit beschränkt.

14 § 8 III 2 KStG.

auf gesellschaftsrechtlicher[15] oder auf schuldrechtlicher[16] Ebene zu erlangen. Der beherrschende Gesellschafter hat daher klarzustellen, auf welche Basis er seine Beziehungen zur Gesellschaft stellt. Legt er dies nicht eindeutig und im voraus fest, spricht zunächst eine Vermutung dafür, daß er für seine Tätigkeit kein Entgelt verlangen will, sondern den Ausgleich auf gesellschaftsrechtlicher Ebene[17] sucht.

Etwas anderes kann auch nicht aus dem Zivilrecht abgeleitet werden. Zwar bestimmt die Auslegungsregel des § 316 BGB, daß der Leistende im Zweifel den Umfang der von ihm zu fordernden Gegenleistung bestimmen kann. Dieses gesetzliche Bestimmungsrecht setzt aber voraus, daß eine Gegenleistung vereinbart worden ist und gefordert werden kann. Der beherrschende Gesellschafter hätte daher zunächst den Nachweis zu erbringen, daß er mit der Gesellschaft eine Gegenleistung vereinbart hat. Gelingt ihm dieser Nachweis nicht, hilft die Auslegungsregel des § 316 BGB nicht über die fehlende Vereinbarung der Gegenleistung hinweg.

In jedem Fall aber sollte der beherrschende Gesellschafter die Möglichkeit haben, die aus dem Fehlen einer vorherigen und eindeutigen Vereinbarung abgeleitete Vermutung für die gesellschaftsrechtliche Veranlassung und damit für die verdeckte Gewinnausschüttung durch den Nachweis auszuräumen, daß die Leistungsbeziehungen mit der Gesellschaft angemessen sind. Gelingt ihm dieser Nachweis, kann die Vermutung für den gesellschaftsrechtlichen Ausgleich nicht mehr gelten. Denn es ist nicht ersichtlich, warum aus Sicht der Kapitalgesellschaft bei angemessenen Leistungsbeziehungen die betriebliche Veranlassung für eine Vermögensminderung oder verhinderte Vermögensmehrung verneint werden sollte, nur weil der Leistungsempfänger zugleich beherrschender Gesellschafter ist. Durch den Nachweis der Angemessenheit der Leistungsbeziehungen hat die Gesellschaft dargelegt, daß bei einer Leistungsbeziehung mit fremden Dritten in gleichem Umfang eine Vermögensminderung eingetreten oder eine Vermögensmehrung verhindert worden wäre.

Aus Sicht der Gesellschaft kann die betriebliche Veranlassung von Aufwen-

---

15 Gewinnausschüttung.

16 Entgelt.

17 Gewinnausschüttung.

dungen aber nicht davon abhängen, wer die Leistung erbringt oder an wen die Gesellschaft leistet. Die betriebliche Veranlassung kann daher bei Leistungsbeziehungen zwischen Gesellschaft und beherrschenden Gesellschaftern nicht einfach unter Hinweis auf die beherrschende Gesellschafterstellung in eine gesellschaftsrechtliche Veranlassung umgedeutet werden.

Hier zeigt sich deutlich, daß die sinnvolle und notwendige Abgrenzung der gesellschaftsrechtlichen von der betrieblichen Veranlassung nach der Rechtsprechung zu nicht mehr nachvollziehbaren Ergebnissen führt, wenn bei der Abgrenzung Kriterien verwendet werden, die ohne Rücksicht auf die Angemessenheit von Leistungsbeziehungen gelten sollen. Im Wirtschaftsleben ist es üblich, Vereinbarungen nicht immer im voraus klar und eindeutig festzulegen, während sich die Parteien aber sehr wohl darüber im klaren sind, daß sie sich nichts schenken wollen. Dies ergibt sich auch aus § 316 BGB, der in diesen Fällen als Auslegungsregel weiterhilft.

Der BFH wendet die Grundsätze des Nachzahlungs - und Rückwirkungsverbots auch bei Leistungsbeziehungen zwischen Nahestehenden der beherrschenden Gesellschafter und deren Gesellschaft an.[18] Damit gelten diese Grundsätze auch für Leistungsbeziehungen zwischen Schwestergesellschaften, zwischen Enkelgesellschaften sowie zwischen Enkel - und Schwestergesellschaften.[19] Hier reicht es dann aber auch nach der Rechtsprechung des BFH aus, wenn die geforderte klare und vorherige Vereinbarung entweder zwischen Gesellschaft und Gesellschafter oder zwischen Gesellschaft und nahestehender Person[20] vorliegt. Auch für diesen Fall gilt das oben gefundene Ergebnis. Kann die Gesellschaft oder der Gesellschafter die Angemessenheit der Vermögensminderung oder verhinderten Vermögensmehrung nachweisen, besteht auch hier kein Grund, die betriebliche Veranlassung durch Annahme einer verdeckten Gewinnausschüttung in gesellschaftsrechtlich veranlaßte Aufwendungen umzuqualifizieren.

Nach hier vertretener Auffassung verlagert sich das Problem der Abgrenzung der betrieblichen von der gesellschaftsrechtlichen Ebene zur Ermittlung des

---

18 BFH - Urteil v. 29.04.1987 I R 192/82, BStBl. II 1987, S. 797 (800); BFH - Urteil v. 02.03.1988 I R 103/86, BStBl. II 1988, S. 786 (788).

19 *Streck*, KStG, Anm. 120 zu § 8 KStG.

20 Oder Schwestergesellschaft.

zutreffenden steuerpflichtigen Gewinns auf die Ebene der Beweislast.[21] Fehlen vorherige und eindeutige Vereinbarungen über Leistungsbeziehungen zwischen der Gesellschaft und dem beherrschenden Gesellschafter, spricht zunächst eine widerlegbare Vermutung für die verdeckte Gewinnausschüttung. Es besteht aber die Möglichkeit, diese Vermutung zu widerlegen. Dies ist gelungen, wenn die Angemessenheit und damit die betriebliche Veranlassung der Vermögensminderung oder verhinderten Vermögensmehrung bei der Gesellschaft nachgewiesen ist.

21 So auch *Wassermeyer*, GmbHR 1986, S. 26 (29).

VI. Exkurs: Der steuerrechtliche Vorteilsausgleich im Konzern

1. Die grundsätzliche Regelung im Steuerrecht

In Konzernen besteht aufgrund der möglicherweise umfassenden konzerninternen Leistungsbeziehungen zwischen den Konzernunternehmen ein großes Interesse daran, wie dort die Grundätze des BFH zum Vorteilsausgleich zur Anwendung kommen und welche Geschäfte miteinander zum Ausgleich gebracht werden können, um verdeckte Gewinnausschüttungen innerhalb des Konzernverbundes zu vermeiden. Die Rechtsprechung ist der Auffassung, daß der Vorteilsausgleich im Konzern wie bei nicht miteinander verbundenen Unternehmen durchzuführen sei.[1] Daher seien die Grundsätze für Leistungsbeziehungen zwischen der Gesellschaft und beherrschenden Gesellschaftern auch auf den Vorteilsausgleich im Konzern anzuwenden.

Dagegen wehrt sich die Literatur.[2] Nach der Literatur sollen die bei Leistungsbeziehungen zwischen Gesellschaft und beherrschendem Gesellschafter geforderten vorherigen eindeutigen und klaren Vereinbarungen über die miteinander auszugleichenden Geschäfte nur notwendig sein, wenn keine gegenseitigen oder wirtschaftlich kein einheitliches Geschäft bildende Leistungsbeziehungen vorlägen. Die vom BFH aufgestellten Anforderungen an die Vereinbarungen seien zum Teil auch gar nicht zu erfüllen, da die Konzernleitung oft von den Vereinbarungen ihrer Tochter - oder Enkelgesellschaften gar nichts wisse.[3]

In Übereinstimmung mit der Rechtsprechung des BFH läßt die Literatur bei Leistungsbeziehungen zwischen Schwestergesellschaften einen Vorteilsausgleich auch zu, wenn die den Vorteil gewährende Tochtergesellschaft eine Gegenleistung von der diesen Vorteil empfangenden Tochtergesellschaft über die gemeinsame Muttergesellschaft erhält.[4] Ebenso wie bei der Beur-

---

1 BFH - Urteil v. 01.08.1984 I R 99/80, BStBl. II 1985, S. 18 (19).

2 *Döllerer*, Verdeckte Gewinnausschüttungen, S. 120 f.

3 *Brezing*, AG 1988, S. 230 (233); *Ritter*, Beweislast, S. 91 (100), weist darauf hin, daß im Konzern das Leitbild des BFH (Personenidentität zwischen beherrschendem Gesellschafter und der Geschäftsführung) nicht gegeben ist.

4 *Döllerer*, Verdeckte Gewinnausschüttungen, S. 121.

teilung von verdeckten Gewinnausschüttungen im mehrgliedrigen Konzern kann auch der Vorteilsausgleich über die gemeinsame Muttergesellschaft erfolgen. Eine weitere Frage ist, ob es im Rahmen des Vorteilsausgleichs im Konzern zulässig ist, auch andere Konzernunternehmen in den Vorteilsausgleich einzubeziehen.[5] Die Zulässigkeit dieser Einbeziehung wird in der Literatur zum Teil bejaht[6], überwiegend aber verneint.[7]

2. Stellungnahme

Die Grundsätze über zusätzliche Anforderungen bei Leistungsbeziehungen zwischen Gesellschaft und beherrschendem Gesellschafter schneiden dem Steuerpflichtigen die Möglichkeit des Nachweises ab, die vereinbarten und durchgeführten Bedingungen seien angemessen und wie unter fremden Dritten üblich. Denn trotz der Angemessenheit der Leistungsbeziehungen liegen verdeckte Gewinnausschüttungen vor, wenn vorherige und eindeutige Vereinbarungen fehlen. Bei umfangreichen Leistungsbeziehungen im Konzern ist es aber schwer möglich, die in einen Vorteilsausgleich einzubeziehenden Geschäfte von vornherein festzulegen.[8] Denn den Beteiligten ist es in der Regel gar nicht bewußt, daß ein Geschäft zwischen den Konzernunternehmen zu einer verdeckten Gewinnausschüttung führt.[9]

Die zusätzlichen Anforderungen des BFH bei Leistungsbeziehungen zwischen Gesellschaft und beherrschendem Gesellschafter führen für den Steuerpflichtigen zu kuriosen Ergebnissen. Dem Steuerpflichtigen ist nicht bewußt, daß er eine verdeckte Gewinnausschüttung ausgelöst hat, also wird er auch keine Vereinbarung über einen Vorteilsausgleich treffen. Gelingt ihm später der Nachweis, daß die Vorteilszuwendung der Gesellschaft durch einen Vorteil in gegenläufiger Richtung, wie unter fremden Dritten üblich,

---

5 Beispiel: T_1 hat der Schwestergesellschaft T_2 einen Vorteil zugewendet. Sie erhält aber von T_3 einen Vorteil in gleicher Höhe. Hier fragt sich, ob der von T_1 gewährte Vorteil mit dem von T_3 erhaltenen Vorteil saldiert werden darf.

6 *Katterbe*, DB 1983, S. 365 (367); *Herrmann/Heuer/Raupach*, EStG, Rdnr. 102 zu § 6 KStG a.F.; *Döllerer*, Verdeckte Gewinnausschüttungen, S. 121.

7 Statt vieler: *Dötsch et al.*, Körperschaftsteuer, Rdnr. 80 zu § 8 KStG.

8 *Ritter*, Beweislast, S. 91 (101).

9 *Brezing*, AG 1988, S. 230 (233) spricht hier von einer "Traumwelt".

ausgeglichen worden ist, bleibt es gleichwohl bei einer verdeckten Gewinnausschüttung. Denn es fehlt an der vorherigen und eindeutigen Vereinbarung über den Vorteilsausgleich. Die Grundsätze über die Behandlung von Leistungsbeziehungen zwischen Gesellschaft und beherrschendem Gesellschafter können daher im Rahmen des Vorteilsausgleichs nicht berücksichtigt werden. Die Konzernunternehmen müssen die Möglichkeit haben, nachweisen zu können, daß ihre Leistungsbeziehungen insgesamt angemessen gestaltet worden sind, um die Annahme einer verdeckten Gewinnausschüttung zu verhindern.

Zuzustimmen ist auch der Auffassung *Katterbes*, der alle Leistungsbeziehungen zwischen Konzernunternehmen in den Vorteilsausgleich einbeziehen will.[10] Ein solch umfassender Vorteilsausgleich wird den wirtschaftlichen Gegebenheiten eines Konzerns gerecht. Die Einschränkungen des BFH zum Vorteilsausgleich sollen nur verhinderen, daß die Beteiligten nach Ablauf des Veranlagungszeitraums den Gewinn abweichend von den tatsächlichen Geschehnissen ausweisen und damit willkürlich gestalten. Die Gefahr der Manipulation ist bei Einbeziehung aller Konzernunternehmen in den Vorteilsausgleich aber gar nicht gegeben. Denn die Lieferungen und Leistungen zwischen den Gesellschaften sind nicht manipuliert, sie haben stattgefunden. Die hier gefundene Lösung führt somit den Begriff des Vorteilsausgleichs, der aus der wirtschaftlichen Betrachtungsweise entstanden ist[11], konsequent fort.

3. Gesellschaftsrechtliche Ausgleichsansprüche und Vorteilsausgleich

Nach fast allgemeiner Auffassung können im Rahmen des Vorteilsausgleichs nur schuldrechtliche Geschäfte berücksichtigt werden.[12] Gesellschaftsrechtliche Leistungen sollen hingegen nicht in den Vorteilsausgleich einbezogen werden können.[13] Diese Auffassung soll untersucht werden, da sie gerade im

---

10 *Katterbe*, DB 1983, S. 365 (367).

11 *Ebenroth*, Verdeckte Vermögenszuwendungen, S. 44.

12 *Döllerer*, Verdeckte Gewinnausschüttungen, S. 115.

13 *Döllerer*, Verdeckte Gewinnausschüttungen, S. 115; der Grund soll darin liegen, daß ein gesellschaftsrechtlicher Ausgleich die durch eine verdeckte Gewinnausschüttung eingetretene Vermögensminderung oder verhinderte Vermögensmehrung zwar ausgleichen kann. Die zusätzlich eingetretene Einkommensminderung bleibt aber bestehen, da der ge-

Konzern von besonderer Bedeutung ist. Denn hier können sich häufig aufgrund der engen Verflechtung der Konzernunternehmen und der einheitlichen Leitungsmacht der Konzernspitze Ansprüche auf einen gesellschaftsrechtlichen Ausgleich ergeben. So gibt § 311 AktG dem beherrschten Unternehmen einen Anspruch auf Nachteilsausgleich gegenüber dem herrschenden Unternehmen. § 302 AktG verpflichtet das herrschende Unternehmen, den Jahresfehlbetrag des abhängigen Unternehmens auszugleichen.[14]

In der Literatur wird die Problematik der Zulässigkeit eines Vorteilsausgleichs durch gesellschaftsrechtliche Ausgleichsansprüche nur selten behandelt, überwiegend wird ein Vorteilsausgleich abgelehnt. Denn der Ausgleich erfolge auf gesellschaftsrechtlicher Ebene und sei damit auch gesellschaftsrechtlich veranlaßt.[15]

4. Stellungnahme

Ebenso wie in den Fällen der Rückgewähr verdeckter Gewinnausschüttungen ist jedoch auch der Nachteilsausgleich nach § 311 AktG oder der Ausgleich nach § 302 AktG zu berücksichtigen. Denn Sinn und Zweck der Vorschriften über die verdeckte Gewinnausschüttung ist es, den betrieblich erwirtschafteten Gewinn der Kapitalgesellschaft zu besteuern. Wird verdeckt ausgeschütteter Gewinn der Gesellschaft wieder zugeführt, besteht aber für eine Doppelerfassung keine Notwendigkeit mehr. Nach hier vertretener Auffassung besteht die Möglichkeit, auch mit steuerlicher Wirkung das fehlerhafte Kausalverhältnis durch Rückgewähr der verdeckten Gewinnausschüttung richtigzustellen. Für die anderen gesellschaftsrechtlichen Ausgleichsansprüche kann im Steuerrecht nichts anderes gelten. Denn auch die Vorschriften der §§ 302, 311 AktG dienen der Korrektur fehlerhafter Kausalverhältnisse. Zum einen enthalten sie Sanktionen, wenn sich eine Partei der Korrektur fehlerhafter Kausalverhältnisse widersetzt. Zum anderen dienen die §§ 302, 311 AktG dazu, einen Ausgleich in Fällen zu

---

sellschaftsrechtliche Ausgleich einkommensneutral bleibt (*Ebenroth*, Verdeckte Vermögenszuwendungen, S. 44).

14 § 302 AktG gilt auch im faktischen GmbH - Konzern (BGHZ 95, S. 330 - Autokran -).

15 *Döllerer*, Verdeckte Gewinnausschüttungen, S. 124; 171 f.; *Ebenroth*, Verdeckte Vermögenszuwendungen, S. 48.

schaffen, in denen die Korrektur der einzelnen fehlerhaften Kausalverhältnisse aufgrund der Intensität der Eingriffe des herrschenden Unternehmens nicht mehr möglich ist. Der Nachteilsausgleich nach § 311 AktG und der Ausgleich nach § 302 AktG kann daher steuerrechtlich in den Vorteilsausgleich einbezogen werden.

VII. Exkurs: Das Übertragen immaterieller Wirtschaftsgüter

1. Der Streitstand zur unentgeltlichen Übertragung immaterieller Wirtschaftsgüter im Steuerrecht

§ 248 II HGB und § 5 II EStG verbieten in der Bilanz den Ansatz unentgeltlich erworbener immaterieller Vermögensgegenstände oder Wirtschaftsgüter des Anlagevermögens. Die Finanzrechtsprechung hatte sich früher auch an die klare Weisung des Gesetzes gehalten. Danach durfte ein Gesellschafter ein im Wege der verdeckten Gewinnausschüttung von seiner Gesellschaft erhaltenes immaterielles Wirtschaftsgut bilanzmäßig nicht ausweisen.[1] Abweichend davon urteilt die neue Rechtsprechung des BFH trotz der klaren Anweisung des Gesetzes anders. Danach soll sogar die Einlage eines immateriellen Wirtschaftsgutes zulässig sein.[2] Die Einlage wird nach § 6 I Nr. 5 EStG[3] mit dem Teilwert bewertet.[4] Der BFH begründet dies mit dem Vorrang der Abgrenzung der betrieblichen von der privaten bzw. gesellschaftsrechtlichen Sphäre vor den Aktivierungsverboten der § 248 II, § 5 II EStG.[5]

Bereits vor Änderung der Rechtsprechung hat *Lang*[6] die Auffassung vertreten, daß § 8 III 2 KStG als positiver Gewinnausweistatbestand den in den Aktivierungsverboten für immaterielle Anlagegüter enthaltenen negativen Gewinnausweistatbestand als speziellere Norm verdränge. Sei ein Gewinn durch Annahme einer verdeckten Gewinnausschüttung realisiert, entfalle der

---

1 BFH - Urteil vom 25.11.1976 IV R 90/72, BStBl. II 1977, S. 467 (472).

2 BFH - Urteil v. 20.08.1986 I R 150/82, BStBl. II 1987, S. 455 (457); BFH - Urteil v. 24.03.1987 I R 202/83, BStBl. II 1987, S. 705 (706).

3 Ggfs. i.V.m. § 8 I KStG.

4 BFH - Urteile vom 20.08.1986 I R 150/82, BStBl. II 1987, S. 455 (457); vom 24.03.1987 I R 202/83, BStBl II. 1987, S. 705 (706).

5 BFH a.a.O.; ebenso *Döllerer*, DStR 1989, S. 331 (335); für die verdeckte Gewinnausschüttung folgend *Lang*, FR 1984, S. 629 (634 f.): nach *Lang* hat § 8 III 2 KStG den Zweck, die betriebliche Sphäre der Einkünfteerzielung von der nichtbetrieblichen Sphäre der Einkünfteverteilung im Gesellschaftsverhältnis abzugrenzen; Ebenso *Schmidt*, EStG, Anm. 20 b) zu § 5 EStG, der aber den Vorschriften über die Einlagen Vorrang vor § 5 II EStG einräumen will; zustimmend auch *Herzig/Förster*, Wpg. 1986, S. 289 (297).

6 FR 1984, S. 629 (634 f.); ihm folgt *Schirmer*, GmbHR 1986, S. 52 (55).

Zweck der Aktivierungsverbote. Denn die Aktivierungsverbote wollten nur den Ausweis unsicherer, nicht realisierter Werte verhindern.[7] Durch die verdeckte Gewinnausschüttung trete aber eine Gewinnrealisierung ein. Zugleich sei mit der Bewertung des immateriellen Wirtschaftsguts die Unsicherheit im Wert beseitigt. Im übrigen kritisiert *Lang*, daß die Ungleichbehandlung von immateriellen Wirtschaftsgütern je nach Zugehörigkeit zum Umlauf[8] - oder Anlagevermögen[9] nicht durch sachlich einleuchtende Gründe zu rechtfertigen sei und so dem Verdacht des Verstoßes gegen Art. 3 I GG ausgesetzt sei.[10] Gegen die neuere Rechtsprechung des BFH ist in der Literatur weiter vorgebracht worden, daß Bewertungsbestimmungen wie § 6 I Nr. 5 EStG kein Vorrang vor gesetzlichen Aktivierungsverboten zukommen könne.[11]

2. Stellungnahme

Die Kritik an der neueren Rechtsprechung des BFH ist berechtigt.[12] Dabei ist jedoch dem BFH und *Lang* zuzugeben, daß das Aktivierungsverbot für immaterielle Wirtschaftsgüter nicht eingreift, wenn die Übertragung des immateriellen Wirtschaftsguts in Zusammenhang mit einer verdeckten Gewinnausschüttung steht. Denn in diesen Fällen ist der zunächst unsichere Wert "immaterielles Wirtschaftsgut" durch die Annahme einer verdeckten Gewinnausschüttung realisiert und die Unsicherheit über den Wert beseitigt. Problematisch bleibt aber der Bereich, in dem die Übertragung des immateriellen Wirtschaftsguts nicht zu einer Gewinnrealisierung führt. Als Beispiel kann die unentgeltliche Übertragung eines immateriellen Wirtschaftsgutes

---

7 *Lang*, FR 1984, S. 629 (635); *Lang* folgend *Schirmer*, GmbHR 1986, S. 52 (55).

8 Kein Aktivierungsverbot.

9 Hier Aktivierungsverbot.

10 *Lang*, FR 1984, S. 629 (635).

11 *Knobbe - Keuk*, Bilanz - und Unternehmenssteuerrecht, S. 151; *Erfmeyer*, Nutzungseinlage, S. 75, sowie *Döllerer*, Verdeckte Einlagen, S. 293 (300 f.), die ebenfalls auf den eindeutigen Wortlaut der gesetzlichen Bestimmungen hinweisen.

12 Das Anliegen des BFH, die Besteuerung von steuerfrei gebildetem Vermögen zu vermeiden, ist dabei zwar anzuerkennen, kann jedoch aus dem Gesetz nicht abgeleitet werden. Um das Ergebnis der Besteuerung zu vermeiden, kann der Gesellschafter zum Beispiel das immaterielle Wirtschaftsgut zu einem angemessenen Entgelt an die Gesellschaft verkaufen.

von der Mutter - auf die Tochtergesellschaft dienen. Hier greift der Gewinnausweistatbestand des § 8 III 2 KStG nicht ein, da eine Vorteilszuwendung des Gesellschafters an seine Gesellschaft vorliegt.

Dieser Vorgang kann allenfalls eine verdeckte Einlage des Gesellschafters in die Gesellschaft sein. Der BFH ist hier zwar der Auffassung, daß bei Einbringung immaterieller Wirtschaftsgüter auch eine Gewinnrealisierung eintritt.[13] Diese Auffassung ist aber, wie noch genauer zu zeigen sein wird, nicht haltbar, da es an einer Rechtsgrundlage für die Gewinnrealisierung beim Einbringenden fehlt.[14] Auch die von der Literatur genannten Gründe für das Zurücktreten der Aktivierungsverbote der § 248 II HGB, § 5 II EStG gegenüber dem Grundsatz der Abgrenzung der betrieblichen von der gesellschaftsrechtlichen oder privaten Sphäre überzeugen nicht.

Dies gilt zunächst einmal für das Argument von *Schmidt*[15], die Regelung über die Einlagen gingen den Aktivierungsverboten vor. Die Regeln über die Einlagen können den Aktivierungsverboten nicht vorgehen, da der Abzug einer Einlage gesetzessystematisch die Erhöhung des Betriebsvermögens durch die Einlage voraussetzt. Das Betriebsvermögen kann aber durch unentgeltlich erworbene immaterielle Wirtschaftsgüter nicht erhöht werden, da die Aktivierungsverbote des Handels - und des Steuerrechts eine solche Erhöhung nicht zulassen.[16] *Schmidt* begründet seine Auffassung damit letztlich nur mit dem von ihm erstrebten Ergebnis und erliegt so einem Zirkelschluß.

Das Postulat des Vorrangs der Abgrenzung der betrieblichen von der außerbetrieblichen Sphäre vor den Aktivierungsverboten des Handels - und des Steuerrechts vertritt der BFH bei der Unterpreisleistung[17] eines Gesellschafters an seine Gesellschaftschafft nicht so apodiktisch. Während der BFH bei der Einbringung immaterieller Wirtschaftsgüter eine Einlage unter Hinweis auf den Vorrang der Abgrenzung[18] des betrieblichen vom nichtbe-

---

13 BFH - Urteil v. 26.07.1967 I R 138/65, BStBl. III 1967, S. 733 (734).

14 Siehe unten 1. Teil 3. Kapitel B. II. und III.

15 *Schmidt*, EStG, Anm. 20 b) zu § 5 EStG.

16 So auch *Knobbe - Keuk*, StuW 1979, S. 305 (311).

17 Überlassen von Nutzungen und Leistungen.

18 Sonst könnte es in der Tat zu einer Besteuerung steuerfrei gebildeten Vermögens kommen.

trieblichen[19] Bereich vor den gesetzlichen Aktivierungsverboten zuläßt[20], soll dieser Vorrang für die Überlassung von Nutzungen und Leistungen hingegen nicht gelten. Statt auch hier der Abgrenzung der betrieblichen von der außerbetrieblichen Sphäre den Vorrang vor dem Handelsrecht einzuräumen, betont der BFH im Nutzungseinlagenbeschluß die Maßgeblichkeit des Handelsrechts für das Steuerrecht. Danach sei nur die Einlage von Vermögensgegenständen zulässig.[21] Wie unverständlich die vom BFH vorgenommene Differenzierung ist, zeigt das vom I. Senat des BFH in seinem Vorlagebeschluß gewählte Beispiel[22]:

> Die unentgeltliche Überlassung von Know - How ist Einlage eines immateriellen Wirtschaftsgutes. Die unentgeltliche Nutzungsüberlassung der dazugehörigen Spezialgeräte soll dagegen nicht als Nutzungseinlage anerkannt werden.

VIII. Zusammenfassung

Der Große Senat hat mit seinem Beschluß vom 26.10.1987[23] die Ungleichbehandlung der Vorteilszuwendung in Form der Unterpreisleistung und der Unterpreislieferung im Konzern festgeschrieben.

1.a) Im zweigliedrigen Konzern kommt es bei der Zuwendung von Nutzungen und Leistungen (Unterpreisleistung) von der Muttergesellschaft M an die Tochtergesellschaft T zu einer steuerlich wirksamen Gewinnverlagerung von M auf T, da M keine Einnahmen aus der Überlassung der Nutzungen und Leistungen erzielt und T wegen der fehlenden Betriebsausgaben einen entsprechend höheren Gewinn zu versteuern hat.[24]

1.b) Bei der Zuwendung einlagefähiger Wirtschaftsgüter (Unterpreislieferung) im zweigliedrigen Konzern von der Muttergesellschaft M an die Tochtergesellschaft T lehnt der BFH dagegen eine Gewinnverlage-

---

19 Dem gesellschaftsrechtlichen oder privaten.

20 BFH - Urteil v. 24.03.1987 I R 202/83, BStBl. II 1987, S. 705 (706); Beschluß vom 26.10.1987 GrS 2/86, BStBl. II 1988, S. 348 (353).

21 Beschluß vom 26.10.1987 GrS 2/86, BStBl. II 1988, S. 348 (352).

22 Beschluß vom 20.08.1986 I R 41/82, BStBl. II 1987, S. 65 (73).

23 Beschluß vom 26.10.1987 GrS 2/86, BStBl. II 1988, S. 348.

24 *Koenen*, BB 1989, S. 1455 (1459).

rung ab. Hier nimmt er eine Gewinnkorrektur vor.[25]

2.a) Im mehrgliedrigen Konzern (Dreiecksverhältnis Tochtergesellschaft T_1, Muttergesellschaft M und Tochtergesellschaft T_2) kommt es bei der Zuwendung von einlagefähigen Wirtschaftsgütern (Unterpreislieferung) von T_1 an T_2[26] ebenso wie im zweigliedrigen Konzern nicht zu einer steuerlich anerkannten Gewinnverlagerung.[27] Hier werden die Gewinne bei T_1 und T_2 durch die Annahme von verdeckten Gewinnausschüttungen und Einlagen korrigiert und so angesetzt, wie sie bei Leistungsbeziehungen unter fremden Dritten entstanden wären.

2.b) Im Falle der Überlassung von Nutzungen und Leistungen (Unterpreisleistung) von T_1 an T_2 kommt es dagegen ebenso wie im zweigliedrigen Konzern zu einer Gewinnverlagerung. Der Gewinn wird hier von M auf T_2 verlagert. Im Fall der Unterpreisleistung ist M durch Zufluß des Vorteils[28] und Abfluß des Vorteils als Betriebsausgaben nebst Anrechnung des Körperschaftsteuerguthabens auf die Steuerschuld[29] besser gestellt als im Falle der Überlassung einlagefähiger Wirtschaftsgüter (Unterpreislieferung). Denn sie hat zwar das Körperschaftsteuerguthaben als zusätzliche Einnahme zu versteuern, kann es dafür aber in voller Höhe auf ihre Steuerschuld anrechnen.[30] Außerdem erhält sie aufgrund der Weiterleitung des von T_1 erhaltenen Vorteils an T_2 den Betriebsausgabenabzug.[31]

---

25 BFH - Urteil v. 26.07.1967 I R 138/65, BStBl. III 1967, S. 733 (734).

26 Auch viceversa von T_2 an T_1.

27 *Knobbe - Keuk*, Bilanz - und Unternehmenssteuerrecht, S. 467 f.

28 Betriebseinnahmen in Form einer verdeckten Gewinnausschüttung einschließlich des Körperschaftsteuerguthabens.

29 § 8 I KStG, § 36 II Nr. 3 EStG.

30 § 8 I KStG, § 36 II Nr. 3 EStG.

31 Beschluß vom 26.10.1987 GrS 2/86, BStBl. II 1988, S. 348 (356).

3. Kapitel: Der Beschluß des Großen Senats des BFH[1] zur steuerlichen Behandlung der Unterpreisleistung und die dagegenstehenden dogmatischen Bedenken

Mit seinem Beschluß hat der Große Senat des BFH die Einlagefähigkeit von Nutzungen und Leistungen verneint.[2] Dogmatischer Ansatzpunkt des BFH ist die Einlagenregelung des § 4 I EStG. Einlagen sind alle Wirtschaftsgüter (Bareinzahlungen und sonstige Wirtschaftsgüter), die der Steuerpflichtige dem Betrieb im Laufe des Wirtschaftsjahres zugeführt hat (§ 4 I 5 EStG[3]). Nutzungen und Leistungen können nach Auffassung des Großen Senats des BFH nicht Gegenstand einer Einlage i.S.v. § 4 I 5 EStG sein, weil sie keine Wirtschaftsgüter sind.[4] Neben diesem Hauptargument stützt der BFH seine Entscheidung aber auch, zum Teil mit Blick auf die steuerlichen Konsequenzen für den die Unterpreisleistung empfangenden Steuerpflichtigen, auf andere Erwägungen. So enthält der Beschluß Ausführungen zur Gewinnrealisierung bei Unterpreisleistungen[5], zum Verhältnis zwischen verdeckter Gewinnausschüttung und verdeckter Einlage[6] und schließlich zur Gleichbehandlung der Unterpreisleistung im zwei - und im mehrgliedrigen Konzern.[7]

Mit seinem Beschluß vom 26.10.1987[8] hat der Große Senat des BFH die unterschiedliche Behandlung von Unterpreislieferungen und Unterpreisleistungen bestätigt und festgeschrieben.[9] Diese differenzierende Betrachtung war schon vor Ergehen des Beschlusses des Großen Senates von einer breiten Strömung im Schrifttum abgelehnt worden.[10] An dem Beschluß fällt auf, daß

1 Beschluß vom 26.10.1987 GrS 2/86, BStBl. II 1988, S. 348.

2 Beschluß vom 26.10.1987 GrS 2/86, BStBl. II 1988, S. 348.

3 Über § 8 I KStG auch auf Körperschaftsteuerpflichtige anwendbar.

4 Beschluß vom 26.10.1987 GrS 2/86, BStBl. II 1988, S. 348 (353).

5 Beschluß vom 26.10.1987 GrS 2/86, BStBl. II 1988, S. 348 (355).

6 Beschluß vom 26.10.1987 GrS 2/86, BStBl. II 1988, S. 348 (354).

7 Beschluß vom 26.10.1987 GrS 2/86, BStBl. II 1988, S. 348 (355 f.).

8 Beschluß vom 26.10.1987 GrS 2/86, BStBl. II 1988, S. 348.

9 Vgl. die Nachweise zur früheren BFH - Rechtsprechung im Beschluß vom 26.10.1987 GrS 2/86, BStBl. II 1988, S. 348 (354).

10 So bereits *Flume*, Vermögensbewegungen, S. 762 (778); weitere Nachweise im Vorlagebeschluß des I. Senates des BFH v. 20. August 1986 I R 41/ 82, BStBl. II 1987, S. 65 (67) sowie bei *Felix*, DStZ 1988, S. 179 Fn. 3 und bei *Nieland*, DB 1987, S. 706 (706), Fn. 1; *Meyer - Scharenberg*,

der Große Senat sich mit der Kritik im Schrifttum gar nicht auseinandergesetzt hat.[11] Es soll daher an dieser Stelle untersucht werden, ob der Beschluß des Großen Senates vom 26.10.1987 der in der Literatur an der steuerlichen Behandlung der Unterpreisleistung geäußerten Kritik standhält. Dabei wird sich der Beschluß des Großen Senates nicht nur an den kritischen Stimmen im Schrifttum messen lassen müssen. Denn unausgesprochen steht hinter der Kritik an der vom BFH festgeschriebenen Ungleichbehandlung der Vorwurf eines Verstosses gegen Art. 3 I GG.[12] Die folgende Untersuchung orientiert sich an dem Argumentationsstrang des Beschlußes des Großen Senats sowie seiner Anhänger in der Literatur[13] und analysiert die dagegen im Schrifttum erhobenen Bedenken.

StuW 1987, S. 11 (12; 15) vermutet hinter der Ungleichbehandlung zwischen den Zeilen profiskalische Motive; *Felix*, DStZ 1988, S. 179, Fn. 3; *Nieland*, DB 1987, S. 706, Nachweise in Fn. 1; Kritik nach dem Beschluß eingehend *Erfmeyer*, Nutzungseinlage.

11 *Felix*, DStZ 1988, S. 179 spricht sogar von "totaler Enthaltsamkeit" des Senates, sich mit dem Fachschrifttum auseinanderzusetzen.

12 Anklänge dazu bei *Lang*, FR 1984, S. 629 (638).

13 *Döllerer* hat sich dem Großen Senat offenbar uneingeschränkt angeschlossen. Denn in seiner Monographie "Verdeckte Gewinnausschüttungen und verdeckte Einlagen bei Kapitalgesellschaften" in 2. Auflage 1990 gibt er die Entscheidung des Großen Senates unkommentiert wieder.

A. Zur Einlagefähigkeit von Nutzungen und Leistungen

I. Die Auffassung des BFH

Nach Auffassung des BFH kann Gegenstand einer Einlage nach § 8 I 1 KStG, § 4 I 5 EStG nur sein, was auch nach Handelsrecht aktivierungsfähig ist.[1] Dies folge aus dem Grundsatz der Maßgeblichkeit der Handelsbilanz für die Steuerbilanz.[2] Diesem Grundsatz stehe auch § 4 I EStG nicht entgegen. Denn § 4 I EStG stelle im Rahmen der Gewinnermittlung zwei Betriebsvermögen gegenüber. In diesen Vergleich könne daher nur einbezogen werden, was auch Betriebsvermögen sei.[3] Vorteile aus der Überlassung von Nutzungen und Leistungen wirkten sich aber nicht im Vermögensbereich, sondern im Gewinnbereich aus.[4] Daher könnten Nutzungsvorteile erst dann erfaßt werden, wenn sie sich in einer Vermögensmehrung in Gestalt von Wirtschaftsgütern i.S.v. §§ 4 ff. EStG niederschlügen.[5]

Das Nichtentstehen von Aufwendungen - da die Nutzungen und Leistungen der Kapitalgesellschaft unentgeltlich überlassen werden - könne einer Vermögensmehrung nicht gleichgestellt werden. Denn dieser Vorgang führe nicht zu einer bilanziellen Vermögensmehrung bei der den Vorteil empfangenden Gesellschaft.[6] Hielte man dagegen Nutzungen und Leistungen für einlagefähig, würde das Eigentum an Gegenständen in unzulässiger Weise aufgesplittet. Das Eigentum an einem Gegenstand umfaße aber nach dem BGB die totale Sachherrschaft über diesen Gegenstand, die die Nutzung, den Besitz und die Verfügungsgewalt bei dem Eigentümer der Sache vereint. Es verbiete sich daher, Nutzungen einer Sache quasi als Teileigentum eines

---

1 BFH - Urteil v. 03.02.1971 I R 51/66, BStBl. II 1971, S. 408 (410); BFH - Urteil v. 22.01.1980 VIII R 74/77, BStBl. II 1980, S. 244 (246); BFH - Urteil v. 26.05.1982 I R 104/81, BStBl. II 1982, S. 594 (595); Beschluß des Großen Senates vom 26.10.1987 GrS 2/86, BStBl. II 1988, S. 348 (352, 355); ebenso *Ebenroth/Fuhrmann*, DB 1988, S. 1100 (1104); *Groh*, DB 1988, S. 514 (522).

2 § 5 I EStG.

3 Beschluß vom 26.10.1987 GrS 2/86, BStBl. II 1988, S. 348 (352, 354).

4 Beschluß vom 26.10.1987 GrS 2/86, BStBl. II 1988, S. 348 (352).

5 Beschluß vom 26.10.1987 GrS 2/86, BStBl. II 1988, S. 348 (352).

6 Beschluß vom 26.10.1987 GrS 2/86, BStBl. II 1988, S. 348 (352).

Dritten zu erfassen.[7]

II. Die Kritik am BFH

1. § 4 I EStG als Durchbrechung des Grundsatzes der Maßgeblichkeit der Handelsbilanz für die Steuerbilanz

Nach einem Teil des Schrifttums soll es für die steuerliche Einlagefähigkeit von Nutzungen und Leistungen unerheblich sein, ob sie nach Handelsrecht aktivierbar sind oder nicht[8]. Denn die Vorschriften des Handelsrechts dienten vorwiegend dem Gläubigerschutz.[9] § 4 I EStG hingegen diene der Abgrenzung der betrieblichen von der außerbetrieblichen Sphäre, da nur der betriebliche Gewinn besteuert werden dürfe.[10] Nicht betrieblich veranlaßte Vermögensmehrungen und Vermögensminderungen seien daher aus der Gewinnermittlung herauszunehmen.[11]

2. Die Unzulässigkeit der Differenzierung zwischen Vermögens - und Gewinnbereich

Auch das Argument des BFH, die unentgeltliche Überlassung von Nutzungen und Leistungen vollziehe sich im Gewinn - und nicht im Vermögensbereich, wird als unzutreffend abgelehnt. Denn die steuerliche Gewinnermittlung differenziere gar nicht zwischen einem Gewinn - und einem Vermö-

---

7 Groh, DB 1988, S. 514 (515).

8 *Wismeth*, Einlage, S. 53 f,; *Kronenberg*, Abgrenzung, S. 86 f.; *Erfmeyer*, Nutzungseinlage, S. 34 ff., 55 f. unter Hinweis darauf, daß sich die Maßgeblichkeit des Handelsrechts für das Steuerrecht nicht auch auf die steuerliche Einlagefähigkeit erstrecke; *Raupach*, Verdeckte Nutzungseinlage, S. 309 (324); *Nieland*, DB 1987, S. 706 (707); *Wassermeyer*, AG 1985, S. 285 (290); *Pezzer*, StuW 1975, S. 222 (229) hat aus § 4 I EStG geschlossen, daß auch Nutzungen Wirtschaftsgüter sein sollen.

9 So auch *Döllerer*, BB 1971, S. 1245 (1245).

10 *Herzig/Förster*, Wpg. 1986, S. 289 (296); *Nieland*, DB 1988, S. 706 (707).

11 *Raupach*, Verdeckte Nutzungseinlage, S. 309 (325); *Müller - Gatermann*, FR 1988, S. 19 (20); *Wassermeyer*, AG 1985, S. 285 (291); *Plückebaum* in *Kirchhof/Söhn*, EStG, § 4 EStG, Rdnr. B 294; *Nieland*, DB 1987, S. 706 (707).

gensbereich.[12] Der Gewinn sei nach § 4 I EStG die rechnerische Differenz zwischen zwei Betriebsvermögen.[13] Von einem Gewinn - und einem Vermögensbereich spreche das Gesetz nicht. Damit sei der Unterschied zwischen Gewinn - und Vermögensbereich in § 4 I EStG nicht enthalten, sondern vom BFH in das Gesetz hineingelesen worden.

Erhalte eine Gesellschaft von ihrem Gesellschafter Unterpreisleistungen, so sei ihr Endvermögen wegen der fehlenden eigenen Aufwendungen ebenso erhöht wie bei der Unterpreislieferung durch den Erhalt materieller Wirtschaftsgüter.[14] Ob der durch Unterpreisleistungen erhöhte Gewinn einer Gesellschaft durch Abzug einer Einlage zu mindern sei, müsse daher allein nach der in § 4 I EStG enthaltenen Regelung über die Einlagen ermittelt werden[15], deren Zweck es gebiete, außerbetrieblich veranlaßte Vermögensmehrungen nicht der Besteuerung bei der Gesellschaft zu unterwerfen.[16] Für durch Unterpreisleistungen gesellschaftrechtlich veranlaßte verhinderte Vermögensminderungen könne nichts anderes gelten. Auch in diesen Fällen müsse eine Einlage abgezogen werden.[17]

Meilicke/ Meilicke[18] werfen dem BFH vor, daß er mit der Differenzierung zwischen Vermögens - und Gewinnbereich gegen die Betriebswirtschaft argumentiere. Dort sei lange anerkannt, daß für den Wert eines Gegenstandes nicht seine Substanz, sondern seine Ertragskraft maßgebend sei. Daher seien auch Nutzungen selbständig bewertbar.[19] *Schirmer*[20] spricht davon, daß

12 *Weber*, StBp 1987, S. 269 (275), hält die vom BFH hier vorgenommene Differenzierung für rechtssystematisch höchst bedenklich; *Wassermeyer*, StBJb. 1985/1986, S. 213 (226).

13 *Brezing*, AG 1988, S. 230 (231); *Nieland*, DB 1987, S. 706 (712); *Meilicke/Meilicke*, DB 1977, S. 927 (930); *Wassermeyer*, StBJb 1985/1986, S. 213 (226).

14 *Ramcke*, DStR 1988, S. 476 (478); *Erfmeyer*, Nutzungseinlage, S. 66.

15 *Erfmeyer*, Nutzungseinlage, S. 63.

16 *Wismeth*, Einlage, S. 52; *Wassermeyer*, AG 1985, S. 285 (290); *Erfmeyer*, Nutzungseinlage, S. 59.

17 *Raupach*, Verdeckte Nutzungseinlage, S. 309 (316 f.): in diesem Fall sei die Sphäre der Gesellschaft von der Sphäre der Gesellschafter zu trennen; ebenso *Herzig/Förster*, Wpg. 1986, S. 289 (296).

18 DB 1977, S. 927 (930); ähnlich *Wismeth*, Einlage, S. 49.

19 *Erfmeyer*, Nutzungseinlage, S. 55 f. weist darauf hin, daß die Nutzung eines Wirtschaftsguts entgegen der Auffassung des BFH gerade keine Eigenschaft des benutzbaren Gutes sei, sondern der ermöglichte Gebrauch des Wirtschaftsguts und als solcher selbständig bewertbar. In

nicht die Nutzungen, sondern der durch sie verkörperte Wert Gegenstand der Einlage sei.

III. Stellungnahme: § 4 I EStG als Grenze der Maßgeblichkeit der Handelsbilanz für die Steuerbilanz

Richtig an der Auffassung des Großen Senats des BFH ist, daß nur nach Handelsrecht aktivierungsfähige Wirtschaftsgüter in den Betriebsvermögensvergleich nach § 4 I EStG einbezogen werden dürfen. Dies folgt bereits aus dem Grundsatz der Maßgeblichkeit der Handelsbilanz für die Steuerbilanz.[21] Soweit der BFH aber aus dem Maßgeblichkeitsgrundsatz den Schluß zieht, daß auch nur die Wirtschaftsgüter des Betriebsvermögens Gegenstand einer verdeckten Einlage sein können, ist ihm nicht zu folgen.

Die auch für Kapitalgesellschaften geltende[22] Auffassung des BFH, nur Betriebsvermögen könne Gegenstand einer Einlage sein[23], erweist sich als Zirkelschluß. Denn der BFH stellt für das Vorliegen einer steuerlichen Einlage eine Tatbestandsvoraussetzung auf[24], die sich aus § 4 I EStG gar nicht ergibt, sondern die er in diese Norm hineinliest und im weiteren als dieser Norm immanent unterstellt. § 4 I EStG kennt die vom BFH angenommene Differenzierung zwischen Gewinn - und Vermögensbereich nicht.[25]

§ 4 I EStG erschöpft sich darin, das Betriebsvermögen am Ende des Wirtschaftsjahres dem Betriebsvermögen am Ende des vorangegangenen Wirtschaftsjahres gegenüberzustellen. Die daraus resultierende Differenz kann

---

diesem Zusammenhang ist auch interessant, daß die Bewertung der Nutzungsentnahme und der verdeckten Gewinnausschüttung von Nutzungen und Leistungen keine Probleme bereitet.

20 GmbHR 1987, S. 112 (113).

21 § 5 I 1 EStG.

22 Beschluß vom 26.10.1987 GrS 2/86, BStBl. II 1988, S. 348 (354); *Pezzer*, StuW 1975, S. 222 (223); *Wassermeyer*, StBJb. 1985/1986, S. 213 (230); *Döllerer*, BB 1971, S. 1245 (1248).

23 Beschluß vom 26.10.1987 GrS 2/86, BStBl. II 1988, S. 348 (352); Gewinn sei daher auszuscheiden.

24 Einlage müsse Vermögen i.S.v. § 4 I EStG sein.

25 *Pezzer*, StuW 1975, S. 222 (230); *Herzig/Förster*, Wpg. 1986, S. 289 (295).

durch außerbetrieblich veranlaßte Vorgänge beeinflußt sein.[26] Sie ist dann um die außerbetrieblichen Vorgänge zu korrigieren, um den allein betrieblich veranlaßten Vermögenszuwachs der Gesellschaft zu ermitteln.[27] Dabei ist es unerheblich, ob die außerbetrieblich[28] veranlaßte Vermögensveränderung durch Hinzufügen von handels - und steuerrechtlich aktivierungsfähigen Vermögensgegenständen[29] oder durch Verhinderung von Vermögensminderungen[30] verursacht worden ist.[31] Sowohl die Unterpreislieferung als auch die Unterpreisleistung führen zu nicht betrieblich veranlaßtem Gewinn.[32]

Die Gleichstellung der Vermögensmehrung mit der verhinderten Vermögensminderung bestätigt der BFH auch in seiner Rechtsprechung zur verdeckten Gewinnausschüttung. Hier sind nur die Vorzeichen umgekehrt. Der BFH stellt bei der verdeckten Gewinnausschüttung die Vermögensminderung der verhinderten Vermögensmehrung gleich.[33] Folglich muß er im umgekehrten Fall der Einlage die Vermögensmehrung der verhinderten Ver-

---

26 *Herzig/Förster*, Wpg. 1986, S. 289 (295).

27 Besonders anschaulich dazu der Vergleich von *Brezing*, AG 1988, S. 230 (231): "Auch der Meteorologe, der die Regenmenge mißt, muß beim Bestandsvergleich in seinem Meßgefäß diejenige Menge, die er herausgeschüttet hat, dem Endbestand wieder hinzurechnen, und umgekehrt das, was er hineingeschüttet hat, abziehen."; *Raupach*, Verdeckte Nutzungseinlage, S. 309 (318); *Nieland*, DB 1987, S. 706 (711).

28 Bei juristischen Personen ist die betriebliche von der gesellschaftsrechtlichen Sphäre abzugrenzen, da sie keine "Privatshäre" haben; *Lang*, FR 1984, S. 629 (634); *Raupach*, Verdeckte Nutzungseinlage, S. 309 (316 ff., insb. 318); *Herzig/Förster*, Wpg. 1986, S. 289 (293); *Sturm*, DB 1991, S. 2055 (2056).

29 Unterpreislieferung.

30 Die infolge der Überlassung von Nutzungen und Leistungen (Unterpreisleistung) ersparten Aufwendungen der Gesellschaft.

31 Hier mag für das Gesellschaftsrecht etwas anderes gelten als für das Steuerrecht. Denn das Gesellschaftsrecht bezweckt den Schutz der Gläubiger. Und für die Gläubiger ist die Überlassung von Nutzungen und Leistungen kein greifbarer Vorteil, auf den sie ihm Falle der Insolvenz der Gesellschaft zugreifen könnten (*Scheel*, BB 1988, S. 1211 [1213]).

32 *Pezzer*, StuW 1975, S. 222 (230).

33 BFH - Urteil v. 22.02.1989 I R 44/85, BStBl. II 1989, S. 475 (476); BFH - Urteil v. 22.02.1989 I R 9/85, BStBl. II 1989, S. 631 (632); BFH - Urteil v. 12.04.1989 I R 142-143/85, BStBl. II 1989, S. 636 (636 f.); Beispiel: die Gesellschaft überläßt einem Gesellschafter unentgeltlich einen PKW zur Nutzung. Hier liegt bei der Gesellschaft keine Vermögensminderung, wohl aber eine verhinderte Vermögensmehrung vor, da die Gesellschaft bei Anwendung eines ordentlichen Kaufmannes von einem Dritten ein angemessenes Entgelt gefordert hätte.

mögensminderung gleichstellen. Es kann daher dahingestellt bleiben, ob Nutzungen und Leistungen Wirtschaftsgüter sind. Denn der Abzug einer Einlage setzt das Vorliegen eines Wirtschaftsguts nicht voraus. Maßgebend für den Abzug einer Einlage ist allein, ob das Betriebsvermögen durch nicht betrieblich veranlaßte Vorgänge beeinflußt ist.[34]

Auch die These des BFH[35], daß Nutzungen nur eine Eigenschaft des genutzten Wirtschaftsgutes seien, ist nicht geeignet, ihre Einlagefähigkeit zu verneinen. Denn unbestritten ist die selbständige Entnahme von Nutzungen möglich (§ 4 I 2 EStG). Das zeigt bereits, daß die Nutzungen unabhängig von dem Wirtschaftsgut eine eigene Relevanz haben.

---

34 *Schirmer*, GmbHR 1987, S. 112 (113).

35 Beschluß vom 26.10.1987 GrS 2/86, BStBl. II 1988, S. 348 (352).

B. Zur Gewinnrealisierung bei Unterpreisleistungen

I. Die Auffassung des BFH

1. Das Verbot der Nutzenziehungsfiktion

Der BFH stützt seine Auffassung zur steuerlichen Behandlung der Unterpreisleistung nicht nur auf die steuerliche Behandlung bei der die Unterpreisleistung erhaltenden Gesellschaft, sondern auch auf Erwägungen in der Person des die Unterpreisleistung erbringenden Gesellschafters. Kürzte man bei einer Unterpreisleistung des Gesellschafters an die Gesellschaft den Gewinn der Gesellschaft durch eine Einlage, müßten dem Gesellschafter folgerichtig Einnahmen zugerechnet werden, um Besteuerungslücken zu vermeiden. Eine Besteuerung bei dem die Unterpreisleistung Erbringenden komme aber nicht in Betracht, da es insoweit an einem gesetzlichen Gewinnrealisierungstatbestand fehle.[1]

Fehle ein Gewinnrealisierungstatbestand, dürften nicht gezogene Nutzungen auch nicht zu Einkünften führen (Verbot der Nutzenziehungsfiktion).[2] Daher könnten dem die Unterpreisleistung erbringenden Gesellschafter insoweit auch keine Einnahmen zugerechnet werden.[3] Der Ertrag aus der Nutzungsüberlassung werde bei dem Gesellschafter erst realisiert und könne auch erst dann besteuert werden, wenn und soweit ein um die ersparten Aufwendungen höherer Gewinn an ihn ausgeschüttet werde.[4] Im übrigen

---

1 Beschluß vom 26.10.1987 GrS 2/86, BStBl. II 1988, S. 348 (354 f.).

2 Beschluß vom 26.10.1987 GrS 2/86, BStBl. II 1988, S. 348 (354); BFH - Urteil v. 08.11.1960 I R 131/59, BStBl. III 1960, S. 513 (514); BFH - Urteil v. 09.03.1962 I 203/61, BStBl. III 1962, S. 338 (338).

3 BFH - Urteil v. 09.03.1962 I 203/61 S, BStBl. III 1962, S. 338 (338); BFH - Urteil v. 28.01.1981 I R 10/77, BStBl. II 1981, S. 612 (614); Beschluß vom 26.10.1987 GrS 2/86, BStBl. II 1988, S. 348 (354); *Groh*, DB 1988, S. 514 (523); *Bordewin*, DStR 1988, S. 227 (233); *Döllerer*, BB 1988, S. 1791 (1791 f.); *Müller - Gatermann*, FR 1988, S. 19 (20); *Meyer - Scharenberg*, DB 1987, S. 1379 (1381), hat aufgezeigt, daß hier keine planwidrige Regelungslücke besteht; *Groh*, DB 1988, S. 514 (523), meint, die Wertsteigerung der Beteiligung aufgrund der der Kapitalgesellschaften ersparten Aufwendungen sei eine reine Reflexwirkung, die nicht zu Einnahmen des Gesellschafters führe.

4 *Bordewin*, DStR 1988, S. 227 (233); Beschluß vom 26.10.1987 GrS 2/86, BStBl. II 1988, S. 348 (355).

sollen die von den Beteiligten geschlossenen Verträge auch steuerlich anerkannt werden.[5] Sei eine unentgeltliche Überlassung seitens des Gesellschafters an die Gesellschaft gewollt, sei dies auch steuerlich zu akzeptieren. Einen allgemeinen Grundsatz, alle Vereinbarungen zwischen Steuerpflichtigen einem Fremdvergleich zur Prüfung der Angemessenheit zu unterziehen, gebe es im Steuerrecht nicht.[6] Er könne auch nicht aus § 1 AStG abgeleitet werden, da es sich bei § 1 AStG um eine Spezialnorm des deutschen internationalen Steuerrechts handele.[7]

2. Der Sinn und Zweck der Einlagenregelung in § 4 I EStG

Weiter habe die Einlagenregelung des § 4 EStG nur den Zweck, bereits besteuertes oder steuerfrei gebildetes Vermögen nach einer Einlage in ein Betriebsvermögen nicht noch einmal zu besteuern bzw. weiterhin steuerfrei zu lassen.[8] Nutzungen und Leistungen seien aber weder steuerfrei gebildetes noch bereits besteuertes Vermögen des Gesellschafters.[9] Entstehen dem Gesellschafter Aufwendungen für die betriebliche Nutzung außerbetrieblichen Vermögens, seien sie bei ihm, nicht aber bei der Gesellschaft als Betriebsausgaben abzugsfähig.[10]

Der BFH und seine Anhänger verneinen die Einlagefähigkeit von Nutzungen und Leistungen weiter, weil der Vorteil aus Unterpreisleistungen erst im Zeitpunkt der Nutzung durch die Gesellschaft und damit originär bei ihr erwirtschaftet und realisiert werde.[11]

---

5 BFH - Urteil v. 08.11.1960 I 131/59 S, DB 1960, S. 1480 (1480); BFH - Urteil v. 03.02.1971 I R 51/66, DB 1971, S. 993 (994).

6 BFH - Urteil v. 08.11.1960 I R 131/59, BStBl. III 1960, S. 513 (515); BFH - Urteil v. 03.02.1971 I R 51/66, BStBl. II 1971, S. 408 (410).

7 Beschluß vom 26.10.1987 GrS 2/86, BStBl. II 1988, S. 348 (355).

8 Beschluß vom 26.10.1987 GrS 2/86, BStBl. II 1988, S. 348 (353).

9 Beschluß vom 26.10.1987 GrS 2/86, BStBl. II 1988, S. 348 (353): im Gegenteil käme es hier nach Auffassung des BFH dazu, daß der im Betrieb mit der Nutzung erwirtschaftete Gewinn steuerfrei bliebe; *Groh*, DB 1988, S. 514 (515).

10 Beschluß vom 26.10.1987 GrS 2/86, BStBl. II 1988, S. 348 (353; 355); *Söffing*, DB 1989, S. 399 (402).

11 BFH - Urteil v. 03.02.1971 I R 51/66, BStBl. II 1971, S. 408 (410); *Groh*, DB 1988, S. 514 (516).

II. Die Kritik am BFH

1. Einwendungen gegen das vom BFH angenommene Verbot der Nutzenziehungsfiktion

Die Literatur wendet gegen den BFH zunächst ein, der Gesellschafter wolle mit der Unterpreisleistung an die Gesellschaft sehr wohl Nutzen ziehen und damit auch einen Gewinn realisieren, z.B. indem der Wert seiner Beteiligung steige oder erhöhte Ausschüttungen erwartet würden.[12] *Lang*[13] und ihm folgend *Dötsch*[14] sind der Auffassung, daß zumindest im dreigliedrigen Konzern bei Zuwendungen zwischen Schwestergesellschaften ein Gewinnrealisierungstatbestand vorliege und damit ein Verstoß gegen das Verbot der Nutzenziehungsfiktion nicht gegeben sei. Denn hier erhalte die Muttergesellschaft aufgrund der Unterpreisleistung zunächst einen Vorteil zugerechnet[15], den sie als verdeckte Gewinnausschüttung versteuere und danach als von ihr gezogene eigene Nutzung in die begünstigte Tochtergesellschaft einlegen könne.[16] § 8 III 2 KStG sei daher als besonderer Gewinnrealisierungstatbestand zu verstehen, der eine Gewinnkorrektur auch bei der den Vorteil tatsächlich erhaltenden Gesellschaft fordere.[17]

---

12 *Wismeth*, Einlage, S. 171, 181; *Selder*, Einlage, S. 151 f.; 180; *Pezzer*, StuW 1975, S. 222 (230); *Meilicke/Meilicke*, DB 1977, S. 927 (931); noch weiter *Schneeloch*, BB 1987, S. 481 (488), der auf der Ebene des die Nutzung überlassenden Gesellschafters den jährlichen Wert der Nutzung als Ertrag erfassen will (ebenso schon der Vorlagebeschluß des I. Senates I R 41/82 vom 20.08.1986, BStBl. II 1987, S. 65); anders *Meyer - Scharenberg*, StuW 1987, S. 11 (13), der die unentgeltliche Nutzungsüberlassung in einen entgeltlichen Vorgang umdeutet, bei dem die angemessene Vergütung von der Gesellschaft nicht ausbezahlt, sondern auf abgekürztem Zahlungswege in verdecktes Eigenkapital verwandelt werde; ebenso wie *Meyer - Scharenberg Wassermeyer*, StBJb. 1985/1986, S. 213 (230); *Herzig/Förster*, WPg 1986, S. 289 (298); *Pezzer*, StuW 1975, S. 222 (230).

13 *Lang*, FR 1984, S. 629 (637).

14 *Dötsch et al.*, Körperschaftsteuer, Rdnr. 12 Anh. 1 zu § 8 KStG.

15 Verdeckte Gewinnausschüttung seitens T_1.

16 *Lang*, FR 1984, S. 629 (637).

17 *Lang*, FR 1984, S. 629 (637).

Erfmeyer[18] und *Knobbe - Keuk*[19] sind der Auffassung, eine Kapitalgesellschaft sei verpflichtet, Gewinne zu erzielen. *Knobbe - Keuk* bezweifelt überdies, daß es ein allgemeines Verbot der Nutzenziehungsfiktion gebe und verweist dazu auf die Regelung der verdeckten Gewinnausschüttung und der Entnahmen.[20] Auch hier würden tatsächlich gar nicht gezogene Nutzungen besteuert.

2. Die Unstimmigkeiten der BFH - Rechtsprechung

Knobbe - Keuk verweist außerdem auf Unstimmigkeiten in der Rechtsprechung des BFH. Der BFH sei inkonsequent, wenn er bei Unterpreisleistungen des Gesellschafters an seine Gesellschaft einen gesetzlichen Gewinnrealisierungstatbestand fordere. Denn auch bei Unterpreislieferungen nehme der BFH eine Gewinnnrealisierung an, obwohl ein gesetzlicher Realisierungstatbestand nicht erkennbar sei.[21] Soweit der Gesellschafter von der Gesellschaft kein Entgelt erhalte, komme eine Veräußerung nicht in Betracht, und eine Gewinnrealisierung durch Entnahme sei bei Kapitalgesellschaften nicht denkbar.[22]

Dagegen vertritt *Wassermeyer*[23] bei Vorteilszuwendungen der hier genannten Art die Auffassung, auf der Ebene der einbringenden Muttergesellschaft erfolge eine Gewinnrealisierung über die Entnahme.[24]

Nach Auffassung von anderen Teilen des Schrifttums wird der Vorteil aus der Unterpreisleistung der Gesellschaft "von außen" zugewendet und damit

---

18 Nutzungseinlage, S. 116.

19 StuW 1977, S. 157 (160).

20 *Knobbe - Keuk*, StuW 1977, S. 157 (160); ebenfalls an einem allgemeinen Verbot der Nutzenziehungsfiktion zweifelnd: *Pezzer*, StuW 1975, S. 222 (230) sowie *Herzig/Förster*, Wpg. 1986, S. 289 (295).

21 *Knobbe - Keuk*, Bilanz - und Unternehmenssteuerrecht, S. 198 ff.; 469.

22 Oder scheide zumindest wegen der Zugehörigkeit der Beteiligung an der Gesellschaft zum Betriebsvermögen und damit aufgrund der betrieblichen Veranlassung der Unterpreislieferung aus (Bilanz - und Unternehmenssteuerrecht, S. 199).

23 *Wassermeyer*, DB 1987, S. 1113 (1115).

24 § 8 I KStG, § 4 I 2 EStG; auch *Otto*, DB 1979, S. 183 (185 ff.) hält die Entnahmeregelung über § 8 I KStG für entsprechend anwendbar.

nicht originär bei ihr realisiert.[25] Denn auch Nutzungen und Leistungen hätten im Wirtschaftsleben ihren Preis und somit ihren Wert. Dieser Wert gehe nicht dadurch verloren, daß für die Nutzung nichts gezahlt würde.[26] Der von der Gesellschaft ersparte Aufwand beruhe deshalb auf außerbetrieblichen Vorgängen[27] und dürfe daher bei ihr nicht der Besteuerung unterworfen werden.[28]

III. Stellungnahme

1. Zum Verbot der Nutzenziehungsfiktion

Die Argumentation des BFH zum fehlenden Gewinnrealisierungstatbestand und der daraus folgenden Annahme des Verbots einer Nutzenziehungsfiktion kann nur zum Teil überzeugen. Richtig ist, daß die Gewinnrealisierung bei dem die Unterpreisleistung an die Gesellschaft erbringenden Gesellschafter voraussetzt, daß der Gesellschafter mit seiner Unterpreisleistung einen Gewinnrealisierungstatbestand erfüllt.[29] Für die Unterpreisleistung zwischen Schwestergesellschaften ist ein solcher Realisierungstatbestand in § 8 III 2 KStG enthalten, so daß ein Verbot der Nutzenziehungsfiktion hier nicht eingreifen kann. Denn aus der Unterpreisleistung wird der Nutzen nicht nur fiktiv, sondern tatsächlich gezogen. Die Nutzungsüberlassung zwischen Schwestergesellschaften führt zu einer verdeckten Gewinnausschüttung an die ge-

---

25 *Erfmeyer*, Nutzungseinlage, S. 64 f., weist darauf hin, daß das Ersparen von Aufwendungen bei der Gesellschaft ein Reflex der Zuwendung von Nutzungen und Leistungen ist, der bei der Gesellschaft insoweit betriebliche Aufwendungen erspare.

26 *Pezzer*, StuW 1975 S. 222 (230).

27 Gesellschaftsrechtliche causa.

28 *Wismeth*, Einlage, S. 49; *Meilicke/Meilicke*, DB 1977, S. 927 (931); *Pezzer*, StuW 1975, S. 222 (230).

29 Beschluß vom 26.10.1987 GrS 2/86, BStBl. II 1988, S. 348 (354); ebenso *Paus*, DStZ 1987, S. 535 (539), der eine Erfassung von Einnahmen bei dem überlassenden Gesellschafter nur nach einer Gesetzesänderung für möglich hält; dies berücksichtigt auch *Meyer - Scharenberg*, StuW 1987, S. 11 (12) nicht, wenn er meint, aufgrund einer verdeckten Gewinnausschüttung würden fiktive Erträge ohne Zufluß besteuert, fiktive Betriebsausgaben aufgrund der Überlassung von Nutzungen und Leistungen jedoch nicht anerkannt. Denn für die Besteuerung der verdeckten Gewinnausschüttung ist § 8 III 2 KStG die Rechtsgrundlage. Für die verdeckte Einlage fehlt es dagegen an einer solchen Rechtsgrundlage.

meinsame Muttergesellschaft[30], die sie auch versteuert. Es ist das Verdienst von *Lang*, herausgearbeitet zu haben, daß bei Zuwendungen zwischen Schwestergesellschaften § 8 III 2 KStG als spezieller Gewinnrealisierungstatbestand das Verbot der Nutzenziehungsfiktion und im Fall der Zuwendung immaterieller Wirtschaftsgüter die Aktivierungsverbote der § 248 II HGB, § 5 II EStG verdrängt.[31]

Bei Unterpreisleistungen eines Gesellschafters an die Gesellschaft kann die verdeckte Gewinnausschüttung als Gewinnrealisierungstatbestand dagegen nicht eingreifen. Denn die verdeckte Gewinnausschüttung erfaßt nur Leistungen der Gesellschaft an den Gesellschafter, nicht jedoch umgekehrt Leistungen des Gesellschafters an die Gesellschaft. Der Gesellschafter erfüllt mit der Unterpreisleistung auch keinen anderen Gewinnrealisierungstatbestand.[32] Denkbar wäre allenfalls die Gewinnrealisierung durch Annahme einer Entnahme.[33] Dagegen meint *Knobbe - Keuk*[34], eine Entnahme sei ausgeschlossen, weil die Unterpreislieferung betrieblich veranlaßt sei. Da die Unterpreislieferung aber aufgrund ihrer gesellschaftsrechtlichen Veranlassung bei der Gesellschaft zu einer verdeckten Einlage führt, ist eine gleichzeitige betriebliche Veranlassung der Unterpreislieferung ausgeschlossen. Dies gilt für die Unterpreisleistung gleichermaßen. Auch sie ist nicht betrieblich, sondern gesellschaftsrechtlich veranlaßt.

---

30 Im Ergebnis ebenso der Große Senat im Beschluß vom 26.10.1987 GrS 2/86, BStBl. II 1988, S. 348 (356).

31 *Lang*, FR 1984, S. 629 (634).

32 Dies verkennt auch *Erfmeyer*, Nutzungseinlage, S. 117, der in § 8 III 2 KStG nur die Problematik der Bewertung der verdeckten Gewinnausschüttung sieht und dabei übersieht, daß § 8 III 2 KStG eine Vorschrift der Einkommenskorrektur ist; auch der vorlegende I. Senat (Beschluß vom 20.08.1986 I R 41/82, BStBl. II 1987, S. 65) und *Schneeloch*, BB 1987, S. 481 (488), bleiben die Antwort auf die Frage nach der Rechtsgrundlage für die Steuerbarkeit dieser "fiktiven" Einnahmen schuldig. Das Problem läßt sich auch nicht über die Fiktion lösen, der Gesellschafter habe ein angemessenes Entgelt mit der Gesellschaft vereinbart und das Entgelt dann sofort in Eigenkapital umgewandelt (so aber *Meyer - Scharenberg*, StuW 1987, S. 11 [13]; *Herzig/Förster*, Wpg. 1986, S. 289 [298]; *Wassermeyer*, StBJb. 1985/1986, S. 213 [230]). Denn der Gesellschafter hat nun einmal mit der Gesellschaft kein Entgelt vereinbart. Dem Gesellschafter bleibt es aber unbenommen, ein angemessenes Entgelt zu vereinbaren und dieses dann in Eigenkapital umzuwandeln.

33 § 8 I KStG, § 4 I EStG.

34 Bilanz - und Unternehmenssteuerrecht, S. 199.

Der Anwendung der Entnahmeregelung auf Kapitalgesellschaften stehen jedoch systematische Bedenken entgegen. Während die Vorschrift über Entnahmen und Einlagen im EStG der Abgrenzung der betrieblichen von der privaten Sphäre dient, geht es im Bereich der Kapitalgesellschaften um die Trennung zwischen betrieblichen und gesellschaftsrechtlich veranlaßten Vorgängen.[35] Bei gesellschaftsrechtlich veranlaßten Vermögensmehrungen der Gesellschaft greift über § 8 I KStG die Einlagenregelung in § 4 I 5 EStG ein und verhindert die Besteuerung nicht betrieblich veranlaßter Vorgänge.

Die Entnahmenregelung des § 4 I 2 EStG wird dagegen durch den im KStG enthaltenen spezielleren Gewinnrealisierungstatbestand der verdeckten Gewinnausschüttung (§ 8 III 2 KStG) verdrängt. Der speziellere Gewinnrealisierungstatbestand des § 8 III 2 KStG greift zwar nur in der Leistungsrichtung Gesellschaft an Gesellschafter ein, in der umgekehrten Leistungsrichtung[36] dagegen nicht. Ob hier die Entnahmeregelung entsprechend angewendet werden kann, soll im Rahmen dieser Arbeit nicht abschließend erörtern werden.[37] Jedenfalls blieben trotz entsprechender Anwendung der Entnahmereglung als Gewinnrealisierungstatbetand immer noch die Fälle ungelöst, in denen ein Gesellschafter die Beteiligung an der Gesellschaft im Privatvermögen hält. Dieser Gesellschafter könnte bei Annahme einer Nutzungseinlage bei seiner Gesellschaft Betriebsausgaben schaffen, ohne selbst Einkünfte versteuern zu müssen. Die Annahme einer Einlage würde hier an dem Fehlen von Betriebsvermögen auf Ebene des Gesellschafters scheitern.

---

35 *Sturm*, DB 1991, S. 2055 (2056).

36 Unterpreislieferung der Muttergesellschaft an die Tochtergesellschaft.

37 Der Hintergrund für die Annahme einer Gewinnrealisierung durch den BFH dürfte darin liegen, daß der BFH das Entstehen von Besteuerungslücken vermeiden will: verkauft die Gesellschaft M der T ein Wirtschaftsgut zum Preis von 10.000,-- und handelt es sich dabei um eine Unterpreislieferung und somit eine verdeckte Einlage seitens der M in T, dann hätte M nach Auffassung von *Knobbe - Keuk* (keine Gewinnrealisierung) nur die Differenz zwischen 10.000,-- und dem Buchwert des Wirtschaftsguts zu versteuern. T hingegen könnte das Wirtschaftsgut aufgrund der verdeckten Einlage mit dem Teilwert ansetzen (§ 8 I KStG, § 6 I Nr. 5 EStG). Letztlich würden durch diese divergierenden Bewertungen stille Reserven endgültig der Besteuerung entzogen. Eingehend zu der Problematik der entsprechenden Anwendbarkeit der Entnahmenregelung im Körperschaftsteuerrecht *Otto*, DB 1979, S. 30, 131, 183.

Dem BFH kann auch nicht die Auffassung *Erfmeyers*[38] und *Knobbe - Keuks*[39] entgegengehalten werden, daß Kapitalgesellschaften zur Gewinnerzielung verpflichtet wären. Denn eine Gewinnerzielungspflicht besteht auch für Kapitalgesellschaften nicht. Sie folgt auch nicht aus § 8 II KStG. Die Rechtsfolge des § 8 II beschränkt sich darauf, alle Einkünfte der Gesellschaft als Einkünfte aus Gewerbebetrieb zu qualifizieren. Diese Qualifikation setzt aber voraus, daß überhaupt steuerbare Einkünfte vorliegen. Ist diese Voraussetzung schon nicht erfüllt, kann auch § 8 II KStG die nicht steuerbaren Einkünften nicht in steuerbare umwandeln.[40]

Das weitere Argument von *Knobbe - Keuk*[41], daß es ein generelles Verbot der Nutzenziehungsfiktion gar nicht gebe, mag zwar richtig sein, spricht jedoch nicht gegen die Auffassung des BFH. Denn die von *Knobbe - Keuk*[42] angeführten Ausnahmen von dem Verbot der Nutzenziehungsfiktion - die Regeln über die verdeckte Gewinnausschüttung im Körperschaftsteuerrecht und über die Entnahme im Einkommensteuerrecht - sind gesetzliche Gewinnrealisierungstatbestände, mit denen der Gesetzgeber eine Ausnahme von dem Verbot der Nutzenziehungsfiktion angeordnet hat. Erfüllt ein Sachverhalt aber einen solchen gesetzlichen Gewinnrealisierungstatbestand nicht, dann bleibt es bei dem allgemeinen, vom BFH angenommenen Verbot der Nutzenziehungsfiktion.

Mangels eines Gewinnrealisierungstatbestandes führt die Unterpreisleistung daher bei dem leistenden Gesellschafter nicht zu Einkünften.

2. Die Wertungswidersprüche des BFH bei der Beurteilung von Unterpreislieferung und Unterpreisleistung

Dieses Ergebnis führt allerdings zu Wertungswidersprüchen mit der BFH - Rechtsprechung zur steuerlichen Behandlung von Unterpreislieferungen des Gesellschafters an die Gesellschaft. Anders als die Unterpreisleistung soll

---

38 Nutzungseinlage, S. 116; interesanterweise hat *Erfmeyer* seine Auffassung auch nicht belegt.

39 StuW 1977, S. 157 (160).

40 *Streck*, KStG, Anm. 26 ff. zu § 8 KStG.

41 StuW 1977, S. 157 (160).

42 StuW 1977, S. 157 (160).

die Unterpreislieferung zu einer Gewinnrealisierung auf der Ebene des Gesellschafters nach Tauschgrundsätzen führen.[43] In Höhe des gemeinen Werts des hingegebenen Wirtschaftsgutes sollen nach dem BFH nachträgliche Anschaffungskosten auf dem Beteiligungskonto des Gesellschafters aktiviert werden.[44] In Höhe der Differenz zwischen gemeinem Wert und Buchwert des hingegebenen Wirtschaftsguts realisiere der Gesellschafter einen Gewinn.[45] Bei der Unterpreislieferung unterstellt der BFH damit einen Gewinn als gezogen, den der Gesellschafter gar nicht hat ziehen wollen.

Mag die Annahme einer Gewinnrealisierung bei Unterpreislieferungen durch den BFH verständlich sein, um endgültige Steuerausfälle zu vermeiden, sie ist dogmatisch angreifbar. Der BFH selbst gibt für die Gewinnrealisierung keine stichhaltige Begründung.[46] Aus der Bewertungsvorschrift des § 6 I Nr. 5 EStG die Verpflichtung zur Aufdeckung stiller Reserven auf der Ebene des Einbringenden abzuleiten, überzeugt nicht. Denn § 6 I Nr. 5 EStG enthält als Bewertungsvorschrift keine Aussage über die steuerlichen Folgen der Einlage auf der Ebene des Einbringenden. Das Ergebnis des BFH -die Gewinnrealisierung bei Unterpreislieferungen eines Gesellschafters an seine Gesellschaft - ist zwar wünschenswert, läßt sich aber aus dem Gesetz nur herauslesen, wenn man es vorher hineingelesen hat. Ein gewünschte Ergebnis kann aber nicht die Begründung für einen juristischen Schluß sein.

Knobbe - Keuk ist auch zuzugeben, daß der BFH durch die Annahme einer Gewinnrealisierung bei Unterpreislieferungen die dogmatische Begründungslinie, mit der er im Falle der Unterpreisleistung die Gewinnrealisierung verneint, verlassen hat.[47] Bei Unterpreisleistungen wird die Gewinnrealisie-

---

43 BFH - Urteil v. 12.02.1980 VIII R 114/77, BStBl. II 1980, S. 494 (497); Beschluß vom 26.10.1987 GrS 2/86, BStBl. II 1988, S. 348 (356).

44 BFH - Urteil v. 26.07.1967 I R 138/65, BStBl. III 1967, S. 733 (734).

45 Gegen dies Auffassung sind m.E. zu Recht Bedenken erhoben worden; *Knobbe - Keuk*, Bilanz - und Unternehmenssteuerrecht, S. 198 ff. meint, die Annahme einer Gewinnrealisierung liege im Dunkeln und Anschaffungskosten ohne Gegenleistung seien nicht denkbar.

46 Auch *Herzig/Förster*, Wpg. 1986, S. 289 (298), die insoweit dem BFH folgen, begründen die Gewinnrealisierung wenig stichhaltig: "Stellt man daher den bei der verdeckten Einlage stattfindenden Rechtsträgerwechsel in den Vordergrund, so wird man bezüglich der eingelegten Wirtschaftsgüter zur Gewinnrealisierung kommen müssen". Ein Ergebnis ist nicht bereits deshalb richtig, weil es wünschenswert ist.

47 So schon *Knobbe - Keuk*, StuW 1977, S. 157 (160).

rung auf der Ebene des leistenden Gesellschafters mit dem Argument abgelehnt, daß niemand zur Versteuerung nicht gezogener Nutzungen verpflichtet sei.[48] Genau dieses Argument läßt der BFH im Fall der Unterpreislieferung jedoch nicht gelten. Hier verpflichtet er den Gesellschafter dazu, nicht erhaltene Einnahmen zwangsweise zu versteuern.[49] Nimmt man aber bei der Unterpreislieferung eine Gewinnrealisierung bei dem leistenden Gesellschafter an, kann für die Unterpreisleistung nichts anderes gelten.

Sind immaterielle Wirtschaftsgüter Gegenstand der Unterpreislieferung, soll nach dem BFH das Gebot der Abgrenzung der betrieblichen von der außerbetrieblichen Sphäre sogar die Aktivierungsverbote der § 248 II HGB, § 5 II EStG verdrängen und Rechtsgrundlage für die Annahme einer Gewinnrealisierung auf der Ebene des Gesellschafters sein.[50] Folgt man dem BFH in seiner Argumentation und räumt dem Gebot der Abgrenzung der betrieblichen von der außerbetrieblichen Sphäre einen derart hohen, sogar Gesetze verdrängenden Stellenwert ein, dann ist nicht recht einsehbar, warum dieses Gebot für Unterpreisleistungen nicht gelten soll. Denn auch bei der Unterpreisleistung geht es auf Ebene der Gesellschaft um die Abgrenzung der betrieblichen von der gesellschaftsrechtlichen Sphäre. Wie bei der Unterpreislieferung könnte es bei der Unterpreisleistung als vorrangiges Gebot die Forderung des BFH, nur aktivierbare Wirtschaftsgüter könnten Gegenstand einer steuerlichen Einlage sein, verdrängen. Wie ähnlich Unterpreislieferung und Unterpreisleistung sind, macht das folgende Beispiel von *Knobbe - Keuk* deutlich[51]:

> 1) Gesellschafter und Gesellschaft vereinbaren für die Überlassung von Nutzungen und Leistungen ein angemessenes Entgelt. Nach drei Jahren verzichtet der Gesellschafter auf das Entgelt. Hier liegt eine verdeckte Einlage des Gesellschafters vor.
>
> 2) Erfolgt die Überlassung von Nutzungen und Leistungen hingegen von Anfang an unentgeltlich, liegt nach Auffassung des BFH keine verdeckte Einlage vor.[52]

---

48 Beschluß vom 26.10.1987 GrS 2/86, BStBl. II 1988, S. 348 (354).

49 Kritisch dazu auch *Meyer - Scharenberg*, StuW 1987, S. 11 (12), der hinter den divergierenden Auffassungen des BFH profiskalische Motive vermutet.

50 BFH - Urteil v.20.08.1986 I R 150/82, BStBl. II 1987, S. 455 (457).

51 *Knobbe - Keuk*, StuW 1977, S. 157 (160).

52 Beschluß vom 26.10.1987 GrS 2/86, BStBl. II 1988, S. 348 (354).

Die weitere Auffassung des BFH, der Vorteil aus der Unterpreisleistung werde originär von der die Unterpreisleistung empfangenden Gesellschaft gezogen und sei daher auch von ihr zu versteuern, ist zumindest angreifbar. Denn im Fall der Unterpreislieferung nimmt der BFH eine Gewinnrealisierung bei dem die Unterpreislieferung erbringenden Gesellschafter an. Auch hier besteht der bereits eben ausgeführte Wertungswiderspruch des BFH bei der steuerlichen Behandlung der Unterpreislieferung und der Unterpreisleistung.

3. Zum Sinn und Zweck der Einlagenregelung in § 4 I EStG

Die Auffassung des BFH, die Annahme einer Einlage als Folge von Unterpreisleistungen eines Gesellschafters an die Gesellschaft sei mit dem Zweck der Einlagenregelung, bereits besteuertes oder steuerfrei gebildetes Vermögen steuerfrei zu belassen, nicht zu vereinbaren, greift zu kurz. Es ist zwar richtig, daß die Nutzungen und Leistungen, die ein Gesellschafter einer Gesellschaft unentgeltlich überläßt, nicht zum Betriebsvermögen i.S.v. § 4 I EStG gehören.

Diese Erkenntnis kann aber nicht gegen die Annahme einer Einlage sprechen. Denn die Einlagenregelung hat einen über die Steuerfreistellung von Vermögen hinausgehenden Zweck. Die Einlagenregelung dient generell der Abgrenzung der betrieblichen von der außerbetrieblichen Sphäre.[53] Überläßt der Gesellschafter der Gesellschaft Nutzungen und Leistungen, führen sie bei der Gesellschaft aufgrund der dort fehlenden Aufwendungen zu einem Gewinn, der nicht betrieblich, sondern gesellschaftsrechtlich veranlaßt ist und daher bei der Gesellschaft nicht der Besteuerung unterliegen darf. Die erforderliche Korrektur kann durch Abzug einer Einlage erreicht werden.

---

53 *Brezing*, AG 1988, S. 230 (231); *Raupach*, Verdeckte Nutzungseinlage, S. 309 (318); *Nieland*, DB 1987, S. 706 (711).

C. Zum Verhältnis zwischen verdeckter Gewinnausschüttung und verdeckter Einlage

I. Die Auffassung des BFH

Der BFH sieht die verdeckte Einlage nicht als Spiegelbild zur verdeckten Gewinnausschüttung oder zur Entnahme.[1] Die Spiegelbildlichkeit von verdeckter Gewinnausschüttung und verdeckter Einlage könne auch nicht aus § 8 III 2 KStG gefolgert werden. Denn das Steuerrecht habe es akzeptiert, daß es Spielräume für die Verlagerung von Gewinnen im Konzern gebe.[2] Weiter wird als Argument angeführt, die Besteuerung habe sich nach der tatsächlichen, nicht nach der fiktiven Leistungsfähigkeit zu richten.[3]

II. Die Kritik am BFH

Gegen den BFH wird im Schrifttum die Auffassung vertreten, daß Entnahmen und Einlagen logisch zwingend spiegelbildlich sein müssen.[4] Was im Bereich des EStG für das Verhältnis der Entnahme zur Einlage gelte, müsse im Bereich des KStG für das Verhältnis der verdeckten Gewinnausschüttung zur verdeckten Einlage gelten, da diese beiden Institute insoweit der Entnahme und der Einlage des EStG systemähnlich seien.[5]

---

1 Beschluß vom 26.10.1987 GrS 2/86, BStBl. II 1988, S. 348 (352; 354 m.w.N.); *Groh*, DB 1988, S. 514 (516) spricht von einer "apokryphen" Bestimmung. Nach *Groh* geht die Maßgeblichkeit der Handelsbilanz dem Wortlautargument vor; ebenso *Döllerer*, Verdeckte Einlagen, S. 293 (298).

2 *Bordewin*, DStR 1988, S. 227 (232).

3 *Ebenroth/Fuhrmann*, DB 1989, S. 1100. Nach den Autoren soll bei Auslandssachverhalten aber ein modifizierter Begriff der verdeckten Einlage gelten. Dort soll die verdeckte Einlage von Nutzungen zulässig sein, damit die verdeckte Zuwendung nicht der deutschen Besteuerung entzogen werden kann (DB 1989, S. 1100 [1104]).

4 *Raupach*, Verdeckte Nutzungseinlage, S. 309 (316 f.) weist die Gemeinsamkeiten von verdeckter Gewinnausschüttung und verdeckter Einlage überzeugend nach; tendenziell ebenso *Wassermeyer*, AG 1985, 285 (291); *Meyer - Scharenberg*, StuW 1987, S. 11 (17); eingehend *Erfmeyer*, Nutzungseinlage, S. 60 ff. m.w.N..

5 *Wassermeyer*, AG 1985, S. 285 (290); *Wismeth*, Einlage, S. 46; 144; *Meilicke/Meilicke*, DB 1977, S. 927 (931); *Raupach*, Verdeckte Nutzungseinlage, S. 309 (316 f.); *Erfmeyer*, Nutzungseinlage, S. 118.

III. Stellungnahme

Die Auffassung des BFH, die verdeckte Einlage sei nicht das Spiegelbild der verdeckten Gewinnausschüttung, kann nicht ohne dogmatische Bedenken aufrechterhalten bleiben. Nach allgemeiner Auffassung dient die Regelung des § 4 I EStG über die Entnahmen und Einlagen der Abgrenzung des privaten vom betrieblichen Bereich.[6] Besteuert werden soll nur die betrieblich veranlaßte Vermögensmehrung. Da es auf der Ebene der Kapitalgesellschaft aber keinen Privatbereich gibt, muß hier die Abgrenzung zwischen dem betrieblichen und dem gesellschaftsrechtlichen Bereich erfolgen.[7]

An die Stelle der Entnahme tritt dabei die verdeckte Gewinnausschüttung.[8] Die Regelung über die Einlagen bleibt aber über § 8 I KStG auch für Kapitalgesellschaften anwendbar.[9] Soll aber auch in diesem Fall nur die betrieblich veranlaßte Vermögensmehrung besteuert werden, fordert dieser übergeordnete Zweck des § 4 I EStG, daß jeweils die Entnahmen und Einlagen sowie verdeckte Gewinnausschüttungen und verdeckte Einlagen spiegelbildlich zu behandeln sind. Jede andere Lösung wäre profiskalisch, da zwar nicht betrieblich veranlaßte Wertabgänge aus der Gesellschaft über § 8 III 2 KStG wieder dem Gewinn hinzugerechnet würden, nicht betrieblich veranlaßte Vermögensmehrungen aber der Besteuerung unterworfen blieben.[10]

---

6 *Plückebaum* in *Kirchhof/Söhn*, EStG, § 4 EStG, Rdnr. B 294; *Raupach*, Verdeckte Nutzungseinlage, S. 309 (325).

7 *Raupach*, Verdeckte Nutzungseinlage, S. 309 (310); *Sturm*, DB 1991, S. 2055 (2056).

8 Beschluß vom 26.10.1987 GrS 2/86, BStBl. II 1988, S. 348 (354); *Raupach*, Verdeckte Nutzungseinlage, S. 309 (318).

9 Beschluß vom 26.10.1987 GrS 2/86, BStBl. II 1988, S. 348 (354).

10 ebenso *Meyer - Scharenberg*, StuW 1987, S. 11 (15).

D. Zur Gleichbehandlung der Unterpreisleistung im zwei - und im mehrgliedrigen Konzern - Die Konstruktion des Vorteilsverbrauchs -

I. Die Auffassung des BFH

Die Lösung des BFH zur steuerlichen Behandlung der Unterpreisleistung gilt sowohl im zwei - als auch im mehrgliedrigen Konzern.[1] In dem zuletzt genannten Fall sei die tatsächlich von T_1 an T_2 erbrachte Leistung so zu sehen, als sei sie zunächst zur gemeinsamen Muttergesellschaft und dann erst von dort zu T_2 gelangt.[2] Damit lägen in beiden Fällen Leistungen der M vor. T_1 nehme der M eine dieser obliegende Leistung ab, denn handelsrechtlich habe T_1 aus der Nutzungsüberlassung unter Preis einen Anspruch gegen M aus Geschäftsbesorgung nach §§ 675, 661 BGB.[3] Die Leistung von T_1 an T_2 kürze damit nur den Leistungsweg ab.[4]

II. Kritik und Stellungnahme

Die vom BFH vorgenommene Ungleichbehandlung zwischen der Unterpreislieferung und der Unterpreisleistung kann nicht dadurch gerechtfertigt werden, daß die steuerrechtlichen Lösungen der Vorteilszuwendungen im zwei - und im mehrgliedrigen Konzern nicht voneinander abweichen dürfen. Die Gleichbehandlung ist nur ein vom BFH gewünschtes Ergebnis, das zwar durch die Verneinung der Einlagefähigkeit von Nutzungen und Leistungen erreicht wird. Dieses Ergebnis der Gleichbehandlung kann aber auch erreicht werden, wenn man Nutzungen und Leistungen entgegen dem BFH für einlagefähig hielte. Die Frage, ob Nutzungen und Leistungen einlagefähig sind, ist durch den BFH mit der Gleichstellung von zwei - und mehrgliedrigem Konzern allein jedenfalls nicht beantwortet.

---

1 Beschluß vom 26.10.1987 GrS 2/86, BStBl. II 1988, S. 348 (356); Den Gedanken der Aufwandsersparnis bei M hatte bereits der BFH im Urteil vom 23.10.1985 I R 248/81, BStBl. II 1986, S. 178 (180); *Groh*, DB 1988, S. 571 (571).

2 Beschluß vom 26.10.1987 GrS 2/86, BStBl. II 1988, S. 348 (355 f.).

3 *Groh*, DB 1988, S. 571 (571).

4 *Groh*, DB 1988, S. 571 (571).

Die Gleichbehandlung der Unterpreisleistung im zwei - und im mehrgliedrigen Konzern zwingt den BFH außerdem zu der Konsequenz, bei der Muttergesellschaft Betriebsausgaben durch einen Vorteilsverbrauch anzunehmen.[5] Diese Konsequenz des BFH überrascht. Denn Betriebsausgaben sind betrieblich veranlaßte Aufwendungen.[6] Die betriebliche Veranlassung durch den Vorteilsverbrauch bejaht der BFH offensichtlich allein wegen der Zugehörigkeit der Beteiligung der Muttergesellschaft an der Tochtergesellschaft zum Betriebsvermögen.[7]

Der dem Vorteilsverbrauch vorgelagerte Sachverhalt, der Erhalt des Vorteils, ist aber als verdeckte Gewinnausschüttung eine gerade nicht betrieblich, sondern gesellschaftsrechtlich veranlaßte Vermögensmehrung. Ursächlich für den Vorteilsverbrauch ist die gesellschaftsrechtliche Verbundenheit von Mutter - und Tochtergesellschaft. Mangels betrieblicher Veranlassung kann der Vorteilsverbrauch daher nicht zu Betriebsausgaben führen.

Den vergleichbaren Fall der Unterpreislieferung zwischen Schwestergesellschaften beurteilt der BFH diametral entgegengesetzt. Hier soll die Weitergabe von der Muttergesellschaft an T_2 gerade nicht betrieblich, sondern gesellschaftsrechtlich veranlaßt sein.[8] Es widerspricht aber den Denkgesetzen, bei zwei von der steuerrechtlichen Veranlassung her wirtschaftlich gleichen Sachverhalten den einen Sachverhalt[9] dem betrieblichen Bereich, den anderen Sachverhalt[10] hingegen dem gesellschaftsrechtlichen Bereich zuzuordnen. Die Auffassung des BFH, der Vorteilsverbrauch führe bei der Unterpreisleistung auf Ebene der Muttergesellschaft zu Betriebsausgaben, ist damit dogmatisch nicht haltbar.

---

5 Beschluß vom 26.10.1987 GrS 2/86, BStBl. II 1988, S. 348 (357).

6 § 8 I KStG, § 4 IV EStG.

7 Beschluß vom 26.10.1987 GrS 2/86, BStBl. II 1988, S. 348 (357): der Vorteil aus der verdeckten Gewinnausschüttung werde "im Betrieb" verbraucht.

8 Beschluß vom 26.10.1987 GrS 2/86, BStBl. II 1988, S. 348 (356).

9 Unterpreisleistung.

10 Unterpreislieferung.

E. Zum Dreiecksmodell des BFH bei Vorteilszuwendungen zwischen Schwestergesellschaften

I. Die grundsätzliche Kritik am Dreiecksmodell des BFH

Grundsätzliche Kritik an der Auffassung des BFH üben andere Vertreter aus der Literatur. Sie lehnen das "Dreiecksmodell" des BFH bei Zuwendungen zwischen Schwestergesellschaften, das der Große Senat des BFH in seinem Beschluß vom 26.10.1987 bestätigt hat[1], ab. Nach ihrer Auffassung liegen bei Vorteilszuwendungen zwischen Schwestergesellschaften die Voraussetzungen einer verdeckten Gewinnausschüttung der leistenden Tochtergesellschaft an die Muttergesellschaft nicht vor. Die gemeinsame Muttergesellschaft erhalte letztlich keinen Vorteil. Denn der Vermögensvorteil bei der die Vorteilszuwendung empfangenden Tochtergesellschaft werde durch den Vermögensnachteil, den die leistende Tochtergesellschaft durch den Abfluß der Zuwendung ohne adäquate Gegenleistung erleide, kompensiert.[2] Da sowohl Vorteil als auch Nachteil über die Dreieckskonstruktion des BFH bei der Muttergesellschaft einträten, wandere bei der Muttergesellschaft nur Vermögen von der einen in die andere Tasche.[3]

Lange meint, bei Zuwendungen zwischen Schwestergesellschaften bestehe im übrigen kein Anlaß, durch verdeckte Gewinnausschüttungen die Gewinne der beteiligten Gesellschaften zu korrigieren, da dem Staat keine Körperschaftsteuer entzogen würde.[4] Dem steuerlichen Mindergewinn der leistenden Gesellschaft[5] stehe spiegelbildlich ein entsprechender Mehrgewinn der den Vorteil empfangenden Tochtergesellschaft[6] gegenüber. Mißbräuchlichen Gewinnverlagerungen könne im Einzelfall mit § 42 AO begegnet werden.[7]

1 Beschluß vom 26.10.1987 GrS 2/86, BStBl. II 1988, S. 348 (356).

2 *Lange*, Verdeckte Gewinnausschüttungen, S. 295; *Glade*, GmbHR 1963, S. 83 (84); *Thiel*, DB 1962, S. 1482 (1487); *Ranft*, StbJb 1972/73, S. 269 (304).

3 *Glade*, GmbHR 1963, S. 83 (84); *Thiel*, DB 1962, S. 1482 (1487); *Ranft*, StbJb. 1972/73, S. 269 (304 ff.).

4 *Lange*, Verdeckte Gewinnausschüttungen, S. 295.

5 Ihr fehlen aus der Vorteilszuwendung Betriebseinnahmen.

6 Ihr fehlen aufgrund der Vorteilszuwendung Betriebsausgaben.

7 *Lange*, Verdeckte Gewinnausschüttungen, S. 295; dies könnte wohl im Fall von Verlustsituationen auftreten.

II. Stellungnahme

1. Die Kritik und die neue Definition der verdeckten Gewinnausschüttung durch den BFH

Die von *Lange* und anderen Vertretern der Literatur vorgeschlagene Lösung des Problems der Vorteilszuwendungen im mehrgliedrigen Konzern, insbesondere zwischen Schwestergesellschaften, im Regelfall keine Korrektur vorzunehmen, ist einfach und daher faszinierend. Bei systematischer Betrachtung aber ist die Lösung, daß es bei Vorteilszuwendungen zwischen Schwestergesellschaften schon am Zufluß eines Vermögensvorteils bei der gemeinsamen Muttergesellschaft fehle[8], nicht haltbar. Dem steht bereits die neue Definition der verdeckten Gewinnausschüttung durch den BFH[9] entgegen.

Danach setzt eine verdeckte Gewinnausschüttung nicht mehr den Zufluß eines Vermögensvorteils bei dem Gesellschafter voraus. Die neue Definition des BFH stellt bei der verdeckten Gewinnausschüttung nach § 8 III 2 KStG nur auf die leistende Gesellschaft ab und läßt bei ihr eine gesellschaftsrechtlich veranlaßte Vermögensminderung oder verhinderte Vermögensmehrung[10] für eine verdeckte Gewinnausschüttung ausreichen.[11] Das Fehlen eines Vorteilszuflusses bei dem Gesellschafter kann daher die Annahme einer verdeckten Gewinnausschüttung auf Ebene der Gesellschaft nicht mehr verhindern.

---

8 *Lange*, Verdeckte Gewinnausschüttungen, S. 295; *Glade*, GmbHR 1963, S. 83 (84); *Thiel*, DB 1962, S. 1482 (1487); *Ranft*, StBJb. 1972/1973, S. 269 (304).

9 BFH - Urteil v. 22.02.1989 I R 44/85, BStBl. II 1989, S. 475 (476).

10 Und die anderen notwendigen Merkmale einer verdeckten Gewinnausschüttung.

11 BFH - Urteil v. 22.02.1989 I R 44/85, BStBl. II 1989, S. 475 (476).

2. Die Unzulässigkeit der Gesamtbetrachtung des Vermögens des gemeinsamen Gesellschafters

Aber schon nach der alten BFH - Rechtsprechung zur verdeckten Gewinnausschüttung war die Lösung von *Lange* und den anderen Kritikern, bei der steuerlichen Beurteilung der Vorteilszuwendung im Konzern auf das Gesamtvermögen der Muttergesellschaft abzustellen[12], nicht haltbar. Denn wenn man bei der Prüfung der Tatbestandsvoraussetzungen der verdeckten Gewinnausschüttung nach § 8 III 2 KStG[13] stets das gesamte Vermögen des Gesellschafters betrachtete, wäre eine verdeckte Gewinnausschüttung kaum mehr denkbar. Denn jeder Vorteil, den ein Gesellschafter von seiner Gesellschaft erhielte, würde dadurch kompensiert, daß in seinem Gesamtvermögen die Beteiligung an der Gesellschaft durch die vorausgegangene Ausschüttung der Gesellschaft entsprechend weniger wert würde. Eine verdeckte Gewinnausschüttung wäre dann nur bei einer geringeren Beteiligung als 100 % denkbar.

Ist ein Gesellschafter zu 30 % an einer Gesellschaft beteiligt und erhält er eine verdeckte Gewinnausschüttung, beträgt der Vorteil des Gesellschafters 100 %. Der Nachteil, den er durch den Minderwert seiner Beteiligung an der Gesellschaft infolge der verdeckten Ausschüttung erleidet, entspricht aber nur seinem Anteil an der Gesellschaft in Höhe von 30 %. In Höhe von 70 % des Vorteils wäre nach *Lange* Raum für eine verdeckte Gewinnausschüttung.

Nicht nur im Konzern, sondern in sämtlichen Fällen verdeckter Gewinnausschüttungen wandert Vermögen von der einen in die andere Tasche des Gesellschafters. Die Annahme einer verdeckten Gewinnausschüttung kann aber nicht von der Beteiligungsquote des Gesellschafters an der Gesellschaft abhängen. Auch bei Vorteilszuwendungen zwischen Schwestergesellschaften liegen daher steuerrechtliche verdeckte Gewinnausschüttungen an den gemeinsamen Gesellschafter vor. Insoweit folgt das Steuerrecht dem Handels - und Gesellschaftsrecht. Auch hier liegen bei Zuwendungen zwischen Schwestergesellschaften verdeckte Gewinnausschüttungen an die gemeinsame Mut-

---

12 *Schirmer*, GmbHR 1986, S. 52 (59) weist zutreffend darauf hin, daß Konzerne zwar wirtschaftlich eine Einheit bilden, steuerrechtlich aber getrennt beurteilt und auch nicht konsolidiert werden.

13 Alte BFH - Rechtsprechung.

tergesellschaft vor.[14]

Weiter spricht gegen die Lösung von *Lange* und den anderen Kritikern, daß verbundene Unternehmen de lege lata steuerrechtlich keiner Einheitsbesteuerung unterliegen, sondern jede Gesellschaft gesondert besteuert wird.[15] Auch aus diesem Grund ist es unzulässig, bei dem Gesellschafter eine "Gesamtvermögensbetrachtung" anzustellen.

Im übrigen ist auch fraglich, ob der von *Lange* für Mißbrauchsfälle vorgeschlagene Weg einer Gewinnkorrektur über § 42 AO[16] möglich ist. Voraussetzung dafür wäre der Mißbrauch von Gestaltungsmöglichkeiten des Rechts und damit eine den wirtschaftlichen Verhältnissen unangemessene rechtliche Gestaltung.[17] Die Anwendung des § 42 AO ist mit anderen Worten ausgeschlossen, wenn die beteiligten Steuerpflichtigen wirtschaftliche Gründe für die von ihnen gewählte Gestaltung vortragen können.[18] Innerhalb eines Konzerns können aber sehr gute wirtschaftliche Gründe für eine Gewinnverlagerung durch Unterpreisleistungen und Unterpreislieferungen herangezogen werden. Eine unangemessene Gestaltung läge dann nicht mehr vor, der Tatbestand des § 42 AO wäre nicht mehr erfüllt.

---

14 *Canaris*, Rückgewähr, S. 31 (zur Rechtslage in der AG: S. 35; zur Rechtslage in der GmbH: S. 55 f.); *Lutter*, Verdeckte Leistungen, S. 505 (531): Rückgewährschuldner nach Gesellschaftsrecht kann nur der Gesellschafter sein.

15 *Flume*, Vermögensbewegungen, S. 762 (769 f.); von diesem Grundsatz sind auch die §§ 14 ff. KStG nur eine scheinbare Ausnahme. Denn auch im Fall der Organschaft bleiben Organträger und Organgesellschaft selbständige Steuerrechtssubjekte.

16 *Lange*, Verdeckte Gewinnausschüttungen, S. 295.

17 *Tipke/Kruse*, AO, Rdnr. 12 zu § 42 AO.

18 *Tipke/Kruse*, AO, Rdnr. 14 zu § 42 AO, die darauf hinweisen, daß der Steuerpflichtige bei mehreren den wirtschaftlichen Verhältnissen angemessenen Gestaltungen die steuerlich günstigste wählen darf.

F. Die Praktikabilität der Auffassung des BFH

So dogmatisch angreifbar die Auffassung des BFH auch ist, sie hat ihre positiven Seiten. Der Große Senat hat mit seinem Beschluß für Klarheit und Rechtssicherheit gesorgt.[1] Wird für Nutzungen und Leistungen eines Gesellschafters an seine Gesellschaft kein oder kein angemessenes Entgelt vereinbart, gilt dies auch für das Steuerrecht.[2] Kein Gesellschafter muß die Besteuerung noch nicht erzielter Einnahmen befürchten. Dies wäre auch schwerlich mit dem verfassungsrechtlichen Grundsatz der Besteuerung nach der tatsächlichen Leistungsfähigkeit[3] zu vereinbaren. Als weiterer Pluspunkt des BFH - Beschlusses ist die Anrechenbarkeit des Körperschaftsteuerguthabens bei der Muttergesellschaft bei Unterpreisleistungen zwischen Schwestergesellschaften zu nennen.[4]

Eine weitere, vor allem für die Steuerrechtspraxis positive Seite des BFH - Beschlusses liegt darin, daß Gesellschafter ein Wahlrecht bei der Gestaltung der Beziehungen zu ihrer Gesellschaft haben und dies steuergestaltend einsetzen können.[5] Je nach Lage können sie entweder Gewinne auf die Gesellschaft verlagern, indem sie der Gesellschaft Nutzungen und Leistungen unentgeltlich überlassen[6] oder aber der Gesellschaft Gewinne entziehen, in-

---

1 *Felix*, DStZ 1988, S. 179.

2 Ausnahme: bei Zuwendungen zwischen Schwestergesellschaften führt auch dieser Sachverhalt zu einer verdeckten Gewinnausschüttung an die gemeinsame Muttergesellschaft.

3 BVerfGE 50, S. 386 (391); BVerfGE 66, S. 214 (223); *Lang*, Bemessungsgrundlage, S. 99; *Tipke/Lang*, Steuerrecht, S. 57 ff.; *Kirchhof*, StuW 1985, S. 319 (323); *Vogel*, Verlust, S. 123 (142 f.), der es auch in Artt. 105 ff. GG festmachen will.

4 Beschluß vom 26.10.1987 GrS 2/86, BStBl. II 1988, S. 348 (357).

5 Was offenbar von der Beraterseite rasch erkannt worden ist: *Koenen*, BB 1989, S. 1455 (1459); auch vor Ergehen des Nutzungseinlagenbeschlusses war die Möglichkeit der zulässigen Gewinnverlagerung bekannt: *Raupach*, Verdeckte Nutzungseinlage, S. 309 (311): "Dem Kundigen erschließen sich jedenfalls ungeahnte Gestaltungsspielräume"; aber auch *Groh*, DB 1988, S. 514 (524) erkennt die Gestaltungsspielräume.

6 Noch weiter will *Flume*, Vermögensbewegungen, S. 762 (774) gehen: er ist der Auffassung, daß auch bei der Zuwendung materieller Wirtschaftsgüter von der Mutter - auf die Tochtergesellschaft eine Gewinnverlagerung zulässig sei, da der zugewendete Gegenstand über die Beteiligung der Mutter - an der Tochtergesellschaft letztlich im Vermögen der Muttergesellschaft verbleibe.

dem sie für die Überlassung von Nutzungen und Leistungen mit der Gesellschaft angemessene Entgelte vereinbaren.[7]

G. Das Fehlen eines Konzernsteuerrechts als Ursache des Dilemma

Die Untersuchung hat gezeigt, daß die Position des BFH, Nutzungen und Leistungen als nicht einlagefähig anzusehen, mit guten Gründen angreifbar ist. Fraglich ist aber, ob mit der Anerkennung der Einlagefähigkeit von Nutzungen und Leistungen eine in sich stimmigere Lösung des Problems der Leistungsbeziehungen im Konzern erreicht werden könnte. Dagegen spricht, daß in diesem Falle die die Nutzungen und Leistungen unentgeltlich überlassenden Gesellschafter Einnahmen zu versteuern hätten, die sie gar nicht erzielt haben. Das müssen die Gesellschafter nach Auffassung des BFH bei Unterpreislieferungen an die Gesellschaft zwar auch. Aber auch bei Unterpreislieferungen konnte nachgewiesen werden, daß es für die Besteuerung von Einnahmen auf Ebene der Gesellschafter an einer Rechtsgrundlage fehlt. Über die Hürde des fehlenden Gewinnrealisierungstatbestandes kommen die Kritiker des BFH daher nicht hinweg.

Es ist auch nicht ersichtlich, daß in der Literatur ein insgesamt in sich stimmiges Modell der Besteuerung von Leistungsbeziehungen im Konzern entwickelt worden ist, das ohne jeden Wertungswiderspruch auskäme. Zu beantworten ist daher die Frage, warum es für die Besteuerung von Leistungsbeziehungen im Konzern nach dem geltenden Recht keine insgesamt schlüssige Lösung gibt. Die Antwort liegt im Steuerrecht selbst begründet. Es gibt kein spezielles Konzernsteuerrecht[8], das den engen Verflechtungen der Konzernunternehmen, die oft nur wie Betriebsabteilungen eines einheitlichen Unternehmens geführt werden, gerecht wird. Die Besteuerung von Leistungsbeziehungen im Konzern erfolgt stattdessen nach geltendem Recht unter Zuhilfenahme der Vorschriften des EStG.[9]

Dabei können Systembrüche gar nicht ausbleiben. Denn das EStG ist mit seiner Gewinnermittlungsvorschrift des § 4 I EStG von der Vorstellung der

7 *Koenen*, BB 1989, S. 1455 (1459).

8 Abgesehen von den §§ 14 ff. KStG.

9 Über § 8 I KStG.

Abgrenzung des betrieblichen von dem privaten Bereich des Einzelunternehmers geprägt. Diese Vorstellung trifft aber auf Kapitalgesellschaften gerade nicht zu, da sie keine Privatsphäre haben. Hier behilft sich das Steuerrecht stattdessen mit der Abgrenzung des betrieblichen vom gesellschaftsrechtlichen Bereich (1. "Krücke"). Statt der Entnahmeregelung des § 4 I 2 EStG gilt für Kapitalgesellschaften § 8 III 2 KStG als lex specialis. Der umgekehrte Vorgang der Vorteilszuwendung seitens des Gesellschafters an die Gesellschaft[10] und darüber hinaus die Vorteilszuwendung zwischen Schwestergesellschaften hat der Gesetzgeber hingegen nicht spezialgesetzlich geregelt. Hier behilft sich das Steuerrecht nun mit der auf Einzelunternehmer zugeschnittenen Regelung des § 4 I EStG über Einlagen durch den Verweis in § 8 I KStG (2. "Krücke").[11] Weiter geht das gesamte deutsche Steuerrecht davon aus, daß jedes Steuersubjekt separat zu besteuern ist.[12] Die verbundenen Unternehmen mit ihren Besonderheiten der vielfältigen konzerninternen Leistungsbeziehungen finden im Steuerrecht keine Berücksichtigung.

Die aufgezeigten Probleme könnten nur dann befriedigend gelöst werden, wenn es ein kodifiziertes Konzernsteuerrecht gäbe, das speziell die hier angeschnittenen Probleme regelte. Dann würde das Steuerrecht auch der Rechtstatsächlichkeit, in der neben Einzelunternehmen verbundene Unternehmen vorkommen, Rechnung tragen.

Es ist auch *Knobbe - Keuk*[13] durchaus zuzugeben, daß der Streit um die Einlagefähigkeit von Nutzungen und Leistungen auf dem falschen Schauplatz ausgetragen wird. In der Sache geht es nicht um die Frage der Einlagefähigkeit von Nutzungen und Leistungen, sondern um die Frage, wann bei Leistungsbeziehungen im Konzern eine Gewinnberichtigung bei den beteiligten Unternehmen vorzunehmen ist. Die stimmige Beantwortung dieser Frage ist de lege lata jedoch, wie gezeigt werden konnte, nicht möglich. Hier ist der Gesetzgeber aufgerufen, ein Konzernsteuerrecht zu schaffen.

Bis dahin wird sich die Rechtspraxis im Konzernsteuerrecht mit den

---

10 Die verdeckte Einlage.

11 Ebenso *Paus*, DStZ 1987, S. 535 (538).

12 *Tipke/Lang*, Steuerrecht, S. 415; partielle Ausnahmen lassen die §§ 14 ff. KStG zu.

13 Bilanz - und Unternehmenssteuerrecht, S. 200.

"Krücken" des EStG behelfen müssen. Dabei ist es das Verdienst des Großen Senats des BFH, daß er durch seinen Beschluß dazu beigetragen hat, daß dieser Gang auf "Krücken" für die Steuerpflichtigen zu vorhersehbaren Ergebnissen führt. Das ist gerade für die Steuerplanung im europäischen Konzern von großer Bedeutung, wie noch im zweiten Teil der Arbeit zu zeigen sein wird.

H. Zusammenfassung

Es konnte nachgewiesen werden, daß die durch den Beschluß des Großen Senates[14] festgeschriebene Rechtsprechung des BFH zur steuerlichen Behandlung der Vorteilszuwendungen im Konzern zu einer nicht zu rechtfertigenden Ungleichbehandlung der Unterpreislieferung und der Unterpreisleistung führt. Dem Großen Senat und einem Teil der Literatur ist es aber zu verdanken, daß auch im Falle der Unterpreisleistung die Muttergesellschaft in den Genuß der Anrechnung der Körperschaftsteuer gelangt.[15] Dafür muß der BFH aber die fragwürdige Konstruktion in Kauf nehmen, daß gesellschaftsrechtlich veranlaßte Vorgänge[16] zu Betriebsausgaben führen[17]; ein klarer Systembruch.

Es ist weiter festzustellen, daß bislang von den Kritikern des BFH ein in sich stimmiges Konzept zur Besteuerung von Leistungsbeziehungen im Konzern nicht vorgelegt worden ist. Auch die Vorschläge der Literatur können nicht ohne Systembrüche umgesetzt werden[18]. Letztlich gibt es de lege lata keine Lösung, die ohne Widerspruch auskäme. Der Praktiker wird daher mit der aufgezeigten Lösung des BFH und den ihr immanenten Systembrüchen leben müssen, bis der Gesetzgeber sich zu einer Kodifizierung des Konzernsteuerrechts oder zumindest des hier behandelten Teilproblems entschließt. Eine Änderung der Rechtsprechung ist jedenfalls in absehbarer Zeit nicht zu

---

14 Beschluß vom 26.10.1987 GrS 2/86, BStBl. II 1988, S. 348.

15 Beschluß vom 26.10.1987 GrS 2/86, BStBl. II 1988, S. 348 (357); zur Rechtslage vor dem BFH - Beschluß eingehend *Fuchs/Lempenau*, BB 1982, S. 484.

16 Die Weitergabe des Vorteils im mehrgliedrigen Konzern von M an T_2.

17 Beschluß vom 26.10.1987 GrS 2/86, BStBl. II 1988, S. 348 (357).

18 Z.B. Verstoß gegen das Verbot der Nutzenziehungsfiktion und der Verstoß gegen das Gebot der Besteuerung nach der Leistungsfähigkeit.

erwarten. Für den weiteren Gang dieser Untersuchung der Wirkungen verdeckter Gewinnausschüttungen im europäischen Konzern wird daher die Auffassung des BFH, wie sie oben dargestellt worden ist, zugrundegelegt.

2. Teil: Die verdeckte Gewinnausschüttung im europäischen Konzern unter besonderer Berücksichtigung des internationalen deutschen Steuerrechts und der BFH - Rechtsprechung

1. Kapitel: Begriffsbestimmungen

A. Europäischer Konzern

Trotz der Bemühungen in der EG, auch die Vorschriften über die Konzernrechnungslegung zu vereinheitlichen[1], ist der Begriff des europäischen Konzerns, soweit ersichtlich, bislang noch nicht definiert worden. Es kann aber auf zahlreiche Definitionen zurückgegriffen werden, die das Phänomen international tätiger Unternehmen mit rechtlich selbständigen Auslandseinheiten zu erfassen suchen. So zahlreich wie die Definitionen sind auch die Begriffe für international tätige Unternehmen.[2] Art. 9 I OECD - MA spricht von international verbundenen Unternehmen, *Baumhoff*[3] und *Krüger*[4] dagegen verwenden den Begriff im Singular und sprechen von der international verbundenen Unternehmung. *Strobl*[5] spricht von der international verflochtenen Unternehmung. *Kratz*[6] und *Kormann*[7] bevorzugen den Begriff internationale Unternehmung, *Bellstedt*[8] den Begriff des internationalen Konzerns. *Nieß*[9] und *Engel*[10] verwenden den Begriff des multinationalen Unterneh-

---

1 Vergleiche die Konzernbilanzrichtlinie v. 13.06.1983, ABLEG 1983 L 193/1, in der Bundesrepublik Deutschland in nationales Recht (§§ 290 ff. HGB) durch BiRiLiG v. 19.12.1985 (BStBl I 1985, S. 2355) umgesetzt sowie den bisher noch unveröffentlichten Vorentwurf zur 9. EG-Konzernrechts-Richtlinie (*Klein* in *Dötsch et al.*, Körperschaftsteuer, Anh. EG Rdnr. 59).

2 *Jakob*/*Hörmann*, BB 1991, S. 733 (733) sprechen vom internationalen Konzern; *Bühler*, Prinzipien, S. 29, spricht von internationalen Gesellschaften.

3 Verrechnungspreise, S. 12.

4 Steuerökonomische Analyse, S. 6.

5 Gewinnabgrenzung, S. 6, 8.

6 Steuerplanung, S. 20.

7 Die Steuerpolitik der internationalen Unternehmung, S. 15.

8 Die Besteuerung international verflochtener Gesellschaften, S. 162.

9 Einfluß, S. 6.

10 Konzerntransferpreise, S. 7.

mens.[11] *Ebenroth*[12] schließlich operiert mit dem Begriff des transnationalen Unternehmens.

Einer Entscheidung für eine diesen Begriffen zugrundeliegende Definition bedarf es nicht. Denn Ziel dieser Arbeit ist es, systemwidrige Besteuerungen im europäischen Konzern im Zusammenhang mit verdeckten Gewinnausschüttungen zu untersuchen. Solche systemwidrigen Besteuerungen können sich schon bei der einfachsten Art eines Konzerns, der aus einer Mutter - und einer Tochtergesellschaft mit Sitz in verschiedenen Staaten besteht, ergeben. Für diese Arbeit ist es daher ausreichend, den europäischen Konzern als ein Unternehmen zu definieren, das unter einheitlicher Leitung rechtlich selbständige Gesellschaften mit eigener Rechtspersönlichkeit in Europa unterhält, wobei mindestens zwei Gesellschaften des Unternehmens ihren Sitz in verschiedenen Staaten Europas haben und dort auch steuerpflichtig sein müssen.

B. Internationales deutsches Steuerrecht

Nach *Vogel*[13] ist das internationale Steuerrecht die Gesamtheit der sowohl völkerrechtlichen als auch innerstaatlichen Vorschriften des Steuerrechts, die sich speziell auf Sachverhalte mit Berührung zu mehr als einem Staatsgebiet beziehen. *Bühler*[14] differenziert zwischen internationalem Steuerrecht im engeren und im weiteren Sinne. Das internationale Steuerrecht im engeren Sinne erfaßt danach nur die völkerrechtlich begründeten Normen. Das internationale Steuerrecht im weiteren Sinne dagegen erfaßt die völkerrechtlichen Normen sowie nationalrechtliche Regelungen, die das Kollisionsrecht zum Gegenstand haben. *Höhn*[15] beschreibt das internationale Steuerrecht von seiner Aufgabenstellung. Nach *Höhn*[16] hat es die Aufgabe, Kollisionen der jeweiligen nationalen Steuerrechtsordnungen, die bei grenzüberschreitenden Beziehungen entstehen können, durch Abgrenzung der Anwendungs-

---

11 Ebenso *Schröder*, Probleme der Gewinnverlagerung, S. 3 ff.

12 Verdeckte Vermögenszuwendungen, S. 13.

13 DBA, Rdnr. 5 Einl.

14 Prinzipien des Internationalen Steuerrechts, S. 3.

15 In *Höhn*, Handbuch, S. 54.

16 In *Höhn*, Handbuch, S. 54.

bereiche dieser Steuerrechtsordnungen zu vermeiden.[17]

Der Begriff des "internationalen deutschen" Steuerrechts erscheint widersprüchlich, da sich die beiden Adjektive "international" und "deutsch" vom Sprachgebrauch her gegenseitig ausschließen. Der scheinbare Widerspuch wird durch die Definition von *Kluge*[18] aufgelöst. Nach *Kluge*[19] ist das internationale deutsche Steuerrecht die Summe aller Rechtsnormen, die sich ihrem Gegenstand nach auf Steuerfälle beziehen, bei denen irgendein Umstand über die Grenzen der Bundesrepublik hinausreicht.[20] Zu diesen Rechtsnormen gehören auch die geltenden völkerrechtlichen Normen mit steuerrechtlichem Inhalt. Das Adjektiv "international" schließt damit nicht das "deutsche" Steuerrecht aus. Es zeigt nur an, daß es sich bei den Normen des internationalen deutschen Steuerrechts um Rechtsnormen handelt, die Sachverhalte mit Auslandsberührung betreffen.

Alle Definitionen des internationalen deutschen Steuerrechts erscheinen jedoch zu eng. Denn sie sparen Rechtsnormen aus, die im Zusammenhang mit grenzüberschreitenden Steuerfällen zur Anwendung kommen, obwohl sie nicht speziell oder auch nur ihrem Gegenstand nach auf diese Steuerfälle ausgerichtet sind.[21] Das internationale deutsche Steuerrecht sollte daher als Summe aller Rechtsnormen des deutschen Steuerrechts einschließlich der völkerrechtlichen Normen mit steuerrechtlichem Inhalt, die im Zusammenhang mit grenzüberschreitenden Steuerfällen zur Anwendung kommen können, definiert werden.

---

17 Ebenso *Rieger*, Prinzipien, S. 85, nach dem die Kollision in der Konkurrenz mehrerer materieller Normen verschiedener Steuerhoheitsgebiete besteht.

18 Das Internationale Steuerrecht, S. 2.

19 Das Internationale Steuerrecht, S. 2.

20 Ähnlich *Schaumburg*, Internationales Steuerrecht, S. 3: Die Gesamtheit der Rechtsnormen, die sich auf Auslandssachverhalte beziehen.

21 Hier sind z.B. die §§ 39, 41, 42 AO, aber auch § 3 c EStG zu nennen.

C. Doppelbesteuerung

Hier wird allgemein zwischen der juristischen und der wirtschaftlichen Doppelbesteuerung unterschieden.[22] Unter juristischer Doppelbesteuerung[23] versteht man die Erhebung vergleichbarer Steuern in zwei oder mehr Staaten von demselben Steuerpflichtigen für denselben Steuergegenstand und Zeitraum.[24] Die wirtschaftliche Doppelbesteuerung liegt dagegen vor, wenn vergleichbare Steuern in zwei oder mehr Staaten von verschiedenen Steuerpflichtigen für denselben wirtschaftlichen Vorgang und Zeitraum erhoben werden.[25]

Der in dieser Arbeit verwendete Begriff der Doppelbesteuerung umfaßt sowohl die juristische als auch die wirtschaftliche Doppelbesteuerung. Denn für einen europäischen Konzern ist allein die Höhe der Gesamtsteuerbelastung im Konzern maßgebend, die sowohl durch die juristische als auch die wirtschaftliche Doppelbesteuerung beeinflußt werden kann.[26]

---

22 *Tillmanns* in *Mössner et al.*, Steuerrecht international tätiger Unternehmen, Rdnr. B 148; *Korn - Debatin*, DBA, Systematik Rdnr. I 9 spricht stattdessen von Doppelbesteuerung und Doppelbelastung; zu weiteren Termini siehe *Schaumburg*, Internationales Steuerrecht, S. 423 f.

23 *Bühler*, Prinzipien, S. 32, spricht auch von Doppelbesteuerung im engeren Sinne.

24 Tz. 1 OECD - MA - Kommentar zu Art. 23 OECD - MA; *Popp*, Leistungsbeziehungen, S. 32; *Engel*, Konzerntransferpreise, S. 57, 63 f.; *Tillmanns* in *Mössner et al.*, Steuerrecht international tätiger Unternehmen, Rdnr. B 150; *Jacobs*, Internationale Unternehmensbesteuerung, S. 7; *Wessel*, Doppelbesteuerung, S. 7 ff.

25 Tz. 2 OECD - MA - Kommentar zu Art. 23 OECD - MA; *Vogel*, DBA, Rdnr. 3 Einl.; *Popp*, Leistungsbeziehungen, S. 32; *Bühler*, Prinizpien, S. 32, spricht insoweit von einer Doppelbesteuerung im weiteren Sinne; *Tillmanns* in *Mössner et al.*, Steuerrecht international tätiger Unternehmen, Rdnr. B 156; *Jacobs*, Inernationale Unternehmensbesteuerung, S. 7; *Wessel*, Doppelbesteuerung, S. 14, verwendet den Begriff der Doppelbelastung.

26 Daher führt *Schaumburg*, Internationales Steuerrecht, S. 424, zu Recht aus, daß der Begriffsbildung der "Doppelbesteuerung" die Bedeutung fehle.

D. Faktische Steueroasen

Steueroasen sind Staaten, die Steuervorteile gewähren, die vielfältiger Art sein können. *Beauchamp*[27] nennt als solche Steuervorteile:

1. Nichtbesteuerung von Einkommen;
2. Erhebung der Einkommensteuer nach dem territorialen Prinzip;
3. Niedrige Steuerbelastung;
4. Begünstigung von Holdinggesellschaften;
5. Steuerbegünstigung in Sonderfällen.[28]

Der Begriff der faktischen Steueroase knüpft an die oben dargestellten Merkmale der Steueroase an, indem er allgemein eine steuerliche Begünstigung voraussetzt. Er geht jedoch über den herkömmlichen Begriff der Steueroase hinaus. Die faktische Steueroase lehnt sich nicht an die steuerlichen Begünstigungen einzelner Staaten an. Sie setzt nicht voraus, daß die Begünstigungen durch die Steuerrechtsordnungen auch nur von einem an dem genzüberschreitenden Sachverhalt beteiligten Staat gewollt sind, um z.B. Anreize für einen europäischen Konzern Investitionen zu schaffen.

Der hier verwendete Begriff der faktischen Steueroase beschreibt vielmehr das Phänomen von Steuerwirkungen in Form von Minderbesteuerungen, die sich bei einem europäischen Konzern aus grenzüberschreitenden Leistungsbeziehungen zwischen den Konzerngliedern ergeben können. Die Ursache für das Entstehen faktischer Steueroasen liegt hauptsächlich an den in aller Regel nicht aufeinander abgestimmten Steuerrechtsordnungen einschließlich der jeweils geltenden Normen des Völkerrechts der Staaten, die an den grenzüberschreitenden Sachverhalten beteiligt sind.[29] Dabei umfaßt der Begriff der faktischen Steueroase nicht nur die Steuerwirkungen bei idealtypischer Anwendung der beteiligten Steuerrechtsordnungen. Er umfaßt auch die

---

27 Die Steuerparadiese der Welt, S. 38; ähnlich *Kluge*, Das Internationale Steuerrecht, S. 96.

28 Daher können auch "Hochsteuerländer" Steueroasen sein (*Kluge*, Das Internationale Steuerrecht, S. 96).

29 In Betracht kommen daher auch Minderbesteuerungen durch das Ausnutzen von Qualifikationskonflikten oder durch "treaty-shopping" (dazu siehe *Vogel*, DBA, Rdnr. 110 Einl. sowie *Piltz*, Beilage 14/1987 zu BB 1987, *Fischer - Zernin*, RIW 1987, S. 362; aus Sicht der Bundesrepublik Deutschland, der Schweiz und den USA: *Kraft*, Treaty - shopping); *Becker*, Erschleichung, S. 171).

Steuerwirkungen, die sich aus der faktischen Nichtanwendung von Steuerrechtsordnungen ergeben können.[30]

E. Verdeckte Gewinnausschüttungen

Die verdeckte Gewinnausschüttung ist eine Rechtsfigur des deutschen Steuerrechts.[31] Sie ermöglicht Gewinnberichtigungen bei Vorteilsgewährungen einer Gesellschaft an einen Gesellschafter. Die Steuerrechtsordnungen anderer Staaten Europas kennen zum Teil ebenfalls die verdeckte Gewinnausschüttung als Mittel der Gewinnberichtigung bei unangemessenen Leistungsbeziehungen im Konzern.[32] Zum Teil sehen die Steuerrechtsordnungen der Länder Europas aber auch Gewinnberichtigungen bei Leistungsbeziehungen im Konzern ohne Annahme einer (verdeckten) Gewinnausschüttung vor.[33] Der in dieser Arbeit verwendete Begriff der verdeckten Gewinnausschüttung für Gewinnberichtigungen im europäischen Konzern wäre daher zu eng, knüpfte er allein an den Begriff der verdeckten Gewinnausschüttung des deutschen Steuerrechts an.

Der im zweiten Teil der Arbeit verwendete Begriff "verdeckte Gewinnausschüttung" umfaßt daher auch die in den europäischen Steuerrechtsordnungen außerhalb der Bundesrepublik Deutschland vorgesehenen Möglichkeiten der Gewinnberichtigung bei Vorteilszuwendungen von Kapitalgesellschaften an ihre Gesellschafter.[34]

---

30 Als Beispiel sei hier die mangelnde Effizienz einer Steuerverwaltung genannt, die nach der Steuerrechtsordnung gebotene Gewinnberichtigungen nicht vornimmt, weil sie die dazu notwendigen Sachverhaltsfeststellungen zu treffen nicht in der Lage ist.

31 § 8 III 2 KStG.

32 Z.B. Frankreich, Niederlande, Belgien und Luxemburg.

33 Z.B. Italien (*Mayr*, IWB Fach 5 Italien Gr. 2, S. 275 [281]; *derselbe*, IWB Fach 5 Italien Gr. 2, S. 303 [305]); das belgische Steuerrecht nimmt in diesen Fällen eine Gewinnausschüttung nur an, wenn die Finanzbehörden nachweisen können, daß eine Gewinnausschüttung beabsichtigt war (*Narraina et al.*, IWB Fach 10 International Gr. 2, S. 781 (784).

34 Für die aus dem deutschen Steuerrecht bekannte Rechtsfigur der verdeckten Einlage gilt das gleichermaßen; auch dieser Begriff wird stellvertretend im zweiten Teil der Arbeit für die ggfs. in anderen Steuerrechtsordnungen der europäischen Länder vorgesehenen Gewinnberichtigungsmöglichkeiten bei Vorteilsgewährungen seitens der Gesellschafter an die Gesellschaft verwendet.

2. Kapitel: Die Bedeutung der verdeckten Gewinnausschüttung im Normgefüge des internationalen deutschen Steuerrechts und ihr Verhältnis zu anderen Vorschriften

A. Verdeckte Gewinnausschüttung und § 1 AStG

I. Der Regelungsinhalt des § 1 AStG

Nach § 1 AStG sind Einkünfte aus Geschäftsbeziehungen zwischen nahestehenden Personen zu berichtigen, wenn sie aufgrund von Bedingungen **gemindert** worden sind, die zwischen voneinander unabhängigen Dritten unter gleichen oder ähnlichen Verhältnissen nicht vereinbart worden wären. Daraus folgt, daß eine Berichtigung nach § 1 AStG nur zuungunsten, nicht aber zugunsten des Steuerpflichtigen erfolgen kann.[1]

§ 1 AStG setzt voraus:

(1) eine Geschäftsbeziehung zum Ausland (§ 1 I AStG);

(2) eine Geschäftsbeziehung zwischen einem inländischen Steuerpflichtigen und einer ihm nahestehenden Person (§ 1 II AStG)[2];

(3) die vereinbarten Geschäftsbeziehungen müssen zu einer Minderung der Einkünfte des inländischen Steuerpflichtigen geführt haben (§ 1 I AStG);

(4) die Bedingungen der Geschäftsbeziehung halten einem Fremdvergleich nicht stand (dealing at arm's length - Prinzip).

Liegen die Voraussetzungen des § 1 AStG vor, sind die Einkünfte des inländischen Steuerpflichtigen so anzusetzen, wie sie unter den zwischen unabhängigen Dritten vereinbarten Bedingungen angefallen wären.[3]

---

1 *Baumhoff* in *Mössner et al.*, Steuerrecht international tätiger Unternehmen, Rdnr. C 216; *Schaumburg*, Internationales Steuerrecht, S. 807.

2 Das Steueränderungsgesetz 1992 hat den Tatbestand der "Geschäftsbeziehung" in § 1 IV AStG definiert (Art. 17 Ziff. 1 StÄndG 1992, BGBl. I 1992, S. 297 [324]).

3 § 1 I AStG.

Der Anwendungsbereich der verdeckten Gewinnausschüttung[4] ist einerseits weiter als der des § 1 AStG, da § 1 AStG im Tatbestand eine Geschäftsbeziehung voraussetzt[5], die verdeckte Gewinnausschüttung hingegen jede Beziehung der Gesellschaft zu den Gesellschaftern oder ihnen nahestehenden Personen erfassen kann.[6] Andererseits ist der Anwendungsbereich der verdeckten Gewinnausschüttung gegenüber § 1 AStG enger. Denn die verdeckte Gewinnausschüttung erfaßt nur Vorteilsgewährungen der Gesellschaft an Gesellschafter aufgrund gesellschaftsrechtlicher Beziehungen.[7] § 1 AStG erfaßt darüber hinaus neben Vorteilsgewährungen der Gesellschafter an die Gesellschaft Vorteilsgewährungen zwischen nahestenden Personen, bei denen sich das Näheverhältnis nicht aus dem Gesellschaftsrecht ergeben muß.[8]

II. Die verschiedenen Auffassungen zur Normenkonkurrenz zwischen der verdeckten Gewinnausschüttung und § 1 AStG

Aufgrund der jedenfalls teilweise identischen Tatbestandsvoraussetzungen ist fraglich, welche Norm Anwendung findet, wenn sowohl der Tatbestand des § 1 AStG als auch der verdeckten Gewinnausschüttung erfüllt ist.[9] In Fällen einer solchen Anspruchskonkurrenz gibt es nach der juristischen Methodenlehre[10] drei mögliche Lösungen:

---

4 § 8 III 2 KStG.

5 *Kußmaul*, RIW 1987, S. 679 (682); *Popkes*, Internationale Prüfung, S. 74; *Woerner*, BB 1983, S. 845 (846).

6 *Woerner*, BB 1983, S. 845 (846); *Baumhoff* in *Mössner et al.*, Steuerrecht international tätiger Unternehmen, Rdnr. C 219.

7 *Woerner*, BB 1983, S. 845 (846); *Baumhoff* in *Mössner et al.*, Steuerrecht international tätiger Unternehmen, Rdnr. C 219.

8 § 1 II Nr. 3 AStG; *Baumhoff*, Verrechnungspreise, S. 80; *derselbe* in *Mössner et al.*, Steuerrecht international tätiger Unternehmen, Rdnr. C 219; *Blümich/Menck*, Rdnr. 90, 91 zu § 1 AStG; *Woerner*, BB 1983, S. 845 (846).

9 Nach *Schaumburg*, Internationales Steuerrecht, S. 815, soll die Praxis bestrebt sein, die Korrekturmaßstäbe unabhängig von den Berichtigungsnormen (verdeckte Gewinnausschüttung oder § 1 AStG) zu vereinheitlichen, was der Frage nach der anzuwendenden Korrekturnorm die Schärfe nähme.

10 *Larenz*, Methodenlehre, S. 256 ff..

- Die kumulative Anwendung der konkurrierenden Gesetze;

- die Verdrängung einer Norm in Form der
  - Spezialität oder
  - Subsidiarität

der einen Norm gegenüber der anderen.

Zur Lösung der Konkurrenz zwischen § 1 AStG und der verdeckten Gewinnausschüttung werden drei Auffassungen vertreten. Zum einen soll § 1 AStG gegenüber der verdeckten Gewinnausschüttung das speziellere Gesetz sein und damit der verdeckten Gewinnausschüttung vorgehen.[11] Nach anderen soll § 1 AStG gegenüber der verdeckten Gewinnausschüttung subsidiär sein, so daß § 1 AStG zurückträte, wenn zugleich der Tatbestand einer verdeckten Gewinnausschüttung erfüllt ist.[12]
Als dritte Möglichkeit der Anspruchskonkurrenz wird die Anwendung von § 1 AStG und der verdeckten Gewinnausschüttung nebeneinander in Idealkonkurrenz vertreten.[13]

Die Subsidiaritätstheorie, die von der Nachrangigkeit des § 1 AStG gegenüber der verdeckten Gewinnausschüttung ausgeht[14], führt für ihre Auffassung insbesondere den Wortlaut des § 1 AStG an. Weil § 1 AStG nur "unbeschadet anderer Vorschriften" gelte[15], hätte die verdeckte Gewinnausschüttung als andere Vorschrift Vorrang vor § 1 AStG.

Die Vertreter der Spezialitätstheorie, die dagegen von einem Vorrang des

---

11 Spezialitätstheorie.

12 Subsidiaritätstheorie.

13 *Blümich/Menck*, EStG, Rdnr. 92 zu § 1 AStG; *Erfmeyer*, Nutzungseinlage, S. 139.

14 *Flick-Wassermeyer-Becker*, Außensteuerrecht, Rdnr. 32 zu § 1 AStG; *Lang*, FR 1984, S. 629 (633); *Döllerer*, Verdeckte Gewinnausschüttungen, S. 162; *Woerner*, BB 1983, S. 845 (850); *Lang*, FR 1984, S. 629 (633); *Wassermeyer*, BB 1984, S. 1501 (1502); *derselbe*, DStR 1987, S. 635 (636); *Baranowski*, DStR 1982, S. 406; *Hellwig*, DStZ 1973, S. 13 (16); *Bopp*, DStZ 1973, S. 105 (106 f.); *Popp*, Leistungsbeziehungen, S. 191; *Baumhoff*, Verrechnungspreise, S. 81; *Strobl*, Gewinnabgrenzung, S. 65; *Popkes*, Internationale Prüfung, S. 76; *Brezing* in *Brezing et al.*, Außensteuerrecht, Rdnr. 13 zu § 1 AStG; *Koenen*, BB 1989, S. 1455 (1458); diese Auffassung vertritt auch die Finanzverwaltung in den "Verwaltungsgrundsätzen", Tz. 1.1.3 (BStBl. I 1983, S. 218); *Baumhoff* in *Mössner et al.*, Steuerrecht international tätiger Unternehmen, Rdnr. C 220.

15 *Woerner*, BB 1983, S. 845 (850); *Brezing* in *Brezing et al.*, Außensteuerrecht, Rdnr. 13 zu § 1 AStG.

§ 1 AStG gegenüber der verdeckten Gewinnausschüttung ausgehen[16], stützen ihre Auffassung auf die Begründung des Gesetzesentwurfs zu § 1 AStG.[17] Danach sollte nach Auffassung der Vertreter der Spezialitätstheorie mit § 1 AStG ein umfassender Maßstab für Gewinnberichtigungen bei grenzüberschreitenden Leistungsbeziehungen geschaffen werden.[18]

Die Auffassung von der Idealkonkurrenz zwischen § 1 AStG und der verdeckten Gewinnausschüttung vertreten *Menck*[19] und ihm folgend *Erfmeyer*[20]. Danach sollen die Tatbestände des § 1 AStG und der verdeckten Gewinnausschüttung nebeneinander anwendbar sein. Die Rechtsfolge müsse in diesen Fällen aber zunächst den Vorschriften über die verdeckte Gewinnausschüttung entnommen werden.

III. Stellungnahme zu den Auffassungen über die Normenkonkurrenz zwischen der verdeckten Gewinnausschüttung und § 1 AStG

1. Bedenken gegen die Theorie der Idealkonkurenz

Gegen die Theorie der Idealkonkurrenz[21] spricht, daß nach der juristischen Methodenlehre[22] Normen nur kumulativ anwendbar sind, soweit sich ihre Tatbestände decken und die Rechtsfolgen einander nicht ausschließen. Eine kumulative Anwendung der Rechtsfolgen des § 1 AStG und der verdeckten Gewinnausschüttung in der Weise, daß derselbe Sachverhalt doppelt besteu-

16 *Bellstedt*, Die Besteuerung international verflochtener Gesellschaften, S. 193; *Ebling*, StBp 1971, S. 218 (223); *Vogel*, BB 1971, S. 1185 (1186); *Debatin*, DStZ/A 1972, S. 265 (268); *ders.*, JbFfSt 1974/1975, S. 226 (235); *Krüger*, Steuerökonomische Analyse, S. 26; neuerdings wieder: *Jacobs*, Internationale Unternehmensbesteuerung, S. 387; *Rieger*, Prinzipien, S. 290.

17 Bundestags - Drucksache VI/2882.

18 *Jacobs*, Internationale Unternehmensbesteuerung, S. 287; *Debatin*, DStZ/A 1972, S. 265 (268); *ders.*, JbFfSt 1974/1975, S. 226 (235); *Krüger*, Steuerökonomische Analyse, S. 26;

19 *Blümich/Menck*, EStG, Rdnr. 92 zu § 1 AStG.

20 Nutzungseinlage, S. 139; ebenso *Friedrich*, Steuerhandbuch, S. 159; *Menger*, GmbHR 1987, S. 397 (399), der pauschal von der Unabhängigkeit der Abgrenzungsregeln ausgeht.

21 § 1 AStG und die verdeckte Gewinnausschüttung stehen unabhängig nebeneinander.

22 *Larenz*, Methodenlehre, S. 258.

ert wird, scheidet von vornherein aus. Aber auch eine kumulative Anwendung der beiden Normen dergestalt, daß die Rechtsfolge der Besteuerung nur einmal eintritt, kommt nicht in Betracht.

Denn die Rechtsfolgen des § 1 AStG und die Rechtsfolgen der verdeckten Gewinnausschüttung sind unterschiedlich. So führt die verdeckte Gewinnausschüttung zur Herstellung der Ausschüttungsbelastung bei der Gesellschaft[23], während § 1 AStG lediglich eine Gewinnkorrektur bewirkt. Die Rechtsfolgen des § 1 AStG und der verdeckten Gewinnausschüttung schließen sich daher aus.[24] Ist sowohl der Tatbestand des § 1 AStG und der verdeckten Gewinnausschüttung erfüllt, dann kann im Grundsatz die Rechtsfolge entweder nur der einen oder der anderen Norm entnommen werden.[25] Die Theorie von der Idealkonkurrenz[26] ist daher abzulehnen.[27]

In den Fällen, in denen sowohl der Tatbestand des § 1 AStG als auch der verdeckten Gewinnausschüttung erfüllt ist, ist daher zu entscheiden, welcher Norm der Vorrang gebührt. Dies ist nach Sinn und Zweck der Rechtsnormen und den hinter ihnen stehenden Wertungen zu beantworten.[28]

2. Bedenken gegen die Spezialitätstheorie

Gegen die Spezialitätstheorie, die § 1 AStG den Vorrang vor der verdeckten Gewinnausschüttung einräumen will, spricht bereits, daß § 1 AStG gegenüber der verdeckten Gewinnausschüttung nicht das speziellere Gesetz ist. Ein Gesetz ist gegenüber einer anderen Norm spezieller, wenn es alle Merkmale der allgemeineren Norm und darüber hinaus noch mindestens ein zusätzliches Merkmal enthält.[29] Es ist aber schon festgestellt worden, daß

23 § 27 I KStG.

24 *Woerner*, BB 1983, S. 845 (845).

25 Dies erkennen auch die Vertreter der Theorie der Idealkonkurrenz. Denn sie wollen im Fall der Anspruchskonkurrenz die Rechtsfolge zunächst nur der verdeckten Gewinnausschüttung entnehmen.

26 Kumulative Anwendung des § 1 AStG und der verdeckten Gewinnausschüttung.

27 Auf die Ansätze dieser Theorie wird weiter unten noch einmal eingegangen werden.

28 *Larenz*, Methodenlehre, S. 257.

29 *Larenz*, Methodenlehre, S. 256.

weder § 1 AStG noch die verdeckte Gewinnausschüttung als allgemeinere Norm bezeichnet werden kann. Denn zum Teil ist der Tatbestand der verdeckten Gewinnausschüttung weiter als der des § 1 AStG, zum Teil aber auch enger.[30]

Auch aus der Begründung des Referentenentwurfs zu § 1 AStG kann die Spezialitätstheorie nichts für ihre Auffassung herleiten. Aus der Begründung geht nicht eindeutig hervor, daß § 1 AStG als umfassender Maßstab für Gewinnberichtigungen bei grenzüberschreitenden Sachverhalten bereits bestehende Gewinnberichtigungsmöglichkeiten ausschließen sollte. In der Begründung[31] heißt es nur, daß es **bisher** keinen umfassenden Maßstab zur Korrektur von Gewinnverschiebungen über die Grenze gegeben habe. Daraus folgt aber nicht zwingend, daß mit § 1 AStG dieser umfassende Maßstab geschaffen werden sollte. Es liegt vielmehr näher anzunehmen, daß § 1 AStG als ergänzende Norm nur die Lücken schließen sollte, die trotz der vor seinem Inkrafttreten bereits vorhandenen Gewinnberichtigungsvorschriften verblieben sind.

3. Die Vorzüge der Subsidiaritätstheorie und § 1 AStG als Mindestmaßstab für Gewinnberichtigungen bei grenzüberschreitenden Sachverhalten

a) Für die Subsidiaritätstheorie, die von der Nachrangigkeit des § 1 AStG gegenüber der verdeckten Gewinnausschüttung ausgeht, könnte schon der Wortlaut des § 1 AStG sprechen. § 1 AStG setzt in seinem Tatbestand voraus, daß "Einkünfte gemindert" sind. Nähme man dieses Tatbestandsmerkmal wörtlich, wäre § 1 AStG tatsächlich im Anwendungsbereich der verdeckten Gewinnausschüttung ausgeschlossen. Denn nach § 8 III 2 KStG mindern verdeckte Gewinnausschüttungen das Einkommen nicht. Könnte das Einkommen durch verdeckte Gewinnausschüttungen aber nicht gemindert werden, dann könnte das in § 1 AStG geforderte Tatbestandsmerkmal "Einkünfte gemindert" nach Anwendung der Vorschriften über die verdeckte Gewinnausschüttung schon begrifflich nicht mehr erfüllt sein. Die verdeckte Gewinnausschüttung ginge damit bereits normlogisch § 1 AStG vor. Diese

---

30 Daher ist auch umgekehrt die verdeckte Gewinnausschüttung im Verhältnis zu § 1 AStG nicht die speziellere Norm.

31 Tz. 49 zu § 1 AStG, Bundestags - Drucksache VI/2882.

Wortlautauslegung des Tatbestandsmerkmals "Einkünfte gemindert" in § 1 AStG ist aber nicht zwingend. Vergleicht man § 1 AStG mit der verdeckten Gewinnausschüttung, dann zeigt sich, daß beide Vorschriften ihrem Sinn und Zweck nach die Minderung der steuerlichen Bemessungsgrundlage verhindern wollen. Demgegenüber kommt dem Wortlaut des § 1 AStG jedenfalls insoweit keine entscheidende Bedeutung zu.[32]

b) Für die Subsidiaritätstheorie spricht aber der sonstige Wortlaut des § 1 AStG und die Gesetzesbegründung zu § 1 AStG. Nach dem Wortlaut des § 1 AStG sind die

> "Einkünfte unbeschadet anderer Vorschriften anzusetzen,.."

Woerner hat den Begriff "unbeschadet" im Rahmen von § 1 AStG eingehend untersucht und ist zu dem Schluß gekommen, daß das Tatbestandsmerkmal[33] "unbeschadet" in § 1 AStG bedeutet, daß andere Gewinnberichtigungsvorschriften § 1 AStG vorgehen.[34]

Diese Wortlautauslegung wird durch die Begründung des Gesetzesentwurfs zu § 1 AStG[35] gestützt. § 1 AStG sollte danach eingeführt werden, weil es trotz der bereits vorhandenen Gewinnberichtigungsmöglichkeiten[36] noch immer Besteuerungslücken bei grenzüberschreitenden Sachverhalten gab.[37] Diese Besteuerungslücken sollte § 1 AStG schließen. Dazu war es aber nicht notwendig, ihn über diese lückenschließende Funktion hinaus an die Stelle aller bisher vorhandenen Gewinnberichtigungsmöglichkeiten zu setzen. Denn insoweit bestand gar keine zu schließende Regelungslücke.

Seinem Sinn und Zweck nach hat § 1 AStG gegenüber der verdeckten Gewinnausschüttung daher nur ergänzende Funktion. Ist sowohl der Tatbestand des § 1 AStG als auch der verdeckten Gewinnausschüttung erfüllt, ist § 1

---

32 *Brezing* in *Brezing et al.*, Außensteuerrecht, Rdnr. 13 zu § 1 AStG.

33 Es gehört nicht zur Rechtsfolge; so auch *Woerner*, BB 1983, S. 845 (850).

34 *Woerner*, BB 1983, S. 845 (849).

35 Bundestags - Drucksache VI/2882.

36 Insbesondere die verdeckte Gewinnausschüttung und die verdeckte Einlage.

37 Tz. 49 zum Referentenentwurf des § 1 AStG, Bundestags - Drucksache VI/2882.

AStG gegenüber der verdeckten Gewinnausschüttung subsidiär. Die Spezialitätstheorie ist somit abzulehnen. Soweit der Tatbestand der verdeckten Gewinnausschüttung erfüllt ist, ergibt sich die Rechtsfolge daher aus den Vorschriften über die verdeckte Gewinnausschüttung. Sieht § 1 AStG aber eine weitergehende Gewinnberichtigung als die verdeckte Gewinnausschüttung vor, ist diese weitergehende Gewinnberichtigung nicht durch die Subsidiarität des § 1 AStG ausgeschlossen.

Denn die Subsidiarität des § 1 AStG gegenüber der verdeckten Gewinnausschüttung schließt die Anwendung des § 1 AStG nur insoweit aus, als die Rechtsfolge der verdeckten Gewinnausschüttung reicht. Geht die Rechtsfolge des § 1 AStG über die der verdeckten Gewinnausschüttung hinaus, entfaltet § 1 AStG die ihm zugewiesene Funktion, als Auffangtatbestand Besteuerungslücken zu schließen. Es sind daher Konstellationen denkbar, in denen bei grenzüberschreitenden Leistungsbeziehungen im europäischen Konzern eine Gewinnberichtigung zum Teil aus der verdeckten Gewinnausschüttung und zum Teil aus § 1 AStG folgt.[38]

§ 1 AStG ist damit als Mindestmaßstab in dem Sinne zu verstehen, daß bei Vorliegen der Tatbestandsmerkmale des § 1 AStG eine Gewinnberichtigung zumindest in dem in § 1 AStG beschriebenen Umfang stattzufinden hat.[39]

---

38 Da sowohl § 1 AStG als auch der verdeckten Gewinnausschüttung der Fremdvergleich als Maßstab der Gewinnberichtigung zugrundeliegt, dürften Fälle, in denen § 1 AStG eine höhere Gewinnberichtigung als die verdeckte Gewinnausschüttung vorsieht, nicht praktisch werden.

39 Ist sowohl der Tatbestand des § 1 AStG erfüllt und liegt zugleich eine verdeckte Gewinnausschüttung vor, dann ist eine über die nach den Regeln der verdeckten Gewinnausschüttung hinausgehende Gewinnberichtigung durch das Wort "unbeschadet" in § 1 AStG nicht ausgeschlossen. Denn der Verweis auf Vorschriften außerhalb von § 1 AStG schließt die Anwendung der Rechtsfolge aus § 1 AStG nicht abschließend aus, sondern nur insoweit, als sich die Rechtsfolge bereits aus Vorschriften ergibt, die neben § 1 AStG bestehen. Eine ggfs. darüber hinausgehende Gewinnberichtigung wird aufgrund der Auffangfunktion des § 1 AStG nicht ausgeschlossen; a.A. *Flick - Wassermeyer - Becker*, Außensteuerrecht, Rdnr. 32 zu § 1 AStG: ist sowohl der Tatbestand des § 1 AStG als auch der verdeckten Gewinnausschüttung erfüllt, ist die Rechtsfolge ausschließlich der verdeckten Gewinnausschüttung zu entnehmen. Eine ergänzende Anwendung des § 1 AStG soll danach nicht in Betracht kommen.

IV. Zur Anwendbarkeit des § 1 AStG auf den "Vorteilsverbrauch" bei grenzüberschreitenden Unterpreisleistungen zwischen Schwestergesellschaften

Für die Fälle der Unterpreisleistung zwischen Schwestergesellschaften im internationalen Konzern wird in der Literatur weiter diskutiert, ob § 1 AStG dem Abzug der Betriebsausgaben aus dem "Vorteilsverbrauch" der Muttergesellschaft, der bei ihr aus der "Ertrags/Aufwandslösung" im Zusammenhang mit der Leistungsbeziehung zwischen T_1 und der ausländischen T_2 resultiert, entgegensteht.[40]

§ 1 AStG kann im Verhältnis der Muttergesellschaft zur T_2, die den Vorteil aus der Leistungsbeziehung tatsächlich erhält, aber nicht zur Anwendung kommen. Denn der Tatbestand des § 1 AStG setzt eine Geschäftsbeziehung des Steuerpflichtigen, dessen Einkünfte erhöht werden sollen, **zu** ausländischen Personen voraus.[41] In der Unterpreisleistung seitens der ausländischen T_1 an die ausländische T_2 liegt aber keine Geschäftsbeziehung **zum** Ausland, sondern **im** Ausland.[42] § 1 AStG ist aber nicht auf Geschäftsbeziehungen im Ausland[43] und somit auch nicht auf Vorteilszuwendungen zwischen ausländischen Schwestergesellschaften anwendbar.[44]

---

40 **Für** eine Anwendung von § 1 AStG: *Groh*, DB 1988, S. 571 (574); *Koenen*, BB 1989, S. 1455 (1458); **gegen** eine Anwendung: *Döllerer*, BB 1988, S. 1789 (1795); *Herzig/Förster*, DB 1988, S. 1329 (1337); *Bellstedt*, DB 1988, S. 2273 (2274); BFH - Urteil vom 20.04.1988 I R 41/82, DB 1988, S. 2283 (2286).

41 Nach § 1 IV AStG i.d.F. des StÄndG 1992 können Geschäftsbeziehungen auch bei Überschußeinkünften vorliegen (Art. 17 Ziff. 1 StÄndG 1992, BGBl. I 1992, S. 297 [324]).

42 Ebenso für den Fall der Leistungsbeziehungen zwischen Schwestergesellschaften: *Jakob/Hörmann*, BB 1991, S. 733 (740).

43 BFH - Urteil vom 20.04.1988 I R 41/82, DB 1988, S. 2283 (2286); *Flick-Wassermeyer-Becker*, Außensteuerrecht, Rdnr. 84 zu § 1 AStG; *Brezing* in *Brezing et al.*, Außensteuerrecht, Rdnr. 49 zu § 1 AStG; *Döllerer*, BB 1988, S. 1789 (1795); *Blümich/Menck*, EStG, Rdnr. 24 zu § 1 AStG; *Herzig/Förster*, DB 1988, S. 1329 (1337); *Bellstedt*, DB 1988, S. 2273 (2274).

44 Dabei wird es auch nach der Änderung des § 1 AStG durch Anfügen eines § 1 Abs. 4 AStG bleiben; denn der neue § 1 Abs. 4 AStG definiert die Geschäftsbeziehungen zum Ausland (Art. 17 Ziff. 1 StÄndG 1992, BGBl. I 1992, S. 297 [324]). Er erfaßt aber immer noch nicht Beziehungen im Ausland.

B. Verdeckte Gewinnausschüttung und §§ 7 - 14 AStG

Die §§ 7 - 14 AStG verfolgen das Ziel, bestimmte Einkünfte ausländischer Zwischengesellschaften, die ohne §§ 7 - 14 AStG der deutschen Besteuerung entzogen wären, der deutschen Besteuerung zu unterwerfen (sog. Zugriffs - oder Hinzurechnungsbesteuerung).[1] Voraussetzung für die Anwendung der §§ 7 - 14 AStG ist das Vorliegen

(1) einer inländischen (deutschen) Beherrschung einer ausländischen Kapitalgesellschaft. Dies erfordert eine mehr als 50 % - ige Beteiligung nach deutschem Steuerrecht unbeschränkt Steuerpflichtiger an der ausländischen Gesellschaft (§ 7 I AStG);

(2) sogenannter Zwischeneinkünfte der ausländischen Gesellschaft (§ 8 I AStG);

(3) einer niedrigen Besteuerung der Zwischeneinkünfte, d.h. einer Ertragsteuerbelastung von weniger als 30 % (§ 8 III AStG).

Die Besonderheit der Hinzurechnungsbesteuerung der §§ 7 - 14 AStG besteht darin, daß die Zwischeneinkünfte bei den unbeschränkt steuerpflichtigen Anteilseignern der ausländischen Kapitalgesellschaft der deutschen Besteuerung ohne Rücksicht darauf unterworfen werden, ob diese Einkünfte überhaupt an die Anteilseigner ausgeschüttet worden sind oder jemals ausgeschüttet werden.[2] Damit erreicht das Gesetz seinen Zweck, die Abschirmwirkung der ausländischen Kapitalgesellschaft gegenüber der deutschen Steuerhoheit zu durchbrechen, um auf diese Weise die Einkünfte der ausländischen Kapitalgesellschaft der deutschen Besteuerung zu unterwerfen. Eine Kollision der §§ 7 - 14 AStG mit den von der Bundesrepublik Deutschland abgeschlossenen DBA vermeidet das AStG, indem es auf den Hinzurechnungsbetrag die Bestimmungen der DBA entsprechend anwendet, die anzuwenden wären, wäre der Hinzurechnungsbetrag an die Steuerpflichtigen ausgeschüttet worden.[3]

---

1 *Blümich/Menck*, EStG, Rdnr. 22 Vorb. zu §§ 7 -14 AStG; *Henkel* in *Mössner et al.*, Steuerrecht international tätiger Unternehmen, Rdnr. E 406.

2 § 10 I, V AStG.

3 § 10 V AStG; siehe dazu *Mössner* in *Brezing et al.*, Außensteuerrecht, Rdnr. 33 ff. vor §§ 7 - 14 AStG. Das StÄndG 1992 hat hier mit Art. 17 Nr. 4 (§ 10 VI AStG) und Art. 17 Nr. 9 (§ 20 AStG) Verschärfungen gebracht, die z.B. statt der DBA - Freistellung nur die Steueranrech-

Für das Verhältnis der verdeckten Gewinnausschüttung zu den §§ 7 - 14 AStG ist zu beachten, daß die §§ 7 - 14 AStG Einkünfte unabhängig von einer Ausschüttung erfassen, während die verdeckte Gewinnausschüttung erst nach Ausschüttung an den Gesellschafter zur Besteuerung führt. Da die Zwischeneinkünfte der ausländischen Gesellschaft jedoch in entsprechender Anwendung des deutschen Steuerrechts zu ermitteln sind[4], sind auch (verdeckte) Gewinnausschüttungen in die Zwischeneinkünfte einzubeziehen.

Die verdeckte Gewinnausschüttung würde damit zum einen nach §§ 7 - 14 AStG und zum anderen als verdeckte Gewinnausschüttung bei der deutschen Besteuerung zu erfassen sein. Es könnte damit zu einer definitiven Doppelbesteuerung kommen. Dieser Doppelbesteuerung begegnet § 11 AStG. Danach ist der Hinzurechnungsbetrag[5] um tatsächlich erhaltene Gewinnanteile zu kürzen. Zu diesen Gewinnanteilen i.S.v. § 11 I AStG gehören auch verdeckte Gewinnausschüttungen.[6] Verdeckte Gewinnausschüttungen sind damit aus der Hinzurechnungsbesteuerung herauszunehmen, wobei es aber zu zeitlichen Inkongruenzen bei der Erfassung kommen kann.[7]

Die §§ 7 - 14 AStG und die Vorschriften über verdeckte Gewinnausschüttungen sind damit nebeneinander anwendbar.[8] Die kumulative Konkurrenz zwischen der verdeckten Gewinnausschüttung und der Besteuerung im Rahmen der §§ 7 - 14 AStG löst das Gesetz selbst in § 11 AStG dadurch, daß es den der deutschen Besteuerung zu unterwerfenden Hinzurechnungsbetrag um bereits erhaltene verdeckte Gewinnausschüttungen kürzt.

---

nung gewähren. Zur Kritik an den Neuregelungen siehe *Fischer - Zernin/ Schwarz*, RIW 1992, S. 49.

4 § 10 III 1 AStG.

5 Die nach deutschem Steuerrecht ermittelten Zwischeneinkünfte der ausländischen Gesellschaft einschließlich evtl. verdeckter Gewinnausschüttungen.

6 *Flick-Wassermeyer-Becker*, Außensteuerrecht, Rdnr. 11 zu § 11 AStG; *Mössner* in *Brezing et al.*, Außensteuerrecht, Rdnr. 16 zu § 11 AStG.

7 Dazu im einzelnen: *Mössner* in *Brezing et al.*, Außensteuerrecht, Rdnr. 23 zu § 11 AStG.

8 *Köhler*, RIW 1989, S. 466 (467); *Flick-Wassermeyer-Becker*, Außensteuerrecht, Rdnr. 8 zu § 7 AStG.

C. Verdeckte Gewinnausschüttung und Art. 9 I OECD - MA

I. Der Regelungsinhalt des Art. 9 I OECD - MA

Die Bundesrepublik Deutschland hat in fast allen von ihr abgeschlossenen Doppelbesteuerungsabkommen (DBA) eine dem Art. 9 I OECD - MA nachgebildete Vorschrift aufgenommen.[1] Im Nachfolgenden wird daher stellvertretend für diese Normen der Begriff Art. 9 I OECD - MA verwendet. Art. 9 I OECD - MA ist eine DBA - Norm, die von Gewinnberichtigungen bei Leistungsbeziehungen zwischen verbundenen Unternehmen handelt. Art. 9 I OECD - MA lautet:

"Wenn
a) ein Unternehmen eines Vertragsstaates unmittelbar oder mittelbar an der Geschäftsleitung, der Kontrolle oder dem Kapital eines Unternehmens des anderen Vertragsstaates beteiligt ist oder

b) dieselben Personen unmittelbar oder mittelbar an der Geschäftsleitung, der Kontrolle oder dem Kapital eines Unternehmens eines Vertragsstaates und eines Unternehmens des anderen Vertragsstaates beteiligt sind

und in diesen Fällen die beiden Unternehmen in ihren kaufmännischen oder finanziellen Beziehungen an vereinbarte oder auferlegte Beziehungen gebunden sind, die von denen abweichen, die unabhängige Unternehmen miteinander vereinbaren würden, so dürfen die Gewinne, die eines der Unternehmen ohne diese Bedingungen erzielt hätte, wegen dieser Bedingungen aber nicht erzielt hat, den Gewinnen dieses Unternehmens zugerechnet und entsprechend besteuert werden."

Der Maßstab für eine Gewinnberichtigung ist danach der Fremdvergleich.[2] Fraglich ist zunächst, ob Art. 9 I OECD - MA neben den jeweiligen nationalen Normen der Staaten Europas, die eine Gewinnberichtigung zulassen, eine weitere, eigenständige Gewinnberichtigungsmöglichkeit eröffnet. Dies wird heute fast einhellig abgelehnt.[3] Dieser Auffassung ist zu folgen. Art. 9 I

---

1 *Vogel,* DBA, Rdnr. 47 zu Art. 9, Abkommensübersicht zu Art. 9 OECD - MA.

2 *Baumhoff* in *Mössner et al.*, Steuerrecht international tätiger Unternehmen, Rdnr. C 222.

3 BFH - Urteil v. 21.01.1981 I R 153/77, BStBl. II 1981, S. 517 (517); BFH - Urteil vom 12.03.1980 I R 186/76, BStBl. II 1980, S. 531 (533); *Brezing* in *Brezing et al.*, Außensteuerrecht, Rdnr. 33 zu § 1 AStG; *Vogel*, DBA, Rdnr. 15 zu Art. 9; *Krabbe* in *Lademann/Söffing/Brockhoff*, EStG, Anm. 12 zu § 1 AStG; *Brezing*, FR 1973, S. 485 (487); *Mössner* in *Mössner*

OECD - MA ist neben den nationalen Normen zur Gewinnberichtigung keine eigenständige Gewinnberichtigungsvorschrift. Denn die DBA haben als völkerrechtliche Verträge nicht die Funktion, den vertragsschließenden Staaten neue Besteuerungsmöglichkeiten zu schaffen, die nach ihrem nationalen Recht gar nicht bestehen. Es wäre zwar in der Bundesrepublik auch zulässig, mit einem DBA neue Besteuerungstatbestände zu schaffen, da die DBA nach Umsetzung über Art. 59 GG unmittelbar geltendes innerstaatliches Recht sind.[4] Zu diesem Zweck ist aber ein DBA nicht notwendig und bisher auch nicht abgeschlossen worden.[5] Als völkerrechtliche Verträge haben die DBA die sich bereits aus ihrem Namen ergebende Aufgabe, Doppelbesteuerungen zu vermeiden.[6] Da die Steuersysteme fast jedes Staates zum einen eine unbeschränkte Steuerpflicht kennen, die die Einkünfte unabhängig von der territorialen Herkunft besteuert, zum anderen aber ebenfalls die Einkünfte Gebietsfremder besteuert, für die im jeweiligen Staatsgebiet ein sachlicher Anknüpfungspunkt besteht[7], kann die Doppelbesteuerung nur durch Abgrenzung der Besteuerungskompetenzen und Besteuerungsverzichte der vertragsschließenden Staaten erreicht werden.[8]

Die DBA begründen damit keine Besteuerungsrechte, sondern schränken sie nur ein.[9] Dieser Funktion des Steuerverzichts liefe Art. 9 I OECD - MA aber

---

et al., Steuerrecht international tätiger Unternehmen, Rdnr. B 2; *derselbe*, Methoden, S. 135 (143); *Popkes*, Internationale Prüfung, S. 161; ebenso die Finanzverwaltung in Tz. 1.2.1 der Verwaltungsgrundsätze (BStBl. I 1983, S. 218); a.A. *Menck*, DStZ/A 1972, S. 65 (68); *Bellstedt*, Besteuerung international verflochtener Gesellschaften, S. 431; *Jakob/Hörmann*, BB 1991, S. 733 (734); *Goutier*, Rechtsprechung, S. 63 (71); *Strobl*, Gewinnabgrenzung, S. 84, 185.

4 Darauf haben zutreffend *Wassermeyer* (StuW 1990, S. 404 [411]) und *Kluge*, Das Internationale Steuerrecht, S. 158, hingewiesen.

5 Das räumen auch *Wassermeyer* (StuW 1990, S. 404 [411]) und *Kluge*, Das Internationale Steuerrecht, S. 158, ein.

6 *Kluge*, Das Internationale Steuerrecht, S. 157.

7 *Mössner* in *Mössner et al.*, Steuerrecht international tätiger Unternehmen, Rdnr. B 3.

8 *Kluge*, Das Internationale Steuerrecht, S. 157 f.

9 *Goutier*, Rechtsprechung, S. 63 (71); *Tillmanns* in *Mössner et al.*, Steuerrecht international tätiger Unternehmen, Rdnr. B 389; terminologisch anders *Wassermeyer*, StuW 1990, S. 404 (410 f.), der von Steuerbefreiungen spricht, im Ergebnis aber mit den anderen Auffassungen übereinstimmt; *Bühler*, Prinzipien, S. 61; *Rieger*, Prinzipien, S. 159; *Kluge*, Das Internationale Steuerrecht, S. 157.

zuwider, wenn er einem Staat eine Gewinnberichtigung und damit ein Besteuerungsrecht selbst dann zubilligen würde, wenn nach dem nationalen Steuersystem dieses Staates eine Gewinnberichtigung und damit eine Besteuerung gar nicht zulässig wäre.[10] Art. 9 I OECD - MA ist damit keine eigenständige Gewinnberichtigungsnorm. Art. 9 I OECD - MA tritt damit auch nicht in Konkurrenz zur verdeckten Gewinnausschüttung[11] als Gewinnberichtigungsmöglichkeit.

II. Entfaltet Art. 9 I OECD - MA gegenüber Gewinnberichtigungsnormen nationaler Steuerrechtsordnungen eine Sperrwirkung ?

1. Der Streitstand

Während die Frage, ob Art. 9 I OECD - MA eine eigenständige Norm für Gewinnberichtigungen ist, als geklärt angesehen werden kann, besteht ein weiterer Streit über den Inhalt des Art. 9 I OECD - MA. Hier wird in der Literatur die Auffassung vertreten, daß Art. 9 I OECD - MA ebenso wie die DBA generell die Aufgabe habe, staatliche Steueransprüche zu limitieren. Daraus folge, daß bei Bestehen einer dem Art. 9 I OECD - MA entsprechenden Klausel in einem DBA eine Gewinnberichtigung nach nationalem Recht dann ausgeschlossen sei, wenn die Gewinnberichtigung nach nationalem Recht nicht durch Art. 9 I OECD - MA abgedeckt sei.[12] Art. 9 I OECD -

---

10 Gewinnberichtigungen eines Staates ziehen zwangsläufig eine Doppelbesteuerung nach sich, wenn der andere Staat keine kongruente Gegenberichtigung des Gewinns vornimmt. Zu solchen Gegenberichtigungen sind die Staaten aber nur ungern bereit, da sie einen Steuerverzicht dieses Staates bedeuten.

11 Sowie zur verdeckten Einlage und zu § 1 AStG.

12 *Schaumburg*, Internationales Steuerrecht, S. 658 f.; *Brezing* in *Brezing et al.*, Außensteuerrecht, Rdnr. 33 zu § 1 AStG; *derselbe*, FR 1973, S. 485 (487); *Korn/Debatin*, DBA, Systematik IV, Tz. 193; *Vogel*, DBA, Rdnr. 16 zu Art. 9; *Flick-Wassermeyer-Becker*, Außensteuerrecht, Rdnr. 12 ff. zu § 1 AStG; *Popp*, Leistungsbeziehungen, S. 197; *Hellwig* in *Littmann/Bitz/Meincke*, EStG, Rdnr. 23 zu § 1 AStG; *derselbe* war noch in DStZ/A 1973, S. 13 (16) anderer Auffassung; *Krabbe* in *Lademann/Söffing/Brockhoff*, EStG, Rdnr. 13 zu § 1 AStG; *Popkes*, Internationale Prüfung, S. 161; *Schliephake*, Gewinnabgrenzung, S. 137; *Pöllath/Rädler*, DB 1982, S. 561 (564), 617 (617); *Jacobs*, Internationale Unternehmensbesteuerung, S. 392; *Rath*, IWB Fach 3 Deutschland Gr. 1, S. 765 (766); *Becker*, IWB Fach 3 Deutschland Gr. 1, S. 851 (853); *Rieger*, Prinzipien, S. 292; *Baumhoff* in *Mössner et al.*, Steuerrecht international

MA soll danach mit anderen Worten eine Sperrwirkung für nationale Gewinnberichtigungsnormen in der Weise enthalten, daß eine nach nationalem Recht über den Anwendungsbereich des Art. 9 I OECD - MA hinausgehende Gewinnberichtigung nicht zulässig ist. Dagegen richtet sich vor allem die Finanzverwaltung.[13] Sie führt an, es sei nicht Aufgabe von DBA, in die Einkunftsermittlung der nationalen Steuersysteme einzugreifen.[14]

2. Stellungnahme

Art. 9 I OECD - MA soll ebenso wie die DBA überhaupt Doppelbesteuerungen vermeiden. Daher gehen die DBA in der Bundesrepublik auch dem übrigen nationalen Recht vor.[15] Dieser Vorrang gebührt demnach auch Art. 9 I OECD - MA. Da aber Art. 9 I OECD - MA keine eigenständige Berichtigungsnorm darstellt, kann er nur dann überhaupt eine Funktion besitzen, wenn er den nationalen Gewinnberichtigungsnormen Schranken zieht, um die Doppelbesteuerung zu verhindern.[16] Doppelbesteuerungen können auch infolge von Gewinnberichtigungen auftreten, wenn die Berichtigungsvorschriften der jeweils beteiligten Steuersysteme nicht aufeinander abgestimmt sind.[17] Bereits dieses Argument spricht dafür, daß Art. 9 I OECD - MA die oben beschriebene Sperrwirkung für nationale Berichtigungsnormen entfaltet. Denn wenn sich die Vertragsparteien eines DBA auf einen einheitlichen

---

tätiger Unternehmen, Rdnr. C 227.; a.A. *Strobl*, Gewinnabgrenzung, S. 187.

13 In Tz. 1.2.1 der Verwaltungsgrundsätze (BStBl. I 1988, S. 218; ebenso *Debatin*, DStZ/A 1971, S. 385 (388); *derselbe*, DStZ/A 1972, S. 265 (266); *derselbe*, JbFfSt 1973/1974, S. 59 (79); *Blümich/Menck*, EStG, Rdnr. 100 zu § 1 AStG; *Kußmaul*, RIW 1987, S. 679 (688); *Ebenroth*, Verdeckte Vermögenszuwendungen, S. 60; *Friedrich*, Steuerhandbuch, S. 162.

14 Tz. 1.2.1 der Verwaltungsgrundsätze (BStBl. I 1983, S. 218).

15 Dies bestimmt § 2 AO als Auslegungshilfe, da die DBA über die Transformation nach Art. 59 GG den Rang einfacher Bundesgesetze haben und daher ohne § 2 AO im Verhältnis zum übrigen nationalen Steuerrecht der Bundesrepublik gleichrangig wären; ebenso *Tillmanns* in *Mössner et al.*, Steuerrecht international tätiger Unternehmen, Rdnr. B 420.

16 Ebenso *Becker*, IWB Fach 3 Deutschland Gr. 3, S. 851 (853); *Baumhoff* in *Mössner et al.*, Steuerrecht international tätiger Unternehmen, Rdnr. C 227; *Popkes*, Internationale Prüfung, S. 41, 162.

17 *Runge*, IWB Fach 10 International Gruppe 2, S. 539 (539).

Maßstab für Gewinnberichtigungen festgelegt haben[18], dann soll weder der eine noch der andere Vertragspartner Gewinnberichtigungen vornehmen dürfen, die sich nicht an dem festgelegten Berichtigungsmaßstab orientieren.[19]

Nur wenn Art. 9 I OECD - MA diese Wirkung entfalten kann, macht die Vorschrift in einem DBA überhaupt Sinn. Wollte man dagegen wie die Finanzverwaltung Gewinnberichtigungen stets ohne Rücksicht auf Art. 9 I OECD - MA allein nach den nationalen Gewinnberichtigungsnormen vornehmen, wäre Art. 9 I OECD - MA obsolet. Die Vorschrift wäre überflüssigerweise in die DBA aufgenommen. Es ist aber kaum denkbar, daß eine überflüssige Norm in ein DBA aufgenommen wird.[20] Die Auffassung der Finanzverwaltung kann hier nicht überzeugen. Sie ist auch bereits in sich widersprüchlich, wie zu zeigen sein wird.

In den Verwaltungsgrundsätzen[21] heißt es in Tz. 1.2.1, Art. 9 I OECD - MA erlaube, den Maßstab des Fremdvergleichs international übereinstimmend anzuwenden. Das deutet zunächst ganz darauf hin, Art. 9 I OECD - MA die oben beschriebene Sperrwirkung gegenüber den nationalen Berichtigungsnormen zukommen zu lassen. Weiter heißt es dann aber in Tz. 1.2.1 der Verwaltungsgrundsätze[22] etwas überraschend und ohne Begründung:

> "Sinn und Zweck der DBA entspricht es nicht, Berichtigungen von Einkünften, die sachlich geboten sind, für bestimmte Fälle zu verbieten".

Wenn es die Aufgabe von DBA ist, Doppelbesteuerungen zu vermeiden, dann macht die Wirkung eines DBA auch nicht vor nationalen Gewinnberichtigungsnormen halt, wenn sie die Ursache einer Doppelbesteuerung sind. Die Gewinnberichtigungsnormen der jeweiligen nationalen Steuersysteme sind in der Regel nicht aufeinander abgestimmt und daher besonders ge-

---

18 Maßstab des Fremdvergleichs.

19 *Baumhoff* in *Mössner et al.*, Steuerrecht international tätiger Unternehmen, Rdnr. C 227.

20 *Pöllath/Rädler*, DB 1982, S. 617 (617 f.).

21 BStBl. I 1983, S. 218.

22 BStBl. I 1983, S. 218.

eignet, im Fall der Anwendung zu Doppelbesteuerungen zu führen.[23] Aufgabe eines DBA muß es sein, hier begrenzend einzugreifen und, wie auch die Finanzverwaltung in den Verwaltungsgrundsätzen[24] erkannt hat, dafür zu sorgen, daß der Maßstab des Fremdvergleichs international übereinstimmend angewendet wird.[25]

Für die hier gefundene Auslegung des Art. 9 I OECD - MA spricht auch eindeutig der OECD - Kommentar. Dort[26] heißt es:

> "Eine Berichtigung der Bücher verbundener Unternehmen ist aber nicht zulässig, wenn die Geschäfte zwischen diesen Unternehmen unter den Bedingungen des freien Marktes (arm's - length - Prinzip) abgewickelt worden sind".

Danach ergibt sich eindeutig ein Berichtigungsverbot für alle Fälle, die nicht von Art. 9 I OECD - MA abgedeckt sind.

Weiter ist das Argument der Gegner einer Sperrwirkung, im Falle der Mißachtung von Art. 9 I OECD - MA könne ein Verständigungsverfahren zur Beseitigung der Doppelbesteuerung eingeleitet werden[27], nicht stichhaltig. Denn ein auf DBA beruhendes Verständigungsverfahren kann nur dann Erfolg haben, wenn die Doppelbesteuerung gerade auf einem Verstoß gegen das Abkommensrecht der DBA beruht.[28] Ein solcher Verstoß setzt aber voraus, daß ein Staat eine Gewinnberichtigung unter Mißachtung des in Art. 9 I OECD - MA vorgesehenen Gewinnberichtigungsmaßstabs vorgenommen hat.

Dies setzt jedoch voraus, daß Art. 9 I OECD - MA für die Vertragsparteien des DBA verbindlich ist und den nationalen Gewinnberichtigungsnormen

---

23 *Engel*, Konzerntransferpreise, S. 65; *Schröder*, Probleme der Gewinnverlagerung, S. 47 f..

24 Tz. 1.2.1, BStBl. I 1983, S. 218.

25 So führt auch *Menck* aus, daß Art. 9 I OECD - MA ein Hilfsmittel und eine Verpflichtung sei, den gesamten Gewinn eines Konzerns "ohne Überlappungen, aber auch ohne Fugen", auf die Konzerngesellschaften aufzuteilen (DStZ/A 1972, S. 65 [68]).

26 Abgedruckt bei *Vogel*, DBA, Rdnr. 2 zu Art. 9.

27 Statt aller: *Krabbe* in *Lademann/Söffing/Brockhoff*, EStG, Rdnr. 13 zu § 1 AStG.

28 *Vogel*, DBA, Rdnr. 35 zu Art. 25.

Schranken setzt. Diese Verbindlichkeit bestreiten die Gegner einer Sperrwirkung des Art. 9 I OECD - MA aber gerade. Billigt man Art. 9 I OECD - MA dagegen keine Sperrwirkung zu, können die Vertragstaaten Gewinnberichtigungen allein nach nationalem Recht ungehindert von Art. 9 I OECD - MA durchführen. Entsteht infolge einer solchen Gewinnberichtigung eine Doppelbesteuerung, dann beruht diese Doppelbesteuerung gerade nicht auf der Verletzung des Abkommensrechts, sondern auf Anwendung nationalen Rechts. Ein Verständigungsverfahren käme damit nicht in Betracht.

Für die Auslegung des Art. 9 I OECD - MA als Sperre für nationale Gewinnberichtigungsnormen spricht auch ein Vergleich zu Art. 7 II OECD - MA, der Regelungen über die Ermittlung ausländischer Betriebsstättengewinne enthält. Hier ist allgemein anerkannt, daß diese Regelungen nicht nur deklaratorische Wirkung haben, sondern die nationalen Steuerrechtsordnungen der Vertragsparteien beschränken.[29]

Schließlich ist darauf hinzuweisen, daß der deutsche Gesetzgeber das hier betroffene Konkurrenzproblem zwischen DBA und bestehendem nationalen Steuerrecht in anderen Fällen ebenfalls gesehen, dort aber, wenn er einen Vorrang des nationalen Steuerrechts wollte, berücksichtigt hat. Zu denken ist zum einen an Art. 9 II OECD - MA. Diese Norm fordert eine korrespondierende Gegenberichtigung des Gewinns, wenn der jeweils andere Vertragsstaat eine gewinnerhöhende Berichtigung vorgenommen hat. In diesem Fall war die Bundesrepublik nicht bereit, Art. 9 II OECD - MA in ihre DBA aufzunehmen.[30] Entsprechend hat sie einen Vorbehalt angebracht.[31]

Weiter ist auf die Regelung in § 10 V AStG hinzuweisen, die im Zusammenhang mit der Hinzurechnungsbesteuerung der §§ 7 - 14 AStG steht. Der

---

29 *Pöllath/Rädler*, DB 1982, S. 617 (617).

30 Vorbehalt der Bundesrepublik Deutschland zu Art. 9 II OECD - MA, Tz. 11 MA - Kommentar, abgedruckt bei *Vogel*, DBA, Rdnr. 66 zu Art. 9; zu denken ist hier weiter an das DBA Deutschland - Schweiz, in dem die Bundesrepublik die Freistellung schweizerischer Betriebsstättengewinne im DBA selbst von einer aktiven Tätigkeit abhängig gemacht hat, die dem Katalog des § 8 AStG entspricht. Wäre ein solcher Vorbehalt in das DBA nicht aufgenommen worden, hätten deutsche Steuerpflichtige die §§ 7 - 14 AStG vermeiden können, indem sie ihre Aktivitäten statt über Kapitalgesellschaften über unselbständige Betriebsstätten in der Schweiz ausgeübt hätten.

31 Abgedruckt bei *Vogel*, DBA, Rdnr. 66 zu Art. 9.

deutsche Gesetzgeber wäre mit der Hinzurechnungsbesteuerung möglicherweise in Konflikt mit bereits bestehenden DBA geraten. Diesen Konflikt hat er vermieden, indem er den Hinzurechnungsbetrag[32], der wie eine fiktive Ausschüttung der ausländischen Gesellschaft an die Gesellschafter behandelt wird, den DBA - Normen unterwirft, die für ausgeschüttete Gewinne ebenfalls gelten.[33] Im Fall der von den Rechtsfolgen her wesentlich einschneidenderen Hinzurechnungsbesteuerung erkennt der deutsche Gesetzgeber damit die Sperrwirkung von DBA gegenüber dem deutschen Besteuerungsrecht an, im Fall des Art. 9 I OECD - MA möchte er sie hingegen negieren.

Die hier vertretene Auffassung der Wirkung des Art. 9 I OECD - MA als Sperre gegenüber den nationalen Berichtigungsnormen hat allerdings weitreichende Konsequenzen. Neben der Vorgabe eines Berichtigungsmaßstabes hindert Art. 9 I OECD - MA den deutschen Gesetzgeber daran, die vom BFH entwickelten Grundsätze über die steuerliche Anerkennung von Leistungsbeziehungen zwischen der Gesellschaft und beherrschenden Gesellschaftern auf grenzüberschreitende Sachverhalte auszudehnen.[34] Dazu gehören das Rückwirkungs - und Nachzahlungsverbot sowie damit korrespondierend die Einschränkungen des Vorteilsausgleichs. Können also die Steuerpflichtigen nachweisen, daß ihre Leistungsbeziehungen entsprechend dem in Art. 9 I OECD - MA festgelegten Fremdvergleichsmaßstab abgerechnet worden sind oder durch Vorteilsausgleich in entsprechendem Umfang als angemessen anzusehen sind, dann ist die Bundesrepublik durch die Sperrwirkung des Art. 9 I OECD - MA daran gehindert, die Vorschriften des Sonderrechts für beherrschende Gesellschafter anzuwenden und eine Gewinnberichtigung nach nationalem Recht vorzunehmen. Insoweit kann die Bundesrepublik Deutschland in den Fällen, in denen sie nach ihrem internen Steuerrecht bei Eingreifen des Nachzahlungs - und Rückwirkungsverbots bisher ohne weiteres von der gesellschaftsrechtlichen Veranlassung einer Vermögens- und Einkunftsminderung ausging, diese Grundsätze im interna-

---

32 § 10 AStG.

33 § 10 V AStG. Die Rechtslage hat sich hier durch das StÄndG 1992, die neuen §§ 10 VI, 20 AStG (Art. 17 Nr. 4 und Nr. 9 StÄndG 1992, BStBl. I 1992, s. 173 ff.) verschärft.

34 *Bellstedt*, FR 1990, S. 65 (69); *Goutier*, Rechtsprechung, S. 63 (71); *Becker*, IWB Fach 3 Deutschland Gr. 1, S. 851 (855; 856).

tionalen Steuerrecht nur noch als widerlegbare Vermutung anwenden.[35]

Art. 9 I OECD - MA entfaltet damit gegenüber den jeweiligen nationalen Gewinnberichtigungsnormen der Vertragsparteien von DBA eine Sperrwirkung in dem Sinne, daß Gewinnberichtigungen nur in dem in Art. 9 I OECD - MA umschriebenen Rahmen zulässig sind.

---

35 *Becker*, IWB Fach 3 Deutschland Gr. 1, S. 851 (856).

D. Verdeckte Gewinnausschüttung und § 42 AO

§ 42 AO bezweckt, Umgehungen der Steuergesetze zu verhindern. Eine Steuerumgehung liegt vor, wenn Gestaltungsmöglichkeiten des Rechts mißbraucht werden.[1] Der Mißbrauch besteht in der Wahl einer den wirtschaftlichen Vorgängen unangemessenen rechtlichen Gestaltung.[2] Liegt eine solche unangemessene rechtliche Gestaltung vor, wird der Besteuerung nicht der tatsächlich verwirklichte Sachverhalt, sondern ein fingierter Sachverhalt, der einer den wirtschaftlichen Vorgängen angemessenen rechtlichen Gestaltung entspricht, zugrundegelegt.[3]

Ebenso wie § 42 AO erfaßt § 8 III 2 KStG Gestaltungen, bei denen die rechtliche Gestaltung den wirtschaftlichen Vorgängen nicht angemessen ist. So werden Beziehungen zwischen der Gesellschaft und dem Gesellschafter als verdeckte Gewinnausschüttung qualifiziert, wenn sie zwar äußerlich schuldrechtlich eingekleidet sind, tatsächlich aber ihre causa auf gesellschaftsrechtlicher Ebene haben. Im Gegensatz zu § 42 AO wird bei der Anwendung der Vorschriften über die verdeckte Gewinnausschüttung kein fingierter, sondern der tatsächlich verwirklichte Sachverhalt der Besteuerung zugrundegelegt, nur die Rechtsfolgen weichen ebenso wie bei § 42 AO von denen ab, die von den Steuerpflichtigen beabsichtigt waren.

In der Literatur[4] und in der Rechtsprechung[5] wird die Auffassung vertreten, daß die Normen der AO als Sondervorschriften den übrigen Steuergesetzen vorgelagert seien. Mit den Normen der AO und damit auch mit § 42 AO müsse vorrangig festgestellt werden, ob Rechtsbeziehungen überhaupt steu-

1 § 42 S. 1 AO.

2 *Tipke/ Kruse*, AO, Rdnr. 12 zu § 42 AO

3 *Tipke/Lang*, Steuerrecht, S. 112; *Hübschmann/Hepp/Spitaler*, AO, Rdnr. 3 - 5 zu § 42 AO.

4 *Flick-Wassermeyer-Becker*, Außensteuerrecht, Rdnr. 55 zu § 1 AStG; *Raupach*, JbFfSt 1977/1978, S. 424 (427); *Friedrich*, Steuerhandbuch, S. 157: Vorrang der §§ 41 II und 42 AO vor § 1 AStG; widersprüchlich aber *Menger*, GmbHR 1987, S. 397: einerseits sollen nach ihm die Gewinnabgrenzungsregeln den Normen der AO vorgehen (401), andererseits soll § 42 AO gegenüber den Gewinnberichtigungsregeln vorrangig sein (399).

5 BFH, BStBl. II 1992, S. 1026 und S. 1029.

erlich anerkannt werden können. Die Einkünfteermittlung sei dagegen nachrangig.[6]

Dem kann generell für das Verhältnis aller Vorschriften der AO gegenüber den Normen der Gewinnermittlung nicht gefolgt werden. Die AO gilt für nahezu alle Steuerarten[7] und enthält somit Begriffsbestimmungen, die, um Wiederholungen in den einzelnen Steuergesetzen zu vermeiden, gleichsam "vor die Klammer" gezogen sind.[8] Daraus ergibt sich der Grundsatz, daß die AO gegenüber den Einzelsteuergesetzen nur dann zur Anwendung kommt, wenn die Einzelsteuergesetze den entsprechenden Bereich nicht speziell geregelt haben.[9] Für die Fälle der §§ 39[10] und 41 II[11] AO enthalten die Einzelsteuergesetze und auch die Vorschriften über die verdeckte Gewinnausschüttung keine Regelung, so daß in diesen Fällen nach dem Grundsatz der Subsidiarität der AO gegenüber den Einzelsteuergesetzen die AO Anwendung findet.[12]

Anders hingegen ist es im Verhältnis von § 42 AO zur verdeckten Gewinnausschüttung. § 42 AO greift hier nach der Grundregel der Subsidiarität nicht ein, soweit der Sachverhalt bereits von der spezielleren Norm des Einzelsteuergesetzes[13] erfaßt wird.[14] Auch normlogisch geht § 8 III 2 KStG dem § 42 AO vor. Denn erst nach Ermittlung des Einkommens unter Zugrundelegung der tatsächlich verwirklichten Sachverhalte und der Korrektu-

---

6 *Raupach*, JbFfSt 1977/1978, S. 424 (427); *Flick-Wassermeyer-Becker*, Außensteuerrecht, Rdnr. 56 c zu § 1 AStG im Verhältnis § 1 AStG zu § 42 AO; der BFH spricht sogar von einem "logischen" Vorrang des § 42 AO (BStBl. II 1992, S. 1026 und S. 1029).

7 § 1 I, II AO.

8 *Tipke/Kruse*, AO, Rdnr. 2 zu § 1 AO; *Tipke/Lang*, Steuerrecht, S. 15.

9 Subsidiarität der AO gegenüber den Einzelsteuergesetzen; *Tipke/Lang*, Steuerrecht, S. 15.

10 Zurechnung von Wirtschaftsgütern.

11 Unwirksamkeit von Scheingeschäften.

12 *Manke*, JbFfSt 1977/1978, S. 444 (447); Das gleiche gilt auch hinsichtlich der Frage der Abschirmwirkung einer ausländischen Kapitalgesellschaft. Hier enthalten die Einzelsteuergesetze nur die Regelung, daß bei Sitz oder Geschäftsleitung in der Bundesrepublik die unbeschränkte Steuerpflicht eingreift. Die Definition des Sitzes und des Orts der Geschäftsleitung enthält jedoch die AO.

13 § 8 III 2 KStG.

14 Ebenso *Manke*, JbFfSt 1977/1978, S. 444 (449); *Popkes*, Internationale Prüfung, S. 72.

ren nach § 8 III 2 KStG auf der Rechtsfolgenseite kann festgestellt werden, ob die rechtliche Gestaltung den wirtschaftlichen Vorgängen nicht angemessen, sondern rechtsmißbräuchlich und damit der Tatbestand des § 42 AO erfüllt ist.[15]

§ 8 III 2 KStG ist damit ein spezielle Ausprägung des § 42 AO. Zwischen § 42 AO und den Vorschriften über die verdeckte Gewinnausschüttung besteht daher eine Normenkonkurrenz in dem Sinne, daß § 42 AO hinter der lex specialis des § 8 III 2 KStG zurücktritt.[16]

---

15 Hielte man dagegen § 42 AO für vorrangig, dann führte das zu dem kuriosen Ergebnis, daß gleichwohl im Rahmen der Prüfung der Tatbestandsmerkmale des § 42 AO die Vorschrift des § 8 III 2 KStG herangezogen werden müßte; so aber der BFH für das Verhältnis zwischen § 42 AO und den §§ 7 ff. AStG (BStBl. II 1992, S. 1026 und S. 1029). Zu den praktischen Konsequenzen dieser Rechtsprechung siehe *Kraft*, IStR 1993, S. 148.

16 *Tipke/Kruse*, AO, Tz. 29 zu § 42 AO; ebenso für das Verhältnis zwischen § 1 AStG und § 42 AO: *Brezing* in *Brezing et al.*, Außensteuerrecht, Rdnr. 13 zu § 1 AStG; ebenso für das Verhältnis zwischen §§ 7 - 14 AStG und § 42 AO: *Manke*, JbFfSt 1977/1978, S. 444 (449).

E. Verdeckte Gewinnausschüttung und § 3 c EStG unter besonderer Berücksichtigung von § 8b II KStG

I. Die systematische Stellung des § 3 c EStG

§ 3 c EStG und der verdeckten Gewinnausschüttung ist auf der Rechtsfolgenseite gemeinsam, daß beide eine Minderung der steuerlichen Bemessungsgrundlage verhindern. Von der Systematik der Tatbestände her schließen sich die Vorschriften jedoch aus. § 3 c EStG verhindert u.a. den Abzug von Betriebsausgaben, die mit steuerfreien Einnahmen in unmittelbarem wirtschaftlichem Zusammenhang stehen und setzt damit im Tatbestand das Vorliegen betrieblich veranlaßter Aufwendungen voraus. Die verdeckte Gewinnausschüttung hingegen läßt gesellschaftsrechtlich veranlaßte Aufwendungen nicht zum Abzug zu[1]. Die verdeckte Gewinnausschüttung setzt damit voraus, daß die Aufwendungen gerade nicht betrieblich veranlaßt sein dürfen[2]. Daraus ergibt sich das Verhältnis zwischen der verdeckten Gewinnausschüttung und § 3 c EStG. Denn wenn bei der Prüfung der Voraussetzungen einer verdeckten Gewinnausschüttung bereits die betriebliche Veranlassung von Aufwendungen verneint wird, liegt das von § 3 c EStG geforderte Tatbestandsmerkmal "Ausgabe" überhaupt nicht vor. Denn § 3 c EStG erfaßt nur Ausgaben, die ohne § 3 c EStG steuerlich abzugsfähig wären. § 3 c EStG ist damit gegenüber der verdeckten Gewinnausschüttung nachrangig.

II. Zur Anwendbarkeit des § 3 c EStG auf den "Vorteilsverbrauch" bei grenzüberschreitenden Unterpreisleistungen zwischen Schwestergesellschaften

1. Einführung in die Problematik

§ 3 c EStG erhält jedoch trotz dieses klaren Verhältnisses zur verdeckten Gewinnausschüttung im Zusammenhang mit dem Beschluß des Großen Se-

---

1 *Pezzer*, Verdeckte Gewinnausschüttung, S. 73, 80.

2 *Pezzer*, Verdeckte Gewinnausschüttung, S. 65, spricht von einem systematischen Gegensatz zwischen Betriebsausgaben und verdeckter Gewinnausschüttung.

nates des BFH[3], mit dem die Einlagefähigkeit von Nutzungen verneint wird, im Rahmen des europäischen Konzerns eine besondere Bedeutung, die bereits an dieser Stelle aufgezeigt werden soll. Nach dem Beschluß des Großen Senates des BFH[4] kommt es bei Nutzungsüberlassungen zwischen Schwestergesellschaften zunächst zu einer verdeckten Gewinnausschüttung der leistenden Tochtergesellschaft an die gemeinsame Muttergesellschaft.[5] In einem zweiten Schritt nimmt der Große Senat dann an, daß die Muttergesellschaft den erhaltenen Vorteil für Zwecke der Beteiligung an der anderen, den Vorteil empfangenden Tochtergesellschaft verbraucht hat.[6] Insoweit liegen nach dem Großen Senat durch diesen Verbrauch Betriebsausgaben vor.[7]

Diese Ertrags/Aufwandslösung gilt auch im zweigliedrigen Konzern, der aus einer Tochter - und einer Muttergesellschaft besteht.[8] Der von der Tochter - der Muttergesellschaft zugewendete Vorteil führt bei der Muttergesellschaft zu einem Ertrag, der aber sofort danach als für Zwecke der Beteiligung an der Tochtergesellschaft verbraucht gilt und bei der Muttergesellschaft zu Betriebsausgaben führt.[9]

Im europäischen Konzern ist nun zu beachten, daß in fast allen von der Bundesrepublik Deutschland abgeschlossenen DBA deutschen Muttergesellschaften für Gewinnausschüttungen ausländischer Tochtergesellschaften das internationale Schachtelprivileg gewährt wird. Die Gewinnausschüttungen der ausländischen Tochtergesellschaften an die Muttergesellschaft in der Bundesrepublik sind danach in der Bundesrepublik steuerfrei. Da nicht nur offene, sondern auch verdeckte Gewinnausschüttungen ausländischer Tochtergesellschaften an deutsche Muttergesellschaften das internationale Schachtelprivileg genießen[10], stellt sich die Frage, ob § 3 c EStG bei der Ertrags/Aufwandslösung des Großen Senates[11] dem Abzug des Verbrauchs

---

3 Beschluß vom 26.10.1987 GrS 2/86, BStBl. II 1988, S. 348.

4 Beschluß vom 26.10.1987 GrS 2/86, BStBl. II 1988, S. 348.

5 Beschluß vom 26.10.1987 GrS 2/86, BStBl. II 1988, S. 348 (356).

6 Beschluß vom 26.10.1987 GrS 2/86, BStBl. II 1988, S. 348 (356).

7 Beschluß vom 26.10.1987 GrS 2/86, BStBl. II 1988, S. 348 (356).

8 *Herzig/Förster*, DB 1988, S. 1329 (1331).

9 *Herzig/Förster*, DB 1988, S. 1329 (1331).

10 Tz. 27 OECD - MA - Kommentar zu Art. 10 OECD - MA, abgedruckt bei *Vogel*, DBA, Rdnr. 178 zu Art. 10.

11 Beschluß vom 26.10.1987 GrS 2/86, BStBl. II 1988, S. 348.

des erhaltenen Vorteils als Betriebsausgaben bei der Muttergesellschaft entgegensteht.

§ 3 c EStG gilt auch für Einnahmen, die aufgrund eines DBA steuerfrei sind.[12] Sind nach dem DBA nicht Einnahmen, sondern Einkünfte steuerbefreit, findet § 3 c EStG keine Anwendung.[13] In diesen Fällen ist die hier angesprochene Problematik aber nicht gelöst. Sie wird nur auf die Frage verlagert, welche Aufwendungen bei der Ermittlung der nach DBA steuerbefreiten Einkünfte zu berücksichtigen und damit in der Bundesrepublik nicht abzugsfähig sind.[14] Die folgenden Ausführungen gelten daher für Fälle, in denen DBA statt der Freistellung von Einnahmen die Freistellung von Einkünften vorsehen, entsprechend.

2. Bisherige Äußerungen zur Anwendbarkeit des § 3 c EStG

Die Rechtsprechung hat sich mit der Problematik des § 3 c EStG im Zusammenhang mit der Ertrags/Aufwandslösung des Großen Senates[15] noch nicht beschäftigt. Auch die Äußerungen in der Literatur sind spärlich und vage.[16,17] Es kann aber auf Rechtsprechung zurückgegriffen werden, die

---

12 *Meincke* in *Littmann/Bitz/Meincke*, EStG, Rdnr. 20 zu § 3 c EStG; BFH - Urteil v. 29.01.1986, BStBl. II 1986, S. 479 (480); a.A. *Krüger*, FR 1988, S. 517 (517), der § 3 c EStG nicht für anwendbar hält, weil die Einnahmen im Ausland steuerpflichtig seien.

13 v. *Beckerath* in *Kirchhof/Söhn*, EStG, Rdnr. B 145 zu § 3 c EStG, Stichwort Doppelbesteuerung m.w.N..

14 Siehe dazu *Krabbe* in *Brezing et al.*, Außensteuerrecht, Rdnr. 102 ff. zu § 34 d EStG.

15 Beschluß vom 26.10.1987 GrS 2/86, BStBl. II 1988, S. 348.

16 Eine Anwendung des § 3 c EStG bei Unterpreisleistungen der ausländischen T_1 an die ausländische T_2 alleine wegen einer DBA - Befreiung der verdeckten Gewinnausschüttung von T_1 an M wird mangels unmittelbaren Zusammenhangs mit steuerfreien Einnahmen zu Recht einhellig abgelehnt (*Döllerer*, BB 1988, S. 1789 [1794]; *Koenen*, BB 1989, S. 1455 [1458]; *wfr.*, DB S. 1988, 1192 [1193]).

17 Auch vage sind die Auffassungen in der Literatur über die Anwendung des § 3 c EStG im Verhältnis M zu T_2, wenn für die Gewinnausschüttung von T_2 an M die Steuerbefreiung eines DBA eingreift; nach *Koenen* "dürfte" § 3 c EStG in aller Regel anwendbar sein (BB 1989, S. 1455 [1458]); ebenso äußert sich *wfr.*, DB 1988, S. 1192 (1193): § 3 c EStG "dürfte wohl" anwendbar sein; gegen die Anwendung von § 3 c EStG: *Herzig/Förster*, DB 1988, S. 1329 (1337), die der alten BFH - Rechtsprechung folgen.

den Abzug von Betriebsausgaben oder Werbungskosten in anderen Fällen im Zusammenhang mit steuerfreien Einnahmen betrifft. Die Rechtsprechung ist hier nicht einheitlich. Zum einen führt der BFH aus, Ausgaben, die mit steuerfreien Einnahmen in Zusammenhang stehen, unterfielen nur bis zur Höhe der steuerfreien Einnahmen dem Abzugsverbot des § 3 c EStG. Über die Einnahmen hinausgehende Ausgaben könnten hingegen steuerlich abgezogen werden[18], da insoweit ein Zusammenhang mit steuerfreien Einnahmen nicht bestehe.

Dieser Auffassung folgt ein Teil der Literatur.[19] An anderer Stelle ist der BFH restriktiver und schließt Ausgaben, die im Zusammenhang mit steuerfreien Einnahmen stehen, in vollem Umfang vom Abzug aus.[20] In einem Fall ließ es der BFH genügen, daß steuerfreie Einnahmen gegenwärtig noch nicht vorlagen, sondern erst zukünftig erwartet wurden.[21]

3. Ablehnende Stellungnahme zur Anwendbarkeit des § 3 c EStG auf den "Vorteilsverbrauch"

a) Der Auffassung des BFH, im Zusammenhang mit steuerfreien Einnahmen stehende Ausgaben nicht mehr anzunehmen und damit zum Abzug zuzulassen, soweit die Ausgaben die Einnahmen übersteigen, ist nicht zu folgen. Der Wortlaut des § 3 c EStG läßt zwar eine solche Auslegung als möglich er-

---

18 BFH - Urteil v. 25.10.1966 I 26/64, BStBl. III 1967, S. 92 (94); BFH - Urteil v. 21.04.1971 I R 97/68, BStBl. II 1971, S. 694 (696); BFH - Urteil v. 21.02.1973 I R 26/72, BStBl. II 1973, S. 508 (509).

19 *Meincke* in *Littmann/Bitz/Meincke*, EStG, Rdnr. 24 zu § 3 c EStG; *Würfele*, IWB Fach 3 Deutschland Gr. 1, S. 1189 (1190); *Jacobs*, Internationale Unternehmensbesteuerung, S. 521, 644; widersprüchlich *Schmidt - Heinicke*[10], EStG, der in Anm. 7 zu § 3 c EStG der Auffassung des BFH folgt, in Tz. 5 zu § 3 c EStG aber für die Anwendung des § 3 c EStG auch zukünftige oder nur erwartete steuerfreie Einnahmen ausreichen läßt; anders *Blümich/Oepen*, EStG, der ohne Begründung § 3 c EStG gar nicht anwenden will, wenn die steuerfreien Einkünfte einem Progressionsvorbehalt unterliegen.

20 BFH - Urteil v. 28.04.1983 IV R 122/79, BStBl. II 1983, S. 566 (569); dem folgt v. *Beckerath* in *Kirchhof/Söhn*, EStG, Rdnr. B 98 zu § 3 c EStG; *Herrmann/Heuer/Raupach*, EStG, Rdnr. 11 zu § 3 c EStG; *Manke*, DStZ 1990, S. 4 (9): *Brezing*, FR 1972, S. 73 (75) zweifelt daran, ob die von der Höhe der jeweiligen Einnahmen eines Veranlagungszeitraumes abhängige Anwendung des § 3 c EStG mit dem Prinzip der Besteuerung nach der Leistungsfähigkeit zu vereinbaren ist.

21 BFH - Urteil v. 28.04.1983 IV R 122/79, BStBl. II 1983, S. 566 (569).

scheinen. Danach sind Ausgaben vom Abzug nur ausgeschlossen, "soweit" die Ausgaben mit steuerfreien Einnahmen in "unmittelbarem wirtschaftlichem Zusammenhang" stehen. Dabei könnten diese beiden Tatbestandsmerkmale vom Wortlaut her so verstanden werden, als sei ein Zusammenhang zwischen Ausgaben und Einnahmen nur bis zur Höhe der Einnahmen gegeben. Diese Auslegung ist aber nicht zwingend.

Eine andere, weniger positivistische Auslegung des Gesetzes, die auch die systematische Stellung des § 3 c EStG im Einkommensteuerrecht berücksichtigt, ist dagegen vorzugswürdig. Der Begriff "soweit" bezieht sich danach nicht auf das Verhältnis der Ausgaben zu den steuerfreien Einnahmen der Höhe nach, sondern darauf, daß die Abzugsbeschränkung nur partiell (soweit) eingreift, wenn (soweit) Ausgaben sowohl mit steuerfreien als auch mit steuerpflichtigen Einnahmen in Zusammenhang stehen. In diesen Fällen "gemischter" Aufwendungen ermöglicht die Wendung "soweit" eine Aufteilung der Ausgaben ist einen abzugsfähigen und einen nicht abzugsfähigen Teil.

b) Auch der von § 3 c EStG geforderte unmittelbare wirtschaftliche Zusammenhang meint nicht, daß ein solcher Zusammenhang nur bis zur Höhe der steuerfreien Einnahmen vorliegt und darüber hinaus entfällt. Der von § 3 c EStG geforderte Zusammenhang dient vielmehr dazu, solche Ausgaben aus dem Abzugsverbot auszunehmen, bei denen nicht ein unmittelbarer, sondern ein bloß mittelbarer Zusammenhang mit den steuerfreien Einnahmen besteht.[22]

c) Kernproblem bei der Anwendung des § 3 c EStG ist damit, wann ein unmittelbarer Zusammenhang zwischen Ausgaben und steuerfreien Einnahmen besteht, wenn die einfache "soweit" Formel des BFH[23] abgelehnt wird. Auf den Fall der Ertrags/Aufwandslösung des Großen Senats[24] bezogen ist die Frage zu lösen, ob die aus dieser Ertrags/Aufwandslösung resultierenden Betriebsausgaben in unmittelbarem wirtschaftlichem Zusammenhang mit nach DBA steuerfreien Gewinnausschüttungen der ausländischen Tochtergesell-

---

22 Argumentum e contrario; ebenso *Krabbe*, FR 1984, S. 473 (473).

23 Die von einem Zusammenhang ausgeht, soweit die Ausgaben die steuerfreien Einnahmen nicht übersteigen (BFH - Urteil v. 21.02.1973 I R 26/72, BStBl. II 1973, S. 508 (509).

24 Beschluß vom 26.10.1987 GrS 2/86, BStBl. II 1988, S. 348.

schaft stehen, die den Vorteil aus der Nutzungsüberlassung tatsächlich erhalten hat.[25] Wäre ein solcher Zusammenhang gegeben, unterlägen die Betriebsausgaben der Muttergesellschaft aus der Ertrags/Aufwandslösung dem Abzugsverbot des § 3 c EStG. Würde man dagegen annehmen, ein solcher Zusammenhang bestünde nicht, dann hinderte § 3 c EStG den Abzug der Betriebsausgaben nicht. Denn da Gewinne deutscher Steuerpflichtiger aus der Veräußerung von Beteiligungen an ausländischen Tochtergesellschaften in aller Regel in der Bundesrepublik steuerpflichtig sind[26], wären die mit der Beteiligung in Zusammenhang stehenden Aufwendungen bei der deutschen Muttergesellschaft als Betriebsausgaben abzugsfähig.

Die vorliegende Problematik kann mit der aus dem nationalen deutschen Steuerrecht bekannten Frage der Abzugsfähigkeit von Aufwendungen auf Kapitalanlagen im privaten Bereich, die zu Einnahmen aus § 20 EStG führen, verglichen werden. In beiden Fällen setzt der Abzug von Aufwendungen einen Zusammenhang mit steuerpflichtigen Einnahmen voraus. Die Abzugsfähigkeit von Aufwendungen setzt bei Kapitalanlagen den Zusammenhang mit steuerpflichtigen Einnahmen voraus. Stehen die Ausgaben für die Kapitalanlage dagegen in Zusammenhang mit nicht steuerpflichtigen Einnahmen, z.B. aus der Veräußerung der Kapitalanlage selbst, dann ist der Abzug der Aufwendungen ausgeschlossen. Bei der Ertrags/Aufwandslösung sind bildlich gesprochen nur die Vorzeichen umgedreht. Hier schließt ein Zusammenhang der Ausgaben mit Einnahmen den Abzug aus[27], ein Zusammenhang der Ausgaben mit der Beteiligung selbst führt dagegen zur Abzugsfähigkeit.[28] Aufgrund der Parallelität der Problematik kann zur Klärung des Begriffs des unmittelbaren wirtschaftlichen Zusammenhangs auch auf die

---

25 Das Verhältnis der die verdeckte Gewinnausschüttung vornehmenden Tochtergesellschaft zur Muttergesellschaft ist dagegen für die Untersuchung ohne Bedeutung. § 3 c EStG kann den Abzug des Vorteilsverbrauchs bei der Muttergesellschaft nicht mit der Begründung verhindern, die verdeckte Gewinnausschüttung seitens der T_1 sei nach DBA steuerfrei. Denn der Vorteilsverbrauch bei der Muttergesellschaft kann gar nicht der Erzielung von Einnahmen der ausschüttenden T_1 dienen. Der Vorteilsverbrauch ist erst die Folge der (verdeckten) Gewinnausschüttung der T_1 an die Muttergesellschaft. A.A. für den steuerfreien Ersatz von Werbungskosten: v. *Beckerath* in *Kirchhof/Söhn*, EStG, Rdnr. B 5 zu § 3 c EStG).

26 Art. 7 I OECD - MA.

27 Weil die Einnahmen steuerfrei sind.

28 Weil Einnahmen aus der Veräußerung in der Bundesrepublik steuerpflichtig sind.

Rechtsprechung zum Abzug von Werbungskosten bei privaten Kapitalanlagen zurückgegriffen werden.

Der in § 3 c EStG geforderte unmittelbare wirtschaftliche Zusammenhang soll vorliegen, wenn die Aufwendungen nach ihrer Entstehung oder Zweckbestimmung mit der Einkunftserzielung in einem unlösbaren Zusammenhang stehen, die Aufwendungen also ohne die Einkunftserzielung nicht angefallen wären.[29]

Zu dem parallelen Problem der Abzugsfähigkeit von Aufwendungen im Zusammenhang mit privaten Kapitalanlagen als Werbungskosten hat der BFH zunächst die gleiche Auffassung wie zu § 3 c EStG vertreten. Entsprechend ließ er hier in der früheren Rechtsprechung Aufwendungen bis zur Höhe der Einnahmen aus Kapitalvermögen als Werbungskosten zum Abzug zu.[30] Diese Rechtsprechung hat der BFH mittlerweile aufgegeben. Neuerdings stellt er für die Abzugsfähigkeit der Aufwendungen darauf ab, ob die Aufwendungen objektiv im Zusammenhang mit der Nutzungsüberlassung des Kapitals stehen und der Steuerpflichtige subjektiv die Förderung dieser Nutzungsüberlassung beabsichtigt.[31] Allein die daneben bestehende Hoffnung auf Wertsteigerung der Kapitalanlage schließt den Abzug von Aufwendungen noch nicht aus.[32] Der BFH versagt den Abzug erst dann, wenn nicht die Überschußerzielung, sondern die Substanzverwertung des Kapitalvermögens im Vordergrund steht.[33]

---

29 BFH - Urteil v. 29.01.1986 I R 22/85, BStBl. II 1986, S. 479 (480); Urteil des FG Berlin v. 19.10.1989 IV 365/87 -rkr-, EFG 1990, S. 290 (290); *Schmidt - Heinicke*[10], EStG, Anm. 2 zu § 3 c EStG; *Moebus*, IWB Fach 3 Deutschland Gr. 2, S. 511 (514).

30 BFH - Urteil v. 26.11.1974 VIII R 266/72, BStBl. II 1975, S. 331 (333).

31 BFH - Urteil v. 21.07.1981 VIII R 154/76, BStBl. II 1982, S. 37 (39); ebenso *Schmidt - Heinicke*[10], EStG, Anm. 52 zu § 20 EStG; *Conradi* in *Littmann/Bitz/Meincke*, EStG, Rdnr. 291, 298 (Stichwort "Schuldzinsen") zu § 20 EStG.

32 BFH - Urteil v. 21.07.1981 VIII R 266/72, BStBl. II 1982, S. 37 (39).

33 BFH - Urteil v. 23.03.1982 VIII R 132/80, BStBl. II 1982, S. 463 (464); *Conradi* in *Littmann/Bitz/Meincke*, EStG, Rdnr. 298 zu § 20 EStG: dafür spricht der Umstand, daß auf Dauer gesehen nicht mit Einkünfteüberschüssen zu rechnen ist. Zu dieser Annahme bedarf es aber konkreter Anhaltspunkte; ist die Kapitalbeteiligung eine wesentliche i.S.v. § 17 EStG, kommt nach dem BFH konsequenterweise auch dann ein Abzug der Schuldzinsen in Betracht, wenn die Schuldzinsen vorwiegend im Zusammenhang mit der Einkunftsquelle selbst stehen, da hier auch der Vermögenszuwachs im Zeitpunkt der Realisierung oder des Eintritts

Für die Ertrags/Aufwandslösung des Großen Senates[34] ergibt sich damit das Abgrenzungsproblem, ob die aus dieser Lösung folgenden Betriebsausgaben nach den og. Kriterien in unmittelbarem wirtschaftlichen mit den steuerfreien Gewinnausschüttungen stehen und damit durch § 3 c EStG vom Abzug ausgeschlossen sind, oder ob diese Betriebsausgaben Aufwendungen auf die Beteiligung an der Tochtergesellschaft und damit steuerlich abzugsfähig sind.[35]

Für die steuerliche Abzugsfähigkeit spricht bereits der Beschluß des Großen Senates. Dort führt der BFH aus, der erhaltene Vorteil werde *für Zwecke der Beteiligung* verbraucht.[36] Einen Zusammenhang des Vorteilsverbrauchs mit möglichen steuerfreien Gewinnausschüttungen und einen daraus resultierenden Ausschluß der Betriebsausgaben vom Abzug nach § 3 c EStG spricht der Große Senat dagegen nicht an, obwohl der dem Vorlagebeschluß zugrundeliegende Sachverhalt aufgrund der internationalen Verflechtung der beteiligten Gesellschaften[37] eine Stellungnahme auch zu diesem Problem nahegelegt hätte.

---

eines Ersatztatbestandes besteuert wird (BFH - Urteil v. 08.10.1985 VIII R 234/84, BStBl. II 1986, S. 596 [598]).

34 Beschluß vom 26.10.1987 GrS 2/86, BStBl. II 1988, S. 348 (356).

35 Da ausländische Tochtergesellschaften möglicherweise ihren Gewinn gar nicht ausschütten, ist bereits aus diesem Grund die Anwendung des § 3 c EStG fraglich. Dem stehen auch nicht das BFH - Urteil v. 28.04.1983 IV R 122/79, BStBl. II 1983, S. 566 (569) [dagegen bereits mit beachtlichen Argumenten *Schröder*, StBp 1988, S. 218 (221)] und die Literaturmeinungen (*Herrmann/Heuer/Raupach*, EStG, Rdnr. 11 zu § 3 c EStG; *Schmidt - Heinicke*[10], EStG, Anm. 5 zu § 3 c EStG; v. *Beckerath* in *Kirchhof/Söhn*, EStG, Rdnr. B 75 zu § 3 c EStG; *Manke*, DStZ 1990, S. 4 [9]) entgegen, die § 3 c EStG schon auf vorab entstandene Aufwendungen anwenden wollen, selbst wenn später überhaupt keine steuerfreien Einnahmen erzielt werden. Denn der Urteilsfall betraf eine ausländische Betriebsstätte, deren Gewinn dem deutschen Unternehmen aufgrund der rechtlichen Unselbständigkeit unmittelbar zugerechnet worden wäre, ohne daß es einer Ausschüttung bedurft hätte. In diesem Fall steht fest, daß steuerpflichtige Einnahmen erzielt werden, offen bleibt nur der genaue Zeitpunkt. Bei der ausländischen Tochtergesellschaft, deren Gewinnausschüttungen nach DBA bei der deutschen Muttergesellschaft steuerfrei sind, ist es dagegen anders. Hier bleibt nicht nur der Zeitpunkt der steuerfreien Einnahmen offen. Es steht außerdem gar nicht fest, ob überhaupt steuerfreie Ausschüttungen stattfinden.

36 Beschluß vom 26.10.1987 GrS 2/86, BStBl. II 1988, S. 348 (356).

37 Siehe dazu das Schaubild im Vorlagebeschluß vom 20.08.1986 I B 41/82, BStBl. II 1987, S. 65 (66).

d) Für die Abzugsfähigkeit des Vorteilsverbrauchs als Betriebsausgaben sprechen aber auch systematische Gründe. Die Anwendung des § 3 c EStG setzt nach den og. Kriterien der Rechtsprechung einen konkreten Zusammenhang zwischen steuerfreien Gewinnausschüttungen und den Betriebsausgaben aus der Ertrags/Aufwandslösung voraus.[38] Dieser konkrete Zusammenhang besteht schon in objektiver Hinsicht nicht. Denn bereits objektiv stehen die Betriebsausgaben aus der Ertrags/Aufwandslösung in keinem Zusammenhang mit Gewinnausschüttungen.[39] Der Vorteilsverbrauch bei der Muttergesellschaft tritt unabhängig von einer Gewinnausschüttung der Tochtergesellschaft ein.

Weiter müßten die Steuerpflichtigen mit den Betriebsausgaben aus der Ertrags/Aufwandslösung subjektiv die Förderung der Ausschüttung steuerfreier Dividenden beabsichtigen. Eine solche Absicht wird man bei der Ertrags/Aufwandslösung nur in wenigen Ausnahmefällen annehmen können. Dazu muß der Muttergesellschaft nachgewiesen werden, daß sie von Unterpreisleistungen überhaupt gewußt hat. Das setzt voraus, daß sie das Mißverhältnis zwischen den Leistungen der T_1 und der T_2 erkannt hat. Im Konzern ist es außerdem durchaus üblich, daß die Tochtergesellschaften die Preise für konzerninterne Leistungen selbst bestimmen. In diesen Fällen kann das von dem BFH geforderte subjektive Merkmal gar nicht vorliegen. Ein Ausnahmefall wäre dann denkbar, wenn eine Muttergesellschaft in der Bundesrepublik ganz bewußt Unterpreisleistungen ihrer ausländischen Tochtergesellschaften als Mittel einsetzt, um nach DBA steuerfreie Ausschüttungen zu vereinnahmen und daneben in den Genuß der Betriebsausgaben aus dem Vorteilsverbrauch zu gelangen.

e) Hinzuweisen ist in diesem Zusammenhang darauf, daß für das Vorliegen des unmittelbaren wirtschaftlichen Zusammenhangs zwischen den Betriebsausgaben aus der Ertrags/Aufwandslösung und den steuerfreien Schachteldividenden die Finanzverwaltung die Beweislast trägt. Denn insoweit geht es

---

38 Ein bloß mittelbarer Zusammenhang reicht nicht (*Schmidt - Heinicke*[10], EStG, Anm. 3 zu § 3 c EStG; *Krabbe*, FR 1984, S. 473 [473]).

39 Der BFH fordert eine klar abgrenzbare Beziehung zu den steuerfreien Einnahmen (BFH - Urteil v. 09.11.1976 VI R 139/74, BStBl. II 1977, S. 207 [207]; nach *Moebus*, IWB Fach 3 Deutschland Gr. 2 S. 511 (514) liegt eine solche Beziehung nicht vor, wenn die Erträge dem Steuerpflichtigen auch zugeflossen wären, hätte er die Aufwendungen nicht geleistet.

darum, Ausgaben, deren betriebliche Veranlassung feststeht, aufgrund einer Ausnahmevorschrift vom steuerlichen Abzug auszuschließen.[40]

f) Für die steuerliche Abzugsfähigkeit der Betriebsausgaben nach der Ertrags/Aufwandslösung spricht auch ein Vergleich zwischen der Unterpreislieferung und der Unterpreisleistung zwischen ausländischen Schwestergesellschaften. Bei der Unterpreislieferung seitens der T_1 an die T_2 kommt es über das Dreieck zu einer verdeckten Einlage der M in die T_2. Zugleich erhöht sich der Wert der Beteiligung der M an der T_2 um den Betrag der Einlage. Verkauft M die Beteiligung an T_2, unterliegt dieser Gewinn in aller Regel[41] der deutschen Besteuerung. Da der Gewinn die Differenz zwischen Verkaufspreis und Buchwert der Beteiligung ist, wirkt sich die Einlage der M in T_2 aus der Unterpreislieferung T_1 an T_2 so aus, daß M nur einen um die Einlage geminderten Gewinn versteuern muß[42], weil die Einlage den Buchwert der Beteiligung an der T_2 erhöht hat.

Würde man dagegen bei einer Unterpreisleistung von T_1 an T_2 auf Ebene der Muttergesellschaft den Abzug des verbrauchten Vorteils als Betriebsausgaben nach § 3 c EStG ausschließen, stellte man die M gegenüber der Unterpreislieferung schlechter. Verkauft die M in diesem Fall die Beteiligung an T_2, dann hat sie gegenüber dem Fall der Unterpreislieferung einen höheren Gewinn aus der Veräußerung der Beteiligung zu versteuern. Denn eine Nutzungseinlage erkennt der BFH nicht an. Der Buchwert der Beteiligung der M an der T_2 ist damit niedriger, der zu versteuernde Gewinn daher höher als in dem vergleichbaren Fall der Unterpreislieferung.

Daher kann auch nicht der Auffassung von *Ebenroth/Fuhrmann* gefolgt werden, die bei grenzüberschreitenden Unterpreisleistungen zwischen Schwe-

---

40 Die aus dem Zivilprozeßrecht bekannte Beweislastregel bedeutet im Steuerrecht, daß diejenige Seite die Beweislast für die Tatsachen trägt, zu deren Gunsten eine Rechtsnorm wirkt (*Tipke/Kruse*, AO, Rdnr. 11 b zu § 88 AO; *Ritter*, FR 1985, S. 34 (37).

41 Art. 7 I OECD - MA.

42 Zu dem gleichen Ergebnis gelangt man, wenn M eine Teilwertabschreibung in Höhe der Einlage vorgenommen hat. Die Teilwertabschreibung führt in voller Höhe zu Betriebsausgaben. Ein Ausschluß ist auch nicht durch § 26 VIII KStG gegeben. Denn danach sind Teilwertabschreibungen nur ausgeschlossen, wenn sie durch steuerfreie oder nach § 26 II, III KStG begünstigte Ausschüttungen bedingt sind. Hier liegt aber keine steuerfreie Ausschüttung, sondern eine steuerfreie Einlage vor.

stergesellschaften eine Nutzungseinlage anerkennen wollen, um Besteuerungslücken zu schließen.[43] Denn auch die von *Ebenroth/Fuhrmann* aufgezeigten Besteuerungslücken bei der grenzüberschreitenden Unterpreisleistung werden durch entsprechend höhere und in aller Regel in der Bundesrepublik steuerpflichtige Gewinne aus der Veräußerung der Beteiligung an den ausländischen Tochtergesellschaften ausgeglichen.

g) Die hier gefundene Lösung gilt nicht nur für Unterpreisleistungen zwischen Schwestergesellschaften im europäischen Konzern, sonden auch für unmittelbare Unterpreisleistungen europäischer Tochtergesellschaften an deutsche Muttergesellschaften. Denn auch hier dienen die aus dem Vorteilsverbrauch stammenden Betriebsausgaben der Muttergesellschaft nicht der Erzielung steuerfreier Einnahmen. Der Vorteilsverbrauch tritt vielmehr erst **nach** Erhalt der steuerfreien Gewinnausschüttung aus der Unterpreisleistung ein. Der Vorteilsverbrauch ist daher eine Verwendung steuerfreier Einnahmen für betriebliche Zwecke. § 3 c EStG schließt den Abzug dieser Betriebsausgaben nicht aus. Denn die "Zahlung" von Betriebsausgaben mit vorher steuerfrei vereinnahmten Mitteln ist vom Tatbestand des § 3 c EStG nicht erfaßt.

Als Ergebnis bleibt festzuhalten, daß die aus der Ertrags/Aufwandslösung des BFH resultierenden Betriebsausgaben der Muttergesellschaft nicht über § 3 c EStG und auch nicht über § 1 AStG[44] vom Abzug ausgeschlossen sind. Dabei soll hier aber noch einmal an die bereits im ersten Teil der Arbeit geäußerten Bedenken an der betrieblichen Veranlassung der aus der Ertrags/Aufwandslösung entstandenen Aufwendungen erinnert werden.[45] Insoweit bleibt festzustellen, daß sich die aus der Lösung des Großen Senates[46] ergebenden Inkongruenzen zwischen den steuerlichen Rechtsfolgen der Unterpreislieferung und der Unterpreisleistung auch auf der internationalen Ebene im europäischen Konzern auswirken.

---

43 DB 1989, S. 1100 (1104 f.).

44 Siehe oben 2. Teil 3. Kapitel.

45 Siehe 1. Teil 3. Kapitel D. II.

46 Beschluß vom 26.10.1987 GrS 2/86, BStBl. II 1988, S. 348.

4. Auswirkungen des § 8b II KStG auf die gefundene Lösung (Rechtslage ab 1.1.1994)

a) Überblick über § 8b II KStG und der Bezug zu § 3c EStG und dem "Vorteilsverbrauch"

Der mit dem Standortsicherungsgesetz[47] in das KStG eingefügte § 8b II KStG ist eine begünstigende Vorschrift. Er stellt die Gewinne unbeschränkt steuerpflichtiger Körperschaften aus der Veräußerung von Anteilen an ausländischen Gesellschaften von der deutschen Steuer frei (Holdingprivileg). Die Steuerbefreiung bleibt auch bei Weiterausschüttung nach § 8b I KStG[48] im Unternehmensverbund erhalten, soweit die Ausschüttungen wiederum an unbeschränkt steuerpflichtige Kapitalgesellschaften erfolgen. Bei Ausschüttungen an natürliche Personen geht die Steuerfreiheit dagegen verloren.

§ 8b II KStG erfaßt außerdem Gewinne, die bei der Liquidation der ausländischen Gesellschaft oder der Herabsetzung ihres Kapitals erzielt werden (§ 8b II 1 KStG). Das deutsche Steuerrecht schafft damit einen Anreiz, Holdinggesellschaften in der Bundesrepublik Deutschland anzusiedeln.[49] Die Bundesrepublik Deutschland folgt damit den Beispielen anderer europäischer Länder wie Belgien, Luxemburg, den Niederlanden und Österreich.[50] Das Holdingprivileg des § 8b II KStG gilt ab 1.1.1994.[51]

Im Rahmen dieser Arbeit ist zu untersuchen, ob sich die steuerlichen Wirkungen des § 8b II KStG auf die Steuerfreistellung insbesondere der Gewinne aus der Veräußerung von Anteilen an ausländischen Gesellschaften beschränken, oder ob § 8b II KStG darüber hinaus Konsequenzen auf den "Vorteilsverbrauch" nach der Konstruktion der Ertrags/ Aufwandslösung des Großen Senates des BFH[52] im Zusammenhang mit grenzüberschreitenden Unterpreisleistungen hat.

---

47 BGBl. I 1993, S. 1569.

48 dazu siehe 2. Teil 4. Kapitel B. III.

49 dieses Ziel ist mit dem StandOG nach *Endres*, Wpg. 1993, S. 533 (538) auch erfüllt.

50 zu den Regelungen in diesen Ländern siehe *Hundt*, DB 1993, S. 2048 (2050 ff.).

51 § 54 I KStG.

52 Beschluß vom 26.10.1987 GrS 2/86, BStBl. II 1988, S. 348.

Nach der hier vertretenen Auffassung stand § 3c EStG bis 31.12.1993 dem Abzug des Vorteilsverbrauchs als Betriebsausgaben auf Ebene der Muttergesellschaft nicht entgegen. Denn zum einen waren bis zu diesem Zeitpunkt die Gewinne aus der Veräußerung von Anteilen an der den Vorteilsverbrauch empfangenden Tochtergesellschaft mit Sitz im Ausland i.d.R. nach DBA nicht steuerbefreit[53], zum anderen fehlte es auch an dem von § 3c EStG für das Abzugsverbot geforderten konkreten Zusammenhang zwischen dem Vorteilsverbrauch und steuerfreien Einnahmen.[54]

Hier ändert § 8b II KStG die Rechtslage. Die Gewinne aus der Veräußerung von Anteilen an ausländischen Gesellschaften sind durch § 8b II KStG in der Bundesrepublik Deutschland steuerbefreit. Daher könnte ab 1.1.1994 ein Zusammenhang zwischen steuerfreien Einnahmen - aus der nach § 8b II KStG steuerfreien Veräußerung der Anteile an der ausländischen Gesellschaft - und dem Vorteilsverbrauch bestehen, so daß § 3c EStG einem Abzug des Vorteilsverbrauchs als Betriebsausgaben bei der Muttergesellschaft entgegenstünde.

Gegen eine Anwendung des § 3c EStG auf den Vorteilsverbrauch auch unter dem Regime der Steuerbefreiung des § 8b II KStG sprechen aber zwei Argumente. Zum einen stehen die Betriebsausgaben aus dem Vorteilsverbrauch in keinem konkreten Zusammenhang mit steuerfreien Einnahmen aus der Veräußerung von Anteilen. Denn ob die Anteile an der den Vorteilsverbrauch empfangenden ausländischen Gesellschaft verkauft werden, steht im Zeitpunkt des Vorteilsverbrauchs nicht fest. Allein die bloße Möglichkeit, daß ein Gewinn aus der Veräußerung der Anteile an der ausländischen Gesellschaft über § 8b II KStG steuerfrei bleibt, kann keinen konkreten Zusammenhang zwischen steuerfreien Einnahmen und den Betriebsausgaben aus dem Vorteilsverbrauch begründen. Denn der Vorteilsverbrauch tritt bei der Muttergesellschaft unabhängig von einem - möglicherweise - später erzielten steuerfreien Gewinn aus der Veräußerung der Anteile an der Tochtergesellschaft ein.

Gegen die Anwendung des § 3c EStG unter Berücksichtigung des § 8b II

---

53 siehe vorstehend E.II.3..

54 siehe vorstehend E.II.3..

KStG spricht weiter, daß § 8b II KStG trotz Steuerfreiheit der Veräußerungsgewinne durchaus im Zusammenhang mit der Beteiligung an der ausländischen Gesellschaft zu Lasten der deutschen Steuer Gewinnminderungen zuläßt. So folgt im Umkehrschluß aus § 8b II 1 letzter Satzteil KStG[55] für die deutsche Gesellschaft die Zulässigkeit einer gewinnmindernden Teilwertabschreibung auf die Beteiligung an der ausländischen Tochtergesellschaft.[56]

Weiter sieht § 8b II 2 KStG - wenn auch sprachlich mißglückt - vor, daß Verluste aus der Veräußerung, Auflösung oder Kapitalherabsetzung grundsätzlich im Rahmen der deutschen Besteuerung zu berücksichtigen sind, es sei denn, gesetzliche Verbote[57] stehen entgegen.[58]

Da § 8b II KStG keinen konkreten Zusammenhang zwischen nach § 8b II KStG steuerfreien Einnahmen und dem Abzug des Vorteilsverbrauchs als Betriebsausgaben begründet und § 8b II KStG grundsätzlich die steuerliche Berücksichtigung von Gewinnminderungen im Zusammenhang mit der Auslandsbeteiligung zuläßt, steht auch nach Inkrafttreten des § 8b II KStG ab 1.1.1994 die Vorschrift des § 3c EStG dem Abzug des Vorteilsverbrauchs als Betriebsausgaben bei der deutschen Muttergesellschaft nicht entgegen.

b) Der Regelungsinhalt des § 8b II KStG im Überblick

Die Steuerbefreiung des § 8b II KStG für Veräußerungsgewinne setzt zunächst voraus, daß Gewinnausschüttungen der ausländischen Gesellschaft entweder nach DBA i.V.m. § 26 V KStG von der deutschen Steuer befreit oder nach § 26 II oder III KStG[59] begünstigt wären. Ausreichend für die Steuerbefreiung des § 8b II KStG ist damit eine Beteiligung an einer auslän-

---

55 "..., soweit sich nicht in früheren Jahren eine bei der Gewinnermittlung berücksichtigte Gewinnminderung durch Ansatz des niedrigeren Teilwerts ergeben hat und soweit diese Gewinnminderung nicht durch den Ansatz eines höheren Teilwerts ausgeglichen worden ist."

56 a.A. *Hundt*, DB 1993, S. 2098 (2099), der diesen Schluß für nicht zwingend hält, die Anwendung des § 3c EStG auf die Teilwertabschreibung aber für nicht zulässig hält und daher zu dem gleichen Ergebnis gelangt wie die hier vertretene Auffassung.

57 z.B. § 2a EStG über § 8 I KStG.

58 *Wolff*, IStR 1993, S. 401 (404).

59 Steueranrechnung.

dischen Gesellschaft i.H.v. 10 % (§ 8b V KStG[60]). Der Verweis von § 8b II 1 KStG auf DBA bzw. § 26 II und III KStG bewirkt außerdem, daß die weiteren dort genannten Voraussetzungen, z.B. Gewährung des DBA -Schachtelprivilegs unter Vorbehalt aktiver Tätigkeit der ausländischen Gesellschaft, auch für die Steuerbefreiung nach § 8b II KStG erfüllt sein müssen.[61]

§ 8b II 1 letzter Satzteil KStG enthält eine Einschränkung der Steuerbefreiung, um Doppelbegünstigungen zu vermeiden.[62] Die Steuerbefreiung tritt danach nicht ein, soweit in früheren Jahren eine den Gewinn mindernde Teilwertabschreibung auf die Beteiligung an der ausländischen Gesellschaft vorgenommen worden ist und soweit diese Gewinnminderung nicht durch Ansatz des höheren Teilwerts ausgeglichen wurde. Die Doppelbegünstigung - einerseits gewinnmindernde Teilwertabschreibung, andererseits Steuerfreistellung des Veräußerungsgewinns über § 8b II KStG - ist damit ausgeschlossen.

Dagegen schließt § 8b II 2 KStG den Abzug von Verlusten aus der Veräußerung, Auflösung oder Kapitalherabsetzung grundsätzlich nicht aus, sondern verweist zur Frage der Abzugsfähigkeit solcher Verluste auf die dafür bestehenden Vorschriften. Sehen diese Vorschriften keine Einschränkungen beim Verlustabzug vor, kann der Verlust im Rahmen der deutschen Besteuerung berücksichtigt werden.[63]

Eine weitere Vorschrift, die mißbräuchliche Inanspruchnahmen des § 8b II KStG verhindern soll, ist § 8b III KStG. Er soll verhindern, daß stille Reserven der deutschen Besteuerung entzogen werden. Er erfaßt Gestaltungen, bei denen deutsche Kapitalgesellschaften Anteile an ausländischen Gesellschaften durch Sacheinlage oder durch Anteilstausch erworben haben und dabei nicht alle in dem eingebrachten Betriebsvermögen oder den eingebrachten Anteilen enthaltenen stillen Reserven durch Ansatz des Teilwerts aufgedeckt haben. Ohne § 8b III KStG wäre es in diesen Fällen möglich, das Betriebsvermögen oder die Anteile aus Sicht des deutschen Steuerrechts

---

60 bis 31.12.1993: § 26 VII KStG.

61 dazu *Wolff*, IStR 1993, S. 401 (404); *Cattelaens*, Wpg. 1993, S. 557 (563); *Buyer* in *Dötsch et al.*, Körperschaftsteuer, Rdnr. 31 zu § 8b KStG.

62 *Hundt*, DB 1993, S. 2098 (2099).

63 Gesetzesentwurf der Bundesregierung zum StandOG, BT - DS 12/4487, Begründung zu § 8b II KStG; *Hundt*, DB 1993, S. 2098 (2099).

steuerfrei zum Buchwert in die ausländische Gesellschaft einzubringen und die Anteile an der ausländischen Gesellschaft anschließend wiederum steuerfrei - nach § 8b II KStG - zu veräußern.[64]

Technisch erfolgt die Steuerbefreiung nach § 8b II KStG, indem der nach § 8b II KStG begünstigte Gewinn in den Teilbetrag EK 01 des verwendbaren Eigenkapitals eingestellt wird (§ 30 II Nr. 1 KStG). Bei Weiterausschüttung an den Anteilseigner der deutschen Gesellschaft wird die Auschüttungsbelastung nicht hergestellt (§ 40 1 Nr. 1 KStG). Ist Anteilseigner eine unbeschränkt steuerpflichtige Kapitalgesellschaft, bleibt auch bei ihr der an sie ausgeschüttete Gewinn über § 8b I KStG steuerfrei und wird bei ihr in das EK 01 (§ 30 II Nr. 1 KStG) eingestellt. Ist der Anteilseigner eine natürliche Person, geht die Steuerbefreiung dagegen verloren. Der Anteilseigner muß die Gewinnausschüttung der Besteuerung unterwerfen.

---

64 siehe dazu *Wolff*, IStR 1993, S. 401 (404); *Buyer* in *Dötsch et al.*, Körperschaftsteuer, Rdnr. 33 zu § 8b KStG.

F. Verdeckte Gewinnausschüttung und § 8a KStG

I. Überblick über § 8a KStG[65]

Nach bisherigem Recht bestand für ausländische Anteilseigner ein Anreiz, die deutsche Kapitalgesellschaft mit Fremdkapital statt mit Eigenkapital zu finanzieren. Denn bei der Finanzierung mit Eigenkapital tritt für die ausländischen Gesellschafter eine definitive Steuerbelastung in Höhe der Ausschüttungsbelastung ein, weil die ausländischen Gesellschafter zur Anrechnung der deutschen Körperschaftsteuer nicht berechtigt sind.[66] Im Fall der Finanzierung mit Fremdkapital dagegen trat dieser Effekt nicht ein, weil die Zinsen auf das Fremdkapital jedenfalls bei angemessener Höhe bei der deutschen Kapitalgesellschaft als Betriebsausgaben abzugsfähig waren.

In der Vergangenheit hatte die Finanzverwaltung versucht, in extremen Fällen, in denen das Fremdkapital das Eigenkapital weit überstieg, die gewählte Gestaltung als mißbräuchlich i.S.v. § 42 AO anzusehen, das Fremdkapital als verdecktes Nennkapital zu qualifizieren, und die gezahlten Zinsen als verdeckte Gewinnausschüttung der deutschen Besteuerung zu unterwerfen.[67] Dem ist der BFH aber nicht gefolgt.[68]

Mit § 8a KStG verfolgt der Gesetzgeber nun das Ziel, in bestimmten Fällen der Finanzierung deutscher Kapitalgesellschaften die Zinsen nur insoweit bei der deutschen Kapitalgesellschaft als Betriebsausgaben zum Abzug zuzulassen, als die Fremdfinanzierung im Verhältnis zum Eigenkapital bestimmte Grenzen nicht übersteigt. Die für das darüber hinausgehende Fremdkapital geschuldeten Zinsen gelten als verdeckte Gewinnausschüttungen. § 8a KStG stellt damit eine Fiktion auf.[69]

---

65 anwendbar grundsätzlich auf Wirtschaftsjahre, die nach dem 31.12.1993 beginnen (§ 54 VIa S. 1 KStG).

66 *Wolff*, IStR 1993, S. 449 (449); *Rendels*, IStR 1993, S. 1089 (1089); Cattelaens, Wpg. 1993, S. 557 (560).

67 BMF - Schreiben v. 16.03.1987 IV B 7 - S 2742 - 3/87, BStBl. I 1987, S. 373.

68 BFH - Urteil vom 05.02.1992 I R 127/90, BStBl. I 1992, S. 532.

69 *Schwebel* in *Dötsch et al.*, Körperschaftsteuer, Rdnr. 3 zu § 8a KStG.

Für diese Rechtsfolge knüpft § 8a KStG nicht an den unbestimmten Rechtsbegriff der Angemessenheit des Umfangs der Fremdfinanzierung an. § 8a KStG stellt dafür objektive, berechenbare Kriterien zur Verfügung, indem er auf das nachstehend näher beschriebene Verhältnis zwischen Fremd - und Eigenkapital bei der Kapitalgesellschaft abstellt (sog. "safe haven").[70] Sind diese safe haven eingehalten, kommt § 8a KStG nicht zur Anwendung.

§ 8a KStG qualifiziert in der Rechtsfolge nur die Zinsen in verdeckte Gewinnausschüttungen um. § 8a KStG führt dagegen nicht dazu, daß Fremdkapital als Eigenkapital gilt.[71]

II. Regelungsinhalt des § 8a KStG

§ 8a I KStG qualifiziert auf der Rechtsfolgenseite Vergütungen für Fremdkapital in verdeckte Gewinnausschüttungen um. § 8a I KStG erfaßt sowohl gewinn - oder umsatzabhängige Vergütungen als auch Vergütungen, die an diese Kriterien nicht anknüpfen, sondern in Prozent des Fremdkapitals bemessen sind.

In beiden Fällen setzt § 8a I KStG voraus, daß

1. eine unbeschränkt steuerpflichtige Kapitalgesellschaft von einem nicht zur Anrechnung von Körperschaftsteuer berechtigten Anteilseigner Fremdkapital erhalten hat,
2. dieser Anteilseigner einmal im Wirtschaftsjahr wesentlich am Grund - oder Stammkapital der Kapitalgesellschaft beteiligt gewesen ist,
3. für die Überlassung des Fremdkapitals Vergütungen vereinbart worden sind,
4. das Fremdkapital zu einem Zeitpunkt des Wirtschaftsjahres ein bestimmtes Verhältnis zum anteiligen Eigenkapital des Anteilseigners übersteigt.

Liegen die Voraussetzungen der Ziffern 1. bis 4. kumulativ vor, gelten die Vergütungen als verdeckte Gewinnausschüttungen, soweit sie auf den Teil des Fremdkapitals entfallen, der das anteilige Eigenkapital des Anteil-

---

70 *Schwebel* in *Dötsch et al.*, Körperschaftsteuer, Rdnr. 5 zu § 8a KStG.

71 Begründung der Bundesregierung um Entwurf des StandOG, BT - DS 12/4487, Allgemeines zu § 8a KStG; *Wolff*, IStR 1993, S. 449 (449).

seigners in einem bestimmten Verhältnis übersteigt (steuerschädliches Fremdkapital). Im Fall gewinn - oder umsatzabhängiger Vergütungen (§ 8a I Nr. 1 KStG) ist das Fremdkapital steuerschädlich, soweit es die Hälfte des anteiligen Eigenkapitals des Anteilseigners übersteigt (safe haven von 0,5 zu 1)[72].

Hängt die Vergütung weder vom Umsatz noch vom Gewinn ab, ist das Fremdkapital steuerschädlich (§ 8a I Nr. 2 KStG), soweit es das anteilige Eigenkapital des Anteilseigners um mehr als das dreifache übersteigt (safe haven von 1 zu 3)[73]. Für diese Zinsen, die unabhängig vom Umsatz oder Gewinn berechnet werden[74] gilt außerdem eine Sonderregelung. Trotz Überschreitens des safe havens von 1 zu 3 gelten die Vergütungen ausnahmsweise nicht als verdeckte Gewinnausschüttungen, wenn

1. die Kapitalgesellschaft das Fremdkapital bei sonst gleichen Umständen auch von einem fremden Dritten hätte erhalten können oder

2. es sich um Mittelaufnahmen zur Finanzierung banküblicher Geschäfte handelt.

Damit sind Banken in dieser Fallgruppe generell von der Anwendung des § 8a KStG ausgenommen.[75] Um die kumulative Inanspruchnahme sowohl des safe haven nach § 8a I Nr. 1 KStG als auch nach § 8a I Nr. 2 KStG zu verhindern, enthält § 8a I Nr. 2 letzter Halbsatz KStG eine Sonderregelung, die eine Umrechnung der safe haven vorschreibt.[76] Da § 8a KStG nicht an die Höhe der Zinsen im Verhältnis zum Fremdkapital, sondern an das Verhältnis der Fremdfinanzierung zum Eigenkapital anknüpft, treten die Rechtsfolgen des § 8a KStG auch ein, wenn der Anteilseigner zinsverbilligte Kredite gewährt und die safe haven überschritten werden.[77]

---

72 Verhältnis Fremdkapital zu anteiligem Eigenkapital des Anteilseigners.

73 Verhältnis Fremdkapital zu anteiligem Eigenkapital des Anteilseigners.

74 z.B. 10 % auf das Fremdkapital.

75 Soweit Banken allerdings gewinn - oder umsatzabhängige Vergütungen vereinbaren, bleibt es bei der allgemeinen Regelung des § 8a I Nr. 1 KStG.

76 siehe dazu *Wolff*, IStR 1993, S. 449 (450); *Schwebel* in *Dötsch et al.*, Körperschaftsteuer, Rdnr. 20 zu § 8a KStG.

77 *Schwebel* in *Dötsch et al.*, Körperschaftsteuer, Rdnr. 17 zu § 8a KStG; *Cattelaens*, Wpg. 1993, S. 557 (561).

Über § 8a I 2 KStG erfaßt § 8a I 1 KStG zur Vermeidung von Umgehungen auch Sachverhalte, bei denen das Fremdkapital nicht unmittelbar von dem ausländischen Anteilseigner, sondern von einer Person gewährt wird, zu der der Anteilseigner in einem in § 8a I 2 KStG näher beschriebenen Näheverhältnis steht.[78]

§ 8a II KStG definiert das in § 8a I KStG verwendete Tatbestandsmerkmal "anteiliges Eigenkapital". Danach ist das anteilige Eigenkapital grundsätzlich der Teil des Eigenkapitals der Kapitalgesellschaft zum Schluß des vorangegangenen Wirtschaftsjahres, der dem Anteil des Anteilseigners am gezeichneten Kapital entspricht. Das Eigenkapital wiederum ist in § 8a II 2 KStG definiert. Vorübergehende Verluste sind bei der Berechnung des Eigenkapitals nicht zu berücksichtigen, wenn das ursprüngliche Eigenkapital bis zum Ablauf des dritten auf das Wirtschaftsjahr des Verlusts folgenden Wirtschaftsjahr wiederhergestellt ist (§ 8a II 3 KStG).

§ 8a III S. 1 KStG definiert das in § 8a I KStG enthaltene Tatbestandsmerkmal der wesentlichen Beteiligung. Ausreichend ist grundsätzlich eine unmittelbare oder mittelbare Beteiligung von mehr als 25 % am Grund - oder Stammkapital der deutschen Kapitalgesellschaft. § 8a III S. 2 und S. 3 KStG sollen Umgehungen verhindern und erweitern unter bestimmten Voraussetzungen über § 8a III S. 1 KStG hinaus den Kreis der von § 8a KStG betroffenen Personen.[79]

Für Kapitalgesellschaften, deren Haupttätigkeit darin besteht, Beteiligungen an Kapitalgesellschaften zu halten und diese Kapitalgesellschaften zu finanzieren oder deren Vermögen zu mehr als 75 % der Bilanzsumme aus Beteiligungen an Kapitalgesellschaften besteht (nachfolgend "echte" Holdinggesellschaften genannt), gilt nach § 8a IV S. 1 KStG ein erhöhter safe haven für gewinn - oder umsatzunabhängige Vergütungen. Steuerschädlich ist in diesem Fall das Fremdkapital erst, wenn es statt des dreifachen das neunfache des anteiligen Eigenkapitals des Anteilseigners übersteigt. Für gewinn - oder umsatzabhängige Vergütungen dagegen verbleibt es auch für Holdinggesellschaften bei dem safe haven nach § 8a I Nr. 1 KStG.

---

78 *Schwebel* in *Dötsch et al.*, Körperschaftsteuer, Rdnr. 7 ff. zu § 8a KStG.

79 siehe dazu *Wolff*, IStR 1993, S. 449 (450); *Schwebel* in *Dötsch et al.*, Körperschaftsteuer, Rdnr. 10 zu § 8a KStG.

Um auch hier die mißbräuchliche Inanspruchnahme von Steuervorteilen ("Kaskadeneffekt") zu verhindern, wird ein safe haven nicht mehr gewährt, wenn der Anteilseigner den der Holdinggesellschaft nachgeordneten Gesellschaften Fremdkapital zur Verfügung stellt (§ 8a IV S. 2 KStG). Ausgenommen von dieser Einschränkung sind wiederum, wie in § 8a I Nr. 2 KStG auch, die Aufnahme von Fremdkapital, das die Kapitalgesellschaft auch von fremden Dritten hätte erhalten können sowie die Mittelaufnahme zur Finanzierung banküblicher Geschäfte.

Für Kapitalgesellschaften, die nicht die Voraussetzungen des § 8a IV S. 1 KStG erfüllen, aber gleichwohl am Grund - oder Stammkapital anderer Kapitalgesellschaften beteiligt sind (unechte Holding), ist das Eigenkapital i.S.v. § 8a II KStG um die Buchwerte dieser Beteiligungen zu kürzen (§ 8a IV S. 3 KStG), um auch hier den "Kaskadeneffekt" zu verhindern. Denn in den Fällen "unechter" Holdinggesellschaften wäre ohne die Regelung des § 8a IV S. 3 KStG die Ausstattung der nachgeordneten Kapitalgesellschaften mit Fremdkapital nicht, wie bei den "echten" Holdinggesellschaften, stets, sondern nur bei Überschreiten der in § 8a I KStG genannten Grenzen steuerschädlich. Ohne die Regelung in § 8a IV S. 3 KStG käme es damit zu einer Doppelbegünstigung.[80]

Schließlich ist noch auf § 8a V KStG hinzuweisen, der ebenfalls Umgehungen des § 8a KStG verhindern soll. Würde § 8a KStG nur die unmittelbare Gewährung von Fremdkapital durch den ausländischen Anteilseigner erfassen, könnte § 8a KStG umgangen werden, indem der Anteilseigner die Anteile an der deutschen Kapitalgesellschaft über einen inländischen Betrieb, z.B. über eine Personengesellschaft, hält. Insoweit wäre der ausländische Anteilseigner zur Anrechnung der Körperschaftsteuer berechtigt. Der Tatbestand des § 8a KStG wäre damit nicht erfüllt, während die Zinsen nicht der deutschen Besteuerung unterlägen.[81]. Dieser Umgehung wirkt § 8a V Nr. 1 KStG entgegen.[82]

---

80 *Wolff*, IStR 1993, S. 449 (451).

81 § 49 I Nr. 5 EStG wäre nicht erfüllt.

82 zu § 8a V KStG im einzelnen siehe *Schwebel* in *Dötsch et al.*, Körperschaftsteuer, Rdnr. 31 ff. zu § 8a KStG; *Cattelaens*, Wpg. 1993, S. 557 (562).

Einen anderen Fall der Umgehung betrifft § 8a V Nr. 2 KStG. Danach unterfällt in bestimmten Fällen auch die mittelbare Gewährung von Fremdkapital § 8a KStG. § 8a V Nr. 2 KStG erfaßt Sachverhalte, bei denen das Fremdkapital von dem ausländischen Anteilseigner nicht unmittelbar an die deutsche Kapitalgesellschaft, sondern zunächst an eine deutsche Personengesellschaft und dann von dieser an die deutsche Kapitalgesellschaft gegeben wird.

III. Verhältnis zwischen verdeckter Gewinnausschüttung und § 8a KStG

Das Konkurrenzverhältnis zwischen § 8 III KStG und § 8a KStG ist umstritten. Der Meinungsstreit kann aber nicht mit dem Hinweis dahinstehen, § 8 III KStG und § 8a KStG führten zur gleichen Rechtsfolge, zur Annahme verdeckter Gewinnausschüttungen. Denn das stimmt nur für die Körperschaftsteuer. Anders ist dagegen die Rechtslage bei der Gewerbesteuer. Nach § 9 Nr. 10 GewStG werden die im Gewinn enthaltenen verdeckten Gewinnausschüttungen i.S.v. § 8a KStG bei der Ermittlung des Gewerbeertrags gekürzt und unterliegen damit nicht der Gewerbesteuer. Verdeckte Gewinnausschüttungen i.S.v. § 8 III KStG unterliegen dagegen in vollem Umfang der Gewerbesteuer, da § 9 Nr. 10 GewStG § 8 III KStG nicht nennt.

Zum Konkurrenzverhältnis der beiden Normen wird einmal die Auffassung vertreten, § 8a KStG sei lex specialis zu § 8 III KStG.[83] Dafür spricht, daß § 8a KStG einen Teilbereich der Problematik der verdeckten Gewinnausschüttung in einer gesonderten Vorschrift regelt und dabei grundsätzlich an objektiv nachprüfbare Kriterien anknüpft. Außerdem verfehlte § 8a KStG den Zweck der Verwaltungsvereinfachung, wenn die Zinsen auf Fremdkapital nicht insgesamt unter § 8a KStG subsumiert würden, sondern auf § 8a KStG und § 8 III KStG aufgeteilt werden müßten.

Nach anderer Auffassung soll § 8a KStG gegenüber § 8 III KStG subsidiär sein.[84] Danach sei § 8a KStG in das KStG aufgenommen worden, um Gestaltungen zu erfassen, die vor Geltung des § 8a KStG nicht zur Annahme verdeckter Gewinnausschüttungen geführt hätten. Wäre § 8a KStG dagegen

---

83 Begründung zur Beschlußempfehlung des Finanzausschusses, Nr. 3 zu § 8a KStG, BT - DS 12/5016; *Wolff*, IStR 1993, S. 449 (450).

84 *Rendels*, IStR 1993, S. 1089 (1090); *Schwebel* in *Dötsch et al.*, Körperschaftsteuer, Rdnr. 4 zu § 8a KStG; *Cattelaens*, Wpg. 1993, S. 557 (561).

spezieller als § 8 III KStG, würden ab Geltung des § 8a KStG verdeckte Gewinnausschüttungen, die bislang der Gewerbesteuer unterlagen, über § 9 Nr. 10 GewStG nicht mehr der Gewerbesteuer unterliegen. § 8a KStG würde damit zu einer nicht gewollten Begünstigung führen.

Der Auffassung der Subsidiarität des § 8a KStG gegenüber § 8 III KStG ist der Vorzug zu geben. Dafür spricht zunächst, daß § 8a KStG eine Fiktion enthält. Nach § 8a KStG gelten Vergütungen für Fremdkapital als verdeckte Gewinnausschüttungen. § 8a KStG erfaßt damit Fälle, die bisher nicht zu verdeckten Gewinnausschüttungen geführt haben. Soweit diese Zinsen aber schon vor Inkrafttreten des § 8a KStG verdeckte Gewinnausschüttungen nach § 8 III KStG waren, bedarf es der Fiktion des § 8a KStG nicht, um zur Annahme verdeckter Gewinnausschüttungen zu gelangen.

Außerdem soll § 8a KStG seinem Sinn und Zweck nach nur Besteuerungslücken in Fällen der Fremdfinanzierung schließen. Soweit Zinsen schon bisher § 8 III KStG unterfielen, war es nicht notwendig, die Rechtslage auch hinsichtlich dieser Zinsen zu verändern. Wollte man § 8a KStG dagegen auch auf den Teil der Zinsen anwenden, die bislang § 8 III KStG unterfielen, wäre die deutsche Kapitalgesellschaft durch die Kürzungsvorschrift des § 9 Nr. 10 GewStG nach Inkrafttreten des § 8a KStG besser gestellt als bislang.

Soweit § 8a KStG nicht zur Anwendung kommt, weil die safe haven eingehalten sind, ist der Rückgriff auf § 8 III KStG nach beiden Auffassungen nicht ausgeschlossen. Denn nach § 8a KStG gelten Zinsen nicht als verdeckte Gewinnausschüttung, weil sie im Verhältnis zum Fremdkapital unangemessen sind, sondern weil der Gesetzgeber das Fremdkapital im Verhältnis zum Eigenkapital als unangemessen hoch ansieht.[85] Unterhalb der Schwelle des § 8a KStG können Zinsen an ausländische Anteilseigner daher zu verdeckten Gewinnausschüttungen führen, wenn sie unangemessen sind. Sind die Grenzen des § 8a KStG überschritten, ist nach hier vertretener Auffassung bei Unangemessenheit der Zinsen im Verhältnis zum Fremdkapital eine Aufteilung der Zinsen vorzunehmen. Soweit die Zinsen auf Fremdkapital entfallen, das die safe haven nicht übersteigt, gilt § 8 III KStG. Soweit das

---

85 a.A. offenbar *Rendels*, IStR 1993, S. 1089 (1090), der Zinsen im Zusammenhang mit Mittelaufnahmen zur Finanzierung banküblicher Geschäfte in keinem Fall als verdeckte Gewinnausschüttungen ansehen will; die hier vertretene Auffassung wird dagegen von *Wolff*, IStR 1993, S. 449 (451) geteilt.

Fremdkapital die safe haven übersteigt, gilt der angemessene Teil der Zinsen als verdeckte Gewinnausschüttung nach § 8a KStG, der unangemessene Teil der Zinsen ist verdeckte Gewinnausschüttung nach § 8 III KStG.

IV. Ausblick

§ 8a KStG ist mit seinen fünf Absätzen, den verschiedenen Fallgruppen und seinen Mißbräuchen vorbeugenden Regelungen ein sehr kompliziertes Gesetz. Es ist davon auszugehen, daß § 8a KStG wegen der Komplexität der in ihm enthaltenen Regelungen in der Praxis des Steuerrechts zu einer weiteren Komplizierung führen wird. Für die beratenden Berufe steigen die Haftungsrisiken enorm, da die komplexe Materie eine große Fehlerquelle ist.

Probleme wird es insbesondere bei der Sonderregelung zu § 8a I Nr. 2 KStG geben, nach der § 8a KStG keine Anwendung findet, soweit die Kapitalgesellschaft das Fremdkapital unter sonst gleichen Bedingungen auch von einem fremden Dritten erhalten hätte. Diese Sonderregelung dürfte in vielen Fällen zum Zankapfel zwischen Steuerpflichtigen und Steuerbehörde werden. Der mit den safe haven angestrebte Effekt der Vereinfachung dürfte daher nicht eintreten.

Ungelöst sind auch Folgeprobleme der in § 8a II S. 3 KStG enthaltenen Regelung. Danach soll die vorübergehende Minderung des Eigenkapitals durch Verluste unbeachtlich sein, wenn das ursprüngliche Eigenkapital bis zu einem bestimmten Zeitpunkt wiederhergestellt wird. Über die eintretende Rechtsfolge, wenn das Eigenkapital nicht innerhalb dieser Zeit wiederhergestellt worden ist, schweigt das Gesetz. § 8a II S. 3 KStG könnte dann ex tunc wirken, so daß die zurückliegenden Veranlagungen zu ändern und verdeckte Gewinnausschüttungen anzunehmen wären. Möglich wäre aber auch eine Wirkung ex nunc.[86]

Weiter ist in diesem Zusammenhang zu fragen, ob der ausländische Anteilseigner durch kurzfristige Einlagen über die Jahreswende das Eigenkapital i.S.v. § 8a II KStG aufstocken und so § 8a KStG mit Erfolg umgehen könnte. Zu fragen ist auch, ob § 8a KStG mit den von der Bundesrepublik Deutsch-

---

86 so *Schwebel* in *Dötsch et al.*, Körperschaftsteuer, Rdnr. 23 zu § 8a KStG.

land abgeschlossenen DBA im Einklang steht. Denn § 8a KStG qualifiziert ohne Rücksicht auf DBA, wohl aber mit Auswirkungen auf die Besteuerung, Zinsen in Gewinn um. Diese Fragen können hier im Rahmen eines Ausblicks nur angedeutet werden. Ihre Lösung würde den Rahmen der vorliegenden Arbeit sprengen. Denn Kern dieser Arbeit ist die Frage, welche neuen Doppelbesteuerungen oder faktischen Steueroasen der Beschluß des BFH zur Nutzungseinlage[87] im europäischen Konzern verursachen kann.

§ 8a KStG ist ein Beispiel dafür, wie nicht aufeinander abgestimmte Gewinnkorrekturvorschriften verschiedener Staaten zu Doppelbesteuerungen führen: die Bundesrepublik Deutschland qualifiziert über § 8a KStG Betriebsausgaben - Zinsen - in verdeckte Gewinnausschüttungen um und erhöht den Gewinn der deutschen Kapitalgesellschaft. Der Empfängerstaat der Zinsen nimmt dagegen keine zu der Gewinnerhöhung in der Bundesrepublik Deutschland korrespondierende gewinnmindernde Gegenberichtigung vor. Er erfaßt die Zinsen weiter als Betriebseinnahmen, wie sie von dem bei ihm ansässigen Steuerpflichtigen steuerlich erklärt worden sind. Im Ergebnis werden die Zinsen doppelt, einmal in der Bundesrepublik Deutschland als Gewinn und einmal im Empfängerstaat als Zinseinnahmen, besteuert.

§ 8a KStG ist daher insgesamt ein Schritt des Steuergesetzgebers in die falsche Richtung und steht außerdem im Widerspruch zu den Bemühungen innerhalb der EG, im Binnenmarkt Doppelbesteuerungen als Hemmnisse grenzüberschreitender Tätigkeiten zu beseitigen bzw. zu verhindern.

---

87 Beschluß des Großen Senates des BFH vom 26.10.1987 GrS 2/86, BStBl. II 1988, S. 348.

3. Kapitel: Mögliche Doppelbesteuerungen oder faktische Steueroasen bei Leistungsbeziehungen im europäischen Konzern Neue Gefahren durch den Beschluß des Großen Senats vom 26.10.1987

A. Ursachen internationaler Doppelbesteuerungen und faktischer Steueroasen

Jede internationale Doppelbesteuerung hat ihre Ursache in einer Normenkonkurrenz der Steuersysteme der einzelnen Staaten.[1] Denn die jeweiligen Steuersysteme knüpfen den Besteuerungstatbestand zum einen an den persönlichen Status einer Person an (unbeschränkte Steuerpflicht).[2] Rechtsfolge der unbeschränkten Steuerpflicht ist die Besteuerung des Welteinkommens.[3] Zum anderen knüpfen die meisten Steuersysteme den Steuertatbestand an die wirtschaftliche Betätigung einer Person im Hoheitsgebiet eines Staates an (beschränkte Steuerpflicht).[4] Rechtsfolge der beschränkten Steuerpflicht ist die Besteuerung nach dem Quellenprinzip.[5]

Ein Steuerpflichtiger kann daher mit seinen Einkünften in seinem Wohnsitzstaat der unbeschränkten Steuerpflicht und zugleich in einem anderen Staat aufgrund der dort geltenden steuerlichen Vorschriften der beschränkten Steuerpflicht unterliegen. Daraus resultiert eine Doppelbesteuerung der

---

1 *Kluge*, Das Internationale Steuerrecht, S. 10; *Jakob*, Einkommensteuer, S. 293; *Mössner*, Methoden, S. 135 (141) meint inhaltlich das gleiche, verwendet stattdessen aber den Begriff der Steuerkonkurrenz; *Rieger*, Prinzipien, S. 95, spricht von einer lückenhaften Abgrenzung der Steuersysteme; *Höhn*, Handbuch, S. 57, spricht von Qualifikationskonflikten der Steuerrechtsordnungen; *Korn/Debatin*, DBA, Systematik I Rdnr. 21 spricht von der Überschneidung der Steueransprüche zweier oder mehrerer Staaten.

2 In der Bundesrepublik bilden der Wohnsitz oder gewöhnliche Aufenthalt einer natürlichen Person (§ 1 I 1 EStG) und der Sitz oder die Geschäftsleitung juristischer Personen (§ 1 I KStG) dieses Anknüpfungsmerkmal.

3 Besteuerung nach dem Wohnsitzprinzip (*Vogel*, DBA, Rdnr. 2 Einl.).

4 *Kluge*, Das Internationale Steuerrecht, S. 10; *Jakob*, Einkommensteuer, S. 293; *Mössner* in *Mössner et al.*, Steuerrecht international tätiger Unternehmen, Rdnr. B 59.

5 *Vogel*, DBA, Rdnr. 2 Einl.; in der Bundesrepublik erfaßt die unbeschränkte Steuerpflicht nur die in § 49 EStG enumerativ genannten Einkünfte (§ 1 IV EStG).

Einkünfte. Unterhält z.B. der in der Bundesrepublik unbeschränkt Steuerpflichtige in einem anderen europäischen Staat eine Betriebsstätte, dann unterliegen die Gewinne der Betriebsstätte der deutschen Besteuerung aufgrund der unbeschränkten Steuerpflicht. In dem Belegenheitsstaat unterliegen die Einkünfte der Betriebsstätte nach den dortigen Steuerrechtsnormen in aller Regel der beschränkten Steuerpflicht und werden dort noch einmal der Besteuerung unterworfen.[6]

Die Ursachen faktischer Steueroasen sind bislang noch nicht Gegenstand eingehender Untersuchungen gewesen. *Jacobs*[7] verwendet stattdessen den Begriff "Minderbesteuerung". Er definiert die Minderbesteuerung als Steuerreduktionen, die mit den Grundsätzen einer gleichmäßigen und wettbewerbsneutralen Unternehmensbesteuerung nicht in Einklang stehen.[8] Nach *Jacobs*[9] haben Minderbesteuerungen ihre Ursache in der Existenz und dem Zusammenspiel mehrerer Abgabegewalten. Dem ist zuzustimmen. Während bei der Doppelbesteuerung eine Normenkonkurrenz der Staaten besteht, haben faktische Steueroasen ihre Ursache darin, daß die Normen der Staaten einen grenzüberschreitenden Steuerfall nicht oder nur partiell erfassen.[10]

---

6 Diese Doppelbesteuerung wird entweder durch DBA oder unilaterale Maßnahmen beseitigt oder gemindert. Von deutscher Seite ist hier auf § 26 KStG, zum Teil i.V.m. § 34 c EStG hinzuweisen.

7 Internationale Unternehmensbesteuerung, S. 8.

8 *Jacobs*, Internationale Unternehmensbesteuerung, S. 8.

9 Internationale Unternehmensbesteuerung, S. 8.

10 Man spricht hier allgemein von Qualifikationskonflikten: *Jacobs*, Internationale Unternehmensbesteuerung, S. 695 ff..

B. Doppelbesteuerungen und faktische Steueroasen im europäischen Konzern

I. Die Abschirmwirkung der juristischen Personen als partieller Schutz vor Doppelbesteuerungen

Im europäischen Konzern besteht aufgrund der in dieser Arbeit unterstellten juristischen Selbständigkeit der Konzernglieder zwar eine Abschirmwirkung[1] gegenüber der Besteuerung anderer Staaten als des jeweiligen Sitzstaates.[2] Die Einkünfte der Konzernglieder werden daher im Gegensatz zu den Einkünften aus ausländischen Betriebsstätten nicht automatisch der Muttergesellschaft zugerechnet. Eine Doppelbesteuerung wird insoweit verhindert. Die Abschirmwirkung allein ist aber ein nur partieller Schutz vor Doppelbesteuerungen.

Trotz der Abschirmwirkung der juristischen Selbständigkeit der Gesellschaften des europäischen Konzerns kann es zu Doppelbesteuerungen kommen. Schüttet z.B. eine Tochtergesellschaft an eine Muttergesellschaft mit Sitz in einem anderen europäischen Staat Gewinne aus, dann ist sogar eine Dreifachbesteuerung möglich.

1. Die Gewinne haben im Sitzstaat der Tochtergesellschaft der dortigen Besteuerung unterlegen.

2. Die Gewinne unterliegen bei Ausschüttung an die ausländische Muttergesellschaft i.d.R. eine Quellensteuer, weil die Muttergesellschaft im Sitzstaat der Tochtergesellschaft beschränkt steuerpflichtig ist.

3. Schließlich unterliegt die Gewinnausschüttung ein drittes Mal im Sitzstaat der Muttergesellschaft als unbeschränkt steuerpflichtige Einnahme der Besteuerung.

In der Praxis wird diese Mehrfachbesteuerung durch bilaterale und unilate-

---

1 Ablenken des Steuerzugriffs durch Übertragen von Vermögen und Einkommen auf juristische Personen (*Selling*, DB 1988, S. 930 [930]; *Popp*, Leistungsbeziehungen, S. 56).

2 Ausnahmen bestehen auch hier, namentlich durch die Hinzurechnungsbesteuerung der §§ 7 - 14 AStG.

rale Maßnahmen gemindert oder beseitigt. Schüttet eine belgische Tochtergesellschaft Gewinne an die deutsche Muttergesellschaft aus, führen die Gewinnausschüttungen bei der Muttergesellschaft zu Einkünften nach § 8 I KStG, § 20 I Nr. 1 S. 1 EStG. Die ausgeschütteten Gewinne haben aber schon in Belgien auf der Ebene der Tochtergesellschaft als Gewinne der dortigen Besteuerung unterlegen. Diese Mehrfachbesteuerung wird im Beispielsfall durch eine Freistellung der Gewinnausschüttung von der deutschen Körperschaftsteuer bei der Muttergesellschaft gemildert.[3] Besteht kein DBA, kann sowohl die auf den Gewinnen der ausländischen Tochtergesellschaft lastende Steuer im Wege der indirekten Steueranrechnung als auch die Quellensteuer auf die deutsche Körperschaftsteuer angerechnet werden.[4]

II. Mögliche Doppelbesteuerungen bei Leistungsbeziehungen im europäischen Konzern

Doppelbesteuerungen können im europäischen Konzern ungeachtet der Abschirmwirkung auch bei Leistungsbeziehungen zwischen den Konzerngliedern entstehen.[5] Denn ebenso wie im nationalen Konzern können Leistungsbeziehungen im europäischen Konzern zu verdeckten Gewinnausschüttungen führen.[6] Liegt eine Unterpreislieferung oder eine Unterpreisleistung einer deutschen Tochtergesellschaft an ihre ausländische Muttergesellschaft vor, dann gleicht § 8 III 2 KStG die bei der deutschen Tochtergesellschaft verhinderte Vermögensmehrung infolge der Vereinbarung eines zu geringen Entgeltes durch Ansatz einer das Einkommen erhöhenden verdeckten Gewinnausschüttung aus. Die verdeckte Gewinnausschüttung kann aber auch eingreifen, wenn eine Unterpreislieferung oder eine Unterpreisleistung einer ausländischen Tochtergesellschaft an die deutsche Muttergesellschaft vorliegt. Dann empfängt die deutsche Muttergesellschaft einen Vorteil, der in der

---

3 Art. 23 I Nr. 3, Nr. 1 DBA Belgien - Bundesrepublik Deutschland.

4 § 26 II, I KStG.

5 *Strobl*, Gewinnabgrenzung, S. 40; *Schröder*, Probleme der Gewinnverlagerung, S. 46; *Popp*, Leistungsbeziehungen, S. 35.

6 *Popp*, Leistungsbeziehungen, S. 34, sieht das zentrale Problem in der Zuordnung von Einnahmen und Ausgaben auf die verbundenen Unternehmen; ebenso *Engel*, Konzerntransferpreise, S. 60.

Bundesrepublik zu Einkünften führt.[7]

Doppelbesteuerungen können sich nun daraus ergeben, daß ein Staat die Leistungsbeziehungen für steuerliche Zwecke korrigiert und das steuerpflichtige Einkommen erhöht, der andere Staat die Leistungsbeziehungen aber für angemessen hält und eine Gegenberichtigung nicht vornimmt.[8]

Beispiel:

Eine ausländische Tochtergesellschaft liefert der deutschen Muttergesellschaft materielle Wirtschaftsgüter zum Preis von 100, obwohl ein Preis von 150 angemessen wäre. Die ausländische Steuerverwaltung korrigiert die Einkünfte der ausländischen Tochtergesellschaft und erhöht ihren Gewinn um 50 Punkte. Die deutsche Finanzverwaltung zieht aus diesem Sachverhalt keine Konsequenzen.

Die deutsche Muttergesellschaft hat für die von der Tochtergesellschaft bezogenen Wirtschaftsgüter nur 100 Punkte (statt 150) als Anschaffungskosten aufgewendet. Bei Weiterverkauf für 200 Punkte hat sie 100 Punkte[9] zu versteuern.[10] Es kommt damit zu einer Besteuerung des Gewinns i.H.v. 50 Punkten sowohl im Ausland als auch in der Bundesrepublik.

Diese Doppelbesteuerung könnte durch eine Gegenberichtigung in der Bundesrepublik vermieden werden. Die Bundesrepublik würde dann den Gewinn der Muttergesellschaft um 50 Punkte herabsetzen oder die Steuer entsprechend mindern müssen. Führt die Gewinnberichtigung des ausländischen Staates in der Bundesrepublik zur Annahme einer Gewinnausschüttung der Tochtergesellschaft an die deutsche Muttergesellschaft, wird die Doppelbesteuerung z.B. dann vermieden, wenn die Gewinnausschüttung in der Bun-

---

7 § 8 I KStG, § 20 I Nr. 1 S. 2 EStG. Gegebenenfalls ist diese verdeckte Gewinnausschüttung aufgrund eines internationalen Schachtelprivilegs in der Bundesrepublik steuerfrei. Besteht kein Doppelbesteuerungsabkommen, kommen bei Vorliegen der Tatbestandsvoraussetzungen die Milderungsmöglichkeiten des § 26 KStG zur Anwendung.

8 *Baumhoff*, Verrechnungspreise, S. 17; *Schröder*, Probleme der Gewinnverlagerung, S. 46; *Strobl*, Gewinnabgrenzung, S. 40; *Popkes*, Internationale Prüfung, S. 199.

9 200 Verkaufspreis ./. 100 Anschaffungskosten.

10 Veräußert die Muttergesellschaft die Wirtschaftsgüter nicht weiter, bleibt es dennoch bei der Doppelbesteuerung, weil das Abschreibungsvolumen der deutschen Gesellschaft um 50 Punkte gemindert ist.

desrepublik von der Besteuerung freigestellt ist.[11]

In der Literatur hat man versucht, das Problem der Doppelbesteuerung in internationalen Konzernen systematisch zu erfassen. Danach können Doppelbesteuerungen in vier Fallgruppen auftreten[12]:

1. Die beteiligten nationalen Finanzverwaltungen gehen von nicht identischen Gewinnaufteilungsregeln aus.[13]

2. Die Gewinnaufteilungsregeln sind zwar gleich, werden aber in der Praxis von den nationalen Finanzverwaltungen unterschiedlich ausgelegt oder angewendet.

3. Die Finanzverwaltungen wenden zwar identische Aufteilungsregeln identisch an, nehmen aber keine Gegenberichtigungen vor.[14]

4. Gegenberichtigungen sind zwar vorgesehen und möglich, können aber an Verfahrenshindernissen des nationalen Steuerrechts scheitern, wie z.B. Verjährung.

Diese systematische Form der Erfassung möglicher Doppelbesteuerungen bei Leistungsbeziehungen ist aber nicht widerspruchsfrei und daher abzulehnen. Widersprüchlich ist die Anknüpfung der og. Systematik an die sich gegenseitig ausschließenden Begriffe "Gewinnaufteilungsregeln"[15] und "Gegenberichtigung"[16]. Der Begriff "Gewinnaufteilungsregel" impliziert, daß es im internationalen Konzern einen Gesamtgewinn gibt, der nur einmal der Besteuerung unterliegen darf. Die Aufteilungsregeln bestimmen nun, welcher Staat welchen Teil des Gesamtgewinns besteuern darf. Eine Gegenberichtigung hingegen soll die durch eine Gewinnberichtigung in einem Staat eintretende Gewinnerhöhung durch eine korrespondierende Gewinnminde-

---

11 Es darf aber nicht übersehen werden, daß in der Bundesrepublik Deutschland die Steuerfreiheit verlorengeht, wenn diese steuerfreien ausländischen Einkünfte an die Anteilseigner der Muttergesellschaft ausgeschüttet werden und nicht genügend EK 50 oder EK 36 vorhanden ist. Denn dann ist die Ausschüttungsbelastung herzustellen (§§ 27 I, 28 III, 30 II Nr. 1 KStG; *Schwarz*, IWB Fach 3 Deutschland Gr. 2, S. 557 (559); siehe dazu auch die Modelle zur Reform dieser Regelung de lege ferenda: *Haase/Roßmayr*, DStR 1991, S. 1126.

12 *Strobl*, Gewinnabgrenzung, S. 40; *Schröder*, Probleme der Gewinnverlagerung, S. 47 f.; *Engel*, Konzerntransferpreise, S. 65.

13 *Kratz*, Steuerplanung, S. 51; *Nieß*, Einfluß, S. 95.

14 *Baumhoff*, Verrechnungspreise, S. 17.

15 Fallgruppen 1 bis 3.

16 Fallgruppen 3 und 4.

rung im anderen Staat ausgleichen. Wenden die Staaten aber identische Aufteilungsregeln an, dann wird der Gesamtgewinn des internationalen Konzerns ohne Überlappungen auf die beteiligten Staaten aufgeteilt. Eine Doppelbesteuerung kann damit gar nicht eintreten. Es bedarf daher gar nicht mehr einer Gegenberichtigung zur Vermeidung einer Doppelbesteuerung. Die Fallgruppen 3 und 4 der og. Systematik sind daher gar nicht denkbar.

Zutreffend ist allerdings die der Systematik zugrundeliegende Annahme, daß der im Konzern erwirtschaftete Gesamtgewinn idealiter nur einmal - wenn auch in verschiedenen Staaten - der Besteuerung unterliegen darf. Diese Erkenntnis folgt aber aus einer wirtschaftlichen, nicht aus einer rechtlichen Betrachtung. In der Rechtstatsächlichkeit der Besteuerung auch des europäischen Konzerns teilen die beteiligten Sitzstaaten der Konzernglieder aber nicht einen Gesamtgewinn des Konzerns auf. Sie besteuern vielmehr nur den Gewinn der in ihrem Hoheitsgebiet domizilierenden Gesellschaften des Konzerns nach ihrem nationalen Steuerrecht.[17] Diese Steuerrechtsordnungen enthalten aber keine Gewinnaufteilungsregeln, sondern Gewinnberichtigungsregeln.[18]

Sind Staaten der Auffassung, Gewinne seien ihrer Besteuerungshoheit entzogen worden, nehmen sie eine den Gewinn erhöhende Berichtigung vor. Dies geschieht i.d.R. ohne Rücksicht darauf, ob diese Gewinnberichtigung zu einer Doppelbesteuerung führt.[19]

Die og. Systematik zur Erfassung möglicher Doppelbesteuerungen infolge von Gewinnberichtigungen ist daher abzulehnen. Zutreffender erscheint es, das Phänomen möglicher Doppelbesteuerungen bei Leistungsbeziehungen im europäischen Konzern wie folgt zu erfassen:

Bei Leistungsbeziehungen im europäischen Konzern können Doppelbesteuerungen entstehen, wenn die bei einer Gesellschaft vorgenommene Gewinnberichtigung nicht oder nur zum Teil durch eine Gegenberichtigung bei einer

---

17 *Baumhoff* in *Mössner et al.*, Steuerrecht international tätiger Unternehmen, Rdnr. C 188.

18 Z.B. die verdeckte Gewinnausschüttung, § 1 AStG.

19 *Baumhoff*, Verrechnungspreise, S. 17; *derselbe* in *Mössner et al.*, Steuerrecht international tätiger Unternehmen, Rdnr. C 189; *Schröder*, Probleme der Gewinnverlagerung, S. 43; *Popp*, Leistungsbeziehungen, S. 67 f..

anderen Gesellschaft ausgeglichen wird und die Umsetzung der Gegenberichtigung nicht an Verfahrenshindernissen scheitert.

Zwei nach dieser Definition theoretisch mögliche Doppelbesteuerungen sollen anhand von Beispielen aufgezeigt werden.

Beispiel 1:

Eine ausländische Tochtergesellschaft liefert der deutschen Muttergesellschaft materielle Wirtschaftsgüter zum Preis von 100. Die Tochtergesellschaft hat für diese Wirtschaftsgüter Anschaffungskosten i.H.v. 80 aufgewendet. Nach den Gewinnberichtigungsnormen des Sitzstaates der Tochtergesellschaft ist ein Preis von 150 angemessen. Der ausländische Staat erhöht entsprechend den Gewinn der Tochtergesellschaft um 50. Die Bundesrepublik nimmt keine Gegenberichtigung vor. Die Muttergesellschaft verkauft die Wirtschaftsgüter zum Preis von 200 an Dritte weiter.

Auf der Ebene der Tochtergesellschaft unterliegt ein Gewinn i.H.v. 70[20] der Besteuerung, bei der Muttergesellschaft ein Gewinn von 100[21]. Insgesamt unterliegt damit ein Gewinn i.H.v. 170 der Besteuerung. Ist der Preis von 150 aber auch für die Muttergesellschaft angemessen, darf der Besteuerung nur ein Gewinn von 120 unterliegen. Davon 70 bei der Tochtergesellschaft[22] und 50 bei der Muttergesellschaft[23]. Es tritt daher eine Doppelbesteuerung des Gewinns i.H.v. 50 ein, wenn die Bundesrepublik Deutschland keine Gegenberichtigung zu der Gewinnberichtigung des Sitzstaates der Tochtergesellschaft vornimmt.

Beispiel 2:

Sachverhalt wie Beispiel 1. Auch hier erhöht der ausländische Staat den Gewinn der Tochtergesellschaft um 50. Die Bundesrepublik Deutschland sieht in der Unterpreislieferung nun aber eine verdeckte Gewinnausschüttung der Tochtergesellschaft an die Muttergesellschaft. Sie hält jedoch einen Preis von nur 120 statt 150 für angemessen und setzt daher bei der Muttergesellschaft eine verdeckte Gewinnausschüttung von 20 als Einnahme an. Das DBA der Bundesrepublik Deutschland mit dem Ausland sieht für Gewinnausschüttungen ausländischer Tochtergesellschaften an deutsche Muttergesellschaften die Steuerfreistellung vor.

Die Gewinnausschüttung von 20 ist aufgrund der DBA - Befreiung in der Bundesrepublik bis zur Ausschüttung an die Anteilseigner steuerfrei. Die

---

20 20 aus Verkauf, 50 aus Gewinnberichtigung.

21 100 aus dem Verkauf.

22 150 angemessener Verkaufspreis ./. 80 Kaufpreis.

23 200 Verkaufspreis ./. 150 angemessener Kaufpreis.

Anschaffungskosten für die materiellen Wirtschaftsgüter werden um 20 Punkte erhöht. Bei Weiterveräußerung der Wirtschaftsgüter durch die deutsche Muttergesellschaft unterliegt daher auch ein um 20 Punkte niedrigerer Gewinn der deutschen Besteuerung.

Hinsichtlich der Differenz von 30 Punkten, bei der ein Dissens der nationalen Finanzverwaltungen hinsichtlich der Angemessenheit des Kaufpreises besteht, verbleibt es bei einer, wenn auch partiellen Doppelbesteuerung. Denn insoweit fehlt der Muttergesellschaft entweder ein Abschreibungsvolumen von 30 Punkten oder aber der Gewinn aus der Weiterveräußerung der materiellen Wirtschaftsgüter ist entsprechend höher.

Dieses Beispiel dürfte nach der Theorie eigentlich kaum noch praktisch sein. Denn Gewinnberichtigungen werden mittlerweile international nur vorgenommen, wenn Konzernglieder bei Leistungsbeziehungen von dem abweichen, was wirtschaftlich selbständige Fremde vereinbart haben würden (dealing at arm's length Prinzip).[24] Das Problem der divergierenden Gewinnberichtigungsnormen der Staaten hat sich trotz dieser Einigkeit aber nur verlagert. Zwar ist nun der Korrekturmaßstab außer Streit. Umstritten ist jedoch sein Inhalt.[25]

III. Mögliche faktische Steueroasen bei Leistungsbeziehungen im europäischen Konzern

Leistungsbeziehungen im europäischen Konzern können nicht nur zu Doppelbesteuerungen, sondern auch zu faktischen Steueroasen führen. Theoretisch sind faktische Steueroasen unter Rückgriff auf die Definition möglicher Doppelbesteuerungen bei Leistungsbeziehungen denkbar, wenn gewinnmindernde Gegenberichtigungen eines Staates über gewinnerhöhende Berichti-

---

24 Art. 9 I OECD - MA; *Engel*, Konzerntransferpreise, S. 59; *Kußmaul*, RIW 1987, S. 679 (683); *Popkes*, Internationale Prüfung, S. 3, 17; *Schröder*, Probleme der Gewinnverlagerung, S. 94; *Jakob/Hörmann*, BB 1991, S. 1233 (1233); a.A. *Jonas*, RIW 1991, S. 41 (48), der davon ausgeht, daß immer mehr Staaten von dem arm's lenght Prinzip abweichen und nach eigenständigen Regeln Gewinne verbundener Unternehmen berichtigen: "Das steuerpflichtige Unternehmen ist der Knochen, an dessen Ende mehrere Finanzverwaltungen nagen".

25 *Engel*, Konzerntransferpreise, S. 59; *Popkes*, Internationale Prüfung, S. 20; *Kratz*, Steuerplanung, S. 51.

gungen eines anderen Staates hinausgehen oder wenn ein Staat solche Gegenberichtigungen ohne Rücksicht auf Gewinnberichtigungen eines anderen Staates zuläßt.

Beispiel 1:

Die Muttergesellschaft mit Sitz in der Bundesrepublik Deutschland liefert materielle Wirtschaftsgüter an die ausländische Tochtergesellschaft zum Preis von 100. Die Finanzverwaltung der Bundesrepublik Deutschland hält den Preis für angemessen. Der Sitzstaat der Tochtergesellschaft ist anderer Auffassung. Er hält einen Preis von 150 für angemessen. In der Bundesrepublik Deutschland unterbleibt eine Gewinnberichtigung. Der Sitzstaat der Tochtergesellschaft nimmt dagegen eine gewinnmindernde Gegenberichtigung von 50 vor. Damit sind 50 Punkte der Besteuerung entzogen.

Beipiel 2:

Sachverhalt wie Beispiel 1. Die Finanzverwaltung der Bundesrepublik Deutschland hält nun aber einen Preis von 120 für angemessen. Die Bundesrepublik Deutschland erhöht den Gewinn der Muttergesellschaft um 20, der Sitzstaat der Tochtergesellschaft mindert den Gewinn dagegen um 50. Es verbleibt eine faktische Steueroase in Höhe eines Gewinns von 30, der der Besteuerung entzogen bleibt.

IV. Neue Gefahren der Doppelbesteuerungen oder faktischen Steueroasen durch den Beschluß des Großen Senates des BFH vom 26.10.1987[26]

Möglicherweise hat der Beschluß des Großen Senats des BFH[27] weitere Doppelbesteuerungen und faktische Steueroasen geschaffen. Der Große Senat des BFH hat zwar in seiner Entscheidung vom 26.10.1987[28] daran festgehalten, daß Nutzungen und Leistungen nicht einlagefähig sind. Daraus folgt, daß Gewinnverlagerungen von deutschen Muttergesellschaften auf deutsche Tochtergesellschaften steuerlich zulässig sind. Diese Gewinnverlagerung ist aber im Verhältnis einer deutschen Muttergesellschaft zu ihren ausländischen Tochtergesellschaften ausgeschlossen.

Überläßt z. B. die deutsche Muttergesellschaft aus gesellschaftsrechtlichen Gründen der ausländischen Tochtergesellschaft ein zinsloses Darlehen oder Wirtschaftsgüter ganz oder teilweise unentgeltlich zur Nutzung, dann wird

---

26 Beschluß vom 26.10.1987 GrS 2/86, BStBl. II 1988, S. 348.

27 Beschluß vom 26.10.1987 GrS 2/86, BStBl. II 1988, S. 348.

28 Beschluß vom 26.10.1987 GrS 2/86, BStBl. II 1988, S. 348.

zwar nach dem BFH - Beschluß[29] der Gewinn der Muttergesellschaft nicht um die aufgrund des Gesellschaftsverhältnisses entgangenen Einnahmen durch Annahme einer verdeckten Einlage erhöht. Die Gewinnverlagerung wird aber gleichwohl nicht akzeptiert. Der Gewinn der deutschen Muttergesellschaft wird vielmehr nach § 1 AStG erhöht. Daraus folgt eine Doppelbesteuerung, wenn eine dazu korrespondierende Gegenberichtigung unterbleibt.

Neu an dem BFH - Beschluß ist dagegen die Ertrags/Aufwandslösung bei Unterpreisleistungen zwischen Schwestergesellschaften.[30] Hier könnten sich neue Doppelbesteuerungen und faktische Steueroasen eröffnen. Erbringt T_1 im ausländischen Staat A an die T_2 im ausländischen Staat B eine Unterpreisleistung, dann sind in den beteiligten Staaten folgende steuerliche Konsequenzen denkbar:

Staat A unterläßt eine Gewinnberichtigung.

Die Bundesrepublik qualifiziert die Unterpreisleistung von T_1 an T_2 als verdeckte Gewinnausschüttung an die in der Bundesrepublik ansässige Muttergesellschaft. Das DBA zwischen Staat A und der Bundesrepublik gewährt für Gewinnausschüttungen aber die Steuerfreistellung in der Bundesrepublik. Nach dem Beschluß des Großen Senates wird der von T_1 erhaltene Vorteil durch Weitergabe an T_2 für Zwecke der Beteiligung verbraucht und führt zu Betriebsausgaben. Dem Abzug als Betriebsausgaben stehen nach hier vertretener Auffassung weder § 3 c EStG noch § 1 AStG entgegen. Bei der Muttergesellschaft kommt es daher zur ersten steuerlichen Entlastung im Konzern.

Staat B läßt abweichend von der Lösung des Großen Senats eine Nutzungseinlage zu und nimmt einen entsprechenden Abzug vom Gewinn der T_2 vor. Es kommt damit infolge der Unterpreisleistung zu einer weiteren steuerlichen Entlastung.

Insgesamt würde im europäischen Konzern der Gewinn nur einmal erhöht[31], aber zweimal gemindert.[32] Die Gesamtsteuerbelastung des europäischen Konzerns wäre durch die Unterpreisleistung gemindert.

---

[29] Beschluß vom 26.10.1987 GrS 2/86, BStBl. II 1988, S. 348.

[30] Sie gilt auch für unmittelbare Leistungsbeziehungen zwischen Tochtergesellschaft und Muttergesellschaft.

[31] Bei T_1.

[32] Bei M und T_2.

Bereits dieses Beispiel zeigt, welche Konsequenzen sich ergeben können, wenn der Beschluß des Großen Senates auch auf den europäischen Konzern durchschlägt. Infolge des Beschlusses des Großen Senates vom 26.10.1987 treten möglicherweise in großem Umfang weitere faktische Steueroasen oder auch Doppelbesteuerungen auf, die neben den bisher bekannten Fällen zu berücksichtigen sind.

Bevor dies eingehend untersucht wird, sollen im Folgenden zunächst die Möglichkeiten aufgezeigt werden, die zur Vermeidung der Doppelbesteuerung im europäischen Konzern bestehen. Im Anschluß daran werden die aus dem Beschluß des Großen Senats[33] resultierenden Doppelbesteuerungen oder faktischen Steueroasen eingehend dargestellt, die trotz der Filterung durch die bestehenden Möglichkeiten zur Vermeidung von Doppelbesteuerungen verbleiben.

---

33 Beschluß vom 26.10.1987 GrS 2/86, BStBl. II 1988, S. 348.

4. Kapitel: Möglichkeiten zur Vermeidung der Doppelbesteuerung im europäischen Konzern de lege lata

A. Doppelbesteuerungsabkommen (DBA)

I. Rechtsnatur der DBA

DBA sind völkerrechtliche bilaterale Verträge, in denen die Vertragsstaaten die Anwendung ihres nationalen Steuerrechts beschränken, um Doppelbesteuerungen zu vermeiden oder zu mildern.[1] In der Bundesrepublik werden die DBA durch Transformationsgesetz nach Art. 59 II GG unmittelbar anwendbares innerstaatliches Recht.[2] Die DBA begründen daher als Teil des deutschen Steuerrechts auch unmittelbar Rechte und Pflichten für die am Steuerrechtsverhältnis Beteiligten.[3] Die DBA gehen dem übrigen Steuerrecht der Bundesrepublik vor. Diese Erkenntnis folgt aber nicht bereits aus der Tatsache, daß es sich bei den DBA um transformiertes Völkerrecht handelt. Denn das Transformationsgesetz i.S.v. Art. 59 II GG hat den Rang eines einfachen Bundesgesetzes und kann als solches nicht den sonstigen Normen des Steuerrechts vorgehen. Denn auch das übrige Steuerrecht der Bundesrepublik ist hauptsächlich Bundesrecht im Rang einfacher Bundesgesetze. In der Bundesrepublik ergibt sich der Vorrang der DBA aus § 2 AO, der als Auslegungshilfe den DBA vor dem übrigen Steuerrecht der Bundesrepublik den Vorrang einräumt.[4] Die DBA sind damit leges speciales.[5]

---

1 *Vogel*, DBA, Rdnr. 28 Einl.; *Tipke/Lang*, Steuerrecht, S. 84; *Friedrich*, Steuerhandbuch, S. 5; *Jacobs*, Internationale Unternehmensbesteuerung, S. 35; *Höhn* in *Höhn*, Handbuch, S. 60.

2 *Tipke/Lang*, Steuerrecht, S. 84; *Gloria*, Verständigungsverfahren, S. 24; *Fischer - Zernin*, RIW 1987, S. 785 (785); *Langbein*, RIW 1984, S. 531 (536); *Debatin*, Beilage 23 zu DB 1985, S. 1 (1).

3 *Friedrich*, Steuerhandbuch, S. 5; *Gloria*, Verständigungsverfahren, S. 24.

4 *Langbein*, RIW 1984, S. 531 (537).

5 *Tipke/Lang*, Steuerrecht, S. 84; *Rieger*, Prinzipien, S. 160; *Goutier*, Rechtsprechung, S. 63 (72).

II. Instrumente der DBA zur Vermeidung der Doppelbesteuerung bei Leistungsbeziehungen im europäischen Konzern

1. Freistellungsmethode / Anrechnungsmethode nach Art. 23 OECD - MA

Zur Vermeidung der Doppelbesteuerung sieht das Musterabkommen der OECD im Grundsatz die Freistellungs - und die Anrechnungsmethode vor.[6] Bei der Freistellungsmethode verpflichtet sich ein Staat, Einkünfte aus dem anderen Staat von der Steuerbemessungsgrundlage auszunehmen, also steuerfrei zu lassen. Bei der Anrechnungsmethode besteuern beide Staaten die Einkünfte, der Staat mit dem nach DBA nachrangigen Besteuerungsrecht rechnet aber die ausländische Steuer auf die eigene Steuer an.

Führen Leistungsbeziehungen im europäischen Konzern zu verdeckten Gewinnausschüttungen und zur Annahme von Dividenden i.S.v. Art. 10 OECD - MA, dann sehen die meisten DBA der Bundesrepublik Deutschland das sogenannte internationale Schachtelprivileg vor. Der Empfängerstaat nimmt in diesem Fall die verdeckte Gewinnausschüttung von seiner Steuerbemessungsgrundlage aus, indem er sie steuerfrei stellt. Zugleich gestehen die DBA aber auch in Fällen des internationalen Schachtelprivilegs dem Sitzstaat der ausschüttenden Tochtergesellschaft ein der Höhe nach beschränktes Besteuerungsrecht auf die Gewinnausschüttung[7] zu. Diese Quellensteuer führt dann trotz Schachtelprivileg zu einer Doppelbesteuerung, weil die Quellensteuer definitiv bleibt. Eine Anrechnung der Quellensteuer ist nicht möglich. Denn auf der Gewinnausschüttung lastet infolge der DBA - Freistellung keine Steuer, auf die eine Anrechnung zulässig wäre.[8]

---

6 *Vogel*, DBA, Rdnr. 48 Einl.

7 Quellensteuer.

8 § 26 I KStG.

2. Gewinnberichtigungen im Rahmen von Art. 9 I OECD - MA

Nach hier vertretener Auffassung ist Art. 9 I OECD - MA keine selbständige Berichtigungsnorm.[9] Dem steht auch nicht entgegen, daß in der Bundesrepublik die DBA als unmittelbar geltendes Recht Rechte und Pflichten der am Steuerrechtsverhältnis Beteiligten begründen.[10] Denn die DBA verhindern nur Doppelbesteuerungen, sie sollen aber nicht dazu beitragen, daß neue Doppelbesteuerungen entstehen. Zugleich entfaltet Art. 9 I OECD - MA aber, wie bereits dargelegt, eine Sperrwirkung gegenüber nationalen Berichtigungsvorschriften.[11] Eine Berichtigung ist im europäischen Konzern bei Vorliegen einer Art. 9 I MA entsprechenden DBA - Norm nur zulässig, wenn die Berichtigung von Art. 9 I OECD - MA abgedeckt ist.

Wie im letzten Kapitel[12] gezeigt werden konnte, können bei divergierenden Gewinnberichtigungen Doppelbesteuerungen entstehen. Art 9 I OECD - MA soll diesen Doppelbesteuerungen entgegenwirken, indem er die Vertragsstaaten auf einen einheitlichen Korrekturmaßstab bei Leistungsbeziehungen zwischen verbundenen Unternehmen festlegt.[13] Art 9 I OECD - MA läßt nur Gewinnberichtigungen zu, die sich am arm's length Prinzip orientieren.[14] Problematisch bleibt aber, wie der in Art. 9 I OECD - MA festgelegte Berichtigungsmaßstab genau zu definieren ist. Zu beachten ist, daß Art. 9 I OECD - MA nur Gewinnerhöhungen verhindert. Gewinnminderungen und damit das Entstehen faktischer Steueroasen schließt Art. 9 I MA nicht aus.

---

9 Siehe oben 2. Teil 2. Kapitel C.

10 Siehe oben 2. Teil 4. Kapitel A.

11 Siehe oben 2. Teil 2. Kapitel C.

12 2. Teil 3. Kapitel.

13 *Baumhoff* in *Mössner et al.*, Steuerrecht international tätiger Unternehmen, Rdnr. C. 227.

14 *Engel*, Konzerntransferpreise, S. 59; *Popkes*, Internationale Prüfung, S. 17; *Kußmaul*, RIW 1987, S. 679 (683).

3. Die korrespondierende Gewinnberichtigung nach Art. 9 II OECD - MA

Art. 9 I OECD - MA dient der Vermeidung der Doppelbesteuerung, indem er die Vertragsstaaten auf einen einheitlichen Gewinnberichtigungsmaßstab festlegt.[15] Dennoch können Doppelbesteuerungen verbleiben. Solche Doppelbesteuerungen treten z.B. auf, wenn ein Staat eine Gewinnberichtigung vornimmt, der andere Staat die dazu korrespondierende Gewinnberichtigung aber unterläßt.[16] Der Steuerpflichtige hat keinen Anspruch auf eine korrespondierende Berichtigung, wenn weder das nationale Steuerrecht noch ein DBA einen solchen Anspruch gewähren.[17]

An dieser Stelle setzt Art. 9 II OECD - MA an. Er verpflichtet die Vertragspartner von DBA unter bestimmten Voraussetzungen zu einer Gegenberichtigung zum Ausgleich einer vorangegangenen Gewinnberichtigung. Art. 9 II OECD - MA bewirkt damit ergänzend zu Art. 9 I OECD - MA die Entlastung eines Unternehmens von einer Steuer, mit der es nur belastet wurde, weil die Leistungsbeziehungen nicht dem arm's length Prinzip entsprachen.[18] Art. 9 II OECD - MA lautet:

> "Werden in einem Vertragsstaat den Gewinnen eines Unternehmens dieses Staates Gewinne zugerechnet - und entsprechend besteuert - mit denen ein Unternehmen des anderen Vertragsstaates in diesem Staat besteuert worden ist, und handelt es sich bei den zugerechneten Gewinnen um solche, die das Unternehmen des erstgenannten Staates erzielt hätte, wenn die zwischen den beiden Unternehmen vereinbarten Bedingungen die gleichen gewesen wären, die unabhängige Unternehmen miteinander vereinbaren würden, so nimmt der andere Staat eine entsprechende Änderung der dort von diesen Gewinnen erhobenen Steuer vor. Bei dieser Änderung sind die übrigen Bestimmungen dieses Abkommens zu berücksichtigen; erforderlichenfalls werden die zuständigen Behörden der Vertragsstaaten einander konsultieren.

Einen Zwang zur Gegenberichtigung enthält Art. 9 II OECD - MA aber nur

---

15 *Baumhoff* in *Mössner et al.*, Steuerrecht international tätiger Unternehmen, Rdnr. C 227.

16 Siehe dazu 2. Teil 3. Kapitel B. III.

17 *Engel*, Konzerntransferpreise, S. 64; *Popkes*, Internationale Prüfung, S. 199.

18 *Vogel*, DBA, Rdnr. 83 zu Art. 9 II.

unter bestimmten Voraussetzungen. Die Vertragsstaaten müssen sich darüber einig sein, wie das Leistungsentgelt zu qualifizieren und welches Entgelt angemessen ist.[19] Ein Zwang zur Einigung über diese Punkte besteht nicht.[20] Können sich die Vertragsstaaten nicht einigen, besteht kein Zwang zur Gegenberichtigung. Es bleibt dann bei einer Doppelbesteuerung.[21]

Art. 9 II OECD - MA hat nicht nur einen materiell - rechtlichen, sondern auch einen verfahrensrechtlichen Inhalt. Soweit DBA diese Vorschrift enthalten, läßt sie die Korrektur von Steuerbescheiden selbst dann noch zu, wenn nach den Vorschriften des nationalen Steuerrechts eine Berichtigung nicht mehr möglich ist. Das folgt zum einen aus dem Charakter des Art. 9 II OECD - MA als lex specialis gegenüber den übrigen Normen des Steuerrechts.[22] Zum anderen ist Art. 9 II OECD - MA eine gesetzliche Bestimmung i.S.v. § 172 I Nr. 2 d) AO, die eine Durchbrechung des Bestandskraft zuläßt.[23]

Die Bundesrepublik hat eine dem Art. 9 II OECD - MA entsprechende Vorschrift nur in wenige DBA aufgenommen.[24] Die Bundesrepublik hat sich auch ausdrücklich vorbehalten, Art. 9 II OECD - MA nicht in ihre DBA aufzunehmen.[25] Als Grund für den Vorbehalt wird genannt, daß die Bundesrepublik keine Anreize für andere Staaten, Gewinnberichtigungen vorzuneh-

---

19 Ziffer 3 OECD - MA Kommentar zu Art. 9, abgedruckt bei *Vogel*, DBA, Rdnr. 60 zu Art. 9; *Vogel*, DBA, Rdnr. 73, 75 zu Art. 9; *Engel*, Konzerntransferpreise, S. 82; *Jacobs*, Internationale Unternehmensbesteuerung, S. 390.

20 *Vogel*, DBA, Rdnr. 75 zu Art. 9.

21 Nach *Engel*, Konzerntransferpreise, S. 82, wird eine Einigung über die Angemessenheit des Entgelts nur selten erzielt. Denn mit einer Gegenberichtigung verzichtet der berichtigende Staat auf einen Teil seines Steueraufkommens. Danach verbliebe es in der Regel bei der Doppelbesteuerung.

22 *Vogel*, DBA, Rdnr. 77 zu Art. 9.

23 *Vogel*, DBA, Rdnr. 92 zu Art. 25; darüber hinaus wird die Anwendung des § 174 AO auf den Fall der korrespondierenden Gewinnberichtigung diskutiert.

24 Tschechoslowakei, Tunesien, Türkei und USA, dort jeweils Art. 9 II des DBA sowie DBA Italien 1989, Tz. 7 Protokoll zu Art. 9 DBA, abgedruckt bei *Korn - Debatin*, DBA, DBA Italien, S. 144.

25 Ziff. 12 OECD - MA Kommentar, abgedruckt bei *Vogel*, DBA, Rdnr. 5 zu Art. 9.

men, schaffen wollte.[26] Auch würde durch Art. 9 II OECD - MA für international tätige Unternehmen das steuerliche Risiko im Zusammenhang mit Gewinnverlagerungen minimiert. Denn selbst bei unangemessenen Verrechnungspreisen würden Gewinnerhöhungen stets durch Gewinnminderungen ausgeglichen.[27]

Beide Argumente überzeugen nicht. Ein Anreiz für andere Staaten zur Durchführung von Gewinnberichtigungen braucht nicht erst geschaffen zu werden, er besteht schon. Der Anreiz zu einseitigen Gewinnberichtigungen liegt bereits darin, daß jede den Gewinn erhöhende Berichtigung zu einer Mehrsteuer führt. Wenn Staaten aber bereits heute Gewinnberichtigungen allein unter Berücksichtigung nationaler Interessen durchführen, ohne Rücksicht auf die steuerlichen Wirkungen im Ausland zu nehmen[28], dann ist daraus zu schließen, daß die innerstaatlichen Möglichkeiten zu Gewinnberichtigungen schon jetzt erschöpfend genutzt werden. Art. 9 II OECD - MA schafft damit keine neuen Anreize, Gewinnberichtigungen vorzunehmen.

Auch wenn die Bundesrepublik Art. 9 II OECD - MA in ihre DBA aufnehmen würde, wäre das Risiko der Doppelbesteuerung im europäischen Konzern nicht ausgeschlossen. Denn hier wird verkannt, daß Art. 9 II OECD - MA die von den Vertretern der Finanzverwaltung befürchtete automatische Gegenberichtigung[29] als Folge einer Gewinnberichtigung gar nicht vorsieht. Denn eine Gegenberichtigung setzt nach der Konzeption des Art. 9 II OECD - MA zunächst voraus, daß die Bundesrepublik Deutschland mit dem betreffenden ausländischen Staat eine Einigung über die Angemessenheit des Entgelts erzielt.[30] Die Bundesrepublik hat es also in jedem Einzelfall noch in der Hand, eine korrespondierende Gewinnberichtigung abzulehnen. Es ist daher nicht einzusehen, warum die Bundesrepublik Art. 9 II OECD - MA

---

26 *Runge*, IWB Fach 10 International Gruppe 2, S. 539 (542).

27 *Runge*, IWB Fach 10 International Gr. 2, S. 539 (552); *Fuchs/Lempenau*, BB 1982, S. 484 (490); *Baumhoff*, Verrechnungspreise, S. 85; *Jacobs*, Internationale Unternehmensbesteuerung, S. 390.

28 So ausdrücklich der Regierungsentwurf in Tz. 49 zu § 1 AStG, BT - Drucksache VI/2882: "Da die Regelungen dieses Abschnitts der Erfassung des zutreffenden Inlandsgewinns dienen, können sie nicht von einer korrespondierenden Anpassung der Besteuerung im Ausland abhängig gemacht werden."

29 *Runge*, JbFfSt 1980/1981, S. 142 (144).

30 *Vogel*, DBA, Rdnr. 79 zu Art. 9.

nicht in ihre DBA aufnehmen will. In den neueren DBA mit den USA[31] und mit Italien[32] ist die Regelung des Art. 9 II OECD - MA enthalten. Das könnte auf eine Wende in der deutschen Abkommenspraxis hindeuten.

Die praktische Durchführung einer Gegenberichtigung nach Art. 9 II OECD - MA bei unmittelbaren Leistungsbeziehungen zwischen Muttergesellschaft und Tochtergesellschaft bereitet keine Probleme.[33] Fraglich ist aber, wie eine Gegenberichtigung bei Leistungsbeziehungen zwischen Schwestergesellschaften durchzuführen ist. In der Literatur ist diese Frage noch nicht diskutiert worden. In Betracht kommt eine Gegenberichtigung bei der gemeinsamen Muttergesellschaft oder bei der den Vorteil tatsächlich empfangenden Tochtergesellschaft.

Richtig ist eine korrespondierende Gegenberichtigung bei der den Vorteil empfangenden Tochtergesellschaft. Denn Art. 9 II OECD - MA schafft einen Ausgleich zu einer vorangegangenen Gewinnberichtigung. Die Gewinnberichtigung ist bei Leistungsbeziehungen zwischen Schwestergesellschaften bei der den Vorteil gewährenden Tochtergesellschaft vorgenommen worden. Korrespondierend dazu hat im Fall der Unterpreisleistung die den Vorteil empfangende Tochtergesellschaft einen höheren Gewinn durch fehlende Betriebsausgaben bzw. im Fall der Unterpreislieferung einen höheren Gewinn bei Weiterveräußerung zu versteuern. Daher ist auch der Gewinn der den Vorteil empfangenden Tochtergesellschaft nach Art. 9 II OECD - MA korrespondierend zu berichtigen.

Wird die Gewinnerhöhung der Tochtergesellschaft T_1 durch eine Gewinnminderung der Tochtergesellschaft T_2 ausgeglichen, dann können sich durch den Beschluß des Großen Senates vom 26.10.1987[34] im Falle der Unterpreisleistung faktische Steueroasen ergeben. Denn hier könnte bei der Muttergesellschaft die infolge der Gewinnberichtigung angenommene (verdeckte) Gewinnausschüttung nach DBA steuerfrei sein, während der

---

31 Art. 9 II DBA.

32 Tz. 7 zu Art. 9 DBA Zusatzprotokoll.

33 Die Gewinnerhöhung der einen Gesellschaft wird entweder durch eine Gewinnminderung oder eine Steueranrechnung bei der anderen Gesellschaft ausgeglichen; aus Sicht der Bundesrepublik Deutschland: *Runge*, IWB Fach 10 International Gruppe 2, S. 539 (542).

34 Beschluß vom 26.10.1987 GrS 2/86, BStBl. II 1988, S. 348.

Verbrauch des Vorteils bei ihr zu Betriebsausgaben führte. Letztlich ergäbe sich damit für den europäischen Konzern aus der Unterpreisleistung eine Steuererstattung. Gewinnerhöhung bei T_1 und Gewinnminderung bei T_2 gleichen sich aus. Die verdeckte Gewinnausschüttung bei M ist aufgrund des Schachtelprivilegs steuerneutral. Es verbleiben bei der Muttergesellschaft aber die Betriebsausgaben aus dem Vorteilsverbrauch. Bei der Unterpreislieferung käme es hingegen auch nach dem Beschluß des Großen Senates nicht zu einer faktischen Steueroase. Hier würde die Weiterleitung des Vorteils an die Tochtergesellschaft T_2 zu einer zunächst gewinneutralen Erhöhung des Werts der Beteiligung an der Tochtergesellschaft T_2 führen.[35]

Ein interessanter Ansatz zur korrespondierenden Gewinnberichtigung findet sich bei *Ritter*[36] und *Popkes*[37]. Sie leiten aus dem Prinzip der internationalen Rücksichtnahme ein Gebot ab, bei Gewinnberichtigungen im Einzelfall auch die ausländische Besteuerung zu berücksichtigen, um Doppelbesteuerungen zu vermeiden.[38] Auch in der Bundesrepublik ist gefordert worden, eine Pflicht zur korrespondierenden Gewinnberichtigung zu normieren.[39] In Spanien und Österreich sind bereits korrespondierende Gewinnberichtigungen durch die Rechtsprechung vorgeschrieben, wenn ansonsten eine Doppelbesteuerung verbleibt.[40]

Art. 9 II OECD - MA ist ein Schritt in die richtige Richtung. Der Nachteil der Norm besteht aber darin, daß ein Einigungszwang zwischen den beteiligten Staaten nicht besteht. Sie werden daher eher auf ihren divergierenden Auffassungen beharren und damit eine Doppelbesteuerung zu Lasten des europäischen Konzerns hinnehmen als infolge einer Einigung einseitig auf Steueransprüche zu verzichten. Abhilfe könnte hier eine Schiedsstelle schaffen, deren Spruch zur Beseitigung der Doppelbesteuerung von den Staaten

---

35 Dabei darf aber nicht übersehen werden, daß auch hier der gleiche Erfolg wie bei der Unterpreisleistung und damit eine faktische Steueroase eintreten kann. Denn auch hier käme eine gewinnmindernde Teilwertabschreibung auf die Beteiligung an der T_2 in Betracht.

36 BB 1984, S. 1109.

37 Internationale Prüfung.

38 *Popkes*, Internationale Prüfung, S. 200; *Ritter*, BB 1984, S. 1109 (1112 ff.).

39 *Wassermeyer*, DStR 1987, S. 635 (636 f.).

40 *Popkes*, Internationale Prüfung, S. 202.

als bindend akzeptiert wird.[41]

4. Das Verständigungsverfahren nach Art. 25 OECD - MA

Das DBA - Verständigungsverfahren ist ein Verfahren zur Streiterledigung zwischen den zuständigen Behörden der Vertragsstaaten[42]. Dabei werden aber nur Schwierigkeiten erfaßt, die sich aus der Anwendung des Abkommens ergeben.

Es gibt nach Art. 25 OECD - MA drei verschiedene Arten von Verständigungsverfahren:

1. Das Verständigungsverfahren im engeren Sinne[43] dient der Vermeidung einer dem DBA nicht entsprechenden Besteuerung durch Maßnahmen eines oder beider Vertragsstaaten im Einzelfall.
2. Das Konsultationsverfahren nach Art. 25 III 1 OECD - MA dient der Beseitigung von Zweifeln oder Problemen, die bei Auslegung oder Anwendung des Abkommens entstehen.
3. Das Konsultationsverfahren nach Art. 25 III 2 OECD - MA dient der Beratung der Finanzverwaltungen über die Vermeidung einer Doppelbesteuerung in Fällen, die im DBA nicht genannt sind.

Im Folgenden soll nur das Verständigungsverfahren im engeren Sinne nach Art. 25 I und II OECD - MA behandelt werden, da es Einzelfälle wie Gewinnberichtigungen bei Leistungsbeziehungen im europäischen Konzern erfaßt.

Ein Verständigungsverfahren setzt voraus, daß Maßnahmen eines oder bei-

---

41 Ein solches Verfahren sieht in der EG mittlerweile das EG - Übereinkommen vom 23.06.1990 über die Beseitigung der Doppelbesteuerung im Falle von Gewinnberichtigungen zwischen verbundenen Unternehmen vor (ABLEG 225/10 vom 20.8.1990), das in diesem Kapitel unter C. behandelt wird.

42 Ziffer 1 OECD - MA Kommentar zu Art. 25 OECD - MA, abgedruckt bei *Vogel*, DBA, Rdnr. 2 zu Art. 25; *Vogel*, DBA, Rdnr. 8 zu Art. 25; *Engel*, Konzerntransferpreise, S. 83; *Strobl*, Gewinnabgrenzung, S. 188; *Menck*, IWB Fach 10 International Gruppe 2, S. 627 (633); *Wessel*, Doppelbesteuerung, S. 82; *Gloria*, StuW 1989, S. 138 (139) sieht in dem Verständigungsverfahren dagegen eine besondere Form der Ausübung diplomatischen Schutzes.

43 Art. 25 I und II OECD - MA.

der Vertragsstaaten zu einer Besteuerung führen oder führen werden, die dem bestehenden DBA nicht entspricht.[44] Verständigungsverfahren kommen im Umkehrschluß daher nicht in Betracht, wenn die Doppelbesteuerung nicht auf unrichtiger Auslegung oder Anwendung des DBA beruht. Denn DBA beseitigen steuerliche Mehrfachbelastungen dann nicht, wenn diese Mehrfachbelastungen auf inländischem Recht und nicht auf der Abkommensanwendung beruhen.[45]

Das Verständigungsverfahren kann auch für abkommenswidrige Doppelbesteuerungen bei unangemessenen Leistungsbeziehungen im europäischen Konzern in Anspruch genommen werden. Eine juristische Doppelbesteuerung braucht nicht vorzuliegen.[46] Aus Sicht der Bundesrepublik dürfte das Verständigungsverfahren bei Leistungsbeziehungen im europäischen Konzern nur selten zur Anwendung kommen. Denn das Verständigungsverfahren setzt eine Doppelbesteuerung voraus, die dem Abkommensrecht widerspricht. Die Bundesrepublik hat jedoch in fast allen DBA keine dem Art. 9 II OECD - MA entsprechende Klausel aufgenommen, die eine korrespondierende Gegenberichtigung als Folge einer Gewinnberichtigung vorsieht. Entsteht eine Doppelbesteuerung, weil die Bundesrepublik eine nach dem DBA gar nicht gebotene korrespondierende Gegenberichtigung unterläßt, dann liegt die Ursache dieser Doppelbesteuerung gerade nicht im DBA, sondern in dem innerstaatlichen Recht der Bundesrepublik Deutschland begründet. Ein Verständigungsverfahren käme damit nicht in Betracht.

Im Ergebnis wäre der Anwendungsbereich für Verständigungsverfahren im Zusammenhang mit Leistungsbeziehungen im europäischen Konzern stark eingeschränkt. Interessanterweise läßt die Finanzverwaltung der Bundesrepublik Deutschland Verständigungsverfahren aber auch über die in Art. 25 I und II OECD - MA geregelten Fälle hinaus zu, wenn das DBA die angegrif-

---

44 Art. 25 I OECD - MA; Ziff. 10 OECD - MA - Kommentar zu Art. 25 OECD - MA, abgedruckt bei *Vogel*, DBA, Rdnr. 17 zu Art. 25; *Vogel*, Rdnr. 35 zu Art. 25.

45 *Menck*, IWB Fach 10 International, Gruppe 2, S. 633 (634).

46 *Engel*, Konzerntransferpreise, S. 83; *Vogel*, DBA, Rdnr. 38 zu Art. 25; *Wessel*, Doppelbesteuerung, S. 78; *Bellstedt*, Die Besteuerung international verflochtener Gesellschaften, S. 223; *Runge*, IWB Fach 10 International Gruppe 2, S. 539 (543).

fene Gewinnberichtigung nicht regelt oder ein DBA gar nicht vorliegt.[47] Das Verständigungsverfahren ist damit trotz des Wortlauts und der Systematik des Art. 25 I OECD - MA, die in der Mehrzahl der Fälle beanstandeter Leistungsbeziehungen gegen eine Anwendung des Verständigungsverfahren sprechen, auf auch den europäischen Konzern anzuwenden.

Ergebnis des Verständigungsverfahrens ist im Falle der Einigung ein Übereinkommen der zuständigen Behörden.[48] Dieses Behördenübereinkommen muß noch für die Steuerpflichtigen in nationales Recht umgesetzt werden. Hier können sich Probleme ergeben, wenn das nationale Recht einer Änderung aufgrund der getroffenen Verständigungsvereinbarung entgegensteht. So ist in Belgien, Frankreich, Österreich, Portugal, Spanien und der Schweiz die Umsetzung einer Verständigungsvereinbarung nicht mehr möglich, wenn der Steueranspruch nach nationalem Recht verjährt ist.[49]

Für die Bundesrepublik wird die Auffassung vertreten, daß die Verständigungsvereinbarung einen selbständigen Rechtsgrund bilde, der eine Änderung zugunsten des Steuerpflichtigen selbst bei Bestandskraft der zugrundeliegenden Steuerbescheide ermögliche.[50] Diese Auffassung erscheint nicht unbedenklich. Denn die Verständigungsvereinbarung ist ein Übereinkommen zwischen Behörden. Die Umsetzung der Verständigungsvereinbarung erfolgt damit auch nur durch Verwaltungsanordnung.[51] Diese bindet zwar die nachgeordneten Behörden. Gesetzeskraft kann sie, da von der Exekutive her kommend, aber nicht haben.[52] Die Verständigungsvereinbarung ist auch nicht eine Art Ergänzung zu den DBA, für die der Gesetzgeber der Verwaltung eine antizipierte Ermächtigung erteilt haben könnte. Denn eine solche Ermächtigung wäre viel zu unbestimmt, um Wirksamkeit erlangen zu kön-

---

47 Tz. 1.2.4 der Verwaltungsgrundsätze vom 23.02.1983, BStBl. I 1983, S. 218; *Runge*, IWB Fach 10 International Gruppe 2, S. 539 (543).

48 *Lehner*, RIW 1981, S. 832 (833).

49 *Engel*, Konzerntransferpreise, S. 85; *Menck*, IWB Fach 10 International, Gruppe 2, S. 627 (632).

50 Tz. 1.2.3 und 1.2.4 der Verwaltungsgrundsätze vom 23.02.1983, BStBl. I 1983, S. 218; *Vogel*, DBA, Rdnr. 92 zu Art. 25; *Strobl*, Gewinnabgrenzung, S. 194; *Bühler*, Prinzipien, S. 43; *Runge*, IWB Fach 10 International Gruppe 2, S. 539 (547); *Menck*, IWB Fach 10 International Gruppe 2, S. 627 (632).

51 *Gloria*, Verständigungsverfahren, S. 182.

52 *Strobl/Zeller*, StuW 1978, S. 244 (246), wollen den Vorrang der Verständigungsvereinbarung vor dem Gesetz aus Art. 25 GG ableiten.

nen. Es ist daher auch anerkannt, daß Gerichte durch die Verständigungsvereinbarung nicht gebunden sind.[53] Warum eine durch Verwaltungsanordnung umgesetzte Verständigungsvereinbarung zwischen zwei Behörden den Steuergesetzen vorgehen soll, ist daher nicht ganz nachvollziehbar. Am ehesten könnte man in der die Verständigungsvereinbarung umsetzenden Verwaltungsanweisung eine Weisung an die nachgeordneten Behörden sehen, einen Erlaß nach § 227 AO aus sachlichen Billigkeitsgründen auszusprechen.

Beabsichtigt der Steuerpflichtige ein Verständigungsverfahren einzuleiten, sollte er aufgrund der eben genannten Bedenken auf jeden Fall den Eintritt der Bestandskraft der Steuerbescheide verhindern. Der Ablauf der Festsetzungsfrist wird bereits durch den Antrag auf Einleitung des Verständigungsverfahrens gehemmt.[54]

Das Verständigungsverfahren ist stets kritisiert worden. Es wird bemängelt, daß die Steuerpflichtigen kein Recht auf Ingangsetzung und auf Beteiligung an dem Verständigungsverfahren haben.[55] *Gloria* dagegen möchte den Steuerpflichtigen in der Bundesrepublik ein subjektives öffentliches Recht auf Einleitung eines Verständigungsverfahrens geben.[56] Ob ein solcher Anspruch auf Einleitung des Verständigungsverfahrens besteht, kann in dieser Arbeit dahingestellt bleiben. Denn es ist allgemein anerkannt, daß der Steuerpflichtige trotz seines möglicherweise gegebenen subjektiven öffentlichen Rechts auf Einleitung des Verständigungsverfahrens keinen Anspruch darauf hat, daß die zuständigen Behörden im Verständigungsverfahren tatsächlich eine Einigung erzielen.[57] In jedem Falle steht dem Steuerpflichtigen, dessen Antrag auf Einleitung eines Verständigungsverfahrens abgelehnt worden ist,

---

53 *Gloria*, Verständigungsverfahren, S. 182; *Lehner*, RIW 1981, S. 832 (835) spricht dieser Verwaltungsanordnung die gleiche Verbindlichkeit zu wie jeder anderen Behördenentscheidung auch.

54 § 171 III AO analog.

55 *Engel*, Konzerntransferpreise, S. 87; *Runge*, IWB Fach 10 International Gruppe 2, S. 539 (543); *Menck*, IWB Fach 10, International Gruppe 2, S. 627 (627); *Strobl*, Gewinnabgrenzung, S. 192 f.; *Wessel*, Doppelbesteuerung, S. 76 ff.; *Lehner*, RIW 1981, S. 832 (835) billigt dem Steuerpflichtigen ein Recht auf fehlerfreie Ausübung des Ermessens bei der Entscheidung über seinen Antrag auf Einleitung des Verständigungsverfahrens zu; *Strobl/Zeller*, StuW 1978, S. 244 (251).

56 StuW 1989, S. 138 (139); *derselbe*, Verständigungsverfahren, S. 266.

57 *Engel*, Konzerntransferpreise, S. 87; *Menck*, IWB Fach 10 International Gruppe 2, S. 627 (627).

der Finanzrechtsweg offen.[58]

Gegen das Verständigungsverfahren ist weiter vorgebracht worden, die Verfahrensdauer sei zu lang, die getroffenen Verständigungsvereinbarungen würden nicht veröffentlicht und so fehle dem Verfahren die Transparenz. Bei den in der Literatur als Verfahrensdauer genannten Zeiträumen für Verständigungsverfahren von sechs Monaten bis zu zwei Jahren im Durchschnitt[59] handelt es sich aber um Zeitspannen, die angesichts der durchschnittlichen Dauer von Prozessen vor deutschen Finanzgerichten[60] noch im Rahmen des Angemessenen liegen dürften. Auch die mangelnde Transparenz der Verständigungsverfahren muß nicht unbedingt ein Nachteil sein. Hier sollte bedacht werden, daß die beteiligten Finanzverwaltungen den konkreten Steuerfall als Einzelfall möglicherweise wohlwollender behandeln als wenn sie damit rechnen müssen, daß die Einzelfallentscheidung aufgrund der Veröffentlichung eine Präzedenzwirkung erhält.

Das eigentliche Problem des Verständigungsverfahrens besteht aber ebenso wie bei der Konzeption des Art. 9 II OECD - MA darin, daß die beteiligten Behörden nicht unter einem Einigungszwang stehen.[61] Dieses Problem ist dem Verständigungsverfahren jedoch durch die Souveränität der an dem Verfahren beteiligten Staaten immanent.[62] Es wird dem Verständigungsverfahren auch dann immanent bleiben, wenn dem Steuerpflichtigen weitgehende Rechte bei der Durchführung des Verständigungsverfahrens eingeräumt würden. Das Verständigungsverfahren hätte nur dann eine größere Effizienz, wenn es an eine Schiedsstelle angelehnt wäre, deren Spruch die beteiligten Staaten auch akzeptierten.[63]

---

58 *Menck*, IWB Fach 10 International Gruppe 2, S. 627 (630); *Vogel*, DBA, Rdnr. 94 zu Art. 25; BFH - Urteil v. 26.05.1982 I R 16/78, BStBl. II 1982, S. 583 (584).

59 *Engel*, Konzerntransferpreise, S. 84; *Strobl/Zeller*, StuW 1978, S. 244 (252 f.).

60 *Tipke/Kruse*, AO, Rdnr. 17 Einf. FGO nennen für Verfahren vor den Finanzgerichten eine Verfahrensdauer von durchschnittlich über zwei Jahren, für Revisionsverfahren von etwa weiteren drei Jahren.

61 *Engel*, Konzerntransferpreise, S. 87 f..

62 *Menck*, IWB Fach 10 International Gr. 2, S. 627 (629).

63 In diesem Sinne nunmehr das EG - Übereinkommen über die Beseitigung der Doppelbesteuerung im Falle von Gewinnberichtigungen zwischen verbundenen Unternehmen (ABLEG L 225 vom 20.08.1990).

B. Nationales deutsches Steuerrecht (§§ 8 b, 26 KStG)

I. §§ 8 b VI[1], 26 KStG

1. Überblick über die Regelungen der §§ 8 b VI, 26 KStG

Aufgrund des in § 1 I EStG und in § 1 I KStG normierten Welteinkommensprinzips unterliegen bei unbeschränkt Steuerpflichtigen auch ausländische Einkünfte der deutschen Besteuerung. Da diese ausländischen Einkünfte aber schon im Ausland besteuert worden sind, resultiert aus dem Welteinkommensprinzip eine Doppelbesteuerung. Dieser Doppelbesteuerung wirkt § 26 KStG als unilaterale Maßnahme des deutschen Steuergesetzgebers entgegen, indem er sie im Idealfall vollständig beseitigt, zumindest aber mildert.

§ 26 KStG gilt für ausländische Einkünfte unbeschränkt Körperschaftsteuerpflichtiger und damit auch für verdeckte Gewinnausschüttungen, die als Folge von Gewinnberichtigungen bei ausländischen Tochtergesellschaften im Verhältnis zu ihrer deutschen Muttergesellschaft auftreten können.[2] Bei der Annahme verdeckter Gewinnausschüttungen als Folge der eben genannten Gewinnberichtigungen können sich nicht nur Doppelbesteuerungen, sondern darüber hinausgehende Mehrfachbesteuerungen ergeben. Denn Gewinnausschüttungen unterliegen im Staat der ausschüttenden Gesellschaft zum einen in aller Regel einer Quellensteuer. Zum anderen haben die Gewinnausschüttungen bereits als von der ausländischen Gesellschaft erzielte Gewinne der dortigen Gewinnbesteuerung unterlegen. Eine dritte Besteuerung kommt nun im Sitzstaat des Ausschüttungsempfängers hinzu.[3]

Zur Beseitigung oder Milderung dieser Mehrfachbesteuerung enthält § 26 KStG im wesentlichen zwei Regelungsbereiche. Der erste Regelungsbereich des § 26 KStG ist die direkte Steueranrechnung nach § 26 I KStG. Danach ist für die hier interessierende verdeckte Gewinnausschüttung als Folge einer Gewinnberichtigung die im Ausland auf die Gewinnausschüttung entfallende Quellensteuer auf die deutsche Körperschaftsteuer der Muttergesellschaft anrechenbar.

---

1 für Veranlagungszeiträume bis 1993 war diese Regelung in § 26 VIII KStG enthalten.

2 Argumentum ex § 26 II 3 KStG.

3 Siehe oben 2. Teil 3. Kapitel B. I..

Der zweite Regelungsbereich zur Beseitigung oder Milderung der Mehrfachbesteuerung ist die indirekte Steueranrechnung nach § 26 II KStG, die unter bestimmten Voraussetzungen zusätzlich zu der direkten Steueranrechnung des § 26 I KStG gewährt wird. § 26 II KStG trägt dem Umstand Rechnung, daß Gewinnausschüttungen einer ausländischen Tochtergesellschaft an eine deutsche Muttergesellschaft nicht nur aufgrund der Annahme einer Ausschüttung einer Quellensteuer unterliegen, sondern daß diese Gewinnausschüttungen im Ausland bereits als Bestandteile des Gewinns der Tochtergesellschaft vor der Ausschüttung als Gewinne besteuert worden sind.[4] Soweit die Gewinnausschüttung im Ausland bereits einer solchen Gewinnbesteuerung unterlegen hat, kann unter bestimmten Voraussetzungen auch die auf den ausgeschütteten Gewinnen lastende ausländische Steuer auf die deutsche Körperschaftsteuer angerechnet werden.

Außerdem enthält § 26 VI KStG eine Steuertarifermäßigung für ausländische Einkünfte aus dem Betrieb von Handelsschiffen im internationalen Verkehr[5] sowie Regelungen über Erlaß, Teilerlaß oder Pauschalierung der deutschen Körperschaftsteuer.[6] Diese Regelungen des § 26 VI KStG sind hier aber nicht weiter von Interesse.

Daneben enthält § 8 b VI KStG[7] eine Regelung, nach der bestimmte Gewinnminderungen bei der Ermittlung des Einkommens vom Abzug ausgeschlossen sind. § 8 b VI KStG verhindert u.a. gewinnmindernde Abschreibungen auf Beteiligungen an ausländischen Gesellschaften, deren Teilwert infolge von Gewinnausschüttungen, die nach DBA - Recht in der Bundesrepublik Deutschland steuerfrei sind, gesunken ist.

---

4 *Streck*, KStG, Anm. 21 zu § 26 KStG.

5 I.V.m. § 34 c IV EStG.

6 I.V.m. § 34 c V EStG.

7 für Veranlagungszeiträume vor 1994: § 26 VIII KStG.

2. Direkte Steueranrechnung (§ 26 I KStG)

Die direkte Steueranrechnung setzt Identität des Steuerpflichtigen voraus.[8] Anrechenbar ist daher nach § 26 I KStG nur die auf der Gewinnausschüttung lastende Quellensteuer, die die deutsche Muttergesellschaft als Ausschüttungsempfängerin zu zahlen hat.[9] Die Anrechnung der ausländischen Steuer kann aufgrund der in § 26 I KStG vorgesehenen Beschränkungen in keinem Fall zu einer Erstattung deutscher Körperschaftsteuer führen. Denn die Anrechnung ist der Höhe nach auf die festgesetzte, gezahlte und keinem Ermäßigungsanspruch mehr unterliegende ausländische Steuer beschränkt und darf außerdem den Betrag der deutschen Körperschaftsteuer, der auf die Einkünfte aus dem ausländischen Staat entfällt, nicht übersteigen.[10]

Die Anrechnung ist weiter für jeden ausländischen Staat gesondert zu ermitteln.[11] Diese sog. "per country limitation" gilt auch für die Berechnung des Höchstbetrags der Steueranrechnung. Die Anrechnung nach § 26 I KStG erfolgt durch Abzug der ausländischen Steuer von der deutschen Steuer. Möglich ist aber auch nach Wahl des Steuerpflichtigen stattdessen der Abzug der Steuer bei der Ermittlung des Gesamtbetrags der Einkünfte.[12] Diese Art der Steuerentlastung wird der Steuerpflichtige wählen, wenn aufgrund einer Verlustsituation der Abzug von der Steuer ins Leere ginge. Durch den Abzug der ausländischen Steuer bei der Ermittlung des Gesamtbetrags der Einkünfte kann sich die ausländische Steuer dann noch im Rahmen eines Verlustrück - oder vortrags[13] auswirken.

---

8 *Tillmanns* in *Mössner et al.*, Steuerrecht international tätiger Unternehmen, Rdnr. B 303.

9 Nicht nach § 26 I KStG anrechenbar ist dagegen die auf dem Gewinn der ausländischen Gesellschaft lastende Steuer.

10 § 26 I KStG.

11 *Tillmanns* in *Mössner et al.*, Steuerrecht international tätiger Unternehmen, Rdnr. B 309.

12 § 26 VI 1 KStG, § 34 c II EStG.

13 § 8 I KStG, § 10 d EStG.

3. Indirekte Steueranrechnung (§ 26 II - VI KStG)

Bei unmittelbarer Beteiligung einer deutschen Muttergesellschaft an ausländischen Tochtergesellschaften ermöglicht § 26 II KStG die Anrechnung von Steuern, bei denen die in § 26 I KStG vorausgesetzte Subjektidentität des Steuerpflichtigen fehlt.[14] Nach § 26 II KStG kann die Muttergesellschaft auf ihre Steuer die von ausländischen Tochtergesellschaften auf von ihnen erzielte Gewinne entfallende und gezahlte Steuern anrechnen.

§ 26 II KStG setzt voraus, daß

- die Muttergesellschaft ununterbrochen seit mindestens zwölf Monaten vor Ende des Veranlagungszeitraums oder des davon abweichenden Wirtschaftsjahres[15]
- mindestens zu einem Zehntel unmittelbar am Nennkapital einer ausländischen Tochtergesellschaft beteiligt ist, die ihre Bruttoerträge ausschließlich oder fast ausschließlich aus unter § 8 I Nr. 1 bis 6 AStG fallenden Tätigkeiten oder aus unter § 8 II AStG fallenden Beteiligungen bezieht.[16]

Angerechnet werden auch die ausländischen Steuern, die auf verdeckte Gewinnausschüttungen der ausländischen Tochtergesellschaft an die deutsche Muttergesellschaft entfallen.[17] Die in § 26 II 3 KStG enthaltene Bestimmung, daß verdeckte Gewinnausschüttungen nur dann zu den nach § 26 II KStG begünstigten Gewinnanteilen gehören, wenn sie die Bemessungsgrundlage bei der Besteuerung der Tochtergesellschaft nicht gemindert haben, hat nur klarstellende Bedeutung. Denn wenn verdeckte Gewinnausschüttungen bei der ausländischen Tochtergesellschaft gar nicht besteuert worden sind, dann lastet auf diesen verdeckten Gewinnausschüttungen auch keine ausländische Steuer, die zur Vermeidung einer Doppelbesteuerung auf die deutsche Körperschaftsteuer angerechnet werden müßte. Ebenso wie im Rahmen von § 26 I KStG muß die ausländische Steuer festgesetzt und gezahlt sein sowie keinem Ermäßigungsanspruch mehr unterliegen.[18]

---

14 *Streck*, KStG, Anm. 35 zu § 26 KStG.

15 § 26 II 1 KStG.

16 § 26 II 1 KStG.

17 *Streck*, KStG, Anm. 31 zu § 26 KStG; argumentum ex § 26 II 3 KStG.

18 § 26 II 7, I KStG.

Die Anrechnung der ausländischen Steuer setzt einen Antrag der deutschen Muttergesellschaft voraus.[19] Die Anrechnung erfolgt durch Abzug von der deutschen Steuer. Der Höhe nach ist die Steueranrechnung eingeschränkt. Anrechenbar ist nur der Betrag, der dem Verhältnis der auf die Muttergesellschaft entfallenden Gewinnanteile[20] zum ausschüttbaren Gewinn der Tochtergesellschaft, höchstens jedoch dem Anteil der Muttergesellschaft am Nennkapital der Tochtergesellschaft entspricht.[21] Anders als bei § 26 I KStG kommt statt des Abzugs der ausländischen Steuer von der deutschen Steuer ein Abzug der ausländischen Steuer bei der Ermittlung des Gesamtbetrags der Einkünfte nicht in Betracht.[22].

Liegen sowohl die Voraussetzungen des § 26 I KStG als auch die Voraussetzungen des § 26 II KStG vor, werden die beiden Vorschriften kumulativ angewendet.[23] Die Steueranrechnung nach § 26 I KStG ist vorrangig.[24]

§ 26 III KStG enthält als Ergänzung zu § 26 II KStG eine besondere Art der Steueranrechnung bei Tochtergesellschaften mit Sitz in Entwicklungsländern, die auch als "Quasi - Schachtelprivileg" bezeichnet wird.[25] Diese Art der Steueranrechnung ist im Rahmen des europäischen Konzerns in dieser Arbeit aber nicht von Bedeutung.

Die indirekte Steueranrechnung greift nicht nur bei unmittelbarer Beteili-

---

19 § 26 II 1 KStG.

20 Einschließlich angenommener verdeckter Gewinnausschüttungen.

21 § 26 II 2 KStG.

22 § 26 VI 1, 2 KStG i.V.m. § 34 c II EStG.

23 *Streck*, KStG, Anm. 45 zu § 26 KStG.

24 § 26 II 6 KStG.

25 § 26 III KStG stellt die Fiktion auf, daß die von der Tochtergesellschaft auf die Gewinne entrichteten Steuern der deutschen Steuer entsprechen. Dadurch werden die Gewinnausschüttungen von Tochtergesellschaften mit Sitz in den begünstigten Entwicklungsländern durch den Umfang der Steueranrechnung letztlich von der deutschen Besteuerung freigestellt. Motiv für § 26 III KStG war die Erkenntnis, daß die Steueranrechnung im Rahmen des § 26 KStG ausländische Investitionsanreize in Form von Steuervergünstigungen oder Steuerfreistellungen für deutsche Muttergesellschaften unattraktiv macht. Denn die niedrige ausländische Besteuerung wird durch die Besteuerung im Rahmen der unbeschränkten deutschen Steuerpflicht wieder auf das deutsche Niveau hochgeschleust.

gung deutscher Gesellschaften an ausländischen Tochtergesellschaften ein. § 26 V KStG gewährt die indirekte Steueranrechnung auch für Beteiligungen deutscher Muttergesellschaften über ausländische Tochtergesellschaften an ausländischen Enkelgesellschaften. § 26 V KStG erfaßt damit Fälle, in denen deutsche Muttergesellschaften die Auslandsbeteiligungen nicht unmittelbar, sondern über ausländische Holdinggesellschaften mittelbar halten. In diesen Fällen fehlt in aller Regel die in § 26 II KStG geforderte aktive Tätigkeit der ausländischen Holdinggesellschaft, da sie nur Beteiligungseinkünfte erzielt. Für Gewinnausschüttungen der ausländischen Holding an die deutsche Muttergesellschaft käme dann die Steueranrechnung nach § 26 II KStG nicht in Betracht.

Die nach § 26 V KStG auf Antrag gewährte Steuervergünstigung entspricht im wesentlichen § 26 II KStG. Auch sie setzt eine mittelbare Beteiligung der Muttergesellschaft an der ausländischen Enkelgesellschaft von mindestens 10 % voraus. § 26 V KStG wirkt in der Weise, daß Gewinnausschüttungen der Tochtergesellschaft[26] an die deutsche Muttergesellschaft steuerlich so behandelt werden, als hätte die Enkelgesellschaft diese Gewinne unmittelbar an die deutsche Muttergesellschaft ausgeschüttet.[27] § 26 V KStG setzt aber voraus, daß die Tochtergesellschaft in einem Wirtschaftsjahr Gewinne an die deutsche Muttergesellschaft ausschüttet, in dem auch die Enkelgesellschaft Gewinne an die Tochtergesellschaft ausschüttet.[28] Bei der deutschen Muttergesellschaft sind die von ihr bezogenen Gewinnanteile insoweit begünstigt, als sie der mittelbaren Beteiligung der auf sie entfallenden Gewinnausschüttung der Enkelgesellschaft entsprechen.[29] Zu beachten ist, daß § 26 V KStG internationale Konzerne aus deutscher Sicht nur bis zur ausländischen Enkelgesellschaft begünstigt. Die Fiktion des § 26 V KStG erfaßt damit Beteiligungen einer deutschen Muttergesellschaft ab der Stufe der Urenkelgesellschaften nicht mehr.[30]

---

26 In der Regel einer ausländischen Holding.

27 § 26 V 1 KStG.

28 § 26 V 1 KStG.

29 § 26 V 1 KStG.

30 *Jacobs*, Internationale Unternehmensbesteuerung, S. 630; *Streck*, KStG, Anm. 61 zu § 26 KStG.

4. Ausschluß des Abzugs von Gewinnminderungen (§ 8 b VI KStG[31])

§ 8 b VI Nr. 1 KStG läßt gewinnmindernde Teilwertabschreibungen in hier interessierenden Fällen auf Beteiligungen an ausländischen Gesellschaften nicht zu, wenn die von diesen Gesellschaften bezogenen Gewinnanteile nach DBA in der Bundesrepublik Deutschland steuerfrei oder nach § 26 II bis III KStG begünstigt sind und die Teilwertabschreibungen gerade auf Gewinnausschüttungen dieser Gesellschaften beruhen.

Die Regelung des § 8 b VI KStG ist aber nicht auf den aus der Ertrag/Aufwands - Lösung des Großen Senates resultierenden Vorteilsverbrauch bei grenzüberschreitenden Unterpreisleistungen, der bei der Muttergesellschaft zu Betriebsausgaben führt, anzuwenden. Dem steht bereits entgegen, daß der Tatbestand des § 8 b VI KStG den Vorteilsverbrauch nicht erfaßt. Denn § 8 b VI KStG in der hier interessierenden Variante der Nr. 1 setzt eine Gewinnminderung durch Ansatz des niedrigeren Teilwerts des Anteils an der ausländischen Gesellschaft voraus.[32] Die Gewinnminderung bei der Muttergesellschaft bei Unterpreisleistungen zwischen Schwestergesellschaften entsteht aber nicht durch Ansatz des niedrigeren Teilwerts, sondern durch den Verbrauch des Vorteils für Zwecke der Beteiligung.[33]

§ 8 b VI KStG kann auf den Vorteilsverbrauch auch nicht entsprechend angewendet werden. Für eine entsprechende Anwendung fehlt es zum einen an einer Regelungslücke. Denn hier ist bereits § 3 c EStG die einschlägige Norm, an der die Abzugsfähigkeit des bei der Muttergesellschaft verbrauchten Vorteils zu messen ist.[34] Zum zweiten ist § 8 b VI KStG eine auf die dort genannten Sachverhalte beschränkte und damit abschließende Regelung.

---

31 für Veranlagungszeiträume vor 1994: § 26 VIII KStG.

32 § 26 VIII Nr. 1 KStG.

33 Beschluß vom 26.10.1987 GrS 2/86, BStBl. II 1988, S. 348 (356).

34 Siehe oben 2. Teil 2. Kapitel E..

II. § 26 II a KStG als Umsetzung der Richtlinie des Rates der EG vom 23.07.1990 über das gemeinsame Steuersystem der Mutter - und Tochtergesellschaften verschiedener Mitgliedstaaten[35]

§ 26 II a KStG ist die Umsetzung der sog. "Mutter-Tochter-Richtlinie"[36] in deutsches Steuerrecht und, wie die systematische Stellung der Norm in § 26 KStG bereits andeutet, eine Ergänzung zu den in § 26 KStG enthaltenen unilateralen Regelungen zur Vermeidung der Doppelbesteuerung. Da auch zu untersuchen sein wird, ob die Richtlinie zutreffend in nationales Recht umgesetzt worden ist, wird zunächst die Richtlinie gewürdigt.

1. Überblick über den Inhalt der Richtlinie

Die Richtlinie des Rates der EG vom 23.07.1990 über das gemeinsame Steuersystem der Mutter - und Tochtergesellschaften verschiedener Mitgliedstaaten (Mutter-Tochter-Richtlinie) steht im Zusammenhang mit der Vollendung des europäischen Binnenmarktes am 31.12.1992. Die Mutter-Tochter-Richtlinie geht auf einen Vorschlag der Kommission der EG vom 22.03.1969[37] zurück. Damit sind 21 Jahre vergangen, bis sich die Mitgliedstaaten der EG auf eine Lösung einigen konnten.

Gewinnausschüttungen einer Tochtergesellschaft an eine Muttergesellschaft mit Sitz in einem anderen Mitgliedstaat der EG können einer Mehrfachbesteuerung unterliegen. Bei der Tochtergesellschaft ist die Gewinnausschüttung bereits als erzielter Gewinn besteuert worden. Darüber hinaus erhebt der Sitzstaat der Tochtergesellschaft in aller Regel auf die Gewinnausschüttung eine Quellensteuer.[38] Zu einer dritten Besteuerung der Gewinnausschüttung kann es schließlich bei der Muttergesellschaft kommen, wenn dort

---

35 90/435/EWG, ABLEG L 225/6 vom 20.08.1990, umgesetzt in nationales Recht durch Art. 8 Ziff. 6 § 26 II a KStG, StÄndG 1992, BGBl. I 1992, S. 297 (314); zur Umsetzung in anderen EG - Staaten siehe die Übersicht bei *Altheim*, IStR 1993, S. 354 (359).

36 siehe vorhergehende Fn.

37 ABLEG C 39 vom 22.03.1969.

38 Die Muttergesellschaft wird insoweit in der Regel von den nationalen Steuersystemen als beschränkt steuerpflichtig im Sitzstaat der Tochtergesellschaft angesehen.

die Gewinnausschüttung als Ertrag ungemildert besteuert wird.[39]

Die Kommission und der Rat der EG sahen in dieser möglichen Mehrfachbesteuerung ein Hemmnis für das Funktionieren des gemeinsamen Marktes in der EG, der die grenzüberschreitende Zusammenarbeit von Gesellschaften verschiedener Mitgliedstaaten fördern soll.[40] Mit der Mutter-Tochter-Richtlinie sollten in der EG die Mehrfachbesteuerungen von Gewinnen, die eine Tochtergesellschaft an die Muttergesellschaft mit Sitz in einem anderen Mitgliedstaat ausschüttet, vermieden werden.[41]

Zu diesem Zweck sieht die Mutter-Tochter-Richtlinie Anpassungen der nationalen Steuersysteme der Mitgliedstaaten auf zwei Ebenen vor.

1.Ebene: bezieht eine Muttergesellschaft eines Mitgliedstaates eine Gewinnausschüttung von einer Tochtergesellschaft eines anderen Mitgliedstaates, dann

a) besteuert der Staat der Muttergesellschaft diese Gewinnausschüttung entweder nicht oder

b) läßt er im Fall der Besteuerung zu, daß die Muttergesellschaft den Steuerteilbetrag, den die Tochtergesellschaft für die von ihr ausgeschütteten Gewinne entrichtet, auf die Steuer anrechnen kann, die bei ihr auf die von der Tochtergesellschaft empfangene Gewinnausschüttung entfällt.[42]

2. Ebene: Gewinnausschüttungen von Tochtergesellschaften an Muttergesellschaften eines anderen Mitgliedstaates werden grundsätzlich von jeder Quellensteuer befreit.[43]

2. Räumlicher Anwendungsbereich der Mutter-Tochter-Richtlinie

Die Mutter-Tochter-Richtlinie gilt für alle Mitgliedstaaten der EG.[44]

---

39 In der Bundesrepublik Deutschland wurde diese mögliche Doppelbesteuerung auch ohne DBA durch § 26 KStG a.F. bis Veranlagungszeitraum 1993 zumindest gemildert (Siehe oben 2. Teil 4. Kapitel B I.).

40 ABLEG L 225/6 vom 20.08.1990 für den Rat der EG; Tz. 9, 12 und 20 Teil 1 A. der Leitlinien der Kommission der EG zur Unternehmensbesteuerung (SEK [90] 601 endg.) für die Kommission.

41 *Krebs*, BB 1990, S. 1945 (1946).

42 Art. 4 I Mutter-Tochter-Richtlinie.

43 Art. 5 I Mutter-Tochter-Richtlinie.

44 Art. 1 Mutter-Tochter-Richtlinie.

3. Sachlicher Anwendungsbereich der Mutter-Tochter-Richtlinie

Die Mutter-Tochter-Richtlinie gilt nur für die in Art. 2 Mutter-Tochter-Richtlinie i.V.m. den im Anhang aufgeführten Formen von Gesellschaften, die einer der in Art. 2 c) genannten Steuern ohne Wahlmöglichkeit unterliegen müssen. Es handelt sich vereinfacht gesagt um Kapitalgesellschaften.[45]

Die Mutter-Tochter-Richtlinie setzt Gewinnausschüttungen an eine Muttergesellschaft voraus. Sie definiert die Muttergesellschaft als
"jede Gesellschaft eines Mitgliedstaates, die die Bedingungen des Artikels 2 erfüllt und die einen Anteil von mindestens 25 % am Kapital einer Gesellschaft eines anderen Mitgliedstaates, die die gleichen Bedingungen erfüllt, besitzt".[46]
Nach dem Wortlaut der Mutter-Tochter-Richtlinie wäre daher Muttergesellschaft nur eine Gesellschaft, die Anteile an einer Tochtergesellschaft und an einer Enkelgesellschaft hält. Denn der in Art. 3 Mutter-Tochter-Richtlinie enthaltene Gliedsatz, "die die gleichen Bedingungen erfüllt", bezieht sich sowohl auf die Voraussetzungen des Art. 2 der Mutter-Tochter-Richtlinie[47] als auch auf das Erfordernis einer mindestens 25 % igen Beteiligung an einer anderen Gesellschaft als auch auf das Erfordernis des Sitzes in einem anderen Mitgliedstaat der EG.

Diese Wortlautauslegung wird dem Sinn und Zweck der Mutter-Tochter-Richtlinie aber nicht gerecht. Denn die Doppelbesteuerung ausgeschütteter Gewinne tritt nicht nur bei Konzernen ein, die aus Enkel-, Tochter- und Muttergesellschaft mit Sitz in drei verschiedenen Mitgliedstaaten bestehen.

Der Wortlaut des Art. 3 Mutter-Tochter-Richtlinie ist damit mißlungen. Man wird davon ausgehen dürfen, daß sich der Gliedsatz "die die gleichen Bedingungen erfüllt", nur auf die Voraussetzungen des Art. 2 Mutter-Tochter-Richtlinie bezieht, nicht aber auf das Erfordernis einer 25 %igen Beteiligung an einer weiteren Gesellschaft mit Sitz in einem anderen Mitgliedstaat der

---

45 *Thömmes*, Wpg. 1990, S. 473 (473 f.); *Krebs*, BB 1990, S. 1945 (1946).
46 Art. 3 (1) a) Mutter-Tochter-Richtlinie.
47 Kapitalgesellschaft.

EG.

Die Mutter-Tochter-Richtlinie sieht keine Mindestbesitzdauer für die Beteiligung an der Tochtergesellschaft vor. Sie räumt den Mitgliedstaaten aber das Recht ein, ein Mindestbesitzdauer von zwei Jahren in ihr nationales Recht aufzunehmen.[48]

Die Mutter-Tochter-Richtlinie gilt für Gewinnausschüttungen, ohne sie näher zu definieren. Man wird daher ebenso wie bei den DBA davon ausgehen dürfen, daß auch Gewinnberichtigungen, die zur Annahme von (verdeckten) Gewinnausschüttungen[49] führen, unter die Mutter-Tochter-Richtlinie fallen.

4. Verhinderung der Doppelbesteuerung

Die Mutter-Tochter-Richtlinie vermeidet die Doppelbesteuerung, indem sie

1. die Gewinnausschüttungen entweder im Staat der Muttergesellschaft nicht besteuert (Freistellung) oder im Fall der Besteuerung die bei der Tochtergesellschaft auf die Gewinnausschüttung entfallende Steuer auf die Steuer der Muttergesellschaft, die auf der empfangenen Gewinnausschüttung lastet, anrechnet[50];

2. die Gewinnausschüttungen im Staat der Tochtergesellschaft im Grundsatz von der Quellensteuer befreit.[51]

Darüber hinaus räumt die Mutter-Tochter-Richtlinie den Mitgliedstaaten das Recht ein, im nationalen Steuerrecht zu bestimmen, daß Kosten der Beteili-

---

48 Art. 3 (2) 2. Spiegelstrich Mutter-Tochter-Richtlinie.

49 Wie in der Bundesrepublik Deutschland.

50 Art. 4 I Mutter-Tochter-Richtlinie.

51 Art. 5 I Mutter-Tochter-Richtlinie. Ausnahmen bestehen noch für die Bundesrepublik Deutschland, Griechenland und Portugal. Aufgrund des gespaltenen Steuersatzes in der Bundesrepublik Deutschland (50 % für thesaurierte, 36 % für ausgeschüttete Gewinne) darf die Bundesrepublik Deutschland, solange der Unterschied zwischen diesen beiden Steuersätzen mindestens 11 Punkte beträgt, eine Quellensteuer von 5 % auf Gewinnausschüttungen ihrer Tochtergesellschaften vornehmen. Dieses Recht erlischt Mitte 1996 (Art. 5 III Mutter-Tochter-Richtlinie). In Griechenland ist eine Quellensteuer auf Gewinnausschüttungen auch weiterhin zulässig, da hier thesaurierte Gewinn der Besteuerung nicht unterliegen (Art. 5 II Mutter-Tochter-Richtlinie). Für Portugal ist der Quellensteuerabzug sowohl zeitlich als auch dem Umfang nach beschränkt (Art. 5 IV Mutter-Tochter-Richtlinie).

gung an der Tochtergesellschaft und Minderwerte, die sich aufgrund von Ausschüttungen ihrer Gewinne ergeben, nicht vom steuerpflichtigen Gewinn der Muttergesellschaft abgesetzt werden können.[52] In der Bundesrepublik Deutschland bestehen mit § 3 c EStG und § 8 b VI KStG bereits solche Bestimmungen. Insoweit kann auf die Ausführungen zu § 3 c EStG[53] und § 8 b VI KStG[54] verwiesen werden.

5. § 26 II a KStG als Umsetzung der Mutter-Tochter-Richtlinie in nationales Recht

Die Mutter-Tochter-Richtlinie bedurfte zur Wirksamkeit in den EG - Staaten der Umsetzung in nationales Recht.[55] Die Bundesrepublik Deutschland hat die erste Stufe[56] der Mutter-Tochter-Richtlinie mit dem Steueränderungsgesetz 1992 umgesetzt.[57] § 26 II a KStG sieht für Gewinnausschüttungen ausländischer Tochtergesellschaften aus EG - Mitgliedstaaten die Steueranrechnung vor, soweit die Ausschüttungen nicht in den von der Bundesrepublik Deutschland abgeschlossenen DBA über das internationale Schachtelprivileg bei deutschen Muttergesellschaften von der Steuer freigestellt sind. Die in der Mutter-Tochter-Richtlinie vorgesehene Steueranrechnung entspricht in der Terminologie des § 26 KStG der indirekten Steueranrechnung[58], da es sich bei der anzurechnenden Steuer der ausländischen Tochtergesellschaft um eine Steuer auf den Gewinn der Tochtergesellschaft und nicht[59] um eine Steuer auf die Gewinnausschüttung handelt.

§ 26 II KStG schließt die Steueranrechnung allerdings für bestimmte Fälle aus oder schränkt sie zumindest ein. Ausgeschlossen ist die Steueranrechnung, wenn die deutsche Muttergesellschaft ihre Bruttoerträge nicht oder

---

52 Art. 4 II Mutter-Tochter-Richtlinie.

53 Siehe oben 2. Teil 2. Kapitel E.

54 Siehe oben 2. Teil 4. Kapitel B. I. 4.).

55 *Thömmes*, Wpg. 1990, S. 473 (475); zu Gestaltungsmöglichkeiten aus Sicht der Steuerberatung siehe *Altheim*, IStR 1993, S. 353.

56 Freistellung der Gewinnausschüttung auf Ebene der Muttergesellschaft oder Anrechnung der Steuer der Tochtergesellschaft.

57 Art. 8 Ziff. 6 § 26 II a KStG StÄndG 1992, BGBl. I 1992, S. 297 (314).

58 § 26 II KStG.

59 Wie nach § 26 I KStG.

nicht fast ausschließlich aus unter § 8 I Nr. 1 bis 6 AStG fallenden Tätigkeiten oder aus unter § 8 II AStG entfallenden Beteiligungen (Aktivitätsklausel) bezieht.[60] Eingeschränkt ist die Steueranrechnung hinsichtlich verdeckter Gewinnausschüttungen, die die deutsche Muttergesellschaft von der ausländischen Tochtergesellschaft erhält. Diese Gewinnausschüttungen zählen nur dann zu den nach § 26 II KStG begünstigten Gewinnanteilen, soweit sie bei der Tochtergesellschaft der Besteuerung unterliegen.[61]

Die Mutter-Tochter-Richtlinie enthält keine Ermächtigung an die Mitgliedstaaten, in ihre nationalen Vorschriften Einschränkungen der eben genannten Art aufzunehmen. Hinsichtlich des Ausschlusses der Steueranrechnung für Gesellschaften, die ihre Bruttoerträge nicht oder nicht fast ausschließlich aus unter § 8 I oder § 8 II AStG fallenden Tätigkeiten erzielen (Aktivitätsklausel), ist die Bundesrepublik Deutschland der Mutter-Tochter-Richtlinie nachgekommen. Der durch Steueränderungsgesetz 1992 hinter § 26 II KStG eingefügte § 26 II a KStG läßt die Steueranrechnung für Gewinnausschüttungen von Tochtergesellschaften aus EG - Mitgliedstaaten auch dann zu, wenn die Voraussetzungen der in § 26 II 2 KStG enthaltenen Aktivitätsklausel[62] für diese Tochtergesellschaften nicht erfüllt sind.

Auch die zweite Stufe der Mutter-Tochter-Richtlinie[63] hat die Bundesrepublik Deutschland mit dem Steueränderungsgesetz 1992 in nationales Recht umgesetzt. Die Herabsetzung und schließlich später die vollständige Beseitigung der Quellensteuer auf Gewinnausschüttungen deutscher Tochtergesellschaften an Muttergesellschaften der Mitgliedstaaten der EG regelt der durch das Steueränderungsgesetz 1992 in das EStG eingefügte § 44 d.[64]

Die Mutter-Tochter-Richtlinie ändert aber nichts daran, daß die für Ge-

---

60 § 26 II 2 KStG.

61 § 26 II 4 KStG.

62 Damit sind zugleich die in den DBA der Bundesrepublik Deutschland mit Portugal (Art. 24 Abs. 2 a DBA i.V.m. Tz. 8 Protkoll) und Spanien (Art. 23 I a) DBA) vereinbarten Aktivitätsklauseln zwar nicht hinfällig, so aber doch bedeutungslos geworden. Denn die indirekte Steueranrechnung ergibt sich in diesen Fällen bei "passiven" Einkünften zwar nicht aus dem DBA, aber aus § 26 II a KStG als Auffangtatbestand.

63 Die Abschaffung der Quellensteuer auf Gewinnausschüttungen nach Art. 5 I Mutter-Tochter-Richtlinie.

64 Art. 1 Ziff. 4 StÄndG 1992, BGBl. I 1992, S. 297 (306).

winnausschüttungen ausländischer Tochtergesellschaften an deutsche Muttergesellschaften aufgrund des in DBA enthaltenen internationalen Schachtelprivilegs gewährte Steuerfreiheit für Veranlagungszeiträume bis einschließlich 1993 verlorengeht, wenn die deutschen Muttergesellschaften die Gewinne an ihre Gesellschafter ausschütten. Dieser Verlust der Steuerfreiheit bis einschließlich 1993 ist durch das Herstellen der Ausschüttungsbelastung als Folge des Anrechnungsverfahrens dem deutschen Steuersystem noch immanent.[65] Die Beseitigung dieser Doppelbesteuerung unterfällt nicht der Mutter-Tochter-Richtlinie. Die Mutter-Tochter-Richtlinie stellt die Gewinnausschüttungen allenfalls auf der Ebene der Muttergesellschaften frei. Die Mutter-Tochter-Richtlinie schließt hingegen nicht aus, daß diese Steuerfreiheit bei Weiterausschüttung an die Gesellschafter verlorengeht.

65 *Flick*, DStR 1989, S. 557 (558 f.); zur geänderten Rechtslage durch das Standortsicherungsgesetz ab 1994 siehe die folgenden Ausführungen unter III.

III. § 8 b I KStG (Holdingprivileg für deutsche Kapitalgesellschaften)[66]

1. Überblick über die Regelung des § 8b I KStG[67]

Für Veranlagungszeiträume bis einschließlich 1993 ging die Steuerfreiheit von Gewinnausschüttungen, die deutschen unbeschränkt steuerpflichtigen Kapitalgesellschaften nach dem sog. "DBA -Schachtelprivileg" gewährt wurde, bei Weiterausschüttung durch Herstellen der Ausschüttungsbelastung verloren. Dabei war es gleichgültig, ob die Weiterausschüttung an eine Kapitalgesellschaft, eine Personengesellschaft oder eine natürliche Person erfolgte.[68] Ab Veranlagungszeitraum 1994 bleibt die aus dem DBA - Schachtelprivileg resultierende Steuerfreiheit dagegen bei Weiterausschüttung an deutsche Kapitalgesellschaften durch die Regelung des § 8 b I KStG erhalten.

Bei Ausschüttungen der nach DBA steuerfreien Gewinnanteile an Personengesellschaften oder natürliche Personen geht dagegen die Steuerfreiheit auch weiterhin verloren. Zwar unterbleibt ab 1994 in diesen Fällen die Herstellung der Ausschüttungsbelastung bei der ausschüttenden Kapitalgesellschaft (§ 40 Nr. 1 KStG). Die Ausschüttung ist aber vom Anteilseigner zu dem für ihn maßgebenden Einkommensteuersatz zu versteuern.[69]

Die zunächst auch bei Weiterausschüttung steuerfreier ausländischer Gewinnanteile von Kapitalgesellschaften an natürliche Personen vorgesehene "Durchreichung" ausländischer Körperschaftsteuer an natürliche Personen und damit auch insoweit der Erhalt der Steuerfreiheit sowie die Vereinfachung des Anrechnungsverfahrens durch eine modifizierte Gliederungsrechnung sind letzlich nicht in das Standortsicherungsgesetz aufgenommen worden.[70] Dieses Vorhaben soll aber nicht endgültig aufgegeben sein.[71]

---

66 für Veranlagungszeiträume ab 1994 (§ 54 I KStG i.d.F. des StandOG, BGBl. I 1993, S. 1569).

67 zu § 8b II KStG siehe die Ausführungen im Zusammenhang mit § 3c EStG, die in dieser Arbeit dort aus systematischen Gründen stehen (siehe 2. Teil 2. Kapitel E. 4.).

68 *Hundt*, IStR 1993, S. 2048 (2048).

69 *Hundt*, DB 1993, S. 2048 (2049).

70 Zu diesen Vorschlägen siehe den Überblick von *Zeitler/ Krebs*, DB 1993, S. 1051.

71 *Wolff*, IStR 1993, S. 449 (454).

Ziel des § 8b I KStG ist es, steuerliche Hindernisse für die Gründung von Holdingesellschaften mit Sitz in der Bundesrepublik Deutschland abzubauen.[72]

Darüber hinaus bleibt nach § 8 b I KStG ab Veranlagungszeitraum 1994 auch bei Weiterleitung steuerfreier Gewinne aus der Veräußerung von Anteilen an ausländischen Kapitalgesellschaften an deutsche Kapitalgesellschaften die Steuerbefreiung erhalten. § 8 b I KStG gewährt deutschen Kapitalgesellschaften damit ein "Holdingprivileg", um Anreize zur Einrichtung von Holdinggesellschaften in der Bundesrepublik zu schaffen bzw. die Anreize anderer Staaten als Standorte für Holdinggesellschaften zu relativieren.[73]

2. Regelungsinhalt des § 8b I KStG

Nach § 8b I KStG bleiben Ausschüttungen einer unbeschränkt steuerpflichtigen Kapitalgesellschaft aus dem Teilbetrag des EK 01 (steuerfreie ausländische Einkünfte) an eine andere unbeschränkt steuerpflichtige Kapitalgesellschaft abweichend von der Rechtslage bis 31.12.1993 auch bei der Ausschüttungsempfängerin steuerfrei. Eine Mindestbeteiligung setzt § 8b I KStG nicht voraus.[74]

Technisch erfolgt die Steuerfreistellung, indem die ausschüttende Kapitalgesellschaft bei Ausschüttungen aus dem EK 01 die Ausschüttungsbelastung nicht herstellt (§ 40 S. 1 Nr. 1 KStG). Bei der empfangenden Kapitalgesellschaft sind die Gewinnausschüttungen aus dem EK 01 steuerfrei, sie werden dort wiederum in das EK 01 eingestellt.

Eine Doppelbegünstigung soll § 8b I S. 3 KStG verhindern.[75] Die dort in den

---

72 *Wolff*, IStR 1993, S. 401 (402).

73 *Zeitler/ Krebs*, DB 1993, S. 1051.

74 *Hundt*, DB 1993, S. 2048 (2052; *Wolff*, IStR 1993, S. 401 (402); *Buyer* in *Dötsch et al.*, Körperschaftsteuer, Rdnr. 7 zu § 8b KStG.

75 § 8b I S. 3 KStG ist § 8b VI KStG (bis 31.12.1993 § 26 VIII KStG) nachgebildet, § 8b II S. 1 2. Satzteil enthält eine ähnliche Regelung; *Buyer* in *Dötsch et al.*, Körperschaftsteuer, Rdnr. 19 f. zu § 8b KStG.

Nr. 1 und Nr. 2 genannten Gewinnminderungen werden steuerlich nicht berücksichtigt, soweit sie auf die steuerfreien Gewinnausschüttungen zurückzuführen sind. Daraus folgt im Umkehrschluß, daß andere als in § 8b I S. 3 Nr. 1 und Nr. 2 genannte Gewinnminderungen auch steuerlich zu berücksichtigen sind.[76]

Für die steuerliche Behandlung des Vorteilsverbrauchs nach der Ertrags/ Aufwandslösung des BFH[77] hat § 8b I KStG keine Konsequenzen. Denn § 8b I KStG betrifft das Verhältnis der ausschüttenden zur empfangenden Kapitalgesellschaft (Tochter - zur Muttergesellschaft), während der Vorteilsverbrauch das Verhältnis der empfangenden zu einer weiteren ihr nachgeordneten Kapitalgesellschaft (Mutter - zu weiterer Tochtergesellschaft) betrifft.

IV. Verhältnis DBA - Recht zu §§ 8 b, 26 KStG

Die DBA - Normen gehen als leges speciales den Steuervergünstigungen des § 26 KStG vor.[78] Soweit Gewinnausschüttungen ausländischer Tochtergesellschaften nach DBA - Recht bei der Muttergesellschaft von der deutschen Besteuerung freigestellt sind, ist die Anwendung des § 26 KStG obsolet. In diesem Fall verbleibt es allerdings bei einer partiellen Doppelbesteuerung, wenn im Sitzstaat der ausländischen Tochtergesellschaft auf die Gewinnausschüttung eine Quellensteuer erhoben wird. Denn diese Steuer ist mangels deutscher Steuer ein definitiver Posten.[79] § 26 KStG kann aber ergänzend zu den Vergünstigungen der DBA zur Anwendung kommen, wenn nach Anwendung der DBA - Normen eine Doppelbesteuerung verbleibt.[80]

Zwischen dem Schachtelprivileg nach DBA und dem Holdingprivileg nach § 8 b I KStG besteht kein Konkurrenzverhältnis. Denn die Steuerfreiheit der Gewinnausschüttung nach DBA ist über die Verweisung in § 8 b I S. 1 KStG

---

76 *Buyer* in *Dötsch et al.*, Körperschaftsteuer, Rdnr. 18 zu § 8b KStG.

77 Beschluß des Großen Senates des BFH vom 26.10.1987 GrS 2/86, BStBl. II 1988, S. 348.

78 *Streck*, KStG, Anm. 85 zu § 26 KStG.

79 Man spricht insoweit anschaulich von einer "Schattenwirkung" der Quellensteuer; *Debatin*, BB 1991, S. 947 (950).

80 § 26 VI 1 KStG, § 34 c VI 3 EStG.

auf § 30 II Nr. 1 KStG Tatbestandsmerkmal und damit Voraussetzung des Holdingprivilegs nach § 8 b I KStG.

Zu § 8b II KStG können DBA nur in Konkurrenz treten, wenn auch sie die Steuerfreistellung von Gewinnen aus der Veräußerung von Anteilen an einer ausländischen Gesellschaft vorsehen. In diesem Fall ist das DBA vorrangig. Fehlt eine Regelung im DBA, bleibt es bei der Anwendung des § 8b II KStG.

Für die Steuerfreiheit von Gewinnausschüttungen ausländischer Tochtergesellschaften an deutsche Muttergesellschaften sehen die DBA der Bundesrepublik Deutschland meist eine Mindestbeteiligung der deutschen Muttergesellschaft von 25 % voraus. Diesen Prozentsatz setzt § 8 b V KStG[81] einseitig auf 10 % herab. Dies ist ohne Verstoß gegen DBA - Recht möglich. Denn DBA wollen Doppelbesteuerungen verhindern. Sie verpflichten die Staaten hingegen nicht, die Besteuerungsrechte in vollem Umfang auszuschöpfen.[82]

---

81 für Veranlagungszeiträume vor 1994: § 26 VII KStG.

82 *Krabbe* in *Brezing et al.*, Außensteuerrecht, Rdnr. 78 zu § 26 KStG.

C. Das Übereinkommen über die Beseitigung der Doppelbesteuerung im Falle von Gewinnberichtigungen zwischen verbundenen Unternehmen[1] (EG-Übereinkommen)

I. Überblick über das EG-Übereinkommen

Das EG-Übereinkommen steht im Zusammenhang mit der Vollendung des europäischen Binnenmarktes zum 31.12.1992. Der europäische Binnenmarkt ist ein Raum ohne Binnengrenzen, in dem der freie Waren-, Personal-, Dienstleistungs- und Kapitalverkehr gewährleistet ist.[2] Ein Hemmnis für die im europäischen Binnenmarkt als willkommen angesehene Zunahme grenzüberschreitender Tätigkeiten ist die mögliche Doppelbesteuerung infolge von Gewinnberichtigungen bei verbundenen Unternehmen.[3] Das EG-Übereinkommen geht von der Erkenntnis aus, daß die Steuersysteme der Mitgliedstaaten der EG voneinander in einem Maße abweichen, daß das Entstehen von Doppelbesteuerungen bei Leistungsbeziehungen zwischen verbundenen Unternehmen nicht verhindert werden kann.[4]

Auch die in der EG zwischen den Mitgliedstaaten bestehenden DBA reichen nicht aus, um entstandene Doppelbesteuerungen zu beseitigen. Die DBA sehen zwar entsprechend Art. 25 OECD - MA das Verständigungsverfahren vor. Das Verständigungsverfahren beseitigt aber nicht in jedem Fall die Doppelbesteuerung, da ein Einigungszwang der DBA - Vertragspartner nicht besteht.[5] An diesem Punkt des fehlenden Einigungszwanges setzt das EG-Übereinkommen an. Es gewährt den Steuerpflichtigen bei Gewinnberichtigungen zwischen verbundenen Unternehmen einen Rechtsanspruch auf

---

1 90/436/EWG, ABLEG L 225/10 vom 20.08.1990.

2 Art. 13 Einheitliche Europäische Akte, die den EWG - Vertrag um Art. 8a Abs. 2 ergänzte; Teil 1 A Tz. 9 der Leitlinien der Kommission der EG zur Unternehmensbesteuerung vom 20.04.1990, SEK (90) 601 endg.; *Voß*, DStR 1991, S. 925 (926).

3 Teil 1 A. Tz. 13 der Leitlinien der Kommission der EG zur Unternehmensbesteuerung vom 20.04.1990, SEK (90) 601 endg..

4 Teil 1 A. Tz. 8 f. der Leitlinien der Kommission der EG zur Unternehmensbesteuerung vom 20.04.1990, SEK (90) 601 endg.; die Harmonisierungsbestrebungen hinsichtlich eines einheitlichen Körperschaftsteuersystems sollen aufgegeben werden (Teil 2 IV der Leitlinien zur Unternehmensbesteuerung); zu den früheren Harmonisierungsbemühungen siehe *Debatin*, DStZ/A 1969, S. 146.

5 Siehe oben 2. Teil 4. Kapitel A. II. 4..

Beseitigung der Doppelbesteuerung.[6] Dazu sieht das EG-Übereinkommen ein zweistufiges Verfahren vor.

Auf der ersten Stufe findet zwischen den zuständigen Behörden der beteiligten Mitgliedstaaten ein Verständigungsverfahren statt, auf dessen Einleitung ein Rechtsanspruch besteht.[7] Dieses Verständigungsverfahren entspricht dem aus Art. 25 OECD - MA bekannten Verfahren.[8] Ein Einigungszwang der beteiligten Mitgliedstaaten besteht nach dem EG-Übereinkommen auf dieser ersten Stufe allerdings ebenfalls nicht.

Gelangen die zuständigen Behörden innerhalb von zwei Jahren nicht zu einer Verständigung, mit der die Doppelbesteuerung beseitigt wird, dann wirkt die zweite Stufe des EG-Übereinkommens, das Schlichtungsverfahren. Die zuständigen Behörden der beteiligten Mitgliedstaaten setzen einen Beratenden Ausschuß ein, der binnen sechs Monaten eine Stellungnahme zur Beseitigung der Doppelbesteuerung abgibt.[9] Folgen die beteiligten Steuerbehörden dieser Stellungnahme, ist die Doppelbesteuerung beseitigt. Die zuständigen Behörden können sich binnen sechs Monaten aber auch auf eine andere, von der Stellungnahme des Ausschusses abweichende Art der Beseitigung der Doppelbesteuerung einigen.[10] Einigen sie sich nicht auf eine solche abweichende Regelung, dann sind sie verpflichtet, sich an die Stellungnahme des Ausschusses zu halten.[11]

Die Kommission der EG hatte dem Rat das eben beschriebene Verständigungs - und Schlichtungsverfahren ursprünglich als Richtlinie vorgeschlagen.[12] Die Mitgliedstaaten haben stattdessen aber die Rechtsform eines multilateralen Abkommens gewählt. Der Rechtsnatur nach ist das EG-Übereinkommen damit den DBA vergleichbar.

---

6 *Krebs*, BB 1990, S. 1945 (1948).

7 Art. 6 II EG-Übereinkommen.

8 *Thömmes*, Wpg. 1990, S. 473 (480).

9 Art. 7 I EG-Übereinkommen.

10 Art. 12 I EG-Übereinkommen.

11 Art. 12 II EG-Übereinkommen.

12 Richtlinienentwurf vom 29.11.1976 ABLEG C 301/4.

II. Räumlicher Anwendungsbereich des EG-Übereinkommens

Das EG-Übereinkommen ist in den Staatsgebieten der Mitgliedstaaten der EG[13] mit hier nicht weiter interessierenden Ausnahmen[14] anwendbar.

III. Sachlicher Anwendungsbereich des EG-Übereinkommens

1. Unternehmen

Das EG-Übereinkommen ist generell auf Unternehmen anwendbar.[15] Darunter fallen Personengesellschaften und Kapitalgesellschaften, aber auch Einzelunternehmen und Betriebsstätten.[16]

2. Doppelbesteuerung

Die Einleitung des Verständigungsverfahrens und des gegebenenfalls nachfolgenden Schlichtungsverfahrens setzt eine Doppelbesteuerung voraus. Nach dem EG-Übereinkommen liegt eine Doppelbesteuerung vor,

> "wenn zur Besteuerung Gewinne, die in die Gewinne eines Unternehmens eines Vertragsstaates einbezogen sind, ebenfalls in die Gewinne eines Unternehmens eines anderen Vertragsstaates mit der Begründung einbezogen oder voraussichtlich einbezogen werden, daß die in Artikel 4 niedergelegten Grundsätze, die entweder unmittelbar oder in entsprechenden Rechtsvorschriften des betreffenden Staates angewendet werden, nicht eingehalten worden sind."[17]

Art 4 I EG-Übereinkommen stimmt wortgleich mit Art. 9 I OECD -MA überein, so daß auf die vorangegangenen Ausführungen zu Art. 9 I OECD - MA verwiesen werden kann.[18] Ebenso wie Art. 9 I OECD - MA ist Art. 4 I i.V.m. Art. 1 I EG-Übereinkommen keine selbständige Rechtsgrundlage zur Gewinnberichtigung. Auch in diesem Fall bedarf es zur Ge-

---

13 Art. 16 I EG-Übereinkommen.

14 Z.B. die Faröer und Grönland, Art. 16 II EG-Übereinkommen.

15 Art. 1 I EG-Übereinkommen.

16 Art. 1 II EG-Übereinkommen.

17 Art. 1 I EG-Übereinkommen.

18 Siehe oben 2. Teil 2. Kapitel C.

winnberichtigung einer nationalen Vorschrift. Denn Sinn und Zweck des EG-Übereinkommens ist es, die Doppelbesteuerung zu beseitigen. Mit diesem Zweck wäre es aber nicht zu vereinbaren, Mitgliedstaaten der EG, die noch nicht über nationale Gewinnberichtigungsnormen verfügen, solche Normen gleichsam aufzudrängen, um weitere Doppelbesteuerungen zu ermöglichen. Art. 4 I EG-Übereinkommen regelt ebenso wie Art. 9 I OECD - MA verbindlich für die Mitgliedstaaten der EG, in welchen Fällen eine Gewinnberichtigung im Zusammenhang mit Verrechnungspreisen vorgenommen werden darf und entfaltet damit gegenüber Gewinnberichtigungsnormen der nationalen Steuerrechtsordnungen eine Sperrwirkung.[19]

3. Vom EG-Übereinkommen erfaßte Steuerarten

Das EG-Übereinkommen gilt nur für die Steuern vom Einkommen, in der Bundesrepublik Deutschland damit für die Einkommensteuer, die Körperschaftsteuer sowie die Gewerbeertragssteuer.[20] Die Aufzählung der Steuern in Art. 2 II EG-Übereinkommen ist aber nicht abschließend.[21]

IV. Verfahren zur Beseitigung der Doppelbesteuerung

Das EG-Übereinkommen verhindert nicht die Doppelbesteuerung, sondern es beseitigt die bereits eingetretene Doppelbesteuerung im Wege der cura posterior. Im Sinne des EG-Übereinkommens ist die Doppelbesteuerung beseitigt, wenn

(1) die Gewinne nur in einem Staat zur Besteuerung herangezogen werden (Freistellungsmethode) oder

(2) ein Staat die auf diese Gewinne im anderen Staat zu erhebende Steuer auf seine Steuer anrechnet (Anrechnungsmethode)[22].

Damit erfaßt das EG-Übereinkommen nicht die bei einer Gewinnberichtigung anfallende Quellensteuer, die bei Annahme einer Gewinnausschüttung

---

19 *Voß*, DStR 1991, S. 925 (929).

20 Art. 2 II c) EG-Übereinkommen.

21 "insbesondere".

22 Art. 14 EG-Übereinkommen.

entsteht. Insoweit kann das EG-Übereinkommen eine Doppelbesteuerung nicht beseitigen.[23]

1. Verständigungsverfahren

Die Voraussetzungen für die Einleitung des Verständigungsverfahrens sind in Art. 6 I EG-Übereinkommen genannt. Er lautet:

"Ist ein Unternehmen in einem Fall, auf den dieses Abkommen Anwendung findet, der Auffassung, daß die in Artikel 4 festgelegten Grundsätze nicht eingehalten sind, so kann es .....seinen Fall der zuständigen Behörde .... unterbreiten, ..."

Folgt man hier dem Wortlaut des Art. 6 I EG-Übereinkommen, so käme das Verständigungsverfahren nur in wenigen Fällen zur Anwendung. Erfaßt wären nur die Fälle, in denen ein Mitgliedstaat bei der Gewinnberichtigung die in Art. 4 I des EG-Übereinkommens kodifizierten dealing at arm's length Grundsätze nicht beachtet hätte. Doppelbesteuerungen können sich aber auch bei Gewinnberichtigungen ergeben, die das dealing at arm's length Prinzip beachten. Denn auch in diesem Fall werden bereits einmal besteuerte Gewinne erneut, wenn auch bei einem anderen Steuerpflichtigen, der Besteuerung unterworfen.

Gegen diese Wortlautauslegung spricht zum einen die teleologische Auslegung des EG-Übereinkommens. Denn Ziel des EG-Übereinkommens ist die Beseitigung der Doppelbesteuerung in Fällen der Gewinnberichtigung bei verbundenen Unternehmen.[24] Zum anderen spricht gegen die Wortlautauslegung die systematische Auslegung des Art. 6 I EG-Übereinkommen. Art. 6 I EG-Übereinkommen setzt voraus, daß ein Fall vorliegt, auf den das EG-Übereinkommen Anwendung findet. Art. 1 I des EG-Übereinkommens sieht die Anwendung des Verständigungsverfahrens und des Schlichtungsverfahrens auch im Fall von Gewinnberichtigungen vor, die sich an das in Art. 4 I definierte dealing at arm's length Prinzip halten.

Gegen die Wortlautauslegung des Art. 6 I EG-Übereinkommens spricht auch

---

23 Diese Doppelbesteuerung wird aber durch die Mutter-Tochter-Richtlinie, die nachfolgend untersucht werden wird, im Grundsatz beseitigt.

24 Tz. 13 Teil 1 A. der Leitlinien der Kommission der EG zur Unternehmensbesteuerung, SEK (90) 601 endg.

Art. 14 EG-Übereinkommen. Danach ist die Doppelbesteuerung erst dann beseitigt, wenn entweder nur ein Staat den Gewinn besteuert oder aber im Fall der Besteuerung durch beide Staaten ein Staat die Steueranrechnung zuläßt. Auch Art. 14 EG-Übereinkommen enthält damit ebensowenig wie Art. 1 I EG-Übereinkommen die Einschränkung, daß die Doppelbesteuerung gerade durch einen Verstoß gegen die in Art. 4 I genannten Grundsätze entstanden ist. Die Anwendung des EG-Übereinkommens und damit auch die Einleitung des Verständigungsverfahrens nach Art. 6 I hängt daher nicht davon ab, ob bei der Gewinnberichtigung die in Art. 4 I EG-Übereinkommen genannten Grundsätze eingehalten sind oder nicht. Für die Anwendung des EG-Übereinkommens reicht es daher aus, daß Gewinne infolge von Gewinnberichtigungen bei Unternehmen zweier Mitgliedstaaten der EG besteuert werden.[25]

Vermutlich handelt es sich bei der ungenauen Fassung des Art. 6 I EG-Übereinkommen um ein redaktionelles Versehen. Die in Art. 1 I EG-Übereinkommen enthaltene Anknüpfung an die Grundsätze des Art. 4 EG-Übereinkommen richtet sich an die Mitgliedstaaten der EG. Sie dürfen eine Gewinnberichtigung vornehmen, wenn die verbundenen Unternehmen die in Art. 4 genannten Grundsätze nicht beachtet haben. Offenbar wollte Art. 6 I EG-Übereinkommen diese Anknüpfung auch zum Ausdruck bringen, was aber nicht gelungen ist.

Das Unternehmen muß der zuständigen Behörde den Steuerfall innerhalb von drei Jahren nach der ersten Mitteilung der Maßnahme unterbreiten, die eine Doppelbesteuerung im Sinne des Art. 1 EG-Übereinkommen herbeiführt oder herbeiführen könnte.[26] Die zuständige Behörde unterrichtet dann umgehend die zuständige Behörde des anderen Vertragsstaates.[27] Der zuerst befaßte Staat prüft zunächst allein, ob er die Doppelbesteuerung beseitigen kann.[28] Beseitigt er die Doppelbesteuerung nicht, kommt das Verständigungsverfahren zwischen den beteiligten Vertragsstaaten zur Anwendung.[29] Bei diesem Verständigungsverfahren haben die

---

25 Art. 1 I EG-Übereinkommen.

26 Art. 6 I 2 EG-Übereinkommen.

27 Art. 6 I 3 EG-Übereinkommen.

28 Art. 6 II 1 EG-Übereinkommen.

29 Art. 6 II 1 EG-Übereinkommen.

Unternehmen ebenso wie in den Verständigungsverfahren nach Art. 25 OECD - MA keinen Anspruch auf Beteiligung. Gelangen die zuständigen Behörden innerhalb einer Frist von zwei Jahren nicht zu einer Verständigung, mit der die Doppelbesteuerung beseitigt wird, dann geht das Verständigungsverfahren in das Schlichtungsverfahren über.[30] Die Zweijahresfrist beginnt in dem Zeitpunkt, in dem der Steuerfall einer der zuständigen Behörden erstmals unterbreitet worden ist.[31]

2. Schlichtungsverfahren

Ist das Verständigungsverfahren infolge Nichteinigung oder Fristablaufs gescheitert, beginnt das Schlichtungsverfahren. Die zuständigen Behörden setzen einen Beratenden Ausschuß ein.[32] Der Ausschuß hat den Auftrag, eine Stellungnahme abzugeben, wie die Doppelbesteuerung beseitigt werden soll.[33] An diesem Schlichtungsverfahren sind die von der Doppelbesteuerung betroffenen Unternehmen beteiligt, insbesondere haben sie das Recht, von dem Ausschuß angehört zu werden.[34]

Der Ausschuß hat seine die Doppelbesteuerung beseitigende Stellungnahme innerhalb von sechs Monaten, nachdem er mit dem Fall befaßt worden ist, abzugeben.[35] An diese Stellungnahme sind die zuständigen Behörden der beteiligten Staaten zunächst nicht gebunden. Es steht ihnen vielmehr frei, sich innerhalb von sechs Monaten nach Abgabe der Stellungnahme des Ausschußes auf eine andere Regelung zur Beseitigung der Doppelbesteuerung zu verständigen.[36] Treffen sie eine solche von der Stellungnahme abweichende Regelung nicht, wird die Stellungnahme für die beteiligten Vertragsstaaten verbindlich.[37]

---

30 Art. 7 I EG-Übereinkommen.

31 Art. 7 I EG-Übereinkommen.

32 Art. 7 I EG-Übereinkommen; die Zusammensetzung des Ausschusses regelt Art. 9 EG-Übereinkommen.

33 Art. 7 I EG-Übereinkommen.

34 Art. 10 I, II EG-Übereinkommen.

35 Art. 11 I EG-Übereinkommen.

36 Art. 12 I 1 EG-Übereinkommen.

37 Art. 12 I 2 EG-Übereinkommen.

Die Stellungnahme des Ausschusses, die die Doppelbesteuerung beseitigt, kann mit Einverständnis der beteiligten Unternehmen veröffentlicht werden.[38] Das ist gegenüber dem Verständigungsverfahren der DBA ein Vorteil. Insoweit werden die Maßnahmen der Mitgliedstaaten der EG auf dem Gebiet der Gewinnberichtigung transparenter. Die Folgen von Gewinnberichtigungen sind für die Unternehmen der EG besser abschätzbar. Daraus kann sich eine einheitliche Linie für die Durchführung von Gegenberichtigungen entwickeln, die möglicherweise die gesamte Systematik der Gegenberichtigungen auch außerhalb der EG prägen wird.

Aufgrund der Wahl der Rechtsform des Übereinkommens als multilateralen Vertrag anstelle der von der Kommission vorgeschlagenen Richtlinie hat allerdings der EuGH keine Kontrolle darüber, ob das Schlichtungsverfahren von den Mitgliedstaaten tatsächlich eingehalten wird.[39] Die Kontrolle erfolgt durch die nationalen Gerichte.[40]

V. Verhältnis zum nationalen Steuerrecht der Mitgliedstaaten der EG

Das Verhältnis des EG-Übereinkommens zu dem nationalen Recht der Mitgliedstaaten der EG hängt von dem jeweiligen nationalen Recht ab. In der Bundesrepublik Deutschland bedarf das EG-Übereinkommen als völkerrechtlicher Vertrag ebenso wie ein DBA der Umsetzung in nationales Recht.[41] Vor der Umsetzung wirkt es nur zwischen den Mitgliedstaaten der EG. Nach der Umsetzung geht es ebenso wie die DBA den übrigen Normen des deutschen Steuerrechts vor[42], auch die Steuerpflichtigen können sich erst dann auf das Abkommen[43] berufen.

Sehen nationale Vorschriften der Mitgliedstaaten weitergehende Regelungen

---

38 Art. 12 III EG-Übereinkommen.

39 *Saß*, DB 1991, S. 984 (984); *Thömmes*, Wpg. 1990, S. 473 (481).

40 *Saß*, DB 1991, S. 984 (986); nach *Voß*, DStR 1991, S. 925 (929), ist der EuGH aber für Fragen der Auslegung des EG-Übereinkommens zuständig.

41 Art. 59 II GG.

42 § 2 AO als Auslegungsregel. Im übrigen siehe oben zur Rechtsnatur der DBA (2. Teil 4. Kapitel A. I.).

43 Genauer gesagt, auf die innerstaatliches Recht gewordenen Normen des Abkommens.

zur Beseitigung der Doppelbesteuerung als das EG-Übereinkommen vor, so gelten diese Normen neben dem EG-Übereinkommen weiter.[44] Das EG-Übereinkommen garantiert damit einen Mindeststandard an Schutz vor Doppelbesteuerungen als Folge von Gewinnberichtigungen bei Leistungsbeziehungen im europäischen Konzern.

Wenn das Verhältnis zwischen dem transformierten EG-Übereinkommen und den übrigen Normen des nationalen Steuerrechts jedenfalls in der Bundesrepublik Deutschland klar ist, so bleibt doch auch für die Bundesrepublik Deutschland zu klären, wie eine die Doppelbesteuerung beseitigende Verständigung zwischen den zuständigen Behörden der Mitgliedstaaten oder die Stellungnahme des Beratenden Ausschusses für die Steuerpflichtigen umgesetzt werden kann. Dazu bestimmt Art. 6 II 2 EG-Übereinkommen, daß die Verständigungsregelung ungeachtet der Fristen des innerstaatlichen Rechts der beteiligten Mitgliedstaaten durchzuführen ist. Ist auch Art. 6 II 2 EG-Übereinkommen in nationales Recht transformiert worden, geht er dem übrigen deutschen Steuerrecht und damit auch den Normen der AO 1977 über die Aufhebung und Änderung von Steuerbescheiden vor.

Art. 13 EG-Übereinkommen bestimmt darüber hinaus, daß die Endgültigkeit der Entscheidungen der Mitgliedstaaten über die Besteuerung von Gewinnen aus einem Geschäft zwischen verbundenen Unternehmen der Inanspruchnahme der in den Art. 6 und 7 EG-Übereinkommen genannten Verfahren nicht entgegensteht. Daraus folgt, daß auch die Stellungnahme des Beratenden Ausschußes ungeachtet der nationalen Vorschriften zugunsten der Steuerpflichtigen umgesetzt werden kann. Denn es machte keinen Sinn, dem Steuerpflichtigen zunächst einen Anspruch auf Durchführung eines Schlichtungsverfahrens zu geben, das Ergebnis dieses Schlichtungsverfahrens aber unter Hinweis auf entgegenstehendes nationales Steuerrecht nicht umzusetzen.[45]

---

44 Art. 15 EG-Übereinkommen.

45 Auch ohne Transformierung könnte eine die Doppelbesteuerung beseitigende Vereinbarung oder Stellungnahme nach deutschem Steuerrecht umgesetzt werden. Zum einen kommt hierfür § 175 I 1 Nr. 2 AO in Betracht. Denn die Gewinnberichtigung durch einen anderen Staat ist ein rechtlich relevanter Vorgang, der den Steuertatbestand in der Bundesrepublik Deutschland nachträglich beeinflußt. Die Änderung des Steuerbescheides in der Bundesrepublik Deutschland könnte außerdem auf § 174 I AO gestützt werden. Denn durch die Gewinnberichtigung ist ein

VI. Verhältnis des EG-Übereinkommens zu DBA

Zu dem Verhältnis zwischen dem EG-Übereinkommen und den zwischen den Mitgliedstaaten der EG abgeschlossenen DBA bestimmt Art. 15, daß das EG-Übereinkommen weitergehende Verpflichtungen aus den DBA nicht beschränkt. Die in der EG zwischen den Mitgliedstaaten möglichen Beziehungen sind weitestgehend durch DBA abgedeckt.[46] Die DBA sehen zwar in der Regel ein dem Art. 25 OECD - MA nachgebildetes Verständigungsverfahren, in keinem Fall aber eine zwischen den Vertragsstaaten obligatorische Beseitigung der Doppelbesteuerung im Fall von Gewinnberichtigungen bei verbundenen Unternehmen vor. Das Verständigungsverfahren nach dem EG-Übereinkommen ist daher gegenüber dem Verständigungsverfahren der DBA vorrangig. Nur soweit die einschlägigen DBA gegenüber dem EG-Übereinkommen für die Unternehmen günstigere Regelungen enthalten, gelten die DBA. Die Mitgliedstaaten der EG können sich dem im EG-Übereinkommen vorgesehenen Schlichtungsverfahren daher auch nicht durch Einleitung eines auf DBA - Recht gestützten Verständigungsverfahrens entziehen. Denn auf jeden Fall haben die Unternehmen nach Ablauf der in Art. 7 I EG-Übereinkommen genannten Fristen einen Anspruch auf Einleitung des Schlichtungsverfahrens und auf Beseitigung der Doppelbesteuerung.

VII. Verhältnis zwischen dem EG-Übereinkommen zur Beseitigung der Doppelbesteuerung und der Mutter-Tochter-Richtlinie

Die Mutter-Tochter-Richtlinie verhindert Mehrfachbesteuerungen bei Gewinnausschüttungen von Tochter - an Muttergesellschaften und gilt damit

---

Sachverhalt (Gewinnerzielung) mehrfach berücksichtigt worden, obwohl er nur einmal hätte berücksichtigt werden dürfen. Die Änderung aufgrund dieser beiden Normen setzt aber voraus, daß auch die deutsche Steuerverwaltung der Auffassung ist, daß die Steuer in der Bundesrepublik Deutschland aufgrund der Gewinnberichtigung zu hoch ist. An dieser Voraussetzung wird es aber meist fehlen, so daß eine Änderung nach den eben genannten Vorschriften in der Praxis scheitert.

46 Nicht abgedeckt sind die Beziehungen Griechenlands zu Dänemark, Spanien, Irland, Luxemburg und Portugal sowie die Beziehungen zwischen Spanien und Irland sowie schließlich die Beziehungen Portugals zu Luxemburg, den Niederlanden und Irland (Anlage 1 zu den Leitlinien der Kommission der EG zur Unternehmensbesteuerung vom 20.04.1990 [SEK (90) 601 endg.]).

auch bei Gewinnberichtigungen im europäischen Konzern, wenn die beteiligten Steuerverwaltungen zur Gewinnberichtigung eine (verdeckte) Gewinnausschüttung annehmen. Im Idealfall der übereinstimmenden Annahme einer (verdeckten) Gewinnausschüttung kann nach der Konzeption der Mutter-Tochter-Richtlinie eine Doppelbesteuerung als Folge einer Gewinnberichtigung bei verbundenen Unternehmen daher erst gar nicht entstehen.

Ebenso wie die Mutter-Tochter-Richtlinie ist das EG-Übereinkommen eine Reaktion der Kommission und des Rates der EG auf mögliche Mehrfachbesteuerungen.[47] Das EG-Übereinkommen verhindert aber nicht wie die Mutter-Tochter-Richtlinie durch die Abschaffung der Quellensteuer das Entstehen einer Doppelbesteuerung, sondern dient der Beseitigung einer bereits eingetretenen Doppelbesteuerung. Das EG-Übereinkommen ist damit im Gegensatz zur Mutter-Tochter-Richtlinie "cura posterior". Aus der Erkenntnis, daß die Beseitigung der Doppelbesteuerung begriffsnotwendig das Vorliegen einer Doppelbesteuerung voraussetzt, ergibt sich das Verhältnis zwischen der in nationales Recht umgesetzten Mutter-Tochter-Richtlinie und dem EG-Übereinkommen. Liegt nach Anwendung der in nationales Recht umgesetzten Mutter-Tochter-Richtlinie eine Doppelbesteuerung als Folge einer Gewinnberichtigung nicht mehr vor, bedarf es der Anwendung des EG-Übereinkommens nicht mehr. Das EG-Übereinkommen kommt daher nur noch zur Anwendung, wenn trotz des auf der Mutter-Tochter-Richtlinie beruhenden nationalen Steuerrechts eine Doppelbesteuerung als Folge einer Gewinnberichtigung verbleibt.

VIII. Ausnahmen vom Verständigungs - und Schlichtungsverfahren

Die Mitgliedstaaten der EG sind nicht in jedem Fall zur Einleitung des Verständigungsverfahrens nach Art. 6 EG-Übereinkommen oder zur Einsetzung des Beratenden Ausschußes nach Art. 7 EG-Übereinkommen verpflichtet. Art. 8 I EG-Übereinkommen entbindet die Mitgliedstaaten von diesen Pflichten, wenn durch ein Gerichts - oder Verwaltungsverfahren endgültig festgestellt ist,

---

47 Teil 1 A. Tz. 7 f. der Leitlinien der Kommission der EG zur Unternehmensbesteuerung vom 20.04.1990 SEK 90 (601) endg..

"daß eines der beteiligten Unternehmen durch Handlungen, die eine Gewinnberichtigung gemäß Artikel 4 zur Folge haben, einen empfindlich zu bestrafenden Verstoß gegen steuerliche Vorschriften begangen hat."[48]

Ist das Gerichts - oder Verwaltungsverfahren schon anhängig, aber noch nicht beendet, dann können die zuständigen Behörden einvernehmlich[49] ein bereits eingeleitetes Verständigungs- oder Schlichtungsverfahren bis zum Abschluß des Gerichts - oder Verwaltungsverfahrens aussetzen.[50]

Art. 8 EG-Übereinkommen ist damit zumindest theoretisch eine Möglichkeit für die Mitgliedstaaten der EG, sich den Verpflichtungen aus dem EG-Übereinkommen zur Beseitigung der Doppelbesteuerung zu entziehen. Angesichts der umfangreichen Erklärungen der einzelnen Vertragsstaaten zu Art. 8 des EG-Übereinkommens[51], in denen die Mitgliedstaaten definieren, was sie unter einem empfindlich zu bestrafenden Verstoß verstehen, sind in der Literatur Befürchtungen laut geworden, die Mitgliedstaaten der EG könnten sich möglicherweise allzu schnell auf das Vorliegen eines empfindlich zu bestrafenden Verstoßes berufen, um die Doppelbesteuerung nicht beseitigen zu müssen.[52]

Die Bundesrepublik Deutschland hat in der Schlußerklärung zu dem EG-Übereinkommen als empfindlich zu bestrafenden Verstoß jeden Verstoß gegen die Steuergesetze bezeichnet, der mit Freiheitsstrafe, Geldstrafe oder Bußgeld geahndet wird. Damit reicht bereits eine Steuerordnungswidrigkeit aus, um die Einleitung eines Verständigungsverfahrens oder die Einsetzung des Beratenden Ausschußes aus deutscher Sicht zu verweigern bzw. diese eingeleiteten Verfahren auszusetzen. Dies ist in der Tat bedenklich, wenn man manche Literaturstimme zur Strafbarkeit von verdeckten Gewinnausschüttungen betrachtet.[53] Art. 8 EG-Übereinkommen könnte weiter den für Steuerpflichtige unangenehmen Effekt haben, daß die zuständigen Behörden Gewinnberichtigungen in verstärktem Maße auf den steuerstrafrechtlichen

---

48 Art 8 I EG-Übereinkommen.

49 *Thömmes*, Wpg. 1990, S. 473 (480).

50 Art. 8 II EG-Übereinkommen.

51 Die Erklärungen füllen im ABLEG L 225/22 bis 24 vom 20.08.1990 immerhin fast drei DIN - A 4 Seiten.

52 *Saß*, DB 1991, S. 984 (987).

53 Nach *Böcher*, DB 1989, S. 999 (999) ist die Schwelle zur Strafbarkeit bei Annahme einer verdeckten Gewinnausschüttung schnell überschritten.

Gehalt hin untersuchen, um sich so die Option offenzuhalten, die Einleitung der im EG-Übereinkommen vorgesehenen Verfahren abzulehnen. Das führte wirtschaftlich für die Steuerpflichtigen zu einer Doppelstrafe. Zum einen aus der Ordnungswidrigkeit oder der Strafe und zum anderen aus der verbleibenden Doppelbesteuerung. Man wird hier abwarten müssen, wie die Mitgliedstaaten der EG den Art. 8 des EG-Übereinkommens anwenden.

IX. Inkrafttreten und Dauer des EG-Übereinkommens

Der genaue Zeitpunkt des Inkrafttretens des EG-Übereinkommens steht noch nicht fest. Das Abkommen tritt erst in Kraft, wenn der letzte Mitgliedstaat die Ratifikationsurkunde hinterlegt.[54] In der Bundesrepublik Deutschland bedarf es zur Umsetzung des EG-Übereinkommens der Transformation in innerstaatliches Recht.[55] Vorher können die Steuerpflichtigen aus dem Abkommen keine Ansprüche ableiten. Die Bundesrepublik hat das Abkommen am 26.08.1993 umgesetzt.[56]

Das Abkommen ist zunächst für die Dauer von fünf Jahren geschlossen.[57] Eine automatische Verlängerung ist nicht vorgesehen. Sechs Monate vor Ablauf dieser Frist treten die Mitgliedstaaten zusammen, um über eine Verlängerung und über sonstige das Abkommen betreffende Maßnahmen zu beschließen.[58] Das Abkommen regelt die Frage, was mit Altfällen passieren soll, bei denen vor Ablauf der Geltungsdauer zwar ein Verständigungs- oder ein Schlichtungsverfahren beantragt oder eingeleitet, die Doppelbesteuerung aber noch nicht beseitigt worden ist, nicht ausdrücklich. Ebenso ungeregelt ist das Problem, was mit den nach Art. 8 II EG-Übereinkommen ausgesetzten Fällen passieren soll, wenn die in Art. 20 EG-Übereinkommen genannte Fünfjahresfrist verstrichen ist. Die Antwort ist durch Auslegung des EG-Übereinkommens zu gewinnen. Gegen eine Anwendung des Abkommens auf solche Altfälle und für die Zulässigkeit des Verbleibens einer Doppelbesteuerung spricht der Wortlaut des Art. 20 EG-Übereinkommen. Denn

---

54 Art. 18 EG-Übereinkommen.

55 Art. 59 II GG; ebenso *Thömmes*, Wpg 1990, S. 473 (480) und *Krebs*, BB 1990, S. 1945 (1949).

56 Gesetz vom 26.08.1993, BStBl. I, S. 818.

57 Art. 20 S. 1 EG-Übereinkommen.

58 Art. 20 S. 2 EG-Übereinkommen.

danach beschließen die Mitgliedstaaten sechs Monate vor Ablauf der Geltungsdauer des Abkommens auch über sonstige das EG-Übereinkommen betreffende Maßnahmen. Zu solchen sonstigen Maßnahmen könnten dann auch Regelungen über die og. "Altfälle" gehören.

Gegen dieses Wortlautargument sprechen die in dem EG-Übereinkommen genannten Fristen. Das betroffene Unternehmen hat zunächst einmal innerhalb von drei Jahren die Möglichkeit, den Fall der zuständigen Behörde zu unterbreiten.[59] Danach haben die beteiligten Behörden wiederum zwei Jahre Gelegenheit, in dem Verständigungsverfahren die Doppelbesteuerung zu beseitigen.[60] Setzen die zuständigen Behörden nun noch den Beratenden Ausschuß ein, ist die Geltungsdauer des EG-Übereinkommens von fünf Jahren bereits abgelaufen. Hinzu kommen noch die Fristen von zweimal sechs Monaten, einmal für den Ausschuß zur Abgabe der die Doppelbesteuerung beseitigenden Stellungnahme[61], zum zweiten für eine anderweitige Regelung der zuständigen Behörden zur Beseitigung der Doppelbesteuerung.[62] Zu denken ist schließlich an die Zeiträume, die durch das Übersenden der Akten an den Beratenden Ausschuß oder sonstige Verwaltungstätigkeit anfallen.

Wollte man das EG-Übereinkommen ab Inkrafttreten für exakt nur fünf Jahre gelten lassen, würde das Abkommen bereits aufgrund der og. Fristen nur in wenigen Fällen die Doppelbesteuerung beseitigen. Würde man die Fünfjahresfrist schematisch anwenden und nach ihrem Ablauf einen Anspruch auf Beseitigung der Doppelbesteuerung ablehnen, dann liefe der noch innerhalb der Fünfjahresfrist gegebene Anspruch der Unternehmen auf Einleitung des die Doppelbesteuerung beseitigenden Verständigungs - oder Schlichtungsverfahrens leer. Denn die Steuerpflichtigen hätten dann zwar einen Anspruch auf Einleitung der eben genannten Verfahren, die Doppelbesteuerung bliebe gleichwohl bestehen.

Gegen die schematische Anwendung der Fünfjahresfrist spricht schließlich, daß die Beseitigung der Doppelbesteuerung aufgrund der den zuständigen

---

59 Art. 6 I 2 EG-Übereinkommen.

60 Art. 7 I EG-Übereinkommen.

61 Art. 11 I EG-Übereinkommen.

62 Art. 12 I EG-Übereinkommen.

Behörden gewährten Fristen für das Verständigungsverfahren in das Belieben der beteiligten zuständigen Behörden gestellt wäre. Wenn ein Unternehmen ein Jahr vor Ablauf der Fünfjahresfrist die Einleitung des Verständigungsverfahrens beantragte, so könnten sich die Mitgliedstaaten der Beseitigung der Doppelbesteuerung entziehen, indem sie schlicht das Ende der Fünfjahresfrist abwarteten. Danach könnten sie sanktionslos die Beseitigung der Doppelbesteuerung ablehnen.

Die Auslegung des EG-Übereinkommens ergibt daher, daß die Fünfjahresfrist für bereits begonnene Verfahren im Sinne des EG-Übereinkommens nicht maßgebend ist. Diese Verfahren müssen trotz des Fristablaufs zu einer Beseitigung der Doppelbesteuerung führen.

X. Anwendungsbeispiele für das EG-Übereinkommen

Der Anwendungsbereich für das EG-Übereinkommen kann an den folgenden sechs Fallkonstellationen gezeigt werden:

a) Unterpreislieferung Tochtergesellschaft an Muttergesellschaft;

b) Unterpreisleistung Tochtergesellschaft an Muttergesellschaft;

c) Unterpreislieferung Muttergesellschaft an Tochtergesellschaft;

d) Unterpreisleistung Muttergesellschaft an Tochtergesellschaft;

e) Unterpreislieferung T_1 an T_2;

f) Unterpreisleistung T_1 an T_2.

Jede der Fallkonstellationen ist in mehrere Fallgruppen untergliedert, um damit jede denkbare realistische Variante von Gewinnberichtigungen bei grenzüberschreitenden Leistungsbeziehungen im europäischen Konzern zu erfassen. Der Modellcharakter der Fallkonstellationen bietet den Vorteil, daß bei allen denkbaren Varianten von Gewinnberichtigungen im Zusammenhang mit Leistungsbeziehungen im europäischen Konzern[63] leicht festgestellt werden kann, ob eine Doppelbesteuerung eintritt, und ob das EG-Übereinkommen zur Anwendung kommt und die Doppelbesteuerung beseitigt.

1. Unterpreislieferung T an M[64]

Fallgruppe	1	2	3	4
T	+	+	+ 100	+ 100
M	0	+	+ 70	+ 150

In Fallgruppe 1 kommt es zu einer Doppelbesteuerung. Denn der bereits bei M besteuerte Gewinn unterliegt infolge der Gewinnberichtigung bei T

63 Beteiligt sein dürfen jedoch nur Gesellschaften mit Sitz in einem Mitgliedstaat der EG.

64 Legende: + bedeutet: Gewinnerhöhung,
- bedeutet: Gewinnminderung,
0 bedeutet: keine Gewinnkorrektur.

erneut einer Besteuerung. Das EG-Übereinkommen kommt damit zur Anwendung. Nach hier vertretener Auffassung findet das EG-Übereinkommen auch dann Anwendung, wenn der Sitzstaat der T bei der Gewinnberichtigung den in Art. 4 EG-Übereinkommen genannten Berichtigungsrahmen eingehalten hat.[65]

In Fallgruppe 2 hängt die Anwendung des EG-Übereinkommens davon ab, wie die Gewinnberichtigung bei M steuerlich behandelt wird. Nimmt der Sitzstaat von M eine Gewinnausschüttung an und läßt er diese entweder steuerfrei oder die Anrechnung der ausländischen Steuer auf die Steuer der M zu, wird eine Doppelbesteuerung vermieden.[66] Das EG-Übereinkommen findet keine Anwendung. Besteuert der Sitzstaat der M die (verdeckte) Gewinnausschüttung ungemildert, kommt es hingegen zu einer Doppelbesteuerung. Das EG-Übereinkommen wäre dann anwendbar.

In Fallgruppe 3 kommt es zu einer partiellen Doppelbesteuerung in Höhe des Gewinns von 30 Punkten, selbst wenn der Sitzstaat von M eine Gewinnausschüttung der T annimmt und von der Besteuerung freistellt oder eine Steueranrechnung zuläßt.[67] Denn die Steuerfreistellung und die Steueranrechnung beziehen sich nur auf die Steuern der Muttergesellschaft, die auf einen Gewinn von 70 Punkten entfallen. Darüber hinaus verbleibt eine Doppelbesteuerung. Aufgrund dieser partiellen Doppelbesteuerung ist das EG-Übereinkommen anwendbar.

Fallgruppe 4 ist das Spiegelbild zur Fallgruppe 3. Die Gewinnberichtigung führt bei T zu einer Gewinnerhöhung von 100. Bei M tritt aufgrund der divergierenden Gewinnberichtigung eine Gewinnminderung von 150 Punkten ein[68], wenn die von T erhaltene (verdeckte) Gewinnausschüttung bei M steuerfrei ist oder der Sitzstaat der M die Steueranrechnung gewährt. Da eine Doppelbesteuerung nicht vorliegt, ist das EG-Übereinkommen nicht anwendbar. Fallgruppe 4 zeigt damit eine mögliche faktische Steueroase, in

---

65 Siehe oben 2. Teil 4. Kapitel C. IV. 1.

66 Siehe oben 2. Teil 3. Kapitel B. II.

67 Siehe oben 2. Teil 3. Kapitel B. II.

68 Höhere Anschaffungskosten für die von T bezogenen materiellen Wirtschaftsgüter bei gleichbleibendem Verkaufspreis oder bei abnutzbaren Wirtschaftsgütern erhöhte Abschreibungen und dadurch entsprechende Gewinnminderung bei M.

der sich aufgrund divergierender Auffassungen der beteiligten Finanzverwaltungen über die Angemessenheit der Verrechnungspreise für den europäischen Konzern ein Vorteil in der Gesamtsteuerbelastung ergibt.

Stellt der Sitzstaat von M die (verdeckte) Gewinnausschüttung nicht von der Steuer frei und gewährt er auch nicht die Steueranrechnung, kommt es wie in der 2. Alternative der Fallgruppe 2 zu einer Doppelbesteuerung. Das EG-Übereinkommen ist dann anwendbar.

2. Unterpreisleistung T an M

Fallgruppe	1	2	3	4
T	+	+	+ 100	+ 100
M	0	+/-	+ 70	+ 150

Fallgruppe 1 entspricht der Fallgruppe 1 bei der Unterpreislieferung. Das EG-Übereinkommen kommt damit zur Anwendung.

In Fallgruppe 2 entsteht eine Doppelbesteuerung zum einen dann nicht, wenn der Sitzstaat der M eine verdeckte Gewinnausschüttung annimmt und diese Ausschüttung von der Steuer freistellt oder für sie die Steueranrechnung gewährt.

Aber selbst wenn der Sitzstaat der M die verdeckte Gewinnausschüttung ungemildert besteuert, entsteht keine Doppelbesteuerung. Denn nach hier vertretener Auffassung steht dem Abzug des Vorteilsverbrauchs als Betriebsausgaben bei M § 3 c EStG nicht entgegen. Die Gewinnerhöhung aufgrund der Gewinnausschüttung wird daher durch die Gewinnminderung aufgrund des Vorteilsverbrauchs bei M kompensiert. Das EG-Übereinkommen ist damit nicht anwendbar.

Fallgruppe 3 entspricht der Fallgruppe 3 bei der Unterpreislieferung, so daß in Fallgruppe 3 das EG-Übereinkommen zur Anwendung kommt.

In Fallgruppe 4 ist entgegen der Fallgruppe 4 der Unterpreislieferung nicht zu differenzieren. Hier kann selbst dann eine Doppelbesteuerung nicht entstehen, wenn die Gewinnausschüttung bei M ungemildert besteuert wird. Denn diese Gewinnerhöhung wird durch die Gewinnminderung aus dem Vorteilsverbrauch ausgeglichen.[69]

3. Unterpreislieferung M an T

Fallgruppe	1	2	3	4
M	+	+	+ 100	+ 100
T	0	-	- 70	- 150

Diese vier Fallgruppen unterscheiden sich im Ergebnis nicht von den Fallgruppen der Unterpreislieferung T an M.[70] Damit kommt das EG-Übereinkommen nur in den Fallgruppen 1 und 3 zur Anwendung.

4. Unterpreisleistung M an T

Fallgruppe	1	2	3	4	5[71]
M	+	+	+ 100	+ 100	0
T	0	-	- 70	- 150	0

In den Fallgruppen 1 und 3 kommt es ebenso wie bei der Unterpreislieferung M an T zu einer Doppelbesteuerung und damit zur Anwendung des EG-Übereinkommens. In den Fallgruppen 2, 4 und 5 kommt es dagegen nicht zu einer Doppelbesteuerung und damit auch nicht zur Anwendung des EG-Übereinkommens.

---

69 Siehe Fallgruppe 2 Unterpreisleistung T an M.

70 Die Annahme einer verdeckten Gewinnausschüttung in den Fallgruppen 2 bis 4 scheitert aber daran, daß eine Leistung des Gesellschafters an die Gesellschaft vorliegt. Auf Ebene der Tochtergesellschaft T erfolgt die Gegenberichtigung nach deutschem Recht durch Annahme einer verdeckten Einlage.

71 Lösung des Großen Senats des BFH nach dem Beschluß vom 26.10.1987 GrS 2/86, BStBl. II 1988, S. 348.

5. Unterpreislieferung T_1 an T_2

Fallgruppe	1	2	3	4
T_1	+	+	0	+
M	+	+	+	0
T_2	0	-	0	0

In Fallgruppe 1 kommt es auch dann zu einer Doppelbesteuerung, wenn die Gewinnberichtigung bei M zur Annahme einer steuerfreien Gewinnausschüttung führt oder für sie die Steueranrechnung zugelassen wird. Auf Fallgruppe 1 findet das EG-Übereinkommen daher Anwendung.

In der Fallgruppe 2 tritt eine Doppelbesteuerung nicht ein, wenn die Gewinnberichtigung bei M entweder zur Annahme einer steuerfreien Gewinnausschüttung führt oder aber eine Anrechnung der ausländischen Steuer auf die Gewinnausschüttung zugelassen ist. Gewährt der Sitzstaat der M diese Vergünstigungen nicht, dann verbleibt eine Doppelbesteuerung. Das EG-Übereinkommen ist dann anwendbar. Beteiligt sind an dem Verfahren die Staaten von T_1 und M, da bei ihnen die Ursache der Doppelbesteuerung liegt.

In Fallgruppe 3 kommt es nicht zu einer Doppelbesteuerung, wenn die Gewinnberichtigung bei M zu einer steuerfreien Gewinnausschüttung führt. Anderenfalls ist das EG-Übereinkommen anwendbar. Beteiligt an dem Verständigungsverfahren sind die Sitzstaaten von M und T_2.

In Fallgruppe 4 kommt es zu einer Doppelbesteuerung, da der Gewinn von T_2 nicht entsprechend der Gewinnerhöhung der T_1 gemindert wird. Daher ist auf diese Fallgruppe das EG-Übereinkommen anwendbar.[72] Hier sind die Sitzstaaten von T_1 und T_2 am Verständigungs - und Schlichtungsverfahren beteiligt.

---

72 Die oben dargestellten Zwischenlösungen bei divergierenden Auffassungen über die Angemessenheit von Verrechnungspreisen gelten hier entsprechend. Auf eine Darstellung wurde daher verzichtet.

6. Unterpreisleistung T_1 an T_2

Fallgruppe	1	2	3	4
T_1	+	+	0	+
M	+/-	+/-	+/-	0
T_2	0	-	0	0

In Fallgruppe 1 kommt es selbst dann zu einer Doppelbesteuerung und zur Anwendung des EG-Übereinkommens, wenn die Gewinnberichtigung bei M steuerfrei ist und für den Vorteilsverbrauch entsprechend dem Beschluß des Großen Senats[73] der Betriebsausgabenabzug gewährt wird. Denn der Gewinn aus der Gewinnberichtigung bei T_1 ist bei T_1 und T_2 erfaßt. An den Verfahren nach dem EG-Übereinkommen sind in diesem Fall die Sitzstaaten von T_1 und T_2 beteiligt.

In Fallgruppe 2 ist eine Doppelbesteuerung und die Anwendung des EG-Übereinkommens allenfalls dann denkbar, wenn die Gewinnberichtigung bei M in voller Höhe zu einer (verdeckten) Gewinnausschüttung ohne Steueranrechnung führt und man weiter annimmt, daß dem Abzug des Vorteilsverbrauchs als Betriebsausgaben bei M entgegen der hier vertretenen Auffassung § 3 c EStG entgegensteht.

Die Ausführungen zu Fallgruppe 2 gelten für Fallgruppe 3 entsprechend.

In Fallgruppe 4 kommt es aufgrund der fehlenden Gegenberichtigung bei T_2 zu einer Doppelbesteuerung. Das EG-Übereinkommen ist hier anwendbar. Beteiligt an dem Verfahren sind die Sitzstaaten von T_1 und T_2.[74]

---

73 Beschluß vom 26.10.1987 GrS 2/86, BStBl. II 1988, S. 348.

74 Auf eine Darstellung der Zwischenlösungen bei divergierenden Auffassungen über die Angemessenheit von Verrechnungspreisen ist hier verzichtet worden. Die obigen Ausführungen zu den Fallkonstellationen 1 bis 4 gelten hier entsprechend.

D. Vermeiden verdeckter Gewinnausschüttungen durch Konzernsteuerplanung im europäischen Konzern

I. Vereinbarung angemessener Verrechnungspreise im europäischen Konzern

International besteht Einigkeit darüber, daß die Angemessenheit von Verrechnungspreisen nach den Grundsätzen des "dealing at arm's length Prinzip" (Fremdvergleich) zu prüfen ist.[1] Verrechnungspreise, die diesem Prinzip nicht standhalten, sind unangemessen und ziehen in aller Regel Gewinnberichtigungen mit der Folge möglicher Mehrfachbesteuerungen nach sich.[2] Daraus kann der Umkehrschluß gezogen werden, daß allein die Vereinbarung angemessener Verrechnungspreise eine Mehrfachbesteuerung im europäischen Konzern verhindert. Problematisch bleibt aber in der Praxis, den in concreto angemessenen Verrechnungspreis zu ermitteln.[3]

Denn die Verrechnungspreise im europäischen Konzern unterliegen der Angemessenheitsprüfung der Steuerverwaltungen von mindestens zwei verschiedenen europäischen Staaten. Diese Steuerverwaltungen beurteilen die Angemessenheit der Verrechnungspreise jeweils nach ihren nationalen Rechtsnormen und zumeist ohne Rücksicht auf die Auswirkungen im Ausland. Darüber hinaus kann selbst bei übereinstimmendem Recht der einzelnen Staaten zur Angemessenheit der Verrechnungspreise der Fall eintreten, daß eine beteiligte Steuerbehörde das Steuerrecht unrichtig anwendet und so eine Mehrfachbesteuerung entsteht.

Trotz dieser praktischen Probleme sollte es das Ziel der Konzernsteuerplanung sein, angemessene Verrechnungspreise im europäischen Konzern zu vereinbaren. Dadurch wird die Gefahr der Mehrfachbesteuerung deutlich reduziert.

---

1 *Popkes*, IWB Fach 10 International Gr. 2, S. 747 (747); *Scheffler*, ZfbF 1991, S. 471 (472); *Rieger*, Prinzipien, S. 277; *Narraina et al.*, IWB F. 10 International Gr. 2, S. 781 (781); *Lawlor*, Cross - Border Transactions, S. 4.

2 *Engel*, Konzerntransferpreise, S. 53; *Popkes*, Internationale Prüfung, S. 4; *Narraina et al.*, IWB Fach 10 International Gr. 2, S. 781 (781); *Lawlor*, Cross - Border Transactions, S. 7 ff.

3 *Popkes*, Internationale Prüfung, S. 20; *Narraina et al.*, IWB Fach 10 International Gr. 2, S. 781 (781).

Das Gebot der Vereinbarung angemessener Verrechnungspreise könnte im europäischen Konzern aber nicht allein aufgrund des Konzerninteresses an der Vermeidung der Mehrfachbesteuerung zu beachten sein. In der Bundesrepublik Deutschland spricht einiges dafür, bereits eine gesetzliche Pflicht zur Vereinbarung angemessener Verrechnungspreise anzunehmen.[4] Eine solche Pflicht ergibt sich für die deutsche Aktiengesellschaft aus § 57 I AktG, der auch verdeckte Gewinnverteilungen außerhalb der Zuständigkeitsordnung in der AG strikt verbietet.[5] Für die GmbH wird man die gleiche Rechtspflicht annehmen müssen.[6]

Der auch vertretene Ansatz, die Pflicht zur Vereinbarung angemessener Verrechnungspreise ergebe sich aus § 311 AktG[7], trifft hingegen nicht zu. Denn § 311 AktG läßt im Recht der AG eine Schädigung der abhängigen Gesellschaft durch das herrschende Unternehmen zu[8], wenn das herrschende Unternehmen die Nachteile ausgleicht.[9] Dennoch ergibt sich aus dieser Pflicht zum Nachteilsausgleich für das herrschende Unternehmen ein faktischer Zwang zur Vereinbarung angemessener Verrechnungspreise. Denn der Nachteilsausgleich nach § 311 AktG führt bei dem herrschenden Unternehmen nicht zu betrieblich, sondern zu gesellschaftsrechtlich veranlaßten Aufwendungen. Der Nachteilsausgleich führt daher bei dem herrschenden Unternehmen nicht zu Betriebsausgaben, sondern zu einer steuerlich nicht abzugsfähigen verdeckten Einlage[10] in die abhängige Gesellschaft[11].

---

4 Ebenso *Scheffler*, ZfbF 1991, S. 471 (475); *Ebenroth*, Verdeckte Vermögenszuwendungen, S. 402 - 443; *Kußmaul*, RIW 1987, S. 679 (681 f.).

5 *Lutter* in *Kölner Kommentar*, Rdnr. 5 zu § 57 AktG.

6 Entweder analog den Kapitalerhaltungsregeln der §§ 30, 31 GmbHG, dem Verbot der Vorteilsgewährung außerhalb der satzungsmäßigen Gewinnverwendung oder aus dem Verbot der Gewährung von Sondervorteilen an einzelne Gesellschafter (Gleichbehandlungsgebot); nach *Emmerich - Scholz*, GmbHG, Rdnr. 183 Anh. Konzernrecht gilt das Schädigungsverbot auch im faktischen GmbH - Konzern.

7 *Kußmaul*, RIW 1987, S. 679 (681 f.).

8 Im GmbH - Konzern ist die Schädigung dagegen verboten (*Emmerich - Scholz*, GmbHG, Rdnr. 186 Anh. Konzernrecht).

9 *Koppensteiner* in *Kölner Kommentar*, Rdnr. 57 zu § 311 AktG; der Nachteilsausgleich schützt damit die Minderheitsgesellschafter und die Gläubiger der abhängigen Gesellschaft.

10 Die verdeckte Einlage erhöht aber den Ansatz der Beteiligung an der abhängigen Gesellschaft. Durch Ansatz des niedrigeren Teilwerts nach

II. Vorteilsausgleich

Als Vorteilsausgleich wird die Saldierung von zunächst eingetretenen Vor - und Nachteilen bezeichnet.[12] Ein einzelnes unausgewogenes Geschäft wird mit einem unausgewogenen Geschäft in gegenläufiger Richtung kompensiert.[13] Die Kompensation bewirkt, daß eine Gewinnberichtigung unterbleibt. Wie bereits im ersten Teil[14] dargestellt, lassen die Rechtsprechung des BFH und die Finanzverwaltung bei nationalen Steuersachverhalten einen Vorteilsausgleich nur zu hinsichtlich:

1. Leistung und Gegenleistung bei gegenseitigen Verträgen;

2. Leistung und Gegenleistung bei anderen Rechtsgeschäften, die so eng zusammenhängen, daß sie wirtschaftlich als einheitliches Geschäft anzusehen sind.

Im Rahmen grenzüberschreitender Sachverhalte ist die Finanzverwaltung großzügiger. Sie läßt hier einen Vorteilsausgleich zu, wenn auch Fremde untereinander einen solchen Ausgleich vorgenommen hätten.[15] Diesen Grundsatz wendet die Finanzverwaltung aber nicht uneingeschränkt an. So sollen die Nachteile u.a. entweder noch im gleichen Wirtschaftsjahr ausgeglichen werden oder aber spätestens zum Ende dieses Wirtschaftsjahres bestimmt sein, wann und durch welche Vorteile die Nachteile ausgeglichen werden.[16] Nach der Finanzverwaltung muß der Vorteilsausgleich spätestens innerhalb der drei auf den Nachteil folgenden Wirtschaftsjahre tatsächlich erfolgt

---

§ 6 I Nr. 2 2 EStG können aus dem Nachteilsausgleich noch Betriebsausgaben entstehen.

11 Ebenso für die Verlustübernahme bei verunglückter Organschaft *Sturm*, DB 1991, S. 2055 (2056).

12 *Brezing* in *Brezing et al.*, Außensteuerrecht, Rdnr. 101 zu § 1 AStG; *Baumhoff*, Verrechnungspreise, S. 144 f.

13 *Schaumburg*, Internationales Steuerrecht, S. 810; *Brezing* in *Brezing et al.*, Außensteuerrecht, Rdnr. 100 zu § 1 AStG; *Baumhoff*, Verrechnungspreise, S. 145.

14 1. Teil 1. Kapitel B. III. und 2. Kapitel B. VI. Exkurs.

15 Tz. 2.3.1 der Verwaltungsgrundsätze, BStBl. I 1983, S. 218.

16 Tz. 2.3.3 der Verwaltungsgrundsätze; weitere Einschränkungen enthält Tz. 2.3.2, BStBl. I 1983, S. 218.

sein.[17]

In der Literatur wird ebenfalls die Auffassung vertreten, daß gegenüber nationalen Sachverhalten bei grenzüberschreitenden Sachverhalten ein erweiterter Vorteilsausgleich zulässig sei.[18] Diese Auffassung wird mit dem Wortlaut von § 1 AStG begründet. Da § 1 AStG das Tatbestandsmerkmal "Geschäftsbeziehungen" enthalte, dürfe die Gewinnberichtigung nicht wie bei der verdeckten Gewinnausschüttung bei der Beurteilung von Einzelgeschäften ansetzen.[19] Dagegen vertritt *Döllerer* die Auffassung, der Umfang des Vorteilsausgleichs sei bei § 1 AStG und der verdeckten Gewinnausschüttung identisch und könne auch bei grenzüberschreitenden Sachverhalten nicht weiter sein.[20]

Die Finanzverwaltung knüpft den erweiterten Vorteilsausgleich nicht an § 1 AStG, sondern generell an Gewinnberichtigungen im Zusammenhang mit grenzüberschreitenden Sachverhalten an.[21] Dem ist zuzustimmen. Das Tatbestandsmerkmal der "Geschäftsbeziehungen" in § 1 AStG ist nicht der geeignete Anknüpfungspunkt, um einen erweiterten Vorteilsausgleich nur bei Vorliegen der Tatbestandsmerkmale des § 1 AStG anzunehmen und bei verdeckten Gewinnausschüttungen abzulehnen. Denn § 1 AStG und die verdeckte Gewinnausschüttung haben trotz der unterschiedlichen Tatbestandsmerkmale einen gemeinsamen Zweck.

Beide Normen verhindern, daß nicht betrieblich veranlaßte Einkommensminderungen die steuerliche Bemessungsgrundlage mindern. Zur Feststellung der betrieblichen Veranlassung stellen sowohl § 1 AStG als auch die verdeckte Gewinnausschüttung einen Fremdvergleich an.[22] Die verdeckte Gewinnausschüttung enthält dieses Merkmal in der "gesellschaftsrechtlichen" Veranlassung der Vermögensminderung oder verhinderten Vermögensmeh-

---

17 Tz. 2.3.3 der Verwaltungsgrundsätze, BStBl. I 1983, S. 218.

18 *Schaumburg*, Internationales Steuerrecht, S. 811 f.; *Flick-Wassermeyer-Becker*, Außensteuerrecht, Rdnr. 105 zu § 1 AStG; *DIHT* - Planspiel, S. 11; *Baumhoff* in *Mössner et al.*, Steuerrecht international tätiger Unternehmen, Rdnr. C 415; *Katterbe*, DB 1983, S. 365 (368); *Schöne* FR 1989, S. 543 (544).

19 *Schöne*, FR 1989, S. 543 (544); *Kreile*, BB 1972, S. 929 (929 f.).

20 *Döllerer*, Verdeckte Gewinnausschüttungen, S. 122.

21 Tz. 2.3. der Verwaltungsgrundsätze, BStBl. I 1983, S. 218.

22 *Rieger*, Prinzipien, S. 290.

rung.[23] § 1 AStG enthält das Merkmal des Fremdvergleichs, indem § 1 AStG vereinbarte Bedingungen voraussetzt, die von denen abweichen, die voneinander unabhängige Dritte unter gleichen oder ähnlichen Verhältnissen vereinbart hätten. Aus der gemeinsamen Anknüpfung an den Fremdvergleich ergibt sich die Lösung für den Vorteilsausgleich.

Steht nach einem Fremdvergleich fest, daß auch fremde Dritte die Einkommensminderung im Hinblick auf einen Vorteilsausgleich hingenommen hätten, darf eine Gewinnberichtigung nicht vorgenommen werden. Denn für die Annahme einer verdeckten Gewinnausschüttung fehlt es an der gesellschaftsrechtlichen Veranlassung. Und die Anwendung des § 1 AStG scheitert daran, daß die vereinbarten Bedingungen denen entsprechen, die fremde Dritte auch vereinbart hätten. Maßgebend für den Umfang des Vorteilsausgleichs ist daher nicht der Wortlaut des § 1 AStG, sondern die Angemessenheit des Vorteilsausgleichs, die durch Fremdvergleich festzustellen ist.

Mit dem Merkmal des Fremdvergleichs läßt sich auch das Problem, in welchem Zeitraum ein Vorteilsausgleich mit steuerlicher Wirkung zulässig ist, lösen. Auch hier ist maßgebend, in welchem Rahmen fremde Dritte eine Einkommensminderung noch hingenommen hätten.[24] Dem steht auch das Prinzip der Abschnittsbesteuerung nicht entgegen, das die Ermittlung der Einkünfte getrennt nach Veranlagungszeiträumen vorschreibt.[25] Ein in späteren Jahren eintretender Vorteilsausgleich könnte auch rückwirkend berücksichtigt werden. Dieser Rückwirkung stünde die Bestandskraft der Steuerfestsetzung nicht entgegen. Die Möglichkeit zur Änderung der Steuerbescheide ergibt sich aus § 164 II 1 AO bei einer Steuerfestsetzung unter Vorbehalt der Nachprüfung. Bei vorbehaltlosen Steuerfestsetzungen wären die Steuerbescheide nach § 175 I 1 Nr. 2 AO zu ändern.

Die Verwaltungsgrundsätze[26] enthalten zur Frage des am Fremdvergleich

---

23 *Streck*, KStG, Anm. 65 zu § 8 KStG.

24 Ebenso *Katterbe*, DB 1983, S. 365 (368); *Ritter*, Beweislast, S. 91 (102), der es ausreichen läßt, wenn Vor - und Nachteile im Betriebsprüfungszeitraum ausgeglichen werden.

25 Nach *Baumhoff*, Verrechnungspreise, S. 149 f. kommt es nur darauf an, ob beiden Geschäftspartnern vor Abschluß des nachteiligen Geschäfts klar war, daß es durch ein objektiv vorteilhaftes Geschäft ausgeglichen wird.

26 BStBl. I 1983, S. 218.

orientierten Vorteilsausgleichs durchaus praxisgerechte Hinweise. Diese Hinweise sind zugleich sinnvolle Anhaltspunkte für die Konzernsteuerplanung im europäischen Konzern. Diese Funktion büßen die Verwaltungsgrundsätze jedoch ein, wenn sie schematisch angewendet werden.[27]

Ausgleichsfähig sind im europäischen Konzern ebenso wie im nationalen Konzern nach deutschem Steuerrecht nicht nur die vorteilhaften Geschäfte, die auch gerade die an dem nachteiligen Geschäft beteiligten Gesellschaften abgeschlossen haben. In den Vorteilsausgleich einzubeziehen sind darüber hinaus die Geschäfte aller Konzernunternehmen, soweit sie die Einkommensminderungen ausgleichen.[28]

III. Interne Organisation zur Bestimmung angemessener Verrechnungspreise und ausgleichsfähiger Geschäfte im europäischen Konzern

1. Die Konzernsteuerplanung im europäischen Konzern

Ziel der Konzernsteuerplanung ist es, die Gesamtsteuerbelastung im Konzern zu minimieren.[29] Da verdeckte Gewinnausschüttungen in vielen Fällen im europäischen Konzern die Ursache einer Mehrfachbesteuerung sein können, muß die Steuerplanung auch darauf ausgerichtet sein, verdeckte Gewinnausschüttungen zu vermeiden. Dieses Ziel kann die Konzernsteuerplanung durch Vereinbarung angemessener Verrechnungspreise erreichen. Dabei stellt sich das oben bereits beschriebene Problem, die Angemessenheit der Verrechnungspreise festzulegen[30], da die Angemessenheit von mindestens zwei Finanzverwaltungen beurteilt wird und jede bestrebt sein wird, Gewinne möglichst dem jeweils ansässigen Unternehmen zuzurechnen, um das Steueraufkommen des eigenen Staates nicht zu schmälern. Diesem praktischen Problem die Schärfe zu nehmen, ist Aufgabe der Konzernsteuerplanung.

---

27 Entsprechende Befürchtungen finden sich bei *Popkes*, Internationale Prüfung, S. 220 und passim.

28 *Brezing* in *Brezing et al.*, Außensteuerrecht, Rdnr. 105 zu § 1 AStG; *Baumhoff*, Verrechnungspreise, S. 152 f.; *Kreile*, BB 1972, S. 929 (929); *Flick*, FR 1973, S. 158 (158); *Katterbe*, DB 1983, S. 365 (367); a.A. *Blümich/Menck*, EStG, Rdnr. 71, 77 zu § 1 AStG.

29 *Kratz*, Steuerplanung, S. 26.

30 Siehe oben 2. Teil 4. Kapitel D. I.

Die Aufgabe der Gestaltung angemessener Verrechnungspreise sollte in zwei Schritten gelöst werden: In einer ersten "Grobeinstellung" und im zweiten Schritt in einer "Feinabstimmung". Im europäischen Konzern empfiehlt es sich zur "Grobeinstellung" der Angemessenheit der Verrechnungspreise zunächst, Informationen darüber einzuholen, wie die beteiligten Staaten die Angemessenheit der Verrechnungspreise nach ihrem nationalen Steuerrecht beurteilen. Einige Staaten haben dazu in Anlehnung an den OECD - Bericht 1979[31] nationale Richtlinien zur Prüfung der Angemessenheit von Verrechnungspreisen erlassen.[32] Andere Staaten haben den OECD - Bericht direkt übernommen[33], wieder andere benutzen Generalklauseln bei der Bestimmung der Angemessenheit von Verrechnungspreisen[34]. Mögen die nationalen Richtlinien zur Prüfung und Bestimmung der Angemessenheit von Verrechnungspreisen bei grenzüberschreitenden Sachverhalten im Detail auch divergieren, sie führen zu einer größeren Transparenz bei der Festlegung angemessener Verrechnungspreise, erleichtern die Konzernsteuerplanung und machen Risiken kalkulierbarer.[35]

Der Informationsbeschaffung dienen auch externe Berater der jeweiligen Länder der Gesellschaften des europäischen Konzerns.[36] Diese externen Berater sollten auf jeden Fall auf der nächsten Stufe der Bestimmung angemessener Verrechnungspreise, bei der Feinabstimmung, einbezogen werden. Hier empfiehlt es sich auch, über die externen Berater Kontakt zu den jeweiligen nationalen Steuerbehörden aufzunehmen, um ihre Auffassungen und die Praxis bei der Beurteilung der Angemessenheit von Verrechnungspreisen zu erfahren.

---

31 Transfer Pricing and Multinational Enterprises. Report to the OECD Comittee on Fiscal Affairs, Paris 1979.

32 Z.B. die Bundesrepublik Deutschland mit den sog. Verwaltungsgrundsätzen, BStBl. I 1983, S. 218; Italien in Art. 76 V DPR (testo unico) sowie mit den Erlassen Nr. 32 v. 22.09.1980 sowie Nr. 42 v. 12.12.1981.

33 Australien, Großbritannien, Niederlande und Österreich.

34 Siehe dazu die Übersicht bei *Popkes*, IWB Fach 10 International Gruppe 2, S. 747 (751).

35 *Popkes*, IWB Fach 10 International Gr. 2, S. 747 (753).

36 *Kratz*, Steuerplanung, S. 274: "Ohne den Beizug des lokalen Fachmannes besteht die erhebliche Gefahr, dass gewisse Steuerkonsequenzen im Ausland übersehen, andere wegen unvollständiger Informationsgrundlagen falsch eingeschätzt werden."

Ergeben sich im Verfahren der Feinabstimmung Divergenzen zwischen den Auffassungen der Steuerverwaltungen, sollte versucht werden, die Divergenzen bereits im Vorfeld zu beseitigen, um die Gefahr einer Doppel - oder Mehrfachbesteuerung erst gar nicht entstehen zu lassen. Die Feinabstimmung kann in einem solchen Fall sicher sehr zeit - und kostenintensiv sein. Dabei ist jedoch zu bedenken, daß die Beseitigung einer bereits eingetretenen Doppel - oder Mehrfachbesteuerung im Regelfall noch kosten - und zeitintensiver ist und bei Scheitern eines Verständigungsverfahrens die Doppel - oder Mehrfachbesteuerung definitiv bestehen bleibt.[37]

Die hier skizzierte Art der präventiven Konzernsteuerplanung kann jedoch nur erfolgreich sein, wenn im europäischen Konzern Vorkehrungen getroffen werden, die die Festlegung der Angemessenheit von Verrechnungspreisen in dem Verfahren der Grob - und der Feinabstimmung ermöglichen. Dazu gehört die enge Zusammenarbeit zwischen Geschäftsleitung und Steuerabteilung bei der Festlegung der Verrechnungspreise. Denn die Steuerplanung nützt nichts, wenn die von der Steuerabteilung und externen Beratern durch Grob - und Feinabstimmung als angemessen festgelegten Verrechnungspreise von der Geschäftsleitung ignoriert werden.

Andererseits muß auch der Informationsfluß von der Geschäftsleitung zur Steuerabteilung und den externen Beratern gewährleistet sein. Denn Steuerabteilung und externe Berater können ohne betriebswirtschaftliche Daten der Geschäftsleitung angemessene Verrechnungspreise nicht festlegen.[38] Das Verfahren zur Ermittlung angemessener Verrechnungspreise erweist sich damit als interdisziplinäres Feld, auf dem die Zusammenarbeit zwischen Jurist und Betriebswirtschaftler besonders gefordert ist.

---

37 Das gilt ausnahmsweise nicht, wenn ein Fall des EG-Übereinkommens vorliegt.

38 So auch *Popkes*, IWB Fach 10 International Gr. 2, S. 747 (753); a.A. *Baumhoff*, Verrechnungspreise, S. 133; nach *Flick*, DStR 1989, S. 557 (557) sind die unternehmerischen Vorfragen gegenüber steuerlichen Überlegungen stets vorrangig.

2. Die Notwendigkeit einer Dokumentation im Zusammenhang mit der Durchsetzung der Verrechnungspreise im europäischen Konzern aus deutscher Sicht

Berichtigt in der Bundesrepublik Deutschland die Finanzverwaltung die Gewinne einer Gesellschaft mit der Begründung, die Verrechnungspreise seien unangemessen, dann hat die Finanzverwaltung das Vorliegen der Tatbestandsvoraussetzungen für die den Gewinn erhöhende Norm darzulegen.[39] Denn nach der auch im Steuerverfahrensrecht geltenden, aus dem Zivilprozeßrecht stammenden Beweislastregel trägt der Steuergläubiger die Beweislast für die Tatsachen, die den Steueranspruch begründen.[40] Gälte dieser Grundsatz der Beweislastverteilung ohne Einschränkung, wäre eine Dokumentation des Steuerpflichtigen zum Nachweis der Angemessenheit der Verrechnungspreise nicht notwendig.

Die Notwendigkeit einer Dokumentation ergibt sich aber daraus, daß das Maß der Beweislast der Finanzverwaltung in bestimmten Fällen reduziert sein kann. In diesem Zusammenhang ist an die formellen Voraussetzungen zu erinnern, die der BFH für die steuerliche Anerkennung von Leistungsbeziehungen zwischen der Gesellschaft und beherrschenden Gesellschaftern aufgestellt hat.[41] Hier reicht es nicht aus, daß die Leistungsbeziehungen angemessen sind. Darüber hinaus fordert der BFH, daß die Vereinbarungen über den Leistungsaustausch eindeutig und im voraus getroffen worden sein müssen.[42] Liegen diese formellen Voraussetzungen nicht vor, kann nach der Rechtsprechung trotz Angemessenheit des Verrechnungspreises eine Gewinnberichtigung vorgenommen werden.[43] Mit einer entsprechenden Dokumentation wäre der Steuerpflichtige in diesen Fällen in der Lage, sowohl die Angemessenheit der Verrechnungspreise als auch das Vorliegen der for-

---

39 *Ritter*, FR 1985, S. 34 (37).

40 Seit dem BFH - Urteil vom 5.11.1970 V R 71/67, BStBl. II 1971, S. 20 (24) ständige Rechtsprechung; *Streck*, KStG, Anm. 102 zu § 8 KStG; *Döllerer*, DStR 1989, S. 321 (331 f.).

41 Siehe oben 1. Teil 2. Kapitel B. V. Exkurs.

42 Siehe oben 1. Teil 2. Kapitel B. V. Exkurs.

43 Nach hier vertretener Auffassung ist das Aufstellen zusätzlicher formeller Voraussetzungen zur steuerlichen Anerkennung von Leistungsbeziehungen neben der Angemessenheit des Verrechnungspreises nicht zulässig, wenn Art. 9 I OECD - MA oder das EG-Übereinkommen gilt.

mellen Voraussetzungen nachzuweisen und damit eine steuererhöhende Gewinnberichtigung zu verhindern.

Ausgangspunkt der Reduktion der Beweislast ist das Spannungsverhältnis zwischen der in § 88 AO normierten Amtsermittlungspflicht einerseits und den Mitwirkungspflichten des Steuerpflichtigen andererseits, insbesondere aus § 90 AO. Mitwirkungspflichten des Steuerpflichtigen dienen der Ergänzung der Amtsermittlungspflicht der Finanzverwaltung. Die Mitwirkungspflichten berücksichtigen, daß die Besteuerung an Vorgänge anknüpft, denen der Steuerpflichtige oft näher steht als die Finanzverwaltung.[44] Um einen Zustand der Beweislosigkeit, dessen Folge eine Entscheidung nach Beweislastregeln wäre, möglichst zu vermeiden, zieht die AO den Steuerpflichtigen zur Mitwirkung heran. Erfüllt der Steuerpflichtige seine Mitwirkungspflicht nicht, endet jedoch die Amtsermittlungspflicht der Finanzverwaltung nicht. Die Finanzverwaltung hat den Sachverhalt weiter zu ermitteln. Bleiben dann Zweifel an der Richtigkeit der Angaben des Steuerpflichtigen, reduziert sich das Maß der Beweislast mit der Folge, daß die Finanzbehörde der Besteuerung den nach den Umständen möglichen Sachverhalt zugrundelegen oder die Besteuerungsgrundlagen nach § 162 II AO schätzen kann.[45]

Bei Auslandssachverhalten besteht nach § 90 II AO[46] eine erhöhte Mitwirkungspflicht. Der Steuerpflichtige hat nach § 90 II AO eine über § 90 I AO hinausgehende Beweismittelvorsorgepflicht.[47] Diese Beweismittelvorsorgepflicht bedeutet, daß der Steuerpflichtige gehalten ist, sich Beweise vorsorglich zu beschaffen. Kommt er dieser Pflicht nicht nach, kann er sich später nicht darauf berufen, daß er die Beweise aus dem Ausland nun nicht mehr beschaffen kann.[48] Dieser Einwendungsausschluß greift aber nur, wenn der Steuerpflichtige irgendwann einmal Gelegenheit gehabt hat, die Beweismittel beschaffen zu können.[49] Bestand zu keinem Zeitpunkt die Möglichkeit der Beweisbeschaffung, kann ein Verstoß gegen § 90 II AO nicht vorliegen.

---

44 *Tipke/Kruse*, AO, Rdnr. 1 zu § 90 AO.

45 *Tipke/Kruse*, AO, Rdnr. 5 zu § 90 AO; *Ritter*, FR 1985, S. 34 (38).

46 Ggfs. ergänzt durch §§ 16, 17 AStG.

47 *Schaumburg*, Internationales Steuerrecht, S. 841 f.; *Tipke/Kruse*, AO, Rdnr. 6 zu § 90 AO; *Baumhoff*, Verrechnungspreise, S. 163.

48 § 90 II AO letzter Satz.

49 *Schaumburg*, Internationales Steuerrecht, S. 841 f.; *Tipke/Kruse*, AO, Rdnr. 6 zu § 90 AO.

Eine Reduzierung der Beweislast kommt in einem solchen Fall nicht in Betracht. Danach bleibt auch in diesem Fall die Pflicht der Finanzbehörde zur Ermittlung des Sachverhalts bestehen.[50] Erst wenn nach Ausschöpfung der Ermittlungsmöglichkeiten der Finanzverwaltung Zweifel an dem vorgetragenen Sachverhalt verbleiben, reduziert sich das Maß der Beweislast.[51]

Zusammengenommen läßt sich daher sagen, daß die Nichterfüllung steuerlicher Mitwirkungspflichten das Beweismaß reduziert. Zwar findet eine Umkehr der Beweislast nicht statt.[52] Der Finanzverwaltung fällt es aber bei grenzüberschreitenden Sachverhalten wesentlich leichter, die Voraussetzungen für das Vorliegen einer steuererhöhenden Gewinnberichtigung zu begründen, wenn der Steuerpflichtige seiner erweiterten Mitwirkungspflicht nach § 90 II AO nicht nachkommt. Denn hier kann das Maß der Beweislast bereits dann reduziert sein, wenn der Steuerpflichtige eine Beweisvorsorge nicht getroffen hat.

Das Maß der Beweislast kann aber selbst dann reduziert sein, wenn der Steuerpflichtige in vollem Umfang seiner Mitwirkungspflicht nachgekommen ist. Zu dieser Kategorie gehört der Fall des Beweises des ersten Anscheins. Der Beweis des ersten Anscheins erfaßt Fälle, bei denen der ermittelte Sachverhalt auf einen typischen Geschehensablauf schließen läßt.[53] Zur Anwendung des Beweises des ersten Anscheins reicht allerdings ein globaler Bezug der Finanzverwaltung auf die Lebenserfahrung nicht aus. Die Finanzverwaltung muß vielmehr den in Bezug genommenen Erfahrungssatz klar formulieren.[54]

Die Rechtsprechung des BFH nimmt darüber hinaus eine Umkehr der Beweislast an, wenn der Steuerpflichtige einen außergewöhnlichen Sachverhalt behauptet.[55] Ohne die Richtigkeit dieser BFH - Rechtsprechung im Rahmen

---

50 *Tipke/Kruse*, AO, Rdnr. 5 zu § 90 AO; *Ritter*, FR 1985, S. 344 (39).

51 *Tipke/Kruse*, AO, Rdnr. 5 zu § 90 AO, sprechen anschaulich von einer Wechselwirkung zwischen der Intensität der Mitwirkung des Steuerpflichtigen und der Untersuchungspflicht des Finanzamtes.

52 *Tipke/Kruse*, AO, Rdnr. 6 zu § 90 AO; *Ritter*, FR 1985, S. 34 (38).

53 *Ritter*, FR 1985, S. 34 (40).

54 *Tipke/Kruse*, AO, Rdnr. 10 zu § 88 AO; Rdnr. 11 zu § 96 FGO.

55 BFH - Urteil vom 09.05.1979 I R 126/77, BStBl.II 1979, S. 586 (587); dagegen *Ritter*, FR 1985, S. 34 (43).

dieser Arbeit zu untersuchen, läßt sich zusammenfassend feststellen, daß sich bei grenzüberschreitenden Sachverhalten aufgrund der in § 90 II AO normierten erhöhten Mitwirkungspflicht des Steuerpflichtigen eine Pflicht zur Dokumentation zum Nachweis der Angemessenheit der Verrechnungspreise ergibt. Neben diese rechtliche Pflicht tritt das Eigeninteresse des europäischen Konzerns an der Dokumentation der Angemessenheit der Verrechnungspreise. Denn je besser und umfassender der europäische Konzern die Angemessenheit der Verrechnungspreise nachweisen kann, desto schwerer wird es den beteiligten Steuerverwaltungen fallen, Gewinnberichtigungen mit der Begründung vorzunehmen, die Verrechnungspreise seien unangemessen.[56]

Das gilt entsprechend für den Vorteilsausgleich. Auch hier sollte dokumentiert werden, welche Vorteile zum Ausgleich von Einkommensminderungen aus Geschäften im Konzern im Zeitpunkt des Abschlusses des ungünstigen Geschäftes zu erwarten gewesen waren.[57] Im Falle gehöriger Dokumentation stellt sich das Problem der geminderten oder gar zu Lasten des Steuerpflichtigen umgekehrten Beweislast nicht mehr.

Obwohl der BFH nur im Verhältnis zu beherrschenden Gesellschaftern klare und vorherige Vereinbarungen fordert, empfiehlt es sich im Rahmen einer Dokumentation, auch die Nachweise über die Angemessenheit der Verrechnungspreise und des Vorteilsausgleichs schriftlich zu fixieren.[58] Aus einer derartigen schriftlichen Dokumentation können sich schließlich wichtige Anhaltspunkte für die Angemessenheit der Verrechnungspreise für weitere Geschäfte ergeben. Ziel der Dokumentation sollte die Herausbildung oder, soweit bereits vorhanden, die Verbesserung einer Konzernrichtlinie zur Bestimmung von Verrechnungspreisen sein.[59]

---

56 *Baumhoff*, Verrechnungspreise, S. 156.

57 Hier liegt die Beweislast bei dem Steuerpflichtigen. Denn er behauptet einen Sachverhalt, der die Tatbestandsmerkmale einer steuermindernden Norm ausfüllt; Dabei sollten die Anforderungen der Finanzverwaltung (Tz. 9 der Verwaltungsgrundsätze [BStBl. I 1983, S. 218]) beachtet werden.

58 Ebenso *Jacobs*, Internationale Unternehmensbesteuerung, S. 652 f.; *Engel*, Konzerntransferpreise, S. 209 f.; *Baumhoff*, Verrechnungspreise, S. 164.

59 Solche Richtlinien werden nach der empirischen Untersuchung von *Popp*, Leistungsbeziehungen, S. 217, zum Teil in international tätigen Unternehmen schon eingesetzt.

5. Kapitel: Faktische Steueroasen und verbleibende Doppelbesteuerungen im europäischen Konzern

Nach den bisherigen Ergebnissen der Arbeit bergen Leistungsbeziehungen zwischen den Konzerngliedern im europäischen Konzern die Gefahr von Doppelbesteuerungen und faktischen Steueroasen in sich. Die Ursachen für diese Gefahren sind im 3. Kapitel aufgezeigt worden. Die anschließenden Untersuchungen im 4. Kapitel haben die für den europäischen Konzern bestehenden Möglichkeiten zur Vermeidung der Doppelbesteuerung gezeigt. In diesem Kapitel soll nun untersucht werden, welche Doppelbesteuerungen und faktischen Steueroasen im europäischen Konzern unter Berücksichtigung der im 3. und 4. Kapitel gefundenen Ergebnisse verbleiben. Der Schwerpunkt der Untersuchung liegt auf der Frage, ob und gegebenenfalls welche Doppelbesteuerungen und faktische Steueroasen der Beschluß des Großen Senates des BFH zur Einlagefähigkeit von Nutzungen und Leistungen[1] im europäischen Konzern verursachen kann.

Zur besseren Übersicht werden hier im 5. Kapitel nicht alle möglichen Konstellationen aufgezeigt, bei denen im europäischen Konzern Doppelbesteuerungen oder faktische Steueroasen entstehen können. Aufgezeigt werden nur solche Konstellationen, in denen die Doppelbesteuerungen oder faktischen Steueroasen im europäischen Konzern besonders deutlich werden. Beispiele im Text helfen, einen schnelleren Überblick über die Ergebnisse zu erhalten. Der Anhang dieser Arbeit enthält eine darüber hinausgehende systematische tabellarische Zusammenfassung zu den möglichen Doppelbesteuerungen oder faktischen Steueroasen im europäischen Konzern.

Da der BFH - Beschluß zur Nutzungseinlage[2] die Rechtslage bei Unterpreislieferungen nicht geändert hat, werden zunächst die möglichen Doppelbesteuerungen und faktischen Steueroasen bei grenzüberschreitenden Unterpreislieferungen dargestellt. Erst darauf folgen Untersuchungen zu Unterpreisleistungen, bei denen der BFH - Beschluß Neuerungen gebracht hat.

---

1 Beschluß vom 26.10.1987 GrS 2/86, BStBl. II 1988, S. 348.

2 Beschluß vom 26.10.1987 GrS 2/86, BStBl. II 1988, S. 348.

A. Faktische Steueroasen und verbleibende Doppelbesteuerungen bei Unterpreislieferungen im europäischen Konzern

I. Doppelbesteuerungen bei unmittelbaren grenzüberschreitenden Leistungsbeziehungen zwischen Gesellschaft und Gesellschafter sowie viceversa

1. Der Einfluß des DBA - Rechts

Doppelbesteuerungen entstehen bei grenzüberschreitenden Leistungsbeziehungen, wenn Gewinnberichtigungen nicht durch Gegenberichtigungen in gleicher Höhe ausgeglichen werden.[3]

DBA verhindern die Doppelbesteuerung bei grenzüberschreitenden Unterpreislieferungen daher nur, wenn die gewinnerhöhende Berichtigung und die gewinnmindernde Gegenberichtigung aufgrund des DBA von den beteiligten Sitzstaaten der Konzerngesellschaften übereinstimmend durchgeführt werden und aus der Gegenberichtigung resultierende steuerliche Entlastungen nicht durch Verfahrenshindernisse des nationalen Steuerrechts ausgeschlossen sind. Die Gegenberichtigung erfolgt nach dem DBA, indem der Sitzstaat der Muttergesellschaft die Gewinnerhöhung entweder steuerfrei läßt[4] oder die auf die Gewinnberichtigung entfallende ausländische Steuer auf die Steuer der Muttergesellschaft anrechnet[5].

Dagegen tritt eine Doppelbesteuerung ein, wenn bei einer Unterpreislieferung der Tochter - an die Muttergesellschaft der Sitzstaat der Tochtergesellschaft eine Gewinnberichtigung vornimmt, der Sitzstaat der Muttergesellschaft aber in der Vorteilsgewährung weder eine[6] Gewinnausschüttung sieht noch den Gewinn der Muttergesellschaft auf andere Weise korrespondierend zu der vorangegangenen Gewinnerhöhung

---

3 Siehe oben 2. Teil 3. Kapitel.

4 Als Gewinnausschüttung.

5 Das setzt voraus, daß der Sitzstaat der Muttergesellschaft infolge der Gewinnberichtigung Einkünfte der Muttergesellschaft seitens der ausländischen Tochtergesellschaft annimmt.

6 Nach DBA steuerfreie oder durch Steueranrechnung begünstigte

bei der Tochtergesellschaft mindert. Dies ist ein in der Praxis häufig anzutreffender Sachverhalt. Denn durch die Gewährung der DBA - Vergünstigungen verzichtet der beteiligte Fiskus auf Steuereinnahmen. Diese Grundkonstellation soll an einem Beispiel verdeutlicht werden.

Beispiel 1:

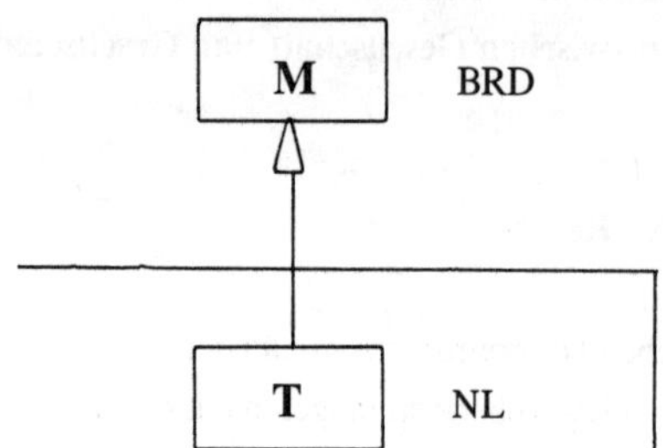

Es liegt eine grenzüberschreitende Unterpreislieferung der Tochtergesellschaft T mit Sitz in den Niederlanden an die Muttergesellschaft M mit Sitz in der Bundesrepublik Deutschland vor. Das DBA zwischen den Niederlanden und der Bundesrepublik Deutschland sieht für Gewinnausschüttungen das internationale Schachtelprivileg vor.[7] Die Niederlande berichtigen den Gewinn der T und nehmen insoweit eine verdeckte Gewinnausschüttung an M an.[8] Die Bundesrepublik Deutschland dagegen sieht in der Vorteilsgewährung von T an M keine verdeckte Gewinnausschüttung und mindert den Gewinn der M auch nicht auf andere Weise.[9]

Es kommt zu einer Doppelbesteuerung. Denn der bei M angefallene oder noch anfallende Gewinn aus der von T erhaltenen Unterpreislieferung wird bei T durch die Gewinnberichtigung noch einmal besteuert. Diese Doppelbesteuerung wird auch durch das DBA nicht beseitigt. Denn eine Gewinnminderung tritt bei M weder durch Annahme einer nach DBA steuerfreien Gewinnausschüttung noch auf andere Weise ein.

Wenn der Sitzstaat der M dagegen in Übereinstimmung mit dem Sitzstaat der T die Unterpreislieferung in gleichem Umfang als verdeckte Gewinnausschüttung an M qualifiziert, wird die Doppelbesteuerung weitgehend beseitigt. Die verdeckte Gewinnausschüttung führt dann bei M aufgrund des DBA - Schachtelprivilegs zu steuerfreien Einnahmen, die ihr in Form von materiellen Wirtschaftsgütern aus der Unterpreislieferung

---

7 Artt. 20 II, 13 IV DBA.

8 Siehe dazu *Saunders*, ET 1989, S. 251 (256); *Michielse*, Weekblad 1989, S. 509 (515).

9 So z.B. das Steuerrecht Italiens, das gewinnmindernde Berichtigungen bisher nur bei Vorliegen eines DBA im Rahmen einer Verständigungsvereinbarung zuläßt (*Mayr*, IWB Fach 5 Italien Gr. 2, 275 (281).

zufließen. Die Anschaffungskosten für diese Wirtschaftsgüter sind bei M daher entsprechend zu erhöhen. Spätestens bei Veräußerung dieser Wirtschaftsgüter mindert sich aufgrund der geringeren Differenz zwischen Verkaufserlös und (höherem) Buchwert der Wirtschaftsgüter der Gewinn der Muttergesellschaft.[10] Eine Doppelbesteuerung bleibt hier dennoch, wenn auch nur partiell, bestehen. Denn der Sitzstaat der T erhebt in aller Regel auf die (verdeckte) Gewinnausschüttung an die Muttergesellschaft eine Quellensteuer, die aufgrund der DBA - Freistellung der Gewinnausschüttung bei M nicht auf ihre Steuer anrechenbar ist.[11]

Zu beachten ist, daß DBA das internationale Schachtelprivileg als Form der Gegenberichtigung bei Leistungsbeziehungen zwischen verbundenen Unternehmen in der Regel nur für Unterpreislieferungen von Tochtergesellschaften an Muttergesellschaften gewähren. Denn nur in dieser Leistungsrichtung sind Gewinnausschüttungen denkbar.[12] Liegt dagegen eine Unterpreislieferung der Muttergesellschaft an die Tochtergesellschaft vor, gewähren die DBA der Tochtergesellschaft keine Steuerfreistellung. Denn in der Leistungsrichtung Muttergesellschaft an Tochtergesellschaft können (verdeckte) Gewinnausschüttungen nicht vorliegen.[13] Hier kommen aber andere gewinnmindernde Gegenberichtigungen, z.B. verdeckte Einlagen, in Betracht, die bei der Gewinnermittlung der Tochtergesellschaft als nicht betrieblich veranlaßte Vermögensmehrungen zu berücksichtigen und daher vom betrieblich veranlaßten Gewinn abzuziehen sind.[14] Über die Annahme einer verdeckten Einlage entscheidet jedoch nicht das DBA, sondern das nationale Steuerrecht des Sitzstaates der Tochtergesellschaft.[15]

---

10 Für das Steuerrecht der Bundesrepublik Deutschland ist jedoch anzumerken, daß die Steuerfreiheit der Gewinnausschüttung und damit die Wirkung der gewinnmindernden Gegenberichtigung bei M wieder entfällt, wenn M diese steuerfreien Einkünfte an ihre Gesellschafter ausschüttet (*Ritter*, BB 1992, 361 [365]).

11 Abhilfe schafft hier die Mutter-Tochter-Richtlinie, da in den Mitgliedstaaten der EG auf bestimmte Gewinnausschüttungen die Quellensteuer entfällt.

12 Leistungsrichtung Gesellschaft an Gesellschafter.

13 Leistungsrichtung Gesellschafter an Gesellschaft.

14 Für das Recht der Bundesrepublik Deutschland siehe § 4 I 1 EStG mit dem Betriebsvermögensvergleich.

15 Dem Steuerrecht von Großbritannien, Italien, Frankreich und Belgien ist eine verdeckte Einlage als eine den Gewinn mindernde Norm fremd (*Narraina et al.*, IWB F. 10 International Gr. 2, S. 781 [784 ff.]; *Strobl*, Gewinnabgrenzung, S. 95, 113, 124, 138).

Beispiel 2:

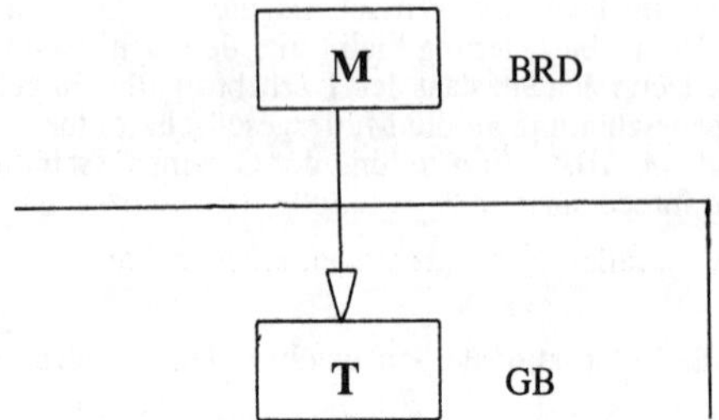

Es liegt eine grenzüberschreitende Unterpreislieferung der M mit Sitz in der Bundesrepublik Deutschland an die T mit Sitz in Großbritannien vor. Nimmt der Sitzstaat der M eine gewinnerhöhende Berichtigung vor, entsteht eine Doppelbesteuerung, weil der Sitzstaat der T den Vorteil aus der Unterpreislieferung erneut, spätestens bei Weiterveräußerung der Wirtschaftsgüter, besteuert. Diese Doppelbesteuerung wird auch nicht durch eine auf DBA gestützte Gegenberichtigung ausgeglichen. Denn die Vorteilsgewährung von M an T kann aufgrund der Leistungsrichtung[16] keine (verdeckte) Gewinnausschüttung sein. Eine Gewinnminderung und damit eine Gegenberichtigung bei T tritt aber ein, wenn der Sitzstaat der T die von M erhaltene Vorteilszuwendung als verdeckte Einlage qualifiziert[17]. Diese Gegenberichtigung beruht aber nicht auf DBA - Recht, sondern auf nationalem Steuerrecht.[18] Insoweit verhindern DBA also die Doppelbesteuerung nicht.[19]

Es kann daher festgestellt werden, daß DBA bei Vorteilszuwendungen von Tochter - an Muttergesellschaften die Doppelbesteuerung aufgrund der Steuerfreistellung des Schachtelprivilegs zumindest theoretisch weitgehender als im umgekehrten Leistungsverhältnis[20] beseitigen. Doch auch bei

16 Gesellschafter an Gesellschaft.

17 So das Steuerrecht der Bundesrepublik.

18 Im Beispielsfall verbleibt es bei einer Doppelbesteuerung, weil das Steuerrecht Großbritanniens eine gewinnmindernde verdeckte Einlage nicht kennt (*Strobl*, Gewinnabgrenzung, S. 124; *Cooke* in *Lawlor*, Cross - Border Transactions, S. 246). Auch das Steuerrecht Belgiens kennt keine verdeckten Einlagen (*Narraina et al.*, IWB Fach 10 International Gr. 2, S. 781 (784).

19 Über das DBA könnte die Doppelbesteuerung nur durch ein Verständigungsverfahren beseitigt werden. Dies setzt aber voraus, daß die Doppelbesteuerung auf unrichtiger Anwendung des Abkommensrechts beruht (siehe oben 2. Teil 4. Kapitel A. II. 4). Hier beruht die Doppelbesteuerung aber auf Anwendung nationalen Steuerrechts, wenn es Gewinnminderungen durch verdeckte Einlagen nicht kennt.

20 Vorteilszuwendung Mutter - an Tochtergesellschaft.

Vorteilszuwendungen von Tochter - an Muttergesellschaften verbleibt trotz der im DBA vorgesehenen Gegenberichtigung durch Steuerfreistellung der (verdeckten) Gewinnausschüttung zumindest eine partielle Doppelbesteuerung. Denn die Quellensteuer, die der Sitzstaat der Tochtergesellschaft auf die infolge der Gewinnberichtigung angenommene Gewinnausschüttung erhebt, ist auf die Steuer der Muttergesellschaft mangels auf diese Einkünfte entfallender Steuern nicht anrechenbar.[21]

Beispiel 3:

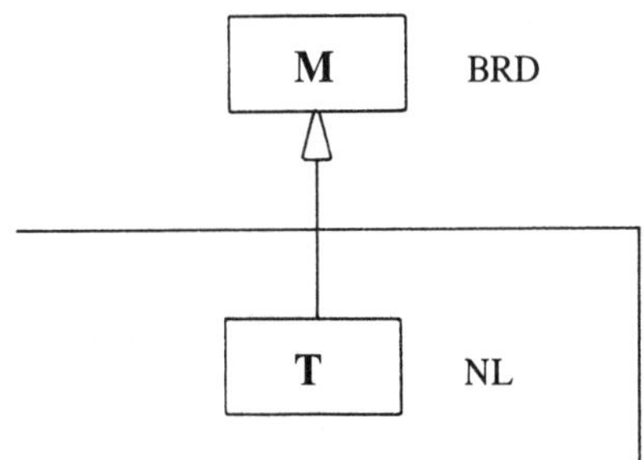

Es liegt eine Unterpreislieferung der T mit Sitz in den Niederlanden an die M mit Sitz in der Bundesrepublik Deutschland vor. Die Niederlande berichtigen den Gewinn und nehmen insoweit eine verdeckte Gewinnausschüttung an die M an.[22] M stellt die erhaltene verdeckte Gewinnausschüttung nach dem im DBA vorgesehenen Schachtelprivileg steuerfrei.[23] Die von T gezahlte Quellensteuer wird jedoch zu einem definitiven Posten. Denn bei M ist sie mangels einer auf die verdeckte Gewinnausschüttung entfallenden Steuer nicht anrechenbar. Hinsichtlich der von T gezahlten Quellensteuer kommt es damit zu einer partiellen Doppelbesteuerung.[24]

Zu weiteren partiellen Doppelbesteuerungen kommt es trotz Gegenberichtigungen infolge der DBA - Freistellung, wenn die Sitzstaaten der beteiligten Gesellschaften die verdeckte Gewinnausschüttung als Folge

---

21 *Debatin*, BB 1991, S. 947 (950); *Flick*, DStR 1989, S. 557 (559); *Schwarz*, IWB Fach 3 Deutschland Gr. 2, S. 557 (558).

22 Dazu siehe *Michielse*, Weekblad 1989, S. 509 (515); *Saunders*, ET 1989, S. 251 (256) sowie *van der Beek* in *Lawlor*, Cross - Border Transactions, S. 161.

23 Artt. 20 II, 13 IV DBA.

24 Abhilfe schafft hier für den europäischen Konzern mit Gesellschaften in den EG - Mitgliedstaaten die Mutter-Tochter-Richtlinie, die die Quellensteuer beseitigt.

der Gewinnberichtigung inkongruent bewerten.

Beispiel 4:

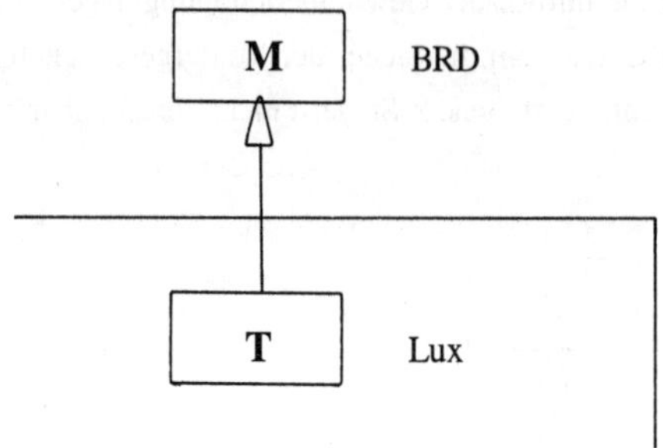

Es liegt eine Unterpreislieferung der T mit Sitz in Luxemburg an die M mit Sitz in der Bundesrepublik Deutschland vor. Luxemburg berichtigt den Gewinn der T um + 150.[25] Die Bundesrepublik Deutschland läßt eine Gegenberichtigung zu, aber nur i.H.v. - 100. Trotz DBA - Freistellung der verdeckten Gewinnausschüttung[26] bei M tritt eine partielle Doppelbesteuerung aufgrund der inkongruenten Bewertung der verdeckten Gewinnausschüttung durch die beteiligten Staaten in Höhe der Steuer ein, die auf einen Gewinn von 50 Punkten entfällt. Denn dieser Gewinn hat bei T der Besteuerung aufgrund der Gewinnberichtigung unterlegen. Bei M fehlt insoweit eine Gegenberichtigung. Denn die Bundesrepublik Deutschland hat bei M nur eine Gewinnminderung von 100 zugelassen, so daß der Gewinn in Höhe von 50 bei M erneut besteuert wird. Zur Vermeidung der Doppelbesteuerung hätte der Sitzstaat der M die verdeckte Gewinnausschüttung kongruent bewerten und eine Gegenberichtigung von - 150 vornehmen müssen.

Sieht das DBA eine gewinnmindernde Gegenberichtigung nicht vor, kann die Doppelbesteuerung durch DBA nur über ein Verständigungsverfahren beseitigt werden. Das Verständigungsverfahren setzt aber voraus, daß die Doppelbesteuerung gerade auf einem Verstoß gegen das DBA - Recht beruht.[27] In den Beispielen 1 - 4 beruht die Doppelbesteuerung aber nicht auf unrichtiger Anwendung des DBA. Die Doppelbesteuerung beruht vielmehr auf der Anwendung nationalen Steuerrechts sowie auf der Inkongruenz nationaler Steuersysteme. In den Beispielen 1 - 4 bliebe daher die Doppelbesteuerung trotz des in DBA vorgesehenen

---

25 Siehe dazu *Narraina et al.*, IWB Fach 10 International Gr. 2, S. 781 (786).

26 Artt. 20 II, 13 IV DBA.

27 Siehe oben 2. Teil 4. Kapitel A. II. 4.

Verständigungsverfahrens bestehen.[28]

Schließlich treten trotz DBA Doppelbesteuerungen auf, wenn in Verständigungsverfahren erzielte Steuerentlastungen aufgrund von Verfahrenshindernissen des nationalen Rechts nicht mehr für die Steuerpflichtigen umgesetzt werden können.[29]

2. Der Einfluß unilateraler Maßnahmen (ohne § 26 IIa KStG)

Unilaterale Maßnahmen wie die Steueranrechnung oder die Steuerfreistellung[30] können ebenso wie die DBA Doppelbesteuerungen in der Mehrzahl der Fälle nicht verhindern, sondern nur mildern.

Zu Beispiel 1:

In dem og. Beispiel 1 bliebe die Doppelbesteuerung trotz § 26 KStG bestehen. Denn wenn der Sitzstaat der Muttergesellschaft schon gar keine (verdeckte) Gewinnausschüttung der Tochtergesellschaft annimmt, kann auch die unilaterale Steuerentlastung mangels ausländischer Einkünfte der Muttergesellschaft nicht greifen.

Zu Beispiel 2:

In Beispiel 2 verhindert die unilaterale Steueranrechnung oder Steuerfreistellung die Doppelbesteuerung ebenfalls nicht. Hier ist der T schon gar keine Gewinnausschüttung zugeflossen.[31]

Die Doppelbesteuerung hat auch hier ihre Ursache in der Inkongruenz der nationalen Steuersysteme. Diese Inkongruenz manifestiert sich in der Besteuerung nicht betrieblich veranlaßter Vermögensmehrungen, die den steuerlichen Gewinn bei T erhöhen. Die Doppelbesteuerung könnte aber durch Annahme einer gewinnmindernden verdeckten Einlage aufgrund des nationalen Steuerrechts des Sitzstaates der T beseitigt werden. Im

---

28 Hier ist aber anzumerken, daß die Bundesrepublik Deutschland Verständigungsverfahren auch ohne Vorliegen einer abkommenswidrigen Besteuerung und sogar ohne DBA zuläßt: Tz. 1.2.4. der Verwaltungsgrundsätze, BStBl. I 1983, S. 218; *Runge*, IWB Fach 10 International Gruppe 2, S. 539 (543).

29 Nach *Narraina et al.*, IWB Fach 10 International Gr. 2, S. 781 (787 ff.) bestehen Verfahrenshindernisse z.B. in Italien, in der Schweiz und in Belgien.

30 Z.B. § 26 KStG.

31 Leistungsrichtung Gesellschafter an Gesellschaft.

Beispielsfall verbliebe aber eine Doppelbesteuerung, weil das Steuerrecht Großbritanniens als Sitzstaat der T verdeckte Einlagen nicht kennt.[32]

Zu Beispiel 3:

In Beispiel 3 wird die Doppelbesteuerung beseitigt, wenn ein DBA entweder gar nicht zur Anwendung kommt oder ein DBA die Steuerfreistellung bei M nicht vorsieht und das unilaterale Recht der Muttergesellschaft die Anrechnung der Quellensteuer und der auf den Gewinnen der Tochtergesellschaft lastenden Ertragssteuer bei M zuläßt.[33]

Zu Beispiel 4:

In Beispiel 4 würde auch die eben zu Beispiel 3 genannte Möglichkeit zur Beseitigung der Doppelbesteuerung versagen. Denn die unilateralen Entlastungen würden auch hier nur partiell auf einen Gewinn von 100 gewährt.

3. Der Einfluß des EG-Übereinkommens und des § 26 IIa KStG (Umsetzung der Mutter-Tochter-Richtlinie in deutsches Steuerrecht)

Das EG-Übereinkommen und die mit § 26 IIa KStG in deutsches Steuerrecht umgesetzte Mutter-Tochter-Richtlinie sind gegenüber DBA und den bisher beschriebenen unilateralen Maßnahmen wirksamere Instrumente zur Beseitigung der Doppelbesteuerung. Denn sie garantieren im Grundsatz die Beseitigung der Doppelbesteuerung.

Zu den Beispielen 1 bis 4:

In den Beispielen 1 - 4 sind das EG-Übereinkommen und zum Teil die in innerstaatliches Recht umgesetzten Regeln der Mutter-Tochter-Richtlinie bei Vorliegen der sonstigen Voraussetzungen auf die eingetretenen Doppelbesteuerungen anwendbar. In allen Beispielsfällen beseitigen sie die Doppelbesteuerung.[34]

---

32 *Strobl*, Gewinnabgrenzung, S. 124.

33 So § 26 I und II KStG.

34 Siehe dazu die Beispielsfälle im 2. Teil 4. Kapitel C. X. sowie im Anhang dieser Arbeit.

4. Der Einfluß der Konzernsteuerplanung

Die theoretisch einfachste Form der Vermeidung der Doppelbesteuerung als Folge von Gewinnberichtigungen zwischen verbundenen Unternehmen ist die Vereinbarung angemessener Verrechnungspreise. In den Beispielen 1 - 4 wäre es bei von allen beteiligten Steuerverwaltungen als angemessen betrachteten Verrechnungspreisen gar nicht zu einer Gewinnberichtigung und einer Doppelbesteuerung gekommen. Das Problem liegt in der Praxis aber gerade in der Ermittlung des angemessenen Verrechnungspreises.[35]

II. Doppelbesteuerungen bei grenzüberschreitenden Leistungsbeziehungen zwischen Schwestergesellschaften

Leistungsbeziehungen zwischen Schwestergesellschaften sind aus Sicht des deutschen Steuerrechts steuerlich einerseits aus der Leistungsbeziehung der vorteilsgewährenden Tochtergesellschaft zu der Muttergesellschaft sowie andererseits aus der Leistungsbeziehung der Muttergesellschaft zu der vorteilsempfangenden Tochtergesellschaft zusammengesetzt. Die Steuerwirkungen dieser jeweiligen einzelnen Leistungsbeziehungen sind in diesem Kapitel bereits untersucht worden.[36] Die dort gefundenen Ergebnisse können auch auf Leistungsbeziehungen zwischen Schwestergesellschaften übertragen werden.

Das gilt auch für andere Steuerrechtsordnungen, die Leistungsbeziehungen zwischen Schwestergesellschaften nicht über das "Dreieck" betrachten.[37] In diesem Fall entfällt nur die steuerrechtliche Betrachtung bei der Muttergesellschaft. Die Beispiele zur Doppelbesteuerung bei Unterpreislieferungen zwischen Muttergesellschaft und Tochtergesellschaft[38] gelten daher bei Unterpreislieferungen zwischen Schwestergesellschaften entsprechend. Es kann daher auf die Ausführungen zur Vermeidung der Doppelbesteuerung zu den obigen Beispielen verwiesen

---

35 Siehe oben 2. Teil 4. Kapitel D. I..

36 Siehe oben A. I..

37 Z.B. Italien, Frankreich, Belgien.

38 In beiden Leistungsrichtungen.

werden.[39]

Beispiel 1[40]:

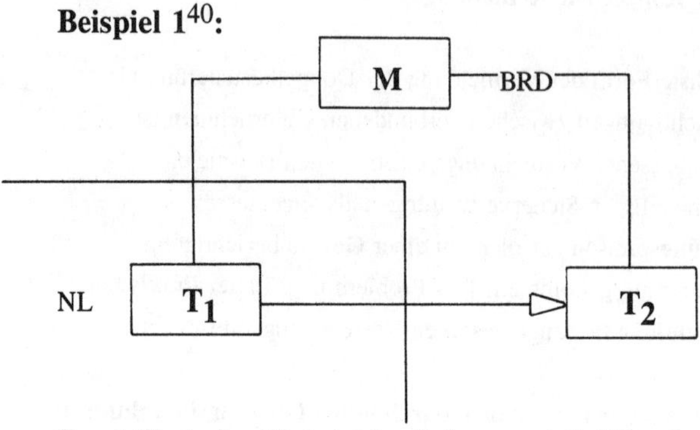

T_1 mit Sitz in den Niederlanden liefert materielle Wirtschaftsgüter unter Preis an die T_2 mit Sitz in der Bundesrepublik Deutschland. Sitz der gemeinsamen Muttergesellschaft ist ebenfalls die Bundesrepublik Deutschland.

Die Niederlande erhöhen den Gewinn der T_1 um das entgangene angemessene Entgelt.[41] Die Bundesrepublik dagegen sieht die Leistungsbeziehungen als angemessen an. Es erfolgt weder eine Korrektur des Gewinns bei der Muttergesellschaft noch bei der Tochtergesellschaft T_2. Der Gewinn unterliegt damit sowohl bei T_1 in den Niederlanden als auch bei T_2 in der Bundesrepublik der Besteuerung.

---

39 Siehe auch die Beispiele im Anhang zu dieser Arbeit.

40 Entsprechend Beispiel 1 zu A. I..

41 Siehe dazu *Michielse*, Weekblad 1989, S. 509 (515). Das Steuerrecht der Niederlande kennt ebenso wie das Steuerrecht der Bundesrepublik Deutschland das Institut der verdeckten Gewinnausschüttung. Im Gegensatz zum Steuerrecht der Bundesrepublik Deutschland bedarf es für die Annahme einer verdeckten Gewinnausschüttung nach niederländischem Steuerrecht aber einer subjektiven Komponente: Gesellschaft und Gesellschafter müssen sich bewußt sein, daß eine Vorteilszuwendung stattfindet (*Nooteboom*, StuW 1982, S. 125 [126]; *Narraina et al.*, IWB Fach 10 International Gr. 2, S. 781 [786]).

Beispiel 2[42]:

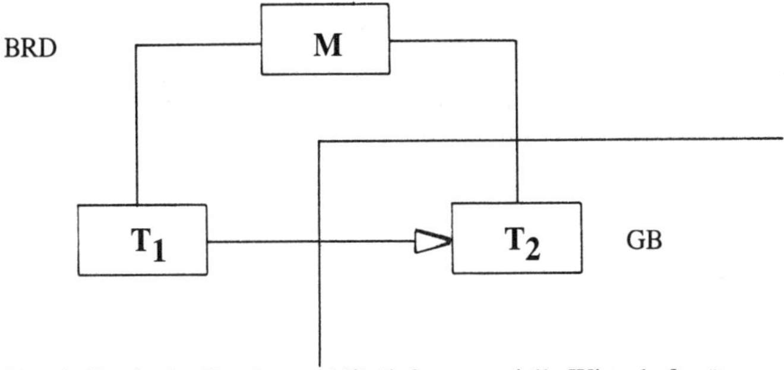

T_1 mit Sitz in der Bundesrepublik liefert materielle Wirtschaftsgüter zu unangemessenen Preisen an die Schwestergesellschaft T_2 mit Sitz in Großbritannien. Die gemeinsame Muttergesellschaft domiziliert in der Bundesrepublik.

Die Bundesrepublik erhöht den Gewinn der T_1 nach § 8 III 2 KStG, M erhält eine verdeckte Gewinnausschüttung, die aufgrund des Anrechnungsverfahrens steuerneutral bleibt. Großbritannien besteuert den Gewinn erneut, weil das dortige Steuerrecht gewinnmindernde verdeckte Einlagen nicht kennt.[43]

Diese Doppelbesteuerung tritt auch ein, wenn die Muttergesellschaft ihren Sitz in einem Staat unterhält, dessen Steuerrecht die Gewinnberichtigung bei Leistungsbeziehungen zwischen Schwestergesellschaften nicht über die gemeinsame Muttergesellschaft beurteilt.[44]

Beispiel 3[45]:

Auch bei Vorteilszuwendungen zwischen Schwestergesellschaften verbleibt die Quellensteuer als definitiver Posten, soweit nicht das EG-Übereinkommen und die Mutter-Tochter-Richtlinie eingreifen.

---

42 Entsprechend Beispiel 2 zu A. I.

43 *Strobl*, Gewinnabgrenzung, S. 124; *Cooke* in *Lawlor*, Cross - Border Transactions, S. 246.

44 Z.B. das Steuerrecht Italiens, Irlands, Großbritanniens, Dänemarks und Belgiens; *Strobl*, Gewinnabgrenzung, S. 95, 103, 124, 133, 138.

45 Entsprechend Beispiel 3 zu A. I.

Beispiel 4[46]:

Auch bei inkongruenter Bewertung von Gewinnberichtigung und Gegenberichtigung kann es bei Vorteilszuwendungen zwischen Schwestergesellschaften zu Doppelbesteuerungen kommen, wenn die Gewinnberichtigung die gewinnmindernde Gegenberichtigung übersteigt.

In allen Beispielen verhindern weder DBA noch unilaterale Maßnahmen die Doppelbesteuerung. Die Doppelbesteuerung kann auch hier nur durch Konzernsteuerplanung oder durch das EG-Übereinkommen und die Mutter-Tochter-Richtlinie beseitigt werden.[47]

III. Faktische Steueroasen bei unmittelbaren grenzüberschreitenden Leistungsbeziehungen zwischen Gesellschaft und Gesellschafter sowie viceversa

Faktische Steueroasen haben ebenso wie Doppelbesteuerungen ihre Ursache darin, daß die Steuerrechtsnormen der an grenzüberschreitenden Leistungsbeziehungen beteiligten Staaten Steuersachverhalte nicht kongruent qualifizieren oder quantifizieren. Während sich bei der Doppelbesteuerung die Steuersysteme zweier oder mehrerer Staaten bei einem grenzüberschreitenden Sachverhalt überschneiden und aufgrund der Inkongruenz der Steuersysteme Gewinne sowohl von dem einen als auch von dem oder den anderen Steuersystemen erfaßt werden, entstehen faktische Steueroasen, wenn zwei oder mehrere Steuersysteme grenzüberschreitende Sachverhalte nicht oder nur partiell erfassen.[48] Bei grenzüberschreitenden Leistungsbeziehungen sind daher faktische Steueroasen denkbar, wenn gewinnmindernde Gegenberichtigungen eines Staates über steuererhöhende Gewinnberichtigungen eines anderen Staates hinausgehen oder wenn ein Staat solche Gegenberichtigungen ohne vorangegangene steuererhöhende Gewinnberichtigungen zuläßt. Aus den obigen Beispielen für verbleibende Doppelbesteuerungen bei unmittelbaren Leistungsbeziehungen zwischen Gesellschaft und Gesellschafter[49] können sich daher auch spiegelbildliche

---

46 Entsprechend Beispiel 4 zu A. I..

47 Siehe oben in diesem Kapitel I.3., die Beispiele im 2. Teil 4. Kapitel C. IX. sowie im Anhang dieser Arbeit.

48 Siehe oben 2. Teil 3. Kapitel A..

49 Siehe in diesem Kapitel A. I..

faktische Steueroasen ergeben.

Beispiel 1[50]:

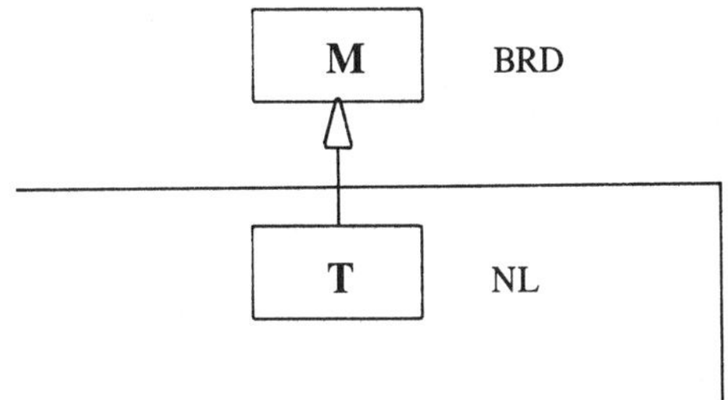

Es liegt eine Unterpreislieferung der T mit Sitz in den Niederlanden an M mit Sitz in der Bundesrepublik Deutschland vor. Das DBA der Sitzstaaten von T und M gewährt für (verdeckte) Gewinnausschüttungen das Schachtelprivileg.[51] Die Niederlande nehmen bei T eine Gewinnberichtigung aufgrund der Unterpreislieferung nicht vor.[52] Die Bundesrepublik Deutschland als Sitzstaat der M sieht in der Unterpreislieferung der T dagegen eine verdeckte Gewinnausschüttung und gewährt dafür nach dem DBA die Steuerfreistellung. Der Vorteil aus der Unterpreislieferung wird damit weder bei T noch bei M besteuert.

Beispiel 2[53]:

Es liegt eine Unterpreislieferung der M an T vor. Der Sitzstaat der M berichtigt den Gewinn nicht. Der Sitzstaat der T nimmt dagegen eine verdeckte Einlage der M in T an und mindert den Gewinn der T entsprechend. Wie in Beispiel 1 wird der Vorteil aus der Unterpreislieferung weder bei M noch bei T besteuert.

Zu Beispiel 3

zur Doppelbesteuerung gibt es keine entsprechende faktische Steueroase, weil die Doppelbesteuerung in diesem Beispiel allein auf der Erhebung von Quellensteuer beruht.

---

50 Spiegelbild zu Beispiel 1 zu Doppelbesteuerungen (A.I.).

51 Artt. 20 II, 13 IV DBA.

52 Es fehlt z.B. das für die verdeckte Gewinnausschüttung nach niederländischem Steuerrecht notwendige subjektive Element der bewußten Vorteilszuwendung (siehe dazu *Nooteboom*, StuW 1982, S. 125 [126]).

53 Spiegelbild zu Beispiel 2 zu Doppelbesteuerungen (A.I.).

Beispiel 4[54]:

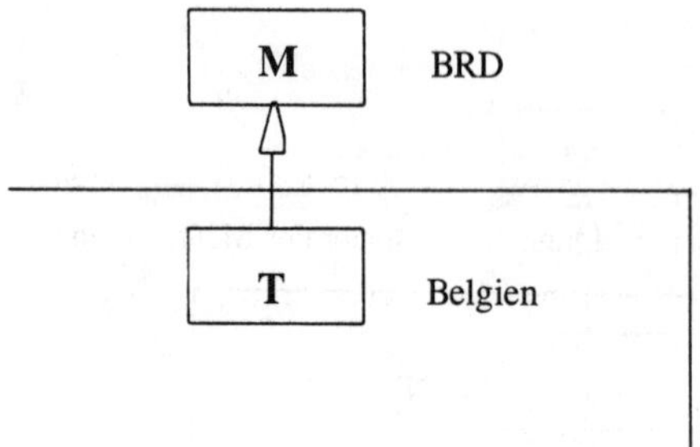

Es liegt eine Unterpreislieferung der T mit Sitz in Belgien an die M mit Sitz in der Bundesrepublik Deutschland vor. Das DBA zwischen den Sitzstaaten von T und M sieht für (verdeckte) Gewinnausschüttungen das Schachtelprivileg vor.[55] Belgien erhöht den Gewinn der T um 100.[56] Die Bundesrepublik Deutschland läßt dagegen bei M einen Gewinn in Höhe von 150 über das Schachtelprivileg steuerfrei. Bezogen auf einen Gewinn von 50 kommt es zu einer faktische Steueroase. Denn insoweit läßt die Bundesrepublik Deutschland eine gewinnmindernde Gegenberichtigung ohne vorangegangene gewinnerhöhende Berichtigung zu.

IV. Faktische Steueroasen bei grenzüberschreitenden Leistungsbeziehungen zwischen Schwestergesellschaften

Leistungsbeziehungen zwischen Schwestergesellschaften sind aus Sicht des deutschen Steuerrechts steuerlich aus der Leistungsbeziehung der vorteilsgewährenden Tochtergesellschaft zu der Muttergesellschaft sowie aus einer Leistungsbeziehung der Muttergesellschaft zu der vorteilsempfangenden Tochtergesellschaft zusammengesetzt. Die Steuerwirkungen dieser jeweiligen einzelnen Leistungsbeziehungen, insbesondere das Entstehen faktischer Steueroasen, sind in diesem Kapitel bereits untersucht worden.[57] Die dort gefundenen Ergebnisse können daher auch auf Leistungsbeziehungen zwischen Schwestergesellschaften übertragen werden.

---

54 Spiegelbild zu Beispiel 4 zu Doppelbesteuerungen (A.I.).

55 Art. 23 I Nr. 3, Nr. 1 DBA.

56 Zur Gewinnberichtigung in Belgien siehe *Narraina et al.*, IWB Fach 10, S. 781 (784); *Strobl*, Gewinnabgrenzung, S. 95; *Saunders*, ET 1989, S. 251 (255).

57 Siehe A. III..

Das gilt auch für andere Steuerrechtsordnungen, die Leistungsbeziehungen zwischen Schwestergesellschaften nicht über das "Dreieck" betrachten.[58] In diesem Fall entfällt nur die steuerrechtliche Betrachtung bei der Muttergesellschaft.
Bei der Muttergesellschaft treten aber in den meisten Fällen entweder aufgrund der DBA - Begünstigung oder unilateraler Maßnahmen zur Milderung der Doppelbesteuerung keine Steuerwirkungen auf.

Ebenso wie bei den unmittelbaren grenzüberschreitenden Leistungsbeziehungen zwischen Tochtergesellschaft und Muttergesellschaft im europäischen Konzern zu den jeweiligen Doppelbesteuerungen spiegelbildliche faktische Steueroasen denkbar sind, können auch bei grenzüberschreitenden Leistungsbeziehungen zwischen Schwestergesellschaften im europäischen Konzern zu den Doppelbesteuerungen korrespondierende faktische Steueroasen entstehen.

Beispiel 1[59]:

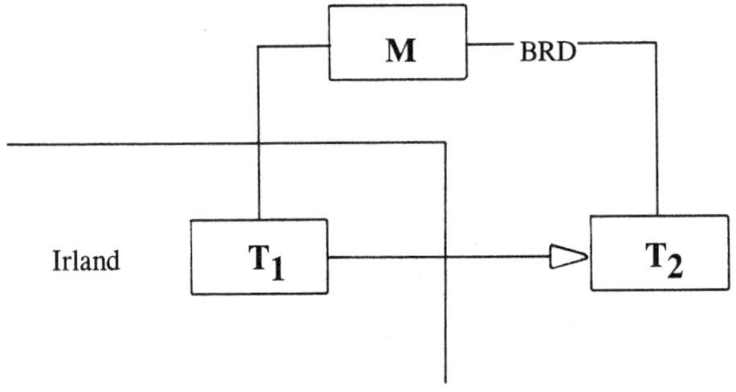

Tochtergesellschaft T_1 mit Sitz in Irland erbringt eine Unterpreislieferung an die Schwestergesellschaft T_2 mit Sitz in der Bundesrepublik Deutschland. Auch die gemeinsame Muttergesellschaft M domiziliert in der Bundesrepublik Deutschland.

Irland korrigiert den Gewinn der T_1 nicht, weil das irische Steuerrecht bei Vorteilszuwendungen irischer Gesellschaften an ausländische verbundene Unternehmen in der Praxis keine Gewinnberichtigungen vornimmt.[60] Die

58 Z.B. Italien, Frankreich, Belgien.

59 Entsprechend Beispiel 1 zu Doppelbesteuerungen bei Leistungsbeziehungen zwischen Schwestergesellschaften (Siehe oben A. II.).

60 *Strobl*, Gewinnabgrenzung, S. 131; *Clarke* in *Lawlor*, Cross - Border Transactions, S. 123.

Bundesrepublik Deutschland nimmt bei M den Zufluß einer verdeckten Gewinnausschüttung an, die aber nach DBA steuerfrei ist. Aus der Rechtsprechung des BFH, bestätigt durch den Nutzungseinlagenbeschluß[61], folgt, daß bei M der erhaltene Vorteil als nachträgliche Anschaffungskosten auf die Beteiligung an T_2 zu aktivieren ist. Bei T_2 unterliegt der Vorteil nicht erneut der Besteuerung, da hier eine gewinnmindernde verdeckte Einlage abgezogen wird.

Im Ergebnis unterliegt der Vorteil weder in Irland noch in der Bundesrepublik Deutschland der Besteuerung, so daß eine faktische Steueroase entsteht.

Beispiel 2[62]:

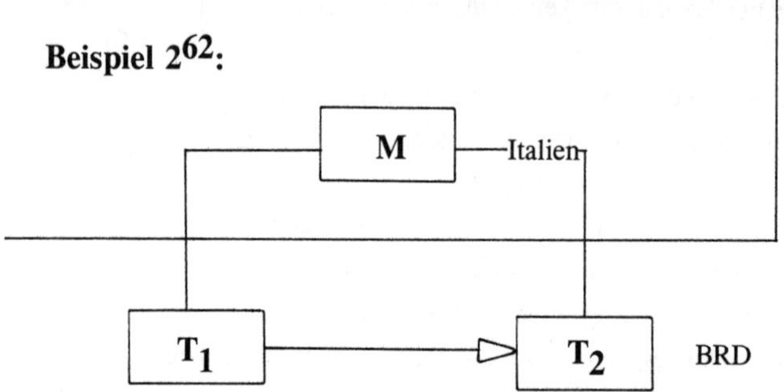

Dieses Beispiel zeigt gegenüber dem Beispiel 1 keine Abweichungen. Bei einer Unterpreislieferung von T_1 an T_2, die ihren Sitz in der Bundesrepublik Deutschland haben und deren gemeinsame Muttergesellschaft in Italien domiziliert, dessen Steuerrecht Vorteilszuwendungen zwischen Schwestergesellschaften nicht über das "Dreieck" betrachtet[63], ergeben sich folgende Steuerwirkungen:

Die Bundesrepublik Deutschland korrigiert den Gewinn der T_1 über die Annahme einer verdeckten Gewinnausschüttung an die italienische Muttergesellschaft ohne Rücksicht auf das italienische Steuerrecht. Zugleich mindert die Bundesrepublik Deutschland den Gewinn der T_2 durch Annahme einer verdeckten Einlage seitens der italienischen Muttergesellschaft, wiederum ohne Rücksicht auf das italienische Steuerrecht. Im Ergebnis wird die Gewinnberichtigung bei T_1 durch die Gegenberichtigung bei T_2 ausgeglichen.

Zu Beispiel 3[64] gibt es keine entsprechende faktische Steueroase, weil die Doppelbesteuerung allein auf der Erhebung von Quellensteuer beruht.

---

61 Beschluß vom 26.10.1987 GrS 2/86, BStBl. II 1988, S. 348.

62 Entsprechend Beispiel 2 zu Doppelbesteuerungen bei Leistungsbeziehungen zwischen Schwestergesellschaften (Siehe oben A. II.).

63 *Strobl*, Gewinnabgrenzung, S. 138.

64 Entsprechend Beispiel 3 zu Doppelbesteuerungen bei Leistungsbeziehungen zwischen Schwestergesellschaften (Siehe oben A. II.).

Beispiel 4[65]:

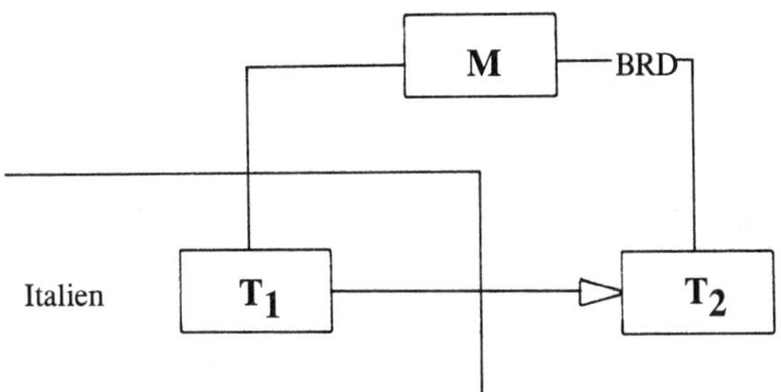

T_1 mit Sitz in Italien erbringt an T_2 mit Sitz in der Bundesrepublik Deutschland eine Unterpreislieferung. Die gemeinsame Muttergesellschaft hat ihren Sitz gleichfalls in der Bundesrepublik Deutschland.

Italien erhöht den Gewinn der T_1 aufgrund der Unterpreislieferung um 100 Punkte.[66] Die Bundesrepublik Deutschland nimmt eine verdeckte Gewinnausschüttung der T_1 an die deutsche Muttergesellschaft M an und gewährt dafür das Schachtelprivileg. Der deutsche Fiskus nimmt jedoch abweichend von der italienischen Steuerverwaltung eine Vorteilszuwendung von 150 Punkten an. Entsprechend läßt er vom Gewinn der vorteilsempfangenden T_2 den Abzug einer Einlage von 150 zu. Im Ergebnis kommt es zu einer partiellen faktischen Steueroase in Höhe der divergierenden Gewinnberichtigung von 50 Punkten.

Die für die Unterpreislieferung in dieser Arbeit[67] aufgezeigten Doppelbesteuerungen und faktischen Steueroasen waren schon vor dem Beschluß des Großen Senats des BFH zur Einlagefähigkeit von Nutzungen und Leistungen[68] denkbar. Der Beschluß des Großen Senats[69] hat die Rechtslage bei Unterpreislieferungen im nationalen deutschen und im europäischen Konzern damit nicht geändert. Der BFH - Beschluß eröffnet daher auch keine neuen Möglichkeiten der Doppelbesteuerungen oder faktischen Steueroasen im europäischen Konzern.

---

65 Entsprechend Beispiel 4 zu Doppelbesteuerungen bei Leistungsbeziehungen zwischen Schwestergesellschaften (Siehe oben A. II.).

66 Italien nimmt insoweit keine verdeckte Gewinnausschüttung an, sondern erhöht nur den Gewinn der Tochtergesellschaft. Zur Gewinnberichtigung in Italien siehe *Mayr*, IWB Fach 5 Italien Gr. 2, S. 275 (281 f.); *Narraina et al.*, IWB Fach 10 International Gr. 2, S. 781 (785 f.);

67 2. Teil 3. Kapitel.

68 Beschluß vom 26.10.1987 GrS 2/86, BStBl. II 1988, S. 348.

69 Beschluß vom 26.10.1987 GrS 2/86, BStBl. II 1988, S. 348.

B. Faktische Steueroasen und verbleibende Doppelbesteuerungen bei Unterpreisleistungen im europäischen Konzern

Im europäischen Konzern kann es bei Unterpreisleistungen ebenso wie bei Unterpreislieferungen trotz der Möglichkeiten zur Vermeidung der Doppelbesteuerung aus den in diesem Kapitel unter A. genannten Gründen und in den dort genannten Beispielen zu Doppelbesteuerungen oder faktischen Steueroasen kommen. Insoweit kann auf die Ausführungen zur Unterpreislieferung verwiesen werden, die für die Unterpreisleistung entsprechend gelten.

Darüber hinaus ergeben sich aufgrund des Beschlußes des Großen Senats des BFH zur Einlagefähigkeit von Nutzungen und Leistungen[1] aber neue Gefahren der Doppelbesteuerung und Bildung faktischer Steueroasen. Doppelbesteuerungen und faktische Steueroasen im europäischen Konzern haben die Ursache in der Inkongruenz der nationalen Steuersysteme der Staaten Europas.[2]

Der BFH hat nun mit seinem Beschluß den bereits bestehenden Inkongruenzen der nationalen Steuersysteme bei Gewinnberichtigungen im Zusammenhang mit grenzüberschreitenden Leistungsbeziehungen neue Inkongruenzen hinzugefügt. Neu ist die Ertrags/Aufwandslösung des BFH bei Unterpreisleistungen zwischen Schwestergesellschaften[3], die auch bei unmittelbaren Leistungsbeziehungen zwischen Tochtergesellschaft und Muttergesellschaft gilt.[4] Im europäischen Konzern hat der BFH damit die Möglichkeit geschaffen, (verdeckte) Gewinnausschüttungen von einer Tochtergesellschaft steuerfrei zu erhalten, während der Verbrauch des steuerfrei erhaltenen Vorteils für eine andere Tochtergesellschaft zu abzugsfähigen Betriebsausgaben führen kann.[5] Je nach Konstellation und Sitz der beteiligten Konzerngesellschaften ist die Ertrags/Aufwandslösung daher geeignet, bisher nicht bekannte Doppelbesteuerungen und faktische

---

1 Beschluß vom 26.10.1987 GrS 2/86, BStBl. II 1988, S. 348.

2 Bei der Doppelbesteuerung führt die Inkongruenz zu einem Übersoll, bei der faktischen Steueroase zu einem Mindersoll.

3 Beschluß vom 26.10.1987 GrS 2/86, BStBl. II 1988, S. 348 (367 f.).

4 *Herzig/Förster*, DB 1988, S. 1329 (1331).

5 Siehe dazu 2. Teil 2. Kapitel A. und E. sowie 3. Kapitel B. IV..

Steueroasen zu schaffen.

Auch die Annahme des BFH, durch Unterpreisleistungen im deutschen Konzern zulässigerweise Gewinne von dem Gesellschafter[6] auf die Gesellschaft[7] zu verlagern[8], da er die Einlagefähigkeit von Nutzungen und Leistungen verneint, könnte im europäischen Konzern zu neuen Doppelbesteuerungen und faktischen Steueroasen führen. Im Folgenden wird aufgezeigt, in welchen Fällen die eben genannten Konstruktionen des Großen Senats des BFH zu neuen Doppelbesteuerungen oder faktischen Steueroasen im europäischen Konzern führen.

I. Unmittelbare grenzüberschreitende Leistungsbeziehungen zwischen Muttergesellschaft und Tochtergesellschaft

1. Unterpreisleistungen der Muttergesellschaft an die Tochtergesellschaft

Die im nationalen deutschen Konzern bestehende Möglichkeit der Gewinnverlagerung durch Unterpreisleistungen von dem Gesellschafter auf die Gesellschaft[9] ist der Muttergesellschaft im unmittelbaren Verhältnis zu ihren ausländischen Tochtergesellschaften bei grenzüberschreitenden Leistungsbeziehungen verwehrt. Die Gewinnverlagerung scheitert in diesen Fällen an § 1 AStG.[10] Der Gewinn der deutschen Muttergesellschaft wird um das entgangene angemessene Entgelt für die Unterpreisleistung erhöht und besteuert.[11] Nimmt der Sitzstaat der ausländischen Tochtergesellschaft keine zu der Gewinnerhöhung nach § 1 AStG korrespondierende gewinnmindernde Gegenberichtigung vor, kommt es sogar zu einer Doppelbesteuerung. Denn die Vorteilsgewährung führt zum einen bei der

---

6 Muttergesellschaft.

7 Tochtergesellschaft.

8 Beschluß vom 26.10.1987 GrS 2/86, BStBl. II 1988, S. 348 (354); Siehe oben 2. Teil 3. Kapitel A..

9 Siehe oben 1. Teil 2. Kapitel B. II..

10 *Baumhoff* in *Mössner et al.*, Steuerrecht international tätiger Unternehmen, Rdnr. C 220.

11 *Meermann*, StBp 1989, S. 121 (125).

Muttergesellschaft nach § 1 AStG zu einer Gewinnerhöhung[12], zum anderen unterliegt der Vorteil auch bei der ausländischen Tochtergesellschaft der Besteuerung. Denn T versteuert aufgrund der fehlenden Aufwendungen für die Unterpreisleistung einen zu hohen Gewinn.[13]

DBA verhindern diese Doppelbesteuerung nicht. Denn die Doppelbesteuerung beruht nicht auf unrichtiger Anwendung von Abkommensrecht, sondern auf der Anwendung der inkongruenten nationalen Steuersysteme der beteiligten Staaten. Abhilfe kann hier nur das EG-Übereinkommen schaffen.[14]

Trotz der Gewinnberichtigung nach § 1 AStG bei der deutschen Muttergesellschaft tritt eine Doppelbesteuerung dagegen nicht ein, wenn der Sitzstaat der Tochtergesellschaft entgegen dem BFH - Beschluß[15] eine Nutzungseinlage anerkennt und daher korrespondierend zur Gewinnerhöhung bei der Muttergesellschaft den Gewinn der Tochtergesellschaft mindert.

---

12 Vor Inkrafttreten des Steueränderungsgesetzes 1992 waren noch Konstellationen denkbar, in denen § 1 AStG keine Anwendung fand. § 1 AStG erfaßte vor Geltung des Steueränderungsgesetzes 1992 nur "Geschäftsbeziehungen" im Sinne gewerblicher Einkünfte. Führte z.B. eine Darlehenshingabe seitens der deutschen Muttergesellschaft an die ausländische Tochtergesellschaft nach dem Gesellschaftsrecht des Sitzstaates der Tochtergesellschaft zu Eigenkapital, war das Tatbestandsmerkmal der "Geschäftsbeziehung" aus § 1 AStG nicht erfüllt (BFH - Urteil vom 30.05.1990 I R 97/88, BStBl. II 1990, S. 875 [876 f.]). Nach § 1 IV AStG neuer Fassung (Art. 17 Nr. 1 StÄndG 1992 (BGBl. I 1992, S. 297 [324]) ist die Beurteilung der Kapitalüberlassung nach ausländischem Internationalen Privatrecht unmaßgeblich; zur Kritik an § 1 IV AStG in der Fassung des Referentenentwurfs: *Wassermeyer*, DB 1991, S. 1735; zur Kritik an § 1 IV AStG in der Fassung des StÄndG 1992: *Ritter*, BB 1992, S. 361 (363).

13 Hierzu kommt es, wenn die Tochtergesellschaft ihren Sitz in der Bundesrepublik Deutschland hat, weil die Bundesrepublik Deutschland eine Nutzungseinlage ablehnt. Die Doppelbesteuerung entsteht daher auch, wenn das Steuerrecht des Sitzstaates der Tochtergesellschaft gewinnmindernde verdeckte Einlagen gar nicht kennt, wie z.B. das Steuerrecht Großbritanniens.

14 Siehe die Beispiele im 2. Teil C. X..

15 Beschluß vom 26.10.1987 GrS 2/86, BStBl. II 1988, S. 348.

Beispiel 1:

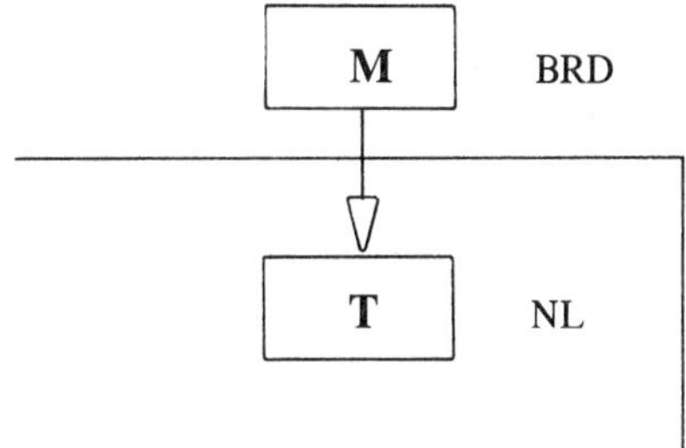

Die deutsche Muttergesellschaft gewährt der niederländischen Tochtergesellschaft ein zinsloses Darlehen. Angemessen wären Zinsen i.H.v. DM 10.000,--.

Entgegen dem deutschen Steuerrecht erkennen die Niederlande Nutzungseinlagen an.[16] In den Niederlanden wird daher in Höhe des Nutzungsvorteils (DM 10.000,--) eine gewinnmindernde Einlage abgesetzt.[17] Die Bundesrepublik Deutschland erfaßt den Vorteil bei der Muttergesellschaft über § 1 AStG und unterwirft ihn der Besteuerung. Damit wird im Ergebnis eine Doppelbesteuerung verhindert.

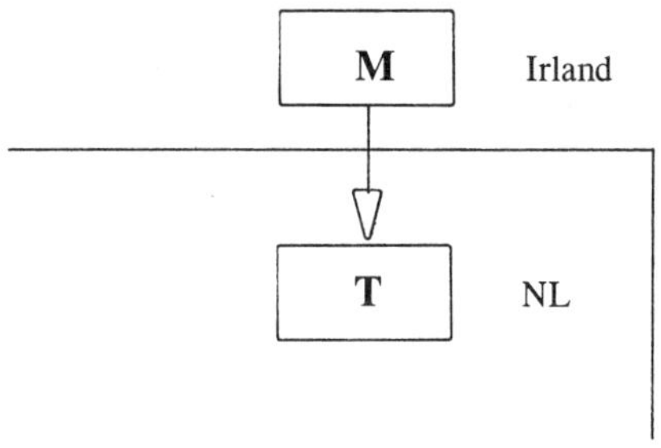

Im Beispielsfall entsteht sogar eine faktische Steueroase, wenn die Muttergesellschaft ihren Sitz in einem Staat unterhält, der eine Gewinnberichtigung aufgrund der zinslosen Darlehensgewährung nicht vornimmt. Diese ist z.B. nach dem Steuerrecht Irlands der Fall.[18] Der Vorteil

---

16 *Michielse*, Weekblad 1989, S. 509 (514); *Popkes*, Internationale Prüfung, S. 143; *Narraina et al.*, IWB Fach 10 International Gr. 2, S. 781 (786); *Nooteboom*, StuW 1982, S. 125 (127 f.); *van der Beek* in *Lawlor*, Cross - Border Transactions, S. 162 f..

17 Die Rechtsfolge tritt nicht ein, wenn die Darlehensgewährung insgesamt von den Niederlanden als verdeckte Kapitaleinlage beurteilt wird. Das ist z.B. der Fall, wenn ein zinsloses Darlehen ohne festes Rückzahlungsdatum gewährt wird (siehe dazu im einzelnen *van der Beek* in *Lawlor*, Cross - Border Transactions, S. 162.

18 *Strobl*, Gewinnabgrenzung, S. 131; *Clarke* in *Lawlor*, Cross - Border Transactions, S. 124 ff..

aus der Unterpreisleistung unterliegt dann weder bei der Mutter - noch bei der Tochtergesellschaft der Besteuerung.

Aus der vom BFH angenommenen Zulässigkeit von Gewinnverlagerungen von der Muttergesellschaft auf Tochtergesellschaften durch Unterpreisleistungen im nationalen Konzern[19] und der Übertragung dieser Annahme auf grenzüberschreitende Sachverhalte ohne Rücksicht darauf, ob das Steuerrecht des Sitzstaates der Tochtergesellschaft Gewinnverlagerungen in diesen Fällen ebenfalls für zulässig hält, können weitere Doppelbesteuerungen folgen.[20] Denn in aller Regel halten ausländische Steuerrechtsordnungen anders als das Steuerrecht der Bundesrepublik Gewinnverlagerungen von Mutter - auf Tochtergesellschaften durch Unterpreisleistungen für unzulässig und berichtigen den Gewinn der Muttergesellschaft daher entsprechend.[21]

Auch in einem solchen Fall beseitigen DBA die Doppelbesteuerung nicht. Denn die Doppelbesteuerung beruht nicht auf unrichtiger Anwendung von DBA - Recht, sondern auf der Inkongruenz der nationalen Steuersysteme. Die DBA sehen auch keine Gegenberichtigung durch das Schachtelprivileg oder durch die Steueranrechnung vor. Denn die Vorteilszuwendung der ausländischen Muttergesellschaft an die Tochtergesellschaft kann aufgrund der Leistungsrichtung[22] gar keine (verdeckte) Gewinnausschüttung sein. Auch hier schaffen nur das EG-Übereinkommen und die Mutter-Tochter-Richtlinie Abhilfe.

---

19 Beschluß vom 26.10.1987 GrS 2/86, BStBl. II 1988, S. 348.

20 *Widmann*, Zurechnungsänderungen, S. 235 (254).

21 So z.B. das belgische Steuerrecht (*Narraina et al.*, IWB Fach 10 International Gr. 2, S. 781 [785]).

22 Gesellschafter an Gesellschaft.

Beispiel 2:

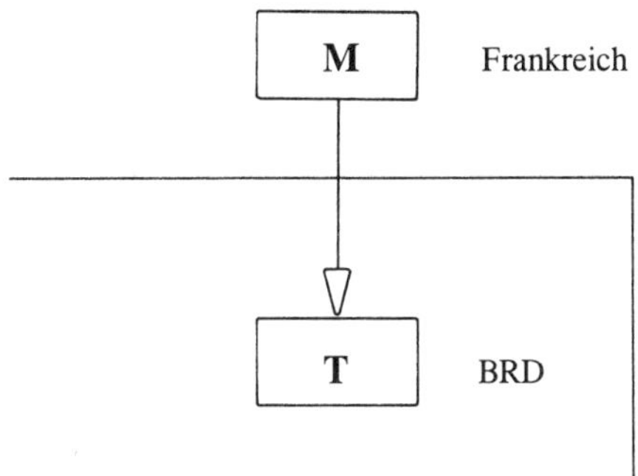

Die französische Muttergesellschaft gewährt ihrer deutschen Tochtergesellschaft ein zinsloses Darlehen. Angemessen für die Darlehensgewährung wären Zinsen i.H.v. DM 10.000,--.

Frankreich berichtigt den Gewinn der Muttergesellschaft und besteuert den Vorteil von DM 10.000,--.[23] Aber auch die Bundesrepublik Deutschland besteuert diesen Vorteil. Denn der betrieblich veranlaßte Gewinn der Tochtergesellschaft ist um die Vorteilsgewährung i.H.v. DM 10.000,- zu hoch.[24] Das deutsche Steuerrecht hält ohne Rücksicht auf das Steuerrecht des Sitzstaates der Tochtergesellschaft eine Gewinnverlagerung von der ausländischen Muttergesellschaft auf die deutsche Tochtergesellschaft für zulässig. In Höhe von DM 10.000,-- ist der Gewinn der Tochtergesellschaft gesellschaftsrechtlich veranlaßt und dürfte der Besteuerung nicht

---

23 Im französischen Steuerrecht können verdeckte Gewinnausschüttungen anders als nach deutschem Steuerrecht nicht nur bei Vorteilszuwendungen der Gesellschaft an Gesellschafter vorliegen. Das französische Steuerrecht läßt verdeckte Gewinnausschüttungen auch bei Vorteilszuwendungen des Gesellschafters an die Gesellschaft zu (dazu und zur verdeckten Gewinnausschüttung in Frankreich allgemein siehe *Viegener*, RIW 1988, S. 788 [791 ff.]; *Strobl*, Gewinnabgrenzung, S. 106, 110 ff.; *Saunders*, ET 1989, S. 251 [252]; *Narraina et al.*, IWB Fach 10 International Gr. 2, S. 781 [785]). Nach *Tirard* in *Lawlor*, Cross - Border Transactions, S. 86 unterläßt der französische Fiskus zum Teil Gewinnberichtigungen, wenn die französische Muttergesellschaft finanziell notleidenden verbundenen Unternehmen zinslose Darlehen gewährt.

24 *Widmann*, Zurechnungsänderungen, S. 235 (254).

unterliegen. In der Bundesrepublik Deutschland erfolgt eine Gewinnminderung auch nicht über die analoge Anwendung von § 1 AStG.[25] Im Ergebnis verbleibt damit eine Doppelbesteuerung.

Es kann daher festgestellt werden, daß bei unmittelbaren Unterpreisleistungen zwischen Muttergesellschaft und Tochtergesellschaften[26] der Beschluß des Großen Senats des BFH[27] eher neue Doppelbesteuerungen als neue faktische Steueroasen verursacht.

2. Unterpreisleistungen der Tochtergesellschaft an die Muttergesellschaft

Die Ertrags/Aufwandslösung des BFH[28] führt bei Unterpreisleistungen ausländischer Tochtergesellschaften an die deutsche Muttergesellschaft nur in Ausnahmefällen zu Doppelbesteuerungen. Denn die Gewinnerhöhung aus der Gewinnberichtigung bei der Tochtergesellschaft wird durch die Gewinnminderung aus dem Vorteilsverbrauch bei der Muttergesellschaft ausgeglichen. Eine faktische Steueroase kann aber entstehen, wenn der Sitzstaat der Tochtergesellschaft eine Gewinnberichtigung unterläßt und die Bundesrepublik Deutschland trotzdem den Betriebsausgabenabzug aus dem Vorteilsverbrauch bei der Muttergesellschaft zuläßt. Möglich sind darüber hinaus wie bei anderen inkongruenten Bewertungen der Gewinnberichtigungen und Gegenberichtigungen der nationalen Steuersysteme partielle Doppelbesteuerungen oder faktische Steueroasen.[29]

---

25 *Döllerer*, Verdeckte Gewinnausschüttungen, S. 234; *Fuchs/Lempenau*, BB 1982, S. 484 (490).

26 In beiden Leistungsrichtungen, wie die Beispiele gezeigt haben.

27 Beschluß vom 26.10.1987 GrS 2/86, BStBl. II 1988, S. 348.

28 Beschluß vom 26.10.1987 GrS 2/86, BStBl. II 1988, S. 348 (357) sowie *Herzig/Förster*, DB 1988, S. 1329 (1331).

29 Siehe oben zur Doppelbesteuerung und zu faktischen Steueroasen bei Unterpreislieferungen jeweils das Beispiel 4 sowie die Beispiele im Anhang.

Beispiel 3:

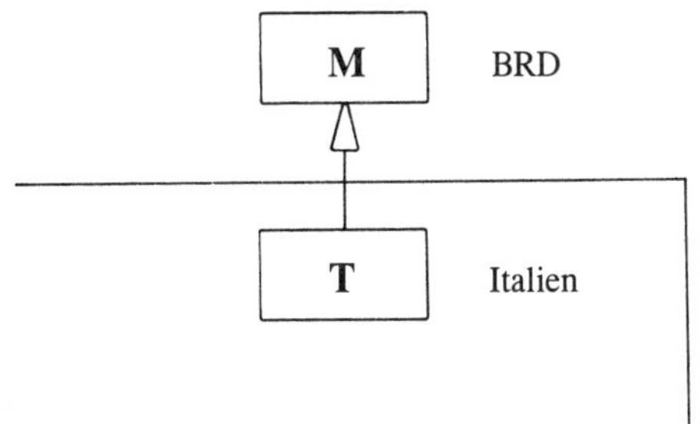

Es liegt eine Unterpreisleistung einer italienischen Tochtergesellschaft an die deutsche Muttergesellschaft vor. Das DBA zwischen den Sitzstaaten von T und M sieht für (verdeckte) Gewinnausschüttungen das Schachtelprivileg vor.[30]

Italien erhöht die Einkünfte der Tochtergesellschaft aufgrund der Unterpreisleistung um 100.[31]

Die Bundesrepublik Deutschland nimmt eine verdeckte Gewinnausschüttung der Tochtergesellschaft in Höhe von 100 an M an und stellt sie entsprechend dem DBA in der Bundesrepublik Deutschland steuerfrei.[32] Nach dem Beschluß des Großen Senats folgt bei der Muttergesellschaft auf den Erhalt der Gewinnausschüttung der Verbrauch dieses Vorteils für Zwecke der Beteiligung an der Tochtergesellschaft, die zu Betriebsausgaben in Höhe von 100 führt.[33] Der Vorteilsverbrauch ist hier die Gegenberichtigung zu der Gewinnberichtigung bei der Tochtergesellschaft. Es entsteht weder eine Doppelbesteuerung noch eine faktische Steueroase.

Dagegen ist *Meermann*[34] der Auffassung, einem Abzug des Vorteilsverbrauchs als Betriebsausgaben bei der Muttergesellschaft stünde das Abzugsverbot des § 3 c EStG entgegen. Dem ist entgegenzuhalten, daß der von § 3 c EStG geforderte unmittelbare wirtschaftliche Zusammenhang zwischen der Gewinnausschüttung der Tochtergesellschaft und dem

30 Art. 24 III a) DBA.

31 Italien nimmt im Gegensatz zum Steuerrecht der Bundesrepublik keine verdeckte Gewinnausschüttung an: *Mayr*, IWB Fach 5 Italien Gr. 2, S. 275 (281); *Narraina et al.*, IWB Fach 10 International Gr. 2, S. 781 (785 f.); *Strobl*, Gewinnabgrenzung, S. 138; zur Gewinnberichtigung in Italien siehe *Greco/ Neale* in *Lawlor*, Cross - Border Transactions, S. 130.

32 Art. 24 III a) DBA.

33 Beschluß vom 26.10.1987 GrS 2/86, BStBl. II 1988, S. 348 (357).

34 StBp. 1989, S. 121 (124).

Vorteilsverbrauch bei der Muttergesellschaft nicht vorliegt. Denn der Vorteilsverbrauch ist nur die Verwendung steuerfreier Einnahmen für Betriebsausgaben. Auch ist zu berücksichtigen daß die Anwendung des § 3 c EStG im Beispielsfall zu einer Doppelbesteuerung führen würde. Trotz der DBA - Freistellung der (verdeckten) Gewinnausschüttung bei der Muttergesellschaft würde bei Anwendung des § 3 c EStG der Vorteil aus der Unterpreisleistung bei T und bei M besteuert. Bei T aufgrund der Gewinnberichtigung und bei M, weil der betrieblich veranlaßte Gewinn der M um die fehlenden angemessenen Aufwendungen für die Unterpreisleistung zu hoch wäre.[35]

Beispiel 4:

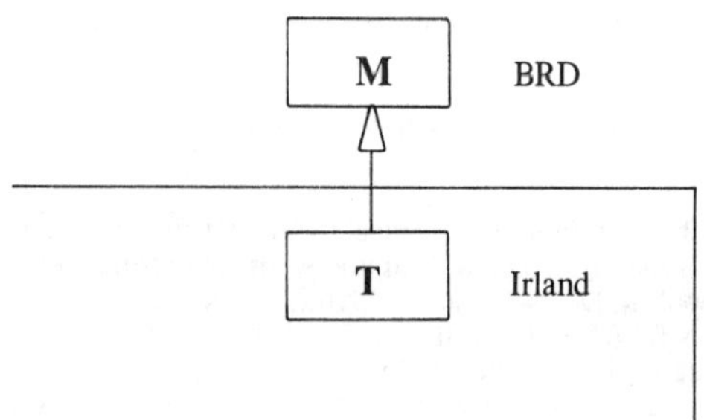

Sachverhalt wie Beispiel 3. Der Sitzstaat der Tochtergesellschaft soll nun Irland sein. Das irische Steuerrecht nimmt eine Gewinnberichtigung in der Praxis nicht vor.[36] Die Bundesrepublik Deutschland nimmt bei der Muttergesellschaft gleichwohl den Erhalt einer verdeckten Gewinnausschüttung an und stellt sie entsprechend dem DBA steuerfrei.[37] Außerdem nimmt sie einen Vorteilsverbrauch bei der Muttergesellschaft aus der Unterpreisleistung an, der zu Betriebsausgaben führt. Hier resultiert aus der Ertrags/Aufwandslösug des BFH[38] eine faktische Steueroase.[39]

---

35 Zur Anwendung des § 3 c EStG im europäischen Konzern siehe oben 2. Teil 2. Kapitel E.

36 Siehe dazu *Strobl*, Gewinnabgrenzung, S. 131; *Clarke* in *Lawlor*, Cross - Border Transactions, S. 121 f..

37 Art. XXII Abs. 2 Buchstabe a) aa) DBA.

38 Beschluß vom 26.10.1987 GrS 2/86, BStBl. II 1988, S. 348 (357).

39 Das gleiche Ergebnis tritt ein, wenn die Tochtergesellschaft ihren Sitz in den Niederlanden unterhält und dort eine Gewinnberichtigung unterbleibt, weil das subjektive Element bei der Vorteilszuwendung fehlt (siehe dazu *Nooteboom*, StuW 1982, S. 125 [126]; *Narraina et al.*, IWB Fach 10 International Gr. 2, S. 781 [786]).

Beispiel 5:

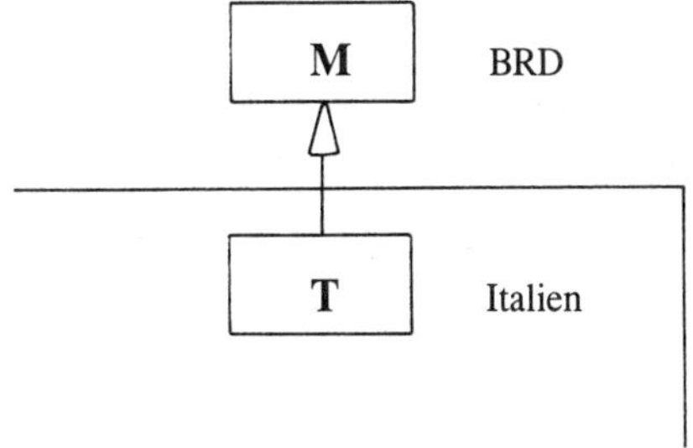

Sachverhalt wie Beispiel 3. Italien als Sitzstaat der Tochtergesellschaft und die Bundesrepublik als Sitzstaat der Muttergesellschaft nehmen eine Gewinnkorrektur vor, bewerten die Vorteilszuwendung aber nicht kongruent. Daraus kann je nach Konstellation eine partielle Doppelbesteuerung oder faktische Steueroase entstehen.[40]

40 Siehe dazu jeweils das Beispiel 4 zur Doppelbesteuerung und zu faktischen Steueroasen bei Unterpreislieferungen, die hier entsprechend gelten.

II. Grenzüberschreitende Leistungsbeziehungen zwischen Schwestergesellschaften

Anders als bei unmittelbaren grenzüberschreitenden Leistungsbeziehungen zwischen Mutter - und Tochtergesellschaft ist die Rechtslage bei Unterpreisleistungen zwischen Schwestergesellschaften. Hier kann der Beschluß des Großen Senates des BFH[1] in gleichem Maße neue Doppelbesteuerungen und neue faktische Steueroasen eröffnen.

1. Faktische Steueroasen als Folge der Ertrags/Aufwandslösung und der "Dreieckslösung" des Großen Senats des BFH[2]

Eine faktische Steueroase kann bei Unterpreisleistungen zwischen Schwestergesellschaften entstehen, wenn der Sitzstaat der den Vorteil empfangenden Tochtergesellschaft anders als das Steuerrecht der Bundesrepublik Deutschland eine Nutzungseinlage anerkennt und damit eine Gewinnverlagerung vom Gesellschafter auf die Gesellschaft ablehnt.

Beispiel 6 a):

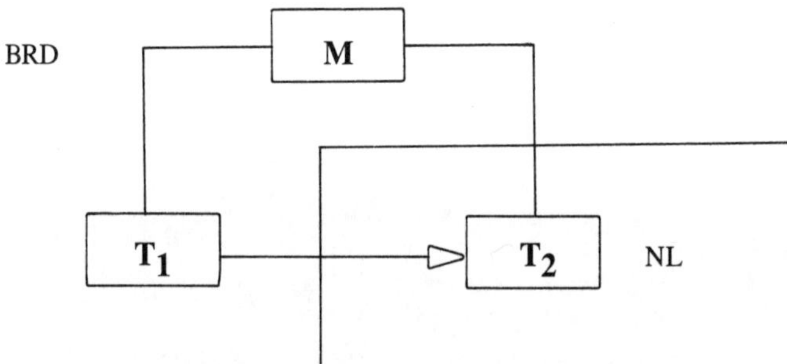

Tochtergesellschaft T_1 mit Sitz in der Bundesrepublik Deutschland gewährt der Tochtergesellschaft T_2 mit Sitz in den Niederlanden ein zinsloses Darlehen. Angemessen wären Zinsen i.H.v. DM 10.000. Die Muttergesellschaft von T_1 und T_2 hat ihren Sitz in der Bundesrepublik Deutschland.

Die Bundesrepublik Deutschland nimmt bei T_1 aufgrund der Unterpreisleistung eine verdeckte Gewinnausschüttung an die

---

1 Beschluß vom 26.10.1987 GrS 2/86, BStBl. II 1988, S. 348.

2 Beschluß vom 26.10.1987 GrS 2/86, BStBl. II 1988, S. 348.

Muttergesellschaft M an und erhöht entsprechend den Gewinn der T_1. Zugleich geht das deutsche Steuerrecht davon aus, daß der von T_1 an T_2 tatsächlich gewährte Vorteil von T_1 zunächst an die gemeinsame Muttergesellschaft M und erst von dort zu T_2 gelangt ist. Daraus folgt, daß der von T_1 an die Muttergesellschaft M gewährte Vorteil bei M für Zwecke der Beteiligung an T_2 verbraucht worden ist. Dieser Vorteilsverbrauch führt bei M zu Betriebsausgaben.[3] Da die Niederlande Nutzungseinlagen anerkennen[4], wird auch der Gewinn bei T_2 aufgrund der Unterpreisleistung gemindert.

Für die Gesamtsteuerbelastung des europäischen Konzerns folgt daraus: die Gewinnerhöhungen bei T_1 und M wirken sich aufgrund des körperschaftsteuerlichen Anrechnungsverfahrens im Ergebnis nur einmal aus.[5] Die Gewinnminderungen dagegen wirken sich zweimal steuerlich aus; einmal auf der Ebene der Muttergesellschaft M durch den Vorteilsverbrauch und zum zweiten Mal auf Ebene der T_2 durch die Annahme der Nutzungseinlage. Aus der Unterpreisleistung der T_1 an die T_2 resultiert damit eine faktische Steueroase im europäischen Konzern.

Beispiel 6 b):

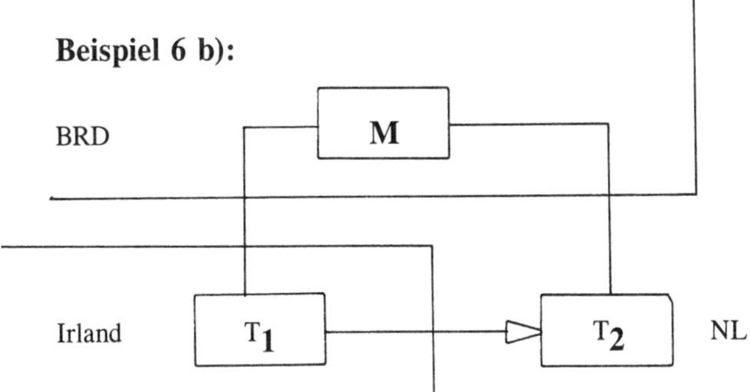

Sachverhalt wie Beispiel 6 a), T_1 domiziliert nun aber in Irland.

---

3 Beschluß vom 26.10.1987 GrS 2/86, BStBl. II 1988, S. 348 (357); § 3 c EStG und § 1 AStG stehen nach hier vertretener Auffassung dem Abzug der Betriebsausgaben nicht entgegen bzw. führen nicht zu einer Gewinnberichtigung; im Gegensatz zur unmittelbaren Leistungsbeziehung Tochtergesellschaft zu Muttergesellschaft läßt *Meermann* bei der Unterpreisleistung zwischen Schwestergesellschaften die aus dem Vorteilsverbrauch resultierenden Betriebsausgaben zum Abzug zu; auch § 1 AStG will er entsprechend der hier vertretenen Auffassung nicht anwenden (StBp 1989, S. 121 (126); *Koenen* (BB 1989, S. 1455 [1458]) hält § 3 c EStG ebenfalls für unanwendbar, möchte aber auf den Vorteilsverbrauch § 1 AStG anwenden. Dies ist abzulehnen (siehe oben 2. Teil 2. Kapitel E. am Ende).

4 *Michielse*, Weekblad 1989, S. 509 (514); *Nooteboom*, StuW 1982, S. 125 (127 f.); *Narraina et al.*, IWB Fach 10 International Gr. 2, S. 781 (786); *Saunders*, ET 1989, S. 251 (256).

5 Sieht man einmal von der "Schattenwirkung" der verdeckten Gewinnausschüttung ab; jede verdeckte Gewinnausschüttung verbraucht mehr belastetes Eigenkapital als sie selbst durch die Gewinnerhöhung erzeugt (*Herzig/Förster*, DB 1988, S. 1329 (1330 m.w.N. sowie *Meyer - Arndt*, FR 1992, S. 121 (122 f.).

Irland berichtigt den Gewinn der T_1, wie dort in der Praxis üblich, nicht.[6] Die Bundesrepublik Deutschland nimmt eine verdeckte Gewinnausschüttung der T_1 an die deutsche Muttergesellschaft an, läßt sie aber steuerfrei.[7] Zugleich ergeben sich bei der Muttergesellschaft aufgrund des vom BFH angenommenen Vorteilsverbrauchs Betriebsausgaben. Die Niederlande lassen aufgrund der Vorteilszuwendung eine gewinnmindernde Gegenberichtigung über die Annahme einer verdeckten Einlage zu.

Im Ergebnis wird der Gewinn im Konzern nicht erhöht, dafür aber zweimal steuerwirksam gemindert.

Die im Beispiel 6 a) aufgezeigte faktische Steueroase entsteht auch[8], wenn T_1 ihren Sitz nicht in der Bundesrepublik Deutschland, sondern in einem europäischen Staat hat, dessen DBA für Gewinnausschüttungen von Tochtergesellschaften an deutsche Muttergesellschaften die Steuerfreistellung gewährt. Denn statt des körperschaftsteuerlichen Anrechnungsverfahrens des deutschen Steuerrechts bewirkt nun die Steuerfreistellung der Gewinnausschüttung nach dem DBA auf Ebene der Muttergesellschaft M, daß trotz Gewinnerhöhung bei T_1 und M der Vorteil nur einmal, nämlich bei T_1, besteuert wird. Dagegen führen der Vorteilsverbrauch[9] und die Nutzungseinlage[10] zu einer zweifachen steuerlichen Entlastung.

Aus der vom BFH[11] geschaffenen Ertrags/Aufwandslösung und der daraus folgenden Möglichkeit der Gewinnverlagerung kann bei grenzüberschreitenden Unterpreisleistungen eine weitere faktische Steueroase resultieren. Diese faktische Steueroase entsteht, wenn die Tochtergesellschaften T_1 und T_2 in Staaten domizilieren, die entgegen dem Steuerrecht der Bundesrepublik Deutschland Vorteilszuwendungen zwischen Schwestergesellschaften nicht über das "Dreieck", also die gemeinsame Muttergesellschaft abwickeln, sondern nur die Gewinne der am zivilrechtlichen Leistungsaustausch beteiligten Gesellschaft berichtigen.[12] In

---

6 Siehe dazu *Strobl*, Gewinnabgrenzung, S. 131; *Clarke* in *Lawlor*, Cross - Border Transactions, S. 121 f..

7 Art. XXII Abs. 2 Buchstabe a) aa) DBA.

8 Abgesehen von einer Quellensteuer.

9 Bei der Muttergesellschaft.

10 Bei der T_2.

11 Beschluß vom 26.10.1987 GrS 2/86, BStBl. II 1988, S. 348.

12 Diese Voraussetzungen erfüllt z.B. das Steuerrecht von Frankreich.

diesem Fall gleicht bereits der Sitzstaat der T_2 die Gewinnberichtigung bei T_1 durch eine gewinnmindernde Gegenberichtigung aus. Eine weitere Gegenberichtigung bei der Muttergesellschaft ist zur Vermeidung der Doppelbesteuerung nicht mehr notwendig. Hat die Muttergesellschaft ihren Sitz in der Bundesrepublik Deutschland, kann durch den vom BFH aus der Ertrags/Aufwandslösung resultierenden Vorteilsverbrauch eine zusätzliche steuerliche Entlastung entstehen. Ursache für diese faktische Steueroase ist wiederum eine neue Inkongruenz von Gewinnberichtigungsnormen und Gegenberichtigungen der nationalen Steuersysteme, die hier aus der "Dreieckslösung" und der Annahme des BFH folgt, der Vorteilsverbrauch bei der Muttergesellschaft M führe bei ihr zu Betriebsausgaben.[13]

Beispiel 7:

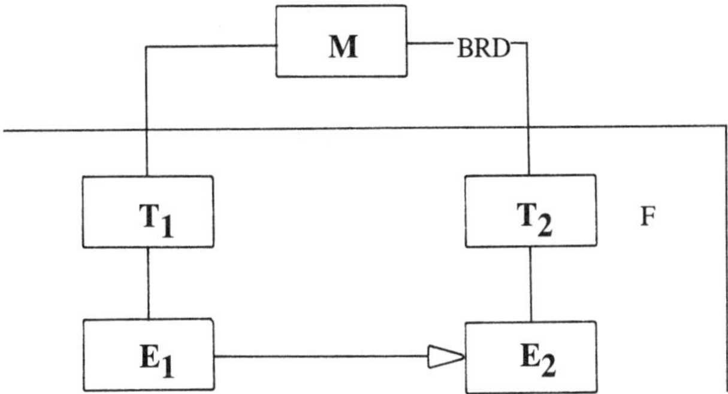

Enkelgesellschaft E_1 und E_2 haben ihren Sitz in Frankreich. Sie sind 100 % - ige Töchter der Tochtergesellschaft T. Die Anteile an der T hält die Muttergesellschaft M mit Sitz in der BRD. Die Ergebnisse von T, E_1 und E_2 werden in Frankreich für steuerliche Zwecke konsolidiert.[14]

E_1 gewährt E_2 ein zinsloses Darlehen. Angemessen wären Zinsen i.H.v. DM 10.000,--.

Das französische Steuerrecht würde den Gewinn der E_1 nicht erhöhen, da dies keine Auswirkungen auf den konsolidierten Gruppengewinn der französischen Gesellschaften hätte.[15] Den fehlenden Betriebseinnahmen bei

13 Vor dem Beschluß des BFH zur Nutzungseinlage konnte diese faktische Steueroase nicht entstehen. Denn eine zusätzliche steuerliche Entlastung durch den Vorteilsverbrauch bei der Muttergesellschaft gab es nach der früheren Rechtsprechung des BFH bei Unterpreisleistungen zwischen Schwestergesellschaften nicht.

14 Siehe zu den Voraussetzungen dieser Konsolidierung *Tillmanns*, RIW 1988, S. 275.

15 *Tillmanns*, RIW 1988, S. 275 (283).

E_1 stehen in gleicher Höhe fehlende Betriebsausgaben bei E_2 gegenüber.

Die Bundesrepublik Deutschland hingegen würde aufgrund der Unterpreisleistung eine verdeckte Gewinnausschüttung von E_1 an die Tochtergesellschaft T und von dort an die Muttergesellschaft M annehmen. Diese Gewinnausschüttung wäre aufgrund des DBA - Schachtelprivilegs in der Bundesrepublik Deutschland steuerfrei.[16] Der Vorteilsverbrauch dagegen führt nach hier vertretener Auffassung zu abzugsfähigen Betriebsausgaben bei der Muttergesellschaft M. Im Ergebnis liegt damit eine faktische Steueroase vor. In Frankreich bleibt die Vorteilszuwendung unberücksichtigt. Es verbleibt allein die Gewinnminderung bei der Muttergesellschaft.

2. Doppelbesteuerungen als Folge der Ertrags/Aufwandslösung und der "Dreieckslösung" des Großen Senats des BFH[17]

In Fällen der eben genannten Inkongruenz, in denen das Steuerrecht eines Staates die Leistungsbeziehungen über das "Dreieck" vollzieht und entsprechend für steuerliche Zwecke berichtigt, während andere beteiligte Staaten nur die Gewinne der am zivilrechtlichen Leistungsaustausch beteiligten Gesellschaften korrigieren, können anstelle der gezeigten faktischen Steueroasen auch Doppelbesteuerungen entstehen.

Beispiel 8:

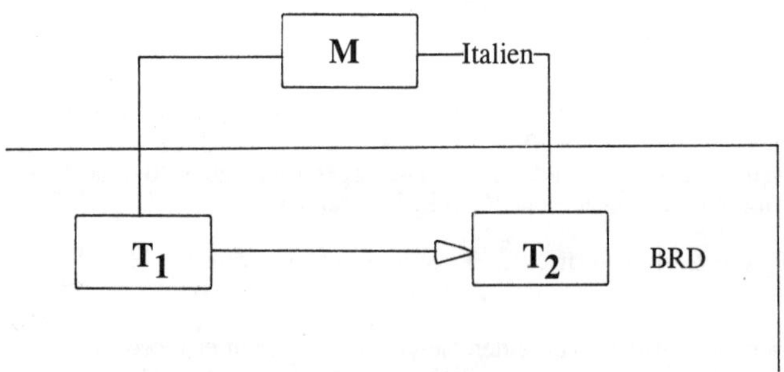

T_1 und T_2 haben ihren Sitz in der Bundesrepublik Deutschland, die Muttergesellschaft M in Italien. T_1 gewährt T_2 ein zinsloses Darlehen. Angemessen wären Zinsen i.H.v. DM 10.000,-- p.a..

Die Bundesrepublik Deutschland nimmt bei T_1 aufgrund der Vorteilszuwendung eine das Einkommen erhöhende verdeckte Gewinnausschüttung an. Auf Ebene der T_2 nimmt die Bundesrepublik

---

16 Art. 20 I Buchstabe b) (aa) DBA.

17 Beschluß vom 26.10.1987 GrS 2/86, BStBl. II 1988, S. 348.

Deutschland eine Gewinnberichtigung nicht vor. Denn nach deutschem Steuerrecht sind auch bei Vorteilszuwendungen zwischen Schwestergesellschaften Gewinnverlagerungen zulässig.

Italien wird bei der Muttergesellschaft M die verdeckte Gewinnausschüttung von T_1 nicht als Einnahme erfassen, weil das italienische Steuerrecht Gewinnberichtigungen nicht über das Dreieck vornimmt.[18] Ein Betriebsausgabenabzug entsprechend der Lösung des BFH über den Vorteilsverbrauch ist dem italienischen Steuerrecht daher auch fremd.

Hier kommt es sogar zu einer Dreifachbesteuerung. Zunächst besteuert die Bundesrepublik Deutschland die Vorteilszuwendung bei T_1 als verdeckte Gewinnausschüttung. Bei T_2 unterliegt der Vorteil trotz gesellschaftsrechtlicher Veranlassung erneut und somit ein zweites Mal der deutschen Besteuerung. Die Muttergesellschaft M unterliegt in Italien keiner Besteuerung, da das italienische Steuerrecht Vorteilszuwendungen zwischen Schwestergesellschaften nicht über das "Dreieck" betrachtet. M ist aber aufgrund der von T_1 erhaltenen verdeckten Gewinnausschüttung in der Bundesrepublik Deutschland beschränkt körperschaftsteuerpflichtig. Die Bundesrepublik Deutschland behält daher auf die verdeckte Gewinnausschüttung von T_1 an M Quellensteuern ein. Damit unterliegt der Vorteil zum dritten Mal einer Besteuerung.[19]

Aber auch wenn das Steuerrecht des ausländischen Staates ebenso wie das Steuerrecht der Bundesrepublik Deutschland unangemessene Leistungsbeziehungen im europäischen Konzern über das "Dreieck" korrigiert, kann der Beschluß des Großen Senats zur Einlagefähigkeit von Nutzungen und Leistungen[20] zu bisher nicht bekannten Doppelbesteuerungen führen. Solche Doppelbesteuerungen treten ein, wenn bei Unterpreisleistungen zwischen Schwestergesellschaften die Muttergesellschaft M in einem Staat domiziliert, dessen Steuerrecht die Ertrags/Aufwandslösung des BFH mit Betriebsausgabenabzug als Folge des Vorteilsverbrauchs nicht kennt.

---

18 *Strobl*, Gewinnabgrenzung, S. 138.

19 Die Quellensteuerbelastung besteht im Beispielsfall in der Bundesrepublik Deutschland aber nur noch bis 1996 (§ 44 d I 3 EStG 1992 i.d.F. des StÄndG 1992 BGBl. I 1992, S. 297 [307]).

20 Beschluß vom 26.10.1987 GrS 2/86, BStBl. II 1988, S. 348.

Beispiel 9:

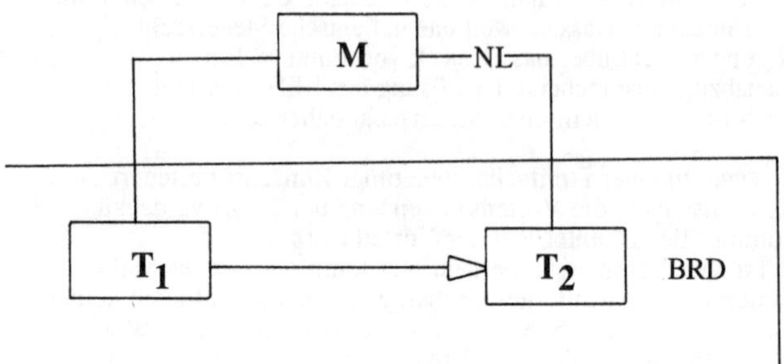

T_1 und T_2 haben ihren Sitz in der Bundesrepublik Deutschland, M in den Niederlanden. T_1 gewährt T_2 ein zinsloses Darlehen. Angemessen wären Zinsen i.H.v. DM 10.000,--.

Die Bundesrepublik Deutschland sieht in der Vorteilszuwendung eine verdeckte Gewinnausschüttung der T_1 an die niederländische M und erhöht den Gewinn der T_1 entsprechend. Bei T_2 unterbleibt eine Gewinnminderung, da nach deutschem Steuerrecht eine Gewinnverlagerung von M auf T_2 zulässig ist. Dabei wird nicht berücksichtigt, ob der Sitzstaat der Muttergesellschaft M ebenfalls eine solche Gewinnverlagerung zuläßt.

Die Muttergesellschaft in den Niederlanden erhält von der T_1 aufgrund der Vorteilszuwendung eine den Gewinn erhöhende verdeckte Gewinnausschüttung, die nach dem DBA Bundesrepublik Deutschland - Niederlande in den Niederlanden steuerfrei ist.[21] Die Konstruktion des Vorteilsverbrauchs ist dem niederländischen Steuerrecht fremd.[22] Der Zinsvorteil wird damit zweimal besteuert. Einmal bei T_1 als verdeckte Gewinnausschüttung und zum zweiten Mal bei T_2.

Durch die Annahme einer verdeckten Gewinnausschüttung von T_1 an die Muttergesellschaft in den Niederlanden kommt es ebenso wie in Beispiel 8 zu einer Dreifachbesteuerung. Denn die Bundesrepublik Deutschland nimmt eine beschränkte Steuerpflicht der niederländischen Muttergesellschaft an und erhebt auf die verdeckte Gewinnausschüttung der T_1 an die Muttergesellschaft Quellensteuer.

Diese Dreifachbesteuerung bleibt noch bis zum 30.06.1996 bestehen. Denn bis dahin darf die Bundesrepublik Deutschland nach der Mutter-Tochter-Richtlinie eine, wenn auch reduzierte Quellensteuer auf grenzüberschreitende Gewinnausschüttungen an Muttergesellschaften mit Sitz in Mitgliedstaaten der EG erheben.[23]

---

21 Artt. 20 II, 13 IV DBA.

22 *Michielse*, Weekblad 1989, S. 509 (516).

23 § 44 d I letzter Satz EStG i.d.F. des StÄndG 1992 (BGBl. I 1992, S. 297 [306]).

Die DBA beseitigen die Doppelbesteuerung in den Beispielen 8 und 9 nicht. Denn die Doppelbesteuerung beruht nicht auf unrichtiger Anwendung von DBA - Recht, sondern auf der Inkongruenz der nationalen Steuerrechtsordnungen bei Gewinnberichtigungen. Auch das EG-Übereinkommen und die mit § 26 IIa KStG in nationales Steuerrecht umgesetzte Mutter-Tochter-Richtlinie beseitigen die Doppelbesteuerung in den Beispielen 8 und 9 nicht. Denn die Doppelbesteuerung tritt nicht in zwei Mitgliedstaaten der EG, sondern allein in der Bundesrepublik Deutschland ein. Ursache dafür ist die Ertrags/Aufwandslösung des Großen Senats des BFH, die in anderen Staaten Europas nicht bekannt ist. Daraus resultieren neue Inkongruenzen bei Gewinnberichtigungen und Gegenberichtigungen. Weitere Fälle der Doppelbesteuerungen und faktischen Steueroasen finden sich im Anhang dieser Arbeit.

6. Kapitel: Zusammenfassung der Ergebnisse

A. Ergebnisse des 1. Teils

I. Die verdeckte Gewinnausschüttung im Steuerrecht unterscheidet sich trotz gewisser Parallelen von der verdeckten Gewinnausschüttung im Handels - und Gesellschaftsrecht grundlegend. Im Handels - und Gesellschaftsrecht geht es um die Zulässigkeit verdeckter Gewinnausschüttungen zum Schutz der Gläubiger und der anderen Gesellschafter. Rechtsfolge unzulässiger verdeckter Gewinnausschüttungen sind Ansprüche der Gesellschaft auf Rückgewähr oder Wertersatz. Dem Steuerrecht geht es dagegen um die zutreffende Ermittlung des betrieblich veranlaßten Gewinns der Gesellschaft. Dazu bedarf es der Abgrenzung der Einkommenserzielung von der Einkommensverwendung.[1]

II. Die Rückgewähr verdeckter Gewinnausschüttungen, auf die nach Handels - und Gesellschaftsrecht ein Anspruch besteht, führt bei der empfangenden Gesellschaft nicht zu Eigenkapital nach § 272 II Nr. 4 HGB, da die Rückzahlung nicht freiwillig, sondern aufgrund einer Rechtspflicht erfolgt. Folglich ist die Rückgewähr der verdeckten Gewinnausschüttung auch keine verdeckte Einlage.

Die gewinnwirksame Aktivierung eines Rückgewähranspruchs als Folge einer unzulässigen verdeckten Gewinnausschüttung verhindert die Annahme einer steuerlichen verdeckten Gewinnausschüttung, weil es an der Vermögens - und Einkommensminderung fehlt. Das gilt auch, wenn die Rückgewähr der steuerlichen verdeckten Gewinnausschüttung auf gesellschaftsrechtlichen Sonderregeln, z.B. §§ 302, 311 AktG, beruht.[2]

III. Die verdeckte Einlage ist im Handels - und Gesellschaftsrecht nur im Bereich der "verdeckten Sacheinlage" als Umgehung der

---

1 1. Teil 1. Kapitel B. I. und II..

2 1. Teil 1. Kapitel B. IV..

Kapitalaufbringungsvorschriften problematisch. Freiwillige Einlagen der Gesellschafter sind als Kapitalrücklage auszuweisen (§ 272 II Nr. 4 HGB).[3]

Im Steuerrecht dient die verdeckte Einlage ebenso wie die verdeckte Gewinnausschüttung der Ermittlung des betrieblich veranlaßten Gewinns. Verdeckte Einlagen sind als nicht betrieblich veranlaßte Vermögensmehrungen bei der Gewinnermittlung abzuziehen (§§ 4 I 1, 5 EStG, § 8 I KStG).[4]

IV. Das vom BFH für die Anerkennung von Leistungsbeziehungen zwischen Gesellschaft und beherrschendem Gesellschafter entwickelte Sonderrecht des Nachzahlungs - und Rückwirkungsverbots ist abzulehnen. Trotz von Gesellschaft und Gesellschafter durch die Angemessenheit der Leistungsbeziehung nachgewiesener betrieblicher Veranlassung von Vermögensminderung oder verhinderter Vermögensmehrung führt es systemwidrig zur Annahme verdeckter Gewinnausschüttungen. Die Steuerpflichtigen sollten auch hier die Möglichkeit haben, die auf der beherrschenden Stellung eines Gesellschafters beruhende Vermutung der gesellschaftsrechtlichen Veranlassung zu widerlegen.[5]

V. Das unter IV. Gesagte gilt entsprechend für den Vorteilsausgleich im Konzern. Auch hier müssen die Konzernunternehmen die Möglichkeit behalten, die Vermutung der gesellschaftsrechtlichen Veranlassung bei beherrschender Stellung eines Gesellschafters durch den Nachweis der betrieblichen Veranlassung über die Angemessenheit der Leistungsbeziehungen zu widerlegen.[6]

VI. Überträgt ein Gesellschafter seiner Gesellschaft unentgeltlich immaterielle Wirtschaftsgüter des Anlagevermögens, dann darf die Gesellschaft diese Wirtschaftsgüter aufgrund des klaren Gesetzeswortlauts nicht aktivieren (§ 248 II HGB, § 5 II EStG, § 8 I

---

3 1. Teil 1. Kapitel C. I..

4 1. Teil 1. Kapitel C. II..

5 1. Teil 2. Kapitel V. Exkurs.

6 1. Teil 2. Kapitel VI. Exkurs.

KStG). Ausnahmen von diesem Grundsatz bestehen nur, wenn ein Gewinnrealisierungstatbestand das Tatbestandsmerkmal der Unentgeltlichkeit entfallen läßt.[7]

VII. Der Beschluß des Großen Senats des BFH zur Zulässigkeit von Nutzungseinlagen[8] läßt Gewinnverlagerungen vom Gesellschafter auf die Gesellschaft durch Unterpreisleistungen zu. Der Beschluß stößt in mehrfacher Hinsicht auf Bedenken.

1. Nach dem BFH können aufgrund der Maßgeblichkeit der Handelsbilanz für die Steuerbilanz nur nach Handelsrecht aktivierbare Vermögensgegenstände Gegenstand einer steuerlichen Einlage sein. Dabei beachtet der BFH nicht, daß dem Grundsatz der Maßgeblichkeit der Sinn und Zweck des § 4 I EStG entgegensteht. § 4 I EStG dient der Ermittlung des betrieblich veranlaßten Gewinns. Der Gewinn kann aber nicht nur durch gesellschaftsrechtlich veranlaßte Vermögensmehrungen, sondern auch durch gesellschaftsrechtlich veranlaßte verhinderte Vermögensminderungen erhöht sein. Die verhinderte Vermögensminderung steht der Vermögensmehrung logisch gleich, wie sich spiegelbildlich aus der neuen Definition der verdeckten Gewinnausschüttung des BFH ergibt.[9]

2. Dem BFH ist zuzugeben, daß durch Annahme einer Nutzungseinlage beim Empfänger Betriebsausgaben geschaffen werden könnten, während der Einlegende mangels Einkunftstatbestands keine dazu korrespondierenden Einnahmen zu versteuern hätte. Dieses Argument des BFH kann aber bei Vorteilszuwendungen zwischen Schwestergesellschaften nicht greifen. Denn hier greift der Gewinnrealisierungstatbestand des § 8 III 2 KStG ein, so daß den Betriebsausgaben entsprechende Betriebseinnahmen gegenüberstehen.[10]

Im übrigen steht die Auffassung des BFH, mit der er die

---

7 1. Teil 2. Kapitel VII. Exkurs.

8 Beschluß vom 26.10.1987 GrS 2/86, BStBl. II 1988, S. 348.

9 1. Teil 3. Kapitel A..

10 1. Teil 3. Kapitel B..

Nutzungseinlage ablehnt, im Widerspruch zu seinen eigenen Ausführungen im Zusammenhang mit der Einlage materieller und immaterieller Wirtschaftsgüter in Kapitalgesellschaften. Dort nimmt der BFH eine Gewinnrealisierung bei dem Einbringenden ohne weiteres an. Grundlage dafür soll der durch § 4 I EStG begründete Vorrang der Abgrenzung des betrieblichen vom außerbetrieblichen Bereich sein.[11]

3. Die "Ertrags/Aufwandslösung" des BFH, die bei Unterpreisleistungen zwischen Schwestergesellschaften auf Ebene der gemeinsamen Muttergesellschaft Betriebsausgaben aufgrund eines "Vorteilsverbrauchs" annimmt, ist nicht haltbar. Denn die Weitergabe des Vorteils durch die Muttergesellschaft ist wie im Falle der Unterpreislieferung, in dem der BFH eine verdeckte Einlage annimmt, nicht betrieblich, sondern gesellschaftsrechtlich veranlaßt.[12]

4. Der BFH - Beschluß zur Nutzungseinlage hat jedoch auch Vorteile. Er ermöglicht bei Vorteilszuwendungen zwischen Schwestergesellschaften die Anrechnung des Körperschaftsteuerguthabens, sorgt für Rechtssicherheit, ist praktikabel und läßt den Steuerpflichtigen Gestaltungsspielräume für die Steuerplanung.[13]

---

11 1. Teil 3. Kapitel B. II. und III..

12 1. Teil 3. Kapitel D..

13 1. Teil 3. Kapitel F., G. und H..

B. Ergebnisse des 2. Teils

I. Doppelbesteuerungen bei grenzüberschreitenden Sachverhalten haben ihre Ursache in dem Zusammentreffen nationaler Steuerrechtsordnungen, die nicht aufeinander abgestimmt sind. Statt der Doppelbesteuerungen können sich aber auch Minderbesteuerungen ergeben. Zutreffender wird das Phänomen der Minderbesteuerung mit dem Begriff der "faktischen Steueroase" beschrieben.[14]

II. § 1 AStG ist gegenüber der verdeckten Gewinnausschüttung grundsätzlich subsidiär. Entsprechend seinem Normzweck als Mindestmaßstab ist aber die Anwendung von § 1 AStG über die verdeckte Gewinnausschüttung hinaus denkbar, soweit § 1 AStG eine weitere Gewinnberichtigung als die verdeckte Gewinnausschüttung vorsieht. § 1 AStG erfaßt auch in der Fassung des StÄndG 1992 nur Beziehungen zum Ausland, nicht aber Beziehungen im Ausland.[15]

III. Das Verhältnis der verdeckten Gewinnausschüttung zur Hinzurechnungsbesteuerung der §§ 7 - 14 AStG regelt § 11 I AStG. Die bereits als ausgeschütteter Gewinn besteuerte verdeckte Gewinnausschüttung ist bei der Ermittlung des Hinzurechnungsbetrages abzuziehen, um Doppelbesteuerungen zu vermeiden.[16]

IV. Art. 9 I OECD - MA ist keine selbständige Gewinnberichtigungsnorm, sondern bedarf der Ausfüllung durch nationales Recht. Art. 9 I OECD - MA entfaltet aber gegenüber nationalen Gewinnberichtigungsnormen eine Sperrwirkung. Gewinnberichtigungen sind nur in den in Art. 9 I OECD - MA genannten Fällen zulässig. Die anderslautende Praxis der deutschen Finanzverwaltung, die Gewinnberichtigungen auch in nicht durch Art. 9 I OECD - MA zugelassenen Fällen vornimmt, ist damit

---

14 2. Teil 1. Kapitel D..

15 2. Teil 2. Kapitel A..

16 2. Teil 2. Kapitel B..

rechtswidrig.[17]

V. § 42 AO ist als die allgemeinere Norm gegenüber der verdeckten Gewinnausschüttung subsidiär.[18]

VI. § 3 c EStG hindert bei grenzüberschreitenden Unterpreisleistungen bei deutschen Muttergesellschaften nicht den Abzug des "Vorteilsverbrauchs" als Betriebsausgaben. Es fehlt am unmittelbaren wirtschaftlichen Zusammenhang zwischen (nach DBA) steuerfreien Schachtelerträgen und dem Vorteilsverbrauch bei der Muttergesellschaft. Denn der Vorteil wird für Zwecke der Beteiligung verbraucht. Ein konkreter Zusammenhang mit steuerfreien Erträgen besteht nicht. Das gilt auch nach Inkrafttreten des Standortsicherungsgesetzes, insb. § 8b II KStG.[19]

VII. § 8a KStG ist ein Schritt des Gesetzgebers in die falsche Richtung, da er zu weiteren Doppelbesteuerungen führt. Auf die steuerliche Beurteilung des Vorteilsverbrauchs nach der Ertrags/ Aufwandslösung des BFH wirkt sich § 8a KStG nicht aus.[20]

VIII. § 8b KStG bewirkt, daß die Steuerfreiheit ausländischer Einkünfte bei Weiterausschüttung an unbeschränkt steuerpflichtige Kapitalgesellschaften erhalten bleibt. Auf die hier untersuchten möglichen Doppelbesteuerungen oder faktischen Steueroasen aufgrund des Vorteilsverbrauchs nach der Ertrags/ Aufwandslösung des BFH hat § 8b KStG keinen Einfluß.[21]

IX. DBA verhindern Doppelbesteuerungen nur, wenn Gewinnberichtigungen durch Gegenberichtigungen in gleicher Höhe ausgeglichen werden. Art. 9 II OECD - MA enthält entgegen weit verbreiteter Auffassung keine Berichtigungsautomatik. Voraussetzung einer Gegenberichtigung nach Art. 9 II OECD - MA ist in jedem Fall

---

17 2. Teil 2. Kapitel C..

18 2. Teil 2. Kapitel D..

19 2. Teil 2. Kapitel E..

20 2. Teil 2. Kapitel F..

21 2. Teil 2. Kapitel E. 4. sowie 4. Kapitel B. III..

eine Einigung der DBA - Vertragsstaaten über die Angemessenheit der vorangegangenen Gewinnberichtigung. Das Verständigungsverfahren bietet dem Steuerpflichtigen keinen ausreichenden Schutz gegen Doppelbesteuerungen, da für die DBA - Vertragsstaaten kein Zwang zur Beseitigung der Doppelbesteuerung besteht.[22]

X. Unilaterale Maßnahmen wie § 26 KStG sind gegenüber DBA - Regelungen subsidiär, garantieren aber einen Mindestschutz vor Doppelbesteuerungen.[23]

XI. Als Fortschritt auf dem Gebiet der Vermeidung und Beseitigung der Doppelbesteuerung bei grenzüberschreitenden Steuersachverhalten kann das EG-Übereinkommen und die mit § 26 IIa KStG in nationales Recht umgesetzte Mutter-Tochter-Richtlinie bezeichnet werden, die aber auf die EG - Mitgliedstaaten beschränkt sind. Das EG-Übereinkommen enthält ein zweistufiges Verfahren, das den betroffenen Steuerpflichtigen der EG erstmals die Beseitigung der Doppelbesteuerung bei Gewinnberichtigungen zwischen verbundenen Unternehmen garantiert. Die in nationales Recht umgesetzte Mutter-Tochter-Richtlinie schafft mit wenigen Ausnahmen die Quellensteuer in der EG auf Gewinnausschüttungen zwischen verbundenen Unternehmen ab und beseitigt damit insoweit jede Doppelbesteuerung.[24]

Trotz dieser beiden Maßnahmen können in bestimmten Konstellationen Doppelbesteuerungen verbleiben.[25]

XII. Ein effektives Mittel zur Vermeidung der Doppelbesteuerung im europäischen Konzern ist die Konzernsteuerplanung. Ihre Aufgabe ist es, Gewinnberichtigungen durch Festlegen angemessener Verrechnungspreise zu verhindern. Ein Hauptproblem der Konzernsteuerplanung liegt in der Informationsbeschaffung. Die Hinzuziehung örtlicher Experten ist empfehlenswert. Die

---

22 2. Teil 3. Kapitel B. II. und 4. Kapitel A. II..

23 2. Teil 4. Kapitel B..

24 2. Teil 4. Kapitel B. II., C. und D..

25 2. Teil 5. Kapitel B. II..

Konzernsteuerplanung sollte weiter für Zwecke der Beweisvorsorge eine sorgfältige Dokumentation erstellen, um die als angemessen ermittelten Verrechnungspreise bei späteren Prüfungen gegenüber den Steuerverwaltungen durchsetzen zu können. Empfehlenswert ist auch das Erstellen einer Verrechnungspreisrichtlinie.[26]

XIII. Doppelbesteuerungen und faktische Steueroasen haben ihre Ursache in der Inkongruenz der nationalen Steuersysteme. Der Beschluß des Großen Senats zur Nutzungseinlage[27] hat den bereits bestehenden Inkongruenzen neue hinzugefügt. Die im nationalen Steuersachverhalt durch Unterpreisleistungen mögliche Gewinnverlagerung vom Gesellschafter auf die Gesellschaft scheitert im europäischen Konzern an § 1 AStG und verursacht Doppelbesteuerungen, wenn der an der Leistungsbeziehung beteiligte andere Staat keine Gegenberichtigung vornimmt.[28]

Die neu geschaffene "Ertrags/Aufwandslösung" des BFH kann je nach Konstellation zu bisher nicht bekannten erheblichen Doppelbesteuerungen oder faktischen Steueroasen führen.[29]

---

26 2. Teil 4. Kapitel D..

27 Beschluß vom 26.10.1987 GrS 2/86, BStBl. II 1988, S. 348.

28 2. Teil 5. Kapitel B. I..

29 2. Teil 5. Kapitel B. II..

Anhang: Systematische Tabellen zu möglichen Doppelbesteuerungen und faktischen Steueroasen im europäischen Konzern

Die nachfolgenden Tabellen erfassen folgende grenzüberschreitenden Leistungsbeziehungen im europäischen Konzern:

A. Unterpreislieferung Tochtergesellschaft an Muttergesellschaft.
B. Unterpreisleistung Tochtergesellschaft an Muttergesellschaft.

C. Unterpreislieferung Muttergesellschaft an Tochtergesellschaft.
D. Unterpreisleistung Muttergesellschaft an Tochtergesellschaft.

E. Unterpreislieferung T_1 an T_2 (Schwestergesellschaften).
F. Unterpreisleistung T_1 an T_2 (Schwestergesellschaften).

Jede der genannten Leistungsbeziehungen ist in Fallgruppen unterteilt, die anhand von Modellannahmen die im europäischen Konzern denkbaren Konsequenzen einer unangemessenen Leistungsbeziehung erfaßen.

Die in den Fallgruppen verwendeten Zeichen bedeuten:

+ = Gewinnerhöhende Berichtigung (z.B. durch verdeckte Gewinnausschüttung)

- = Gewinnmindernde Gegenberichtigung (z.B. durch verdeckte Einlagen)

0 = Keine Korrektur

Der Anhang enthält zu jeder Fallgruppe einer Leistungsbeziehung eine Tabelle, aus der sich ablesen läßt, ob aus den Modellannahmen eine Doppelbesteuerung oder eine faktische Steueroase resultiert. Die fallgruppenbezogenen Tabellen wiederum enthalten jeweils Aussagen zu den folgenden vier verschiedenen Annahmen:

a) Besteuerungsfolgen allein nach dem nationalen Steuerrecht der beteiligten Staaten ohne Einschränkungen wie z.B. Steuerfreistellung -anrechnung oder Verständigungsverfahren.

b) Besteuerungsfolgen bei Annahme eines DBA - Schachtelprivilegs oder vergleichbarer Vergünstigungen nach nationalem Steuerrecht.

c) Besteuerungsfolgen bei Annahme einer DBA - Steueranrechnung oder unilateraler Steueranrechnung.

d) Besteuerungsfolgen bei Eingreifen des EG-Übereinkommens zur Beseitigung der Doppelbesteuerung bei Gewinnberichtigungen zwischen verbundenen Unternehmen und der Mutter-Tochter-Richtlinie.

A. Unterpreislieferung Tochtergesellschaft an Muttergesellschaft

Fallgruppe	1	2	3	4
Tochtergesellschaft	+	+	0	0
Muttergesellschaft	+	0	+	0

Fallgruppe 1	Doppelbesteuerung	faktische Steueroase
a) Besteuerung ohne Milderung	ja	nein
b) DBA - Schachtelprivileg	im Idealfall beseitigt[1]	nein
c) DBA oder unilaterale Anrechnung	im Idealfall beseitigt	nein
d) EG-Übereinkommen und Mutter-Tochter-Richtlinie	Doppelbesteuerung beseitigt	

1 Verbleibt hinsichtlich Quellensteuer (siehe Beispiel 4 im 5. Kapitel A.I.1.) sowie bei inkongruenter Bewertung (siehe Beispiel 4 im 5. Kapitel A.I.1.)

Fallgruppe 2	Doppelbesteuerung	faktische Steueroase
a) Besteuerung ohne Milderung	ja	nein
b) DBA - Schachtelprivileg	ja, da nicht gewährt	nein
c) DBA oder unilaterale Anrechnung	ja, da nicht gewährt	nein
d) EG-Übereinkommen und Mutter-Tochter-Richtlinie	Doppelbesteuerung beseitigt	

Fallgruppe 3	Doppelbesteuerung	faktische Steueroase
a) Besteuerung ohne Milderung	nein	nein
b) DBA - Schachtelprivileg	nein	ja[2]
c) DBA oder unilaterale Anrechnung	nein	nein
d) EG-Übereinkommen und Mutter-Tochter-Richtlinie	nicht denkbar, da keine Doppelbesteuerung	

Fallgruppe 4	Doppelbesteuerung	faktische Steueroase
a) Besteuerung ohne Milderung	nein	nein
b) DBA - Schachtelprivileg	nein	nein
c) DBA oder unilaterale Anrechnung	nein	nein
d) EG-Übereinkommen und Mutter-Tochter-Richtlinie	nicht denkbar, da keine Doppelbesteuerung	

2 Siehe dazu Beispiele 1 und 4 im 5. Kapitel A.III..

B. Unterpreisleistung Tochtergesellschaft an Muttergesellschaft

Fallgruppe	1	2	3	4
Tochtergesellschaft	+	+	0	0
Muttergesellschaft	+	0	+	0

Fallgruppe 1	Doppelbesteuerung	faktische Steueroase
a) Besteuerung ohne Milderung	ja	nein
b) DBA - Schachtelprivileg	im Idealfall beseitigt[3]	nein
c) DBA oder unilaterale Anrechnung	im Idealfall beseitigt	nein
d) EG-Übereinkommen und Mutter-Tochter-Richtlinie	Doppelbesteuerung beseitigt	

Fallgruppe 2	Doppelbesteuerung	faktische Steueroase
a) Besteuerung ohne Milderung	ja	nein
b) DBA - Schachtelprivileg	ja, da nicht gewährt	nein
c) DBA oder unilaterale Anrechnung	ja, da nicht gewährt	nein
d) EG-Übereinkommen und Mutter-Tochter-Richtlinie	Doppelbesteuerung beseitigt	

3 Bleibt bestehen hinsichtlich der Quellensteuer; siehe dazu Beispiel 3 im 5. Kapitel B.I.2..

Fallgruppe 3	Doppelbesteuerung	faktische Steueroase
a) Besteuerung ohne Milderung	ja	nein
b) DBA - Schachtelprivileg	nein	ja[4]
c) DBA oder unilaterale Anrechnung	nein	nein
d) EG-Übereinkommen und Mutter-Tochter-Richtlinie	Doppelbesteuerung beseitigt	

Fallgruppe 4	Doppelbesteuerung	faktische Steueroase
a) Besteuerung ohne Milderung	nein	nein
b) DBA - Schachtelprivileg	nein	nein
c) DBA oder unilaterale Anrechnung	nein	nein
d) EG-Übereinkommen und Mutter-Tochter-Richtlinie	nicht denkbar, da keine Doppelbesteuerung	

C. Unterpreislieferung Muttergesellschaft an Tochtergesellschaft

Fallgruppe	1	2	3	4
Muttergesellschaft	+	+	0	0
Tochtergesellschaft	-	0	-	0

4 Siehe dazu auch Beispiel 4 im 5. Kapitel B.I.2. (Vorteilsverbrauch).

Fallgruppe 1	Doppelbesteuerung	faktische Steueroase
a) Besteuerung ohne Milderung	nein	nein
b) DBA - Schachtelprivileg	nein	nein
c) DBA oder unilaterale Anrechnung	nein	nein
d) EG-Übereinkommen und Mutter-Tochter-Richtlinie	nicht denkbar, da keine Doppelbesteuerung	

Fallgruppe 2	Doppelbesteuerung	faktische Steueroase
a) Besteuerung ohne Milderung	ja	nein
b) DBA - Schachtelprivileg	ja, da nicht denkbar	nein
c) DBA oder unilaterale Anrechnung	ja, da nicht denkbar	nein
d) EG-Übereinkommen und Mutter-Tochter-Richtlinie	Doppelbesteuerung beseitigt	

Fallgruppe 3	Doppelbesteuerung	faktische Steueroase
a) Besteuerung ohne Milderung	nein	ja
b) DBA - Schachtelprivileg	nein	ja
c) DBA oder unilaterale Anrechnung	nein	ja
d) EG-Übereinkommen und bestehen Mutter-Tochter-Richtlinie	nein	bleibt

Fallgruppe 4	Doppelbesteuerung	faktische Steueroase
a) Besteuerung ohne Milderung	nein	nein
b) DBA - Schachtelprivileg	nein	nein
c) DBA oder unilaterale Anrechnung	nein	nein
d) EG-Übereinkommen und Mutter-Tochter-Richtlinie	nicht denkbar, da keine Doppelbesteuerung	

D. Unterpreisleistung Muttergesellschaft an Tochtergesellschaft

Fallgruppe	1	2	3	4
Muttergesellschaft	+	+	0	0
Tochtergesellschaft	-	0	-	0

Fallgruppe 1[5]	Doppelbesteuerung	faktische Steueroase
a) Besteuerung ohne Milderung	nein	nein
b) DBA - Schachtelprivileg	nein	nein
c) DBA oder unilaterale Anrechnung	nein	nein
d) EG-Übereinkommen und Mutter-Tochter-Richtlinie	nicht denkbar, da keine Doppelbesteuerung	

---

5 Siehe dazu Beispiel 1 im 5. Kapitel B.I.1..

Fallgruppe 2[6]	Doppelbesteuerung	faktische Steueroase
a) Besteuerung ohne Milderung	ja	nein
b) DBA - Schachtelprivileg	ja, da nicht denkbar	nein
c) DBA oder unilaterale Anrechnung	ja, da nicht denkbar	nein
d) EG-Übereinkommen und Mutter-Tochter-Richtlinie	Doppelbesteuerung beseitigt	

Fallgruppe 3	Doppelbesteuerung	faktische Steueroase
a) Besteuerung ohne Milderung	nein	ja
b) DBA - Schachtelprivileg	nein	ja
c) DBA oder unilaterale Anrechnung	nein	ja
d) EG-Übereinkommen und Mutter-Tochter-Richtlinie	nein	bleibt bestehen

Fallgruppe 4	Doppelbesteuerung	faktische Steueroase
a) Besteuerung ohne Milderung	nein	nein
b) DBA - Schachtelprivileg	nein	nein
c) DBA oder unilaterale Anrechnung	nein	nein
d) EG-Übereinkommen und Mutter-Tochter-Richtlinie	nicht denkbar, da keine Doppelbesteuerung	

6 Siehe dazu Beispiel 2 im 5. Kapitel B.I.1..

E. Unterpreislieferung Tochtergesellschaft T_1 an Tochtergesellschaft T_2

Fallgruppe	1	2	3	4	5	6	7
Tochtergesellschaft T_1	+	+	+	+	0	0	0
Muttergesellschaft	+	+	0	0	0	+	+
Tochtergesellschaft T_2	0	-	0	-	0	0	-

Fallgruppe 1	Doppelbesteuerung	faktische Steueroase
a) Besteuerung ohne Milderung	ja	nein
b) DBA - Schachtelprivileg	ja	nein
c) DBA oder unilaterale Anrechnung	ja	nein
d) EG-Übereinkommen und Mutter-Tochter-Richtlinie	Doppelbesteuerung beseitigt	

Fallgruppe 2	Doppelbesteuerung	faktische Steueroase
a) Besteuerung ohne Milderung	ja	nein
b) DBA - Schachtelprivileg	im Idealfall beseitigt	nein
c) DBA oder unilaterale Anrechnung	im Idealfall beseitigt	nein
d) EG-Übereinkommen und Mutter-Tochter-Richtlinie	Doppelbesteuerung beseitigt	

Fallgruppe 3	Doppelbesteuerung	faktische Steueroase
a) Besteuerung ohne Milderung	ja	nein
b) DBA - Schachtelprivileg	ja, da nicht gewährt	nein
c) DBA oder unilaterale Anrechnung	ja, da nicht gewährt	nein
d) EG-Übereinkommen und Mutter-Tochter-Richtlinie	Doppelbesteuerung beseitigt	

Fallgruppe 4[7]	Doppelbesteuerung	faktische Steueroase
a) Besteuerung ohne Milderung	nein	nein
b) DBA - Schachtelprivileg	nein	nein
c) DBA oder unilaterale Anrechnung	nein	nein
d) EG-Übereinkommen und Mutter-Tochter-Richtlinie	nicht denkbar mangels Doppelbesteuerung	

Fallgruppe 5	Doppelbesteuerung	faktische Steueroase
a) Besteuerung ohne Milderung	nein	nein
b) DBA - Schachtelprivileg	nein	nein
c) DBA oder unilaterale Anrechnung	nein	nein
d) EG-Übereinkommen und Mutter-Tochter-Richtlinie	nicht denkbar mangels Doppelbesteuerung	

Fallgruppe 6	Doppelbesteuerung	faktische Steueroase
a) Besteuerung ohne Milderung	nein	nein
b) DBA - Schachtelprivileg	nein	ja
c) DBA oder unilaterale Anrechnung	nein	nein
d) EG-Übereinkommen und Mutter-Tochter-Richtlinie	nein	bleibt bestehen

7 Siehe dazu Beispiel 2 im 5. Kapitel A.IV..

Fallgruppe 7	Doppelbesteuerung	faktische Steueroase
a) Besteuerung ohne Milderung	nein	nein
b) DBA - Schachtelprivileg	nein	ja[8]
c) DBA oder unilaterale Anrechnung	nein	nein
d) EG-Übereinkommen und Mutter-Tochter-Richtlinie	nein	bleibt bestehen

F. Unterpreisleistung Tochtergesellschaft T_1 an Tochtergesellschaft T_2

Fallgruppe	1	2	3	4	5	6	7	8
Tochtergesellschaft T_1	+	+	+	+	0	0	0	+
Muttergesellschaft	+/-	+/-	0	0	0	+/-	+/-	+
Tochtergesellschaft T_2	0	-	0	-	0	0	-	0

Fallgruppe 1	Doppelbesteuerung	faktische Steueroase
a) Besteuerung ohne Milderung	ja	nein
b) DBA - Schachtelprivileg	im Idealfall beseitigt	nein
c) DBA oder unilaterale Anrechnung	Im Idealfall beseitigt	nein
d) EG-Übereinkommen und Mutter-Tochter-Richtlinie	Doppelbesteuerung beseitigt	

---

8 Siehe dazu Beispiel 1 im 5. Kapitel A.IV..

Fallgruppe 2	Doppelbesteuerung	faktische Steueroase
a) Besteuerung ohne Milderung	nein	nein
b) DBA - Schachtelprivileg	nein	ja
c) DBA oder unilaterale Anrechnung	nein	ja
d) EG-Übereinkommen und Mutter-Tochter-Richtlinie	nein	bleibt bestehen

Fallgruppe 3	Doppelbesteuerung	faktische Steueroase
a) Besteuerung ohne Milderung	ja[9]	nein
b) DBA - Schachtelprivileg	ja, da nicht gewährt	nein
c) DBA oder unilaterale Anrechnung	ja, da nicht gewährt	nein
d) EG-Übereinkommen und Mutter-Tochter-Richtlinie	Doppelbesteuerung beseitigt[10]	

Fallgruppe 4	Doppelbesteuerung	faktische Steueroase
a) Besteuerung ohne Milderung	nein	nein
b) DBA - Schachtelprivileg	nein	nein
c) DBA oder unilaterale Anrechnung	nein	nein
d) EG-Übereinkommen und Mutter-Tochter-Richtlinie	mangels Doppelbesteuerung nicht denkbar	

9 Siehe dazu Beispiel 8 im 5. Kapitel B.II.2..

10 Die Doppelbesteuerung kann aber trotz EG-Übereinkommens und Mutter-Tochter-Richtlinie bestehen bleiben, wenn sie auf dem nationalen Steuerrecht nur eines Staates beruht (siehe dazu die Beispiele 8 und 9 im 5. Kapitel B.II.2.).

Fallgruppe 5	Doppelbesteuerung	faktische Steueroase
a) Besteuerung ohne Milderung	nein	nein
b) DBA - Schachtelprivileg	nein	nein
c) DBA oder unilaterale Anrechnung	nein	nein
d) EG-Übereinkommen und Mutter-Tochter-Richtlinie	mangels Doppelbesteuerung nicht denkbar	

Fallgruppe 6	Doppelbesteuerung	faktische Steueroase
a) Besteuerung ohne Milderung	nein	nein
b) DBA - Schachtelprivileg	nein	ja
c) DBA oder unilaterale Anrechnung	nein	nein
d) EG-Übereinkommen und Mutter-Tochter-Richtlinie	nein	bleibt bestehen

Fallgruppe 7	Doppelbesteuerung	faktische Steueroase
a) Besteuerung ohne Milderung	nein	ja
b) DBA - Schachtelprivileg	nein	ja[11]
c) DBA oder unilaterale Anrechnung	nein	nein
d) EG-Übereinkommen und Mutter-Tochter-Richtlinie	nein	bleibt bestehen

11 Siehe dazu die Beispiele 6 a) und 6 b) im 5. Kapitel B.II.1..

Fallgruppe 8	Doppelbesteuerung	faktische Steueroase
a) Besteuerung ohne Milderung	ja	nein
b) DBA - Schachtelprivileg	ja[12]	nein
c) DBA oder unilaterale Anrechnung	ja	nein
d) EG-Übereinkommen und Mutter-Tochter-Richtlinie	Doppelbesteuerung beseitigt[13]	

12 Siehe dazu Beispiel 9 im 5. Kapitel B.II.2..

13 Ausnahmsweise kann eine Doppelbesteuerung trotz EG-Übereinkommens und Mutter-Tochter-Richtlinie bestehen bleiben, wenn die Doppelbesteuerung auf dem nationalen Steuerrecht nur eines Staates beruht (siehe dazu die Beispiele 8 und 9 im 5. Kapitel B.II.2.).

Literaturverzeichnis

Altheim, Michael : Beratung der mittelständischen Wirtschaft bei Beteiligungen, Fusionen und Spaltungen im Binnenmarkt, IStR 1993, S. 353.

Baranowski, Karl - Heinz : Die Behandlung des Berichtigungsbetrages bei grenzüberschreitenden Beziehungen - Zur Gewinnabgrenzung bei international verbundenen Unternehmen - DStR 1982, S. 406.

Barz, Carl Hans/ Brönner, Herbert/ Klug, Ulrich/ Mellerowicz, Konrad/ Mayer - Landrut, Joachim/ Schilling, Wolfgang/ Wiedemann, Herbert/ Würdinger, Hans : Aktiengesetz. Großkommentar. Dritte, neu bearbeitete Auflage, Erster Band 1. Halbband §§ 1 - 75, Berlin, New York 1973.

Baumhoff, Hubertus : (Verrechnungspreise) Verrechnungspreise für Dienstleistungen. Die steuerliche Einkunftsabgrenzung bei international verbundenen Unternehmen auf der Grundlage des Fremdvergleichs Köln, Berlin, Bonn, München, 1986.

Beauchamp, André : Die Steuerparadiese der Welt, München 1983.

Becker, Helmut : Die Sperrwirkung des Art. 9 OECD - Musterabkommens gegenüber den innerstaatlichen Abgrenzungsregelungen, IWB 1983 Fach 3 Deutschland Gruppe 3, S. 851.

Becker, Helmut : (Erschleichung) Erschleichung der Abkommensberechtigung durch Zwischenpersonen in: Grundfragen des Internationalen Steuerrechts, S. 171, herausgegeben von Klaus Vogel im Auftrag der Deutschen Steuerjuristischen Gesellschaft e.V., Köln 1985.

Beck'scher Bilanzkommentar : Der Jahresabschluß nach Handels - und Steuerrecht, Das Dritte Buch des HGB, bearbeitet von *Budde, Wolfgang Dieter/ Clemm, Hermann/ Pankow, Max/ Sarx, Manfred*, 2. Auflage München 1990.

Bellstedt, Christoph : Die Besteuerung international verflochtener Gesellschaften, 3. Auflage Köln 1973.

Bellstedt, Christoph : Hinzurechnung nach AStG bei Zwischengesellschaften - Anwendung des Beschlusses des Großen Senats zur Nutzungseinlage, DB 1988, S. 2273.

Bellstedt, Christoph : Die verdeckte Gewinnausschüttung - neue Definition, neue Tendenzen, internationale Auswirkungen, FR 1990, S. 65.

Blümich, Walter : (EStG) EStG - KStG - GewStG. Einkommensteuergesetz - Körperschaftsteuergestz - Gewerbesteuergesetz. Herausgegeben von *Klaus Ebling* und *Wolfgang Freericks*, München, 14. Auflage Stand Juli 1991.

Böcher, Axel : Steuerhinterziehung durch verdeckte Gewinnausschüttung ? DB 1989, S. 999.

Bopp, Gerhard F. : Fragen der internationalen Konzernbesteuerung - Bericht über einen Diskussionskreis der Arbeitsgemeinschaft der Fachanwälte für Steuerrecht e. V. - DStZ/A 1973, S. 105.

Bordewin, Arno : Zur Einlage von Nutzungen. Beschluß des Großen Senats des BFH vom 26.10.1987, DStR 1988, S. 227.

Brezing, Klaus/ Krabbe, Helmut/ Lempenau, Gerhard/ Mössner, Jörg/ Runge, Berndt : Außensteuerrecht. Kommentar, Herne/Berlin 1991.

Brezing, Klaus : Abzugsverbot für Schulden und Schuldzinsen, die in wirtschaftlichem Zusammenhang mit steuerfreien Vermögensgegenständen bzw. Einnahmen stehen, FR 1972, S. 73.

Brezing, Klaus : Zu den materiellrechtlichen Vorschriften gegen Einkommensverlagerungen in das Ausland, FR 1973, S. 485.

Brezing, Klaus : Ein Urteil des BFH zu Satzungsklauseln, DB 1984, S. 2053.

Brezing, Klaus : Zum Beschluß des Großen Senats des BFH zur Nutzungsüberlassung an eine Kapitalgesellschaft, AG 1988, S. 230.

Bühler, Ottmar : (Prinzipien) Prinzipien des internationalen Steuerrechts IStR. Ein systematischer Versuch, Amsterdam 1964.

Butzke, Volker : Die Bedeutung anderweitiger Auffüllung des Stammkapitals für Einlage - oder Erstattungsansprüche der GmbH gegen ihre Gesellschafter, ZGR 1990, S. 357.

Buyer, Christoph : Gewinn und Kapital. Die Rückgewähr von verdeckten oder sonst fehlerhaften Gewinnausschüttungen im Handels - und Steuerrecht, Stuttgart 1989.

Canaris, Claus - Wilhelm : (Rückgewähr) Die Rückgewähr von Gesellschaftereinlagen durch Zuwendungen an Dritte in: Festschrift für Robert Fischer, S. 31, herausgegeben von *Marcus Lutter, Walter Stimpel, Herbert Wiedemann*, Berlin, New York, 1979.

Cattelaens, Heiner: Änderungen des Körperschaftsteuergesetzes durch das Gesetz zur Umsetzung des Föderalen Konsolidierungsprogrammes und das Standortsicherungsgesetz, Wpg. 1993, S. 557.

Debatin, Helmut : Die Steuerharmonisierung in der EWG in Form der Konzern - Besteuerungs - Richtlinie, DStZ/A 1969, S. 146.

Debatin, Helmut : Neugestaltung der deutsch - schweizerischen Steuerbeziehungen, DStZ/A 1971, S. 385.

Debatin, Helmut : Außensteuerreformgesetz, DStZ/A 1972, S. 265.

Debatin, Helmut : Auslegung und Fortentwicklung des deutschen Außensteuerrechts und des internationalen Steuerrechts unter besonderer Berücksichtigung der deutschen Rechtsprechung, JbFfSt 1973/1974, S. 59.

Debatin, Helmut : Die Praktikabilität des Außensteuergesetzes, JbFfSt 1974/1975, S. 226.

Debatin, Helmut : System und Auslegung der Doppelbesteuerungsabkommen, Beilage 23 zu DB 1985.

Debatin, Helmut : Unternehmensorganisationsstrukturen im Gemeinsamen Markt aus steuerlicher Sicht, BB 1991, S. 947.

Deutscher Industrie - und Handelstag : (DIHT - Planspiel) Internationale Verrechnungspreise. DIHT - Planspiel: Stellungnahme zur Ergebnisabgrenzung und Vermeidung von Doppelbesteuerungen innerhalb eines internationalen Konzernverbundes, Bonn 1980.

Döllerer, Georg : Verdeckte Einlagen bei der Aktiengesellschaft, BB 1971, S. 1245.

Döllerer, Georg : Die verdeckte Gewinnausschüttung und ihre Rückabwicklung nach neuem Körperschaftsteuerrecht, DStR 1980, S. 395.

Döllerer, Georg : (Verdeckte Einlagen) Verdeckte Einlagen bei Kapitalgesellschaften - das Spiegelbild der verdeckten Gewinnausschüttungen ? in: Der Bundesfinanzhof und seine Rechtsprechung: Grundfragen, Grundlagen. Festschrift für Hugo von Wallis zum 75. Geburtstag am 12. April 1985, S. 293. Herausgegeben von *Franz Klein* und *Klaus Vogel*, Bonn 1985.

Döllerer, Georg : Nutzungen und Nutzungsrechte - keine verdeckten Einlagen bei Kapitalgesellschaften, BB 1988, S. 1789.

Döllerer, Georg : Verdeckte Gewinnausschüttungen, verdeckte Einlagen - neue Rechtsprechung, neue Fragen, DStR 1989, S. 331.

Döllerer, Georg : (Verdeckte Gewinnausschüttungen) Verdeckte Gewinnausschüttungen und verdeckte Einlagen bei Kapitalgesellschaften, 2. Auflage Heidelberg 1990.

Dötsch, Ewald/ *Eversberg, Horst*/ *Jost, Werner* F./ *Witt, Georg* : (Körperschaftsteuer) Die Köperschaftsteuer. Kommentar zum Körperschaftsteuergesetz und zu den einkommensteuerrechtlichen Vorschriften des Anrechnungsverfahrens, Stuttgart, Stand: 20. Ergänzungslieferung November 1993.

Ebenroth, Carsten Thomas : (Verdeckte Vermögenszuwendungen) Die verdeckten Vermögenszuwendungen im transnationalen Unternehmen. Ein Beitrag zum Schutz von Fiskal-, Aktionärs-, Gläubiger- und Arbeitnehmerinteressen im transnationalen Unternehmen, Bielefeld, 1979.

Ebenroth, Carsten Thomas : Die qualifiziert faktische Konzernierung und ihre körperschaftsteuerrechtliche Auswirkung, AG 1990, S. 188.

Ebenroth, Carsten Thomas/ Fuhrmann, Lambertus : Gewinnverlagerungen durch Unterpreisleistungen im transnationalen Konzern, DB 1989, S. 1100.

Ebling, Klaus : Überlegungen zum neuen Außensteuerrecht aus Sicht der steuerlichen Betriebsprüfung, StBp 1971, S. 218.

Emmerich, Volker/ Sonnenschein, Jürgen : (Konzernrecht) Konzernrecht. Das Recht der verbundenen Unternehmen bei Aktiengesellschaften, GmbH und Personengesellschaften, 3. Auflage München 1989.

Endres, Dieter: Das Standortsicherungsgesetz - Schwerpunkte und unternehmerische Reaktionsmöglichkeiten, Wpg. 1993, S. 533.

Engel, Clemens J. : (Konzerntransferpreise) Konzerntransferpreise im Internationalen Steuerrecht. Implikationen der Gewinnabgrenzung multinationaler Unternehmen unter besonderer Berücksichtigung der Konzerndienstleistungen, Köln 1986.

Erfmeyer, Klaus : (Nutzungseinlage) Die Nutzungseinlage im Steuerrecht. Bestandsaufnahme und Kritik der BFH - Rechtsprechung, Diss. Bochum 1991.

Felix, Günther : Anmerkung zum Beschluß des Großen Senates des BFH vom 26.10.1987 GrS 2/86, BStBl. II 1988, 348, DStZ 1988, S. 179.

Fischer - Zernin, Justus : Mißbrauch von Doppelbesteuerungsabkommen. Gesetzeslücke, ein Fall von § 42 AO oder der Anlaß für eine Invasion von Rechtssätzen in das innerstaatliche Steuerrecht ? RIW 1987, S. 362.

Fischer - Zernin, Justus : Doppelbesteuerungsabkommen als Instrument des Völkerrechts und des innerstaatlichen Rechts, RIW 1987, S. 785.

Fischer - Zernin, Justus/ Schwarz, Hubertus : Deutsches "Treaty - Overriding" im Entwurf zum Steueränderungsgesetz 1992. Neue Vorschriften des AStG, RIW 1992, S. 49.

Flick, Hans : Vorteilsausgleich bei Schwestergesellschaften, FR 1973, S. 158.

Flick, Hans : Unternehmensplanung für den europäischen Binnenmarkt - Steuerliche Aspekte, DStR 1989, S. 557.

Flick, Hans/ Wassermeyer, Franz/ Becker, Helmut : (Außensteuerrecht) Kommentar zum Außensteuerrecht, 5. Auflage 1990, Stand Dezember 1990, Köln.

Flume, Werner : (Vermögensbewegungen) Reichen die Vorschriften des Steuerrechts - unter Berücksichtigung des Gesellschaftsrechts - aus, um Vermögensbewegungen zwischen verbundenen Unternehmen vollständig und befriedigend zu regeln ? in: *Flume, Werner*, Gesammelte Schriften, Band II, S. 762. Herausgegeben von *Horst Heinrich Jakobs, Brigitte Knobbe - Keuk, Eduard Picker, Jan Wilhelm*, Köln 1988.

Flume, Werner : Der Gesellschafter und das Vermögen der Kapitalgesellschaft und die Problematik der verdeckten Gewinnausschüttung, ZHR 1980, S. 18.

Förster, Jutta : Reaktion der EG - Kommission auf den Ruding - Bericht, IWB 1992, Fach 11 Europäische Gemeinschaften Gruppe 2, S. 69.

Friedrich, Klaus D. : (Steuerhandbuch) Steuerhandbuch für Auslandsbeziehungen, 2. Auflage, Stuttgart 1985.

Fuchs, Helmut/ Lempenau, Gerhard : Nutzungsvorteil als verdeckte Gewinnausschüttung ohne Zufluß. Eine Gefahr der mehrfachen Ertragsteuerbelastung, BB 1982, S. 484.

Geßler, Ernst/ Hefermehl, Wolfgang/ Eckardt, Ulrich/ Kropff, Bruno/ Bungeroth, Eberhard/ Fuhrmann, Hans/ Hüffer, Uwe/ Semler, Johannes : (AktG) Aktiengesetz. Kommentar Band I §§ 1 - 75 München. Stand §§ 53 c bis 75: 1. Juni 1983.

Glade, A. : Verdeckte Gewinnausschüttungen zwischen Schwestergesellschaften, GmbHR 1963, S. 81.

Gloria, Christian : (Verständigungsverfahren) Das steuerliche Verständigungsverfahren und das Recht auf diplomatischen Schutz, Berlin 1988.

Gloria, Christian : Der Anspruch auf Durchführung des Verständigungsverfahrens und seine gerichtliche Durchsetzung in den Vereinigten Staaten, StuW 1989, S. 138.

Goutier, Klaus : (Rechtsprechung) Die Rechtsprechung des Bundesfinanzhofes zum Vorliegen verdeckter Gewinnausschüttungen mangels eindeutiger, im voraus getroffener Absprachen im Lichte der bestehenden Doppelbesteuerungsabkommen in: Herausforderungen - Steuerberatung im Spannungsfeld der Teilrechtsordnungen. Festgabe für Günther Felix zum 60. Geburtstag, S. 63, herausgegeben von *Dieter Carlé*, *Klaus Korn*, *Rudolf Stahl*, Köln 1989.

Groh, Manfred : Nutzungseinlage, Nutzungsentnahme und Nutzungsausschüttung, DB 1988, S. 514 (Teil I), S. 571 (Teil II).

Haas, Gerhard/ Bacher, Hannes/ Scheuer, Wolfgang : (Steuerliche Gestaltung) Steuerliche Gestaltung internationaler Geschäftsbeziehungen. Außensteuerrecht für die Praxis, 3. Auflage Berlin 1979.

Haase, Klaus Dittmar/ Roßmayr, Konrad : Körperschaftsteuer auf Auslandseinkünfte - Modelle zur Steuerentlastung des Durchschleusens durch inländische Körperschaften - DStR 1991, S. 1126.

Hager, Johannes : Die verdeckte Gewinnausschüttung in der GmbH - ein Beitrag zu den gesellschaftsrechtlichen Sanktionen, ZGR 1989, S. 71.

Hellwig, Peter : Das Außensteuergesetz, eine Problembereicherung für die Steuerwelt, DStZ/A 1973, S. 13.

Herrmann, Carl/ Heuer, Gerhard/ Raupach, Arndt : (EStG) Einkommensteuer - und Körperschaftsteuergesetz mit Nebengesetzen. Kommentar, 19. Auflage Köln 1982, Stand September 1991.

Herzig, Norbert/ Dautzenberg, Norbert : Steuergestaltung und Steuerharmonisierung im Binnenmarkt - Folgen der Fusionsrichtlinie und der Mutter - Tochter - Richtlinie, DB 1992, S. 1.

Herzig, Norbert/ Förster, Guido : Vorteilsgewährung zwischen verbundenen Kapitalgesellschaften, Wpg 1986, S. 289.

Herzig, Norbert/ Förster, Guido : Steuerbelastung der Vorteilsgewährung zwischen verbundenen Kapitalgesellschaften nach dem Beschluß des Großen Senats des BFH vom 26.10.1987, DB 1988, S. 1329.

Heymann, Ernst : Handelsgesetzbuch. Kommentar unter Mitarbeit von *Volker Emmerich*, Band 3, §§ 238 - 342, Berlin, New York, 1989.

Höhn, Ernst (Herausgeber) : (Handbuch) Handbuch des internationalen Steuerrechts der Schweiz, Bern und Stuttgart 1984.

Hübschmann/ Hepp/ Spitaler : (AO) Kommentar zur Abgabenordnung und Finanzgerichtsordnung, 9. Auflage Köln 1991, Stand November 1991.

Hundt, Florenz: Standortsicherungsgesetz: Außensteuerliche Änderungen - Einfügung von § 8b KStG sowie Änderungen des § 26 KStG, des UmwStG und des AStG, DB 1993, S. 2048 (Teil I), DB 1993, S. 2098 (Teil II).

Immenga, Ulrich : Die personalistische Kapitalgesellschaft. Eine rechtsvergleichende Untersuchung nach deutschem GmbH - Recht und dem Recht der Corporations in den Vereinigten Staaten, Bad Homburg 1970.

Jacobs, Otto H. (Herausgeber) : Internationale Unternehmensbesteuerung. Handbuch zur Besteuerung deutscher Unternehmen mit Auslandsbeziehungen, bearbeitet von *Jacobs, Otto* H./ *Endres, Dieter/ Selent, Alexander/ Storck, Alfred/ Zuber, Barbara*, 2. Auflage, München 1991.

Jakob, Wolfgang/ Hörmann, Norbert : Steuersystematische Grundlagen der Ergebniskorrektur im internationalen Konzern, BB 1991, S. 733.

Jakob, Wolfgang/ Hörmann, Norbert : Maßstäbe der Ergebniskorrektur im internationalen Konzern, BB 1991, S. 1233.

Jakob, Wolfgang : Einkommensteuer, München 1991.

Jonas, Bernd : Steuerliche Aspekte bei ausländischen Konzerngesellschaften, RIW 1991, S. 41.

Joost, Detlev : Grundlagen und Rechtsfolgen der Kapitalerhaltungsregeln in der GmbH, ZHR 1984, S. 27.

Katterbe, Burkhard : Der Vorteilsausgleich bei Liefergeschäften im Konzern, DB 1983, S. 365.

Kirchhof, Paul/ Söhn, Hartmut : (EStG) Einkommensteuergesetz. Kommentar, Stand Januar 1992 Heidelberg.

Kirchhof, Paul : Der verfassungsrechtliche Auftrag zur Besteuerung nach der finanziellen Leistungsfähigkeit, StuW 1985, S. 319.

Klein, Klaus Günter : (Verrechnungspreisgestaltung) Die steuerliche Verrechnungspreisgestaltung international tätiger Unternehmen: Probleme der nationalen und internationalen Anwendung des dealing-at-arm's-length-Prinzips, Bergisch Gladbach 1988.

Kluge, Volker : (Das Internationale Steuerrecht) Das Internationale Steuerrecht der Bundesrepublik, 2. Auflage München 1983.

Knobbe - Keuk, Brigitte : Die Behandlung von verdeckten Gewinnausschüttungen, Gewinnverlagerungen zwischen Konzerngesellschaften und "verunglückten" Gewinnabführungen nach dem neuen Körperschaftsteuerrecht, StuW 1977, S. 157.

Knobbe - Keuk, Brigitte : Die steuerliche Behandlung von Nutzungsrechten, StuW 1979, S. 305.

Knobbe - Keuk, Brigitte : Bilanz - und Unternehmenssteuerrecht, 8. Auflage Köln 1991.

Köhler, Franz : Verdeckte Gewinnausschüttungen und Vorabausschüttungen bei ausländischen Zwischengesellschaften. Zugleich eine Erwiderung auf Maas, BB 1989, S. 269, RIW 1989, S. 466.

Kölner Kommentar zum Aktiengesetz : Herausgegeben von *Wolfgang Zöller*. 1. Band 3. Lieferung, 2. Auflage §§ 53 a bis 75 AktG, Köln, Berlin, Bonn, München 1988, Stand der Bearbeitung 1. Juli 1988; 6. Band 1. Lieferung 2. Auflage, §§ 291 - 328 AktG, Köln, Berlin, Bonn, München 1987, Stand der Bearbeitung Mai 1987.

Koenen, Stefan : Nutzungsüberlassungen zwischen Schwestergesellschaften, BB 1989, S. 1455.

Kormann, Hermut : (Steuerpolitik) Die Steuerpolitik der internationalen Unternehmung, 2. Auflage Düsseldorf 1970.

Korn, Klaus : Beratungserkenntnisse aus der Rechtsprechung zur verdeckten Einlage und verdeckten Gewinnausschüttung, KÖSDI 1989, S. 7528.

Korn, R./*Debatin, Helmut* : (DBA) Doppelbesteuerung. Sammlung der zwischen der Bundesrepublik Deutschland und dem Ausland bestehenden Abkommen über die Vermeidung der Doppelbesteuerung Kommentar, 9. Auflage München, Stand Juli 1991.

Krabbe, Helmut : Zuordnung von Betriebsausgaben zu Schachteldividenden, FR 1984, S. 473.

Kraft, Gerhard : (Treaty - shopping) Die mißbräuchliche Inanspruchnahme von Doppelbsteuerungsabkommen: zur Problematik des "Treaty Shopping" unter Berücksichtigung der Rechtslage in der Bundesrepublik Deutschland, in der Schweiz und in den Vereinigten Staaten, Hamburg 1991.

Kraft, Gerhard : Schlußfolgerungen aus der BFH - Rechtsprechung zur Abgrenzung des § 42 AO von den §§ 7 ff. AStG aus der Sicht der internationalen Steuerberatung, IStR 1993, S. 148.

Kratz, Peter : (Steuerplanung) Steuerplanung multinationaler Unternehmungen. System und Methode, Bern, Stuttgart, 1986.

Krebs, Hans - Joachim : Die Harmonisierung der direkten Steuern in der EG, BB 1990, S. 1945.

Kreile, Reinhold : Zum Außensteuergesetz, BB 1972, S. 929.

Kronenberg, Jörg Joachim : (Abgrenzung) Zur Abgrenzung zwischen Einlage und Betriebseinnahme im Körperschaftsteuerrecht, Diss. Göttingen 1986.

Krüger, Dietrich : Drei Beweise für gesetzliche Unsystematik, FR 1988, S. 517.

Krüger, Horst : (Steuerökonomische Analyse) Steuerökonomische Analyse der Verrechnungspreise internationaler Unternehmungen, Bielefeld, 1978.

Kußmaul, Heinz : Angemessene Verrechnungspreise im internationalen Konzernbereich, RIW 1987, S. 679.

Lademann, Fritz/ Söffing, Günter/ Brockhoff, Hedin : (EStG) EStG. Kommentar zum Einkommensteuergesetz, Stuttgart, München, Hannover, Stand Juli 1991.

Lang, Joachim : (Gewinnrealisierung) Gewinnrealisierung - Rechtsgrundlagen, Grundtatbestände und Prinzipien im Rahmen des Betriebsvermögensvergleichs nach § 4 Abs. 1 EStG in: Gewinnrealisierung im Steuerrecht. Theorie und Praxis der Gewinnverwirklichung durch Umsatzakt und durch Steuerentstrickung sowie des Besteuerungsaufschubs, herausgegeben von *Hans Georg Ruppe* im Auftrag der Deutschen Steuerjuristischen Gesellschaft e.V., Köln 1981.

Lang, Joachim : Besteuerung verdeckter Gewinnausschüttungen bei verbundenen Unternehmen, FR 1984, S. 629.

Lang, Joachim : (Bemessungsgrundlage) Die Bemessungsgrundlage der Einkommensteuer. Rechtssystematische Grundlagen steuerlicher Leistungsfähigkeit im deutschen Einkommensteuerrecht, Köln 1988.

Lang, Joachim: Einkommensteuer - quo vadis ?, FR 1993, S. 661.

Langbein, Volker : Doppelbesteuerungsabkommen im Spannungsfeld zwischen nationalem Recht und Völkerrecht, RIW 1984, S. 531.

Lange, Joachim : (Verdeckte Gewinnausschüttungen) Verdeckte Gewinnausschüttungen. Eine systematische Darstellung der Voraussetzungen und Auswirkungen, 5. Auflage Herne/Berlin 1987.

Larenz, Karl : (Methodenlehre) Methodenlehre der Rechtswissenschaft, 5. Auflage Berlin, Heidelberg, New York, Tokyo, 1983.

Lawlor, William R. (Herausgeber) : (Cross - Border Transactions) Cross - Border Transactions between related companies. A summary of tax rules, Deventer 1985.

Lehner, Moris : Das Verständigungsverfahren - Verfahren und praktische Handhabung, RIW 1981, S. 832.

Leitlinien : Mitteilung der Kommission an das Parlament und den Rat. Leitlinien zur Unternehmensbesteuerung vom 20. April 1990, SEK (90) 601 endg..

Littmann, Eberhard/ Bitz, Horst/ Meincke, Jens Peter : (EStG) Das Einkommensteuerrecht: Kommentar zum Einkommensteuergesetz, 15. Auflage 1992, Stand Oktober 1991, Stuttgart.

Lutter, Marcus : (Verdeckte Leistungen) Verdeckte Leistungen und Kapitalschutz in: Festschrift für Ernst Stiefel zum 80. Geburtstag, S. 505, herausgegeben von *Walter Oppenhoff, Otto Sandrock, Hanns Winkhaus*, München 1987.

Lutter, Marcus : Der qualifizierte faktische Konzern, AG 1990, S. 179.

Lutter, Marcus/ Hommelhoff, Peter : (GmbHG) GmbH - Gesetz Kommentar, 13. Auflage Köln 1991.

Manke, Klaus : Korreferat und Stellungnahme zum Referat Dr. Raupach, JbFfSt 1977/1978, S. 444.

Manke, Klaus : Teilwertabschreibungen auf Beteiligungen an ausländischen Kapitalgesellschaften - BFH - Urteil vom 14.3.1989. Beitrag zu den Anmerkungen von Wassermeyer, DStZ 1990, S. 4.

Mayr, Siegfried : Internationale Aspekte der direkten Steuern in Italien, IWB 1990 Fach 5 Italien Gruppe 2, S. 275.

Mayr, Siegfried : Die direkten Steuern in Italien, IWB 1990 Fach 5 Italien Gruppe 2, S. 303.

Meermann, Albert Matthias : Unentgeltliche Nutzungsüberlassungen bei verbundenen Kapitalgesellschaften, StBp 1989, S. 121.

Meier, Norbert : Klare und eindeutige Vereinbarungen zwischen GmbH und beherrschendem Gesellschafter zur Vermeidung verdeckter Gewinnausschüttungen. Anmerkungen zum BFH - Urteil vom 24.1.1990 - I R 157/86 GmbHR 1991, S. 70.

Meilicke, Heinz/ Meilicke, Wienand : Nutzungsüberlassung an Gegenständen als offene oder verdeckte Einlage bei Kapitalgesellschaften in Handels-, Bilanz- und Steuerrecht, DB 1977, S.927.

Menck, Thomas : Die Besteuerung internationaler Konzerne, DStZ/A 1972, S. 65.

Menck, Thomas : Die koordinierte Durchführung von Doppelbesteuerungsabkommen, IWB 1987 Fach 10 Gruppe 2, S. 627.

Menger, Hans - Peter : Die Gestaltung und Prüfung von Verrechnungspreisen im Inland und bei Auslandsbeziehungen, GmbHR 1987, S. 397.

Meyer - Arndt, Lüder : Gewinnrealisierung bei der Übertragung einer Beteiligung vom Organträger auf das Organ, BB 1968, S. 410.

Meyer - Arndt, Lüder : Probleme der Steuerklauseln, JbFfSt 1979/1980, S. 297.

Meyer - Arndt, Lüder : Überstrenge Anforderungen an Klarheit und Rechtzeitigkeit von Entgeltsvereinbarungen, FR 1989, S. 637.

Meyer - Arndt, Lüder : Die Ungerechtigkeit der Besteuerung verdeckter Gewinnausschüttungen, FR 1992, S. 121.

Meyer - Scharenberg, Dirk E. : Zur Bewertung verdeckter Gewinnausschüttungen und verdeckter Einlagen, StuW 1987, S. 11.

Meyer - Scharenberg, Dirk E. : Finanzierung von Kapitalgesellschaften durch zinslose Gesellschafterdarlehen - Überlegungen zum Vorlagebeschluß des I. Senats des BFH vom 20.8.1986 I R 41/82, DB 1986, S. 2637, DB 1987, S. 1379.

Michielse, G.M.M. : Informele Kapitaalstortingen en hun internationale complicaties "auf deutscher Art und Weise", Weekblad 1989, S. 509.

Moebus, Ulrich : Einschränkung des Betriebsausgabenabzugs bei DBA - Schachtelprivilegien, IWB 1986 Fach 3 Deutschland, Gruppe 2, S. 511.

Möhrle, Ulrich : Harmonisierung der internationalen Unternehmensbesteuerung in der EG, Schlußfolgerungen und Empfehlungen des unabhängigen Sachverständigenausschusses der EG - Kommission, IWB 1992, Fach 11 Europäische Gemeinschaften, Gruppe 2, S. 63.

Mössner, Jörg Manfred : (Methoden) Grundfragen des Doppelbesteuerungsrechts. Die Methoden zur Vermeidung der Doppelbesteuerung - Vorzüge, Nachteile, aktuelle Probleme in: Grundfragen des Internationalen Steuerrechts, S. 135, herausgegeben von *Klaus Vogel* im Auftrag der Deutschen Steuerjuristischen Gesellschaft e.V., Köln 1985.

Mössner, Jörg Manfred/ Baumhoff, Hubertus/ Fischer - Zernin, Justus A./ Greif, Martin/ Henkel, Udo W./ Menck, Thomas/ Piltz, Detlev Jürgen/ Schröder, Siegfried/ Tillmanns, Wolfhard : Steuerrecht international tätiger Unternehmen. Handbuch der Besteuerung von Auslandsaktivitäten inländischer Unternehmen und von Inlandsaktivitäten ausländischer Unternehmen, Köln 1992.

Müller - Gatermann, G. : Ist die Nutzung ein Wirtschaftsgut ? FR 1988, S. 19.

Narraina, L./ Neubauer, H./ Viegener, J./ Mayr, S./ Steichen, A./ Juch, D./ Leitner, R./ Digeronimo, A./ Conston, H.S./ Wingert, K.D. : Vergleichende Darstellung der Regelungen zur Überprüfung von Verrechnungspreisen zwischen verbundenen Unternehmen, IWB 1990 Fach 10 International Gruppe 2, S. 781.

Nieland, Hubert : Die Berücksichtigung der Einlage von Nutzungen und Leistungen bei der Gewinnermittlung, DB 1987, S. 706.

Nieß, Bernd : (Einfluß) Der Einfluß der internationalen Besteuerung auf die Finanzierung ausländischer Grundeinheiten deutscher multinationaler Unternehmen, Bergisch Gladbach/Köln, 1983.

Nooteboom, A. : Internationale Verrechnungspreise zwischen nahestehenden Unternehmen im Steuerrecht. Einige Aspekte der internationalen Verrechnungspreise in der Praxis des niederländischen nationalen und internationalen Steuerrechts, StuW 1982, S. 125.

OECD : (Verrechnungspreise) Berichte des Steuerausschusses der OECD 1984: Verrechnungspreise und Multinationale Unternehmen. Drei steuerliche Sonderprobleme. Deutsche Fassung Köln 1987.

Otto, Bertram : Der Einlage - und Entnahme - Begriff in der bei Kapitalgesellschaften anzuwendenden Gewinnermittlungsvorschrift, DB 1979, S. 30 (Teil I), DB 1979, S. 131 (Teil II) und DB 1979, S. 183 (Teil III).

Paus, Bernhard : Verdeckte Einlagen in Kapitalgesellschaften - Gedanken zu dem Vorlagebeschluß des I. Senates vom 20.08.1986, DStZ 1987, S. 535.

Pezzer, Heinz - Jürgen : Zur körperschaftsteuerrechtlichen Problematik der verdeckten Einlage im Konzern, StuW 1975, S. 222.

Pezzer, Heinz - Jürgen : (Verdeckte Gewinnausschüttung) Die verdeckte Gewinnausschüttung im Körperschaftsteuerrecht Erfassung - Voraussetzungen - Rechtsfolgen - Rückgängigmachung, Köln 1986.

Pezzer, Heinz - Jürgen : Rechtsprechung zur Körperschaftsteuer, StuW 1990, S. 259.

Pezzer, Heinz - Jürgen : Ungeklärte Probleme der verdeckten Gewinnausschüttung vor dem Hintergrund der Körperschaftsteuerreform, AG 1990, S. 365.

Piltz, Detlev Jürgen : Doppelbesteuerungsabkommen und Steuerumgehung unter besonderer Berücksichtigung des treaty - shopping, Beilage 14 zu BB 1987.

Pöllath, Reinhard/ Rädler, Albert J. : Gewinnberichtigung zwischen verbundenen Unternehmen ohne Rücksicht auf Abkommensrecht ? DB 1982, S. 561 und 617.

Popkes, Warner Berend J. : (Internationale Prüfung) Internationale Prüfung der Angemessenheit steuerlicher Verrechnungspreise. Auswirkung des OECD - Berichts in den einzelnen Ländern, Bielefeld 1989.

Popkes, Warner Berend J. : Praktische Wirkung des OECD - Berichts von 1979 für die internationale Verrechnungspreis - Planung, IWB 1990 Fach 10 International Gruppe 2, S. 747.

Popp, Peter : (Leistungsbeziehungen) Erfassung und Besteuerung von Leistungsbeziehungen zwischen international verbundenen Unternehmen, Frankfurt 1987.

Ramcke, Uwe : Die Einheitlichkeit des Wirtschaftsgut - Begriffes als überflüssiges, dem jeweiligen Normzweck nicht entsprechendes Postulat. Gleichzeitig auch ein Beitrag zu den Beschlüssen des I. Senats vom 20.8.1986 und des Großen Senats vom 26.10.1987, DStR 1988, S. 476.

Ranft, Eckart : Aktuelle Fragen zur Besteuerung von Kapitalgesellschaften, StBJb 1972/1973, S. 269.

Rath, Wolf - Dieter : Einkunftsabgrenzung bei international verbundenen Unternehmen. Kritische Anmerkungen zu den Verwaltungsgrundsätzen vom 23.02.1983, IWB 1983 Fach 3 Deutschland Gruppe 1, S. 765.

Raupach, Arndt : Außensteuerliche Wirkungen der Steuerreformgesetze, JbFfSt 1977/1978, S. 424.

Raupach, Arndt : (Verdeckte Nutzungseinlage) Die verdeckte Nutzungseinlage in Kapitalgesellschaften, ein unbewältigtes Problem bei der Besteuerung nationaler und internationaler Konzerne ? in: Der Bundesfinanzhof und seine Rechtsprechung: Grundfragen, Grundlagen. Festschrift für Hugo von Wallis zum 75. Geburtstag am 12. April 1985, S. 309, herausgegeben von *Franz Klein* und *Klaus Vogel*, Bonn 1985.

Rendels, Heinz J.: Schwerpunkte des Standortsicherungsgesetzes: Änderungen des KStG, sonstige Änderungen, Ausblick, IStR 1993, S. 1089.

Reuter, Peter : Internationale Steuerpolitik im Unternehmen, AG 1978, S. 228.

Rieger, Horst : (Prinzipien) Prinizpien des internationalen Steuerrechts als Problem der Steuerplanung in der multinationalen Unternehmung, Bielefeld, 1978.

Risse, Robert : Die verdeckte Gewinnausschüttung und ihre Folgen - unter Berücksichtigung des faktischen Konzerns, DStR 1984, S. 711.

Ritter, Wolfgang : Das Prinzip Rücksicht. Zu den internationalen Grenzen der Steuerhoheit, BB 1984, S. 1109.

Ritter, Wolfgang : (Beweislast) Beweislast und Vermutungsregeln bei internationalen Verrechnungspreisen in: Grundfragen des Internationalen Steuerrechts, S. 91, herausgegeben von *Klaus Vogel* im Auftrag der Deutschen Steuerjuristischen Gesellschaft e.V., Köln 1985.

Ritter, Wolfgang : Beweisrecht bei internationalen Verrechnungspreisen, FR 1985, S. 34.

Ritter, Wolfgang : Das Steueränderungsgestz 1992 und die Besteuerung grenzüberschreitender Auslandstätigkeit, BB 1992, S. 361.

Ruding - Ausschuß : (Schlußfolgerungen) Die Schlußfolgerungen und Empfehlungen des Ruding - Ausschusses, Beilage 5 zu DB 1992.

Runge, Berndt : Der zwischenstaatliche Informationsaustausch im Spannungsfeld zwischen nationalem Recht und Völkerrecht, JbFfSt 1980/1981, S. 142.

Runge, Berndt : Verrechnungspreise, korrespondierende Berichtigungen und das Verständigungsverfahren, IWB 1985 Fach 10 International Gruppe 2, S. 539.

Salditt, Franz : Das fingierte Entgelt - creation of income ? StuW 1971, S. 107.

Saß, Gert : Die Fusionsrichtlinie und die Mutter/Tochterrichtlinie - Zu den beiden steuerlichen EG - Richtlinien für die grenzüberschreitende Zusammenarbeit von Unternehmen - DB 1990, S. 2340.

Saß, Gert : Zum EG - Übereinkommen über die Beseitigung der Doppelbesteuerung (Schlichtungsverfahren) im Falle von Gewinnberichtigungen bei Geschäftsbeziehungen zwischen verbundenen Unternehmen, DB 1991, S. 984.

Saunders, Roy : Transfer Pricing and the Multinational Enterprise, ET 1989, S. 251.

Schaumburg, Harald : (Internationales Steuerecht) Internationales Steuerrecht, Außensteuerrecht, Doppelbesteuerungsrecht, Köln 1993.

Scheel, Karl - Christian : Unterschiedlicher Einlagebegriff im Gesellschafts - und Steuerrecht ? DB 1988, S. 1211.

Scheffler, Eberhard : Der qualifizierte faktische Konzern. Versuch einer betriebswirtschaftlichen Definition, AG 1990, S. 173.

Scheffler, Wolfram : Die Verrechnungspreisgestaltung bei international tätigen Unternehmen - dargestellt am Beispiel der Kostenumlage für verwaltungsbezogene Dienstleistungen, ZfbF 1991, S. 471.

Schirmer, Hans - Jürgen : Körperschaftsteuerliche Folgen der Nichtanerkennung von Verrechnungspreisen für Lieferungen und Leistungen im inländischen Konzern, GmbHR 1986, S. 52.

Schliephake, Dirk : (Gewinnabgrenzung) Steuerliche Gewinnabgrenzung internationaler Personengesellschaften, Bielefeld 1990.

Schmidt, Ludwig : Korreferat zum Referat Dr. Meyer - Arndt, JbFfSt 1979/1980, S. 314.

Schmidt, Ludwig : (EStG) Einkommensteuergesetz. Kommentar, 10. Auflage München 1991.

Schneeloch, Dieter : Verdeckte Vorteilszuwendungen an Kapitalgesellschaften, BB 1987, S. 481.

Schneider, Uwe H. : Die mittelbare verdeckte Gewinnausschüttung bei verbundenen Unternehmen - Handelsrecht, JbFfSt 1984/1985, S. 497.

Schneider, Uwe H. : Mittelbare verdeckte Gewinnausschüttungen im GmbH - Konzern, ZGR 1985, S. 279.

Schneider, Uwe H. : Die Vertretung der GmbH bei Rechtsgeschäften mit ihren Konzernunternehmen. Zugleich ein Beitrag zu den Folgen verdeckter Gewinnausschüttungen bei der GmbH, BB 1986, S. 201.

Schöne, Wolf - Dieter : Zum Vorteilsausgleich im Rahmen des § 1 Abs. 1 AStG, FR 1989, S. 543.

Scholtz, Rolf - Detlev : Die neue Definition der verdeckten Gewinnausschüttung im Köperschaftsteuerrecht - kein Beitrag zur Vereinfachung des Steuerrechts, FR 1990, S. 386.

Scholz : (GmbHG) Kommentar zum GmbH - Gesetz mit Nebengesetzen und den Anhängen Konzernrecht sowie Umwandlung und Verschmelzung, bearbeitet von *Georg Crezelius, Volker Emmerich, Hans - Joachim Priester, Karsten Schmidt, Uwe H. Schneider, Klaus Tiedemann, Harm Peter Westermann, Heinz Winter*, I. Band §§ 1 - 40 Anh. Konzernrecht, 7. Auflage Köln 1986.

Schröder, Siegfried : Ertragsteuerliche Behandlung von Aufwendungen für gescheiterte Auslandsinvestitionen, StBp 1988, S. 218.

Schröder, Jürgen : (Probleme der Gewinnverlagerung) Probleme der Gewinnverlagerungen multinationaler Unternehmen. Konzerninterne Verrechnungspreise und deren wirtschaftspolitische Wirkungen, Diss. Bochum 1983.

Schulze - Osterloh, Joachim : (Die verdeckte Gewinnausschüttung) Die verdeckte Gewinnausschüttung bei der GmbH als kompetenzrechtliches Problem in: Festschrift für Walter Stimpel zum 68. Geburtstag am 29. November 1985, S. 487, herausgegeben von *Marcus Lutter*, Berlin, New York 1985.

Schwarz, Hubertus : Besteuerung der europaweiten Betätigung deutscher Kapitalgesellschaften. Einschaltung einer europäischen Tochtergesellschaft oder Holding, IWB 1991 Fach 3 Deutschland Gr. 2, S. 557.

Selder, Johannes : (Einlage) Die Einlage von Nutzungen und Leistungen im Einkommen - und Körperschaftsteuerrecht, Diss. Augsburg 1986.

Selling, Hans - Jürgen : Die Abschirmwirkung ausländischer Basisgesellschaften gegenüber dem deutschen Fiskus, DB 1988, S. 930.

Söffing, Andreas : Nutzungsüberlassungen im Ertragsteuerrecht, DB 1989, S. 399.

Streck, Michael : Verdeckte Gewinnausschüttungen und verdeckte Einlagen in der Steuerpraxis, GmbHR 1987, S. 104.

Streck, Michael : (KStG) KStG, Köperschaftsteuergesetz. Kommentar, 3. Auflage München 1991.

Strobl, Elisabeth : (Gewinnabgrenzung) Die Gewinnabgrenzung bei international verflochtenen Unternehmen in der Europäischen Gemeinschaft, München 1975.

Strobl, Jakob/ Zeller, Josef : Probleme beim Verständigungsverfahren in Doppelbesteuerungsabkommen bezüglich Einkommen - und Körperschaftsteuer, StuW 1978, S. 244.

Sturm, Wolfgang : Verlustübernahme bei verunglückter Organschaft - Eine Steueroase für verbundene Unternehmen ? - DB 1991, S. 2055.

Thiel, Rudolf : Die verdeckte Gewinnausschüttung und ihre Bedeutung für das Einkommen der aussschüttenden Gesellschaft und das ihrer Gesellschafter, DB 1962, S. 1482.

Thömmes, Otmar : Neue steuerliche Maßnahmen zur Förderung der grenzüberschreitenden Unternehmenskooperation in der Europäischen Gemeinschaft, Wpg. 1990, S. 473.

Tillmanns, Wolfhard : Frankreich: Einführung der Gruppenbesteuerung (Organschaft), RIW 1988, S. 275.

Tipke, Klaus/ Lang, Joachim : (Steuerrecht) Steuerrecht. Ein systematischer Grundriß, 13. völlig überarbeitete Auflage Köln 1991.

Tipke, Klaus/ Kruse, Heinrich Wilhelm : (AO) Abgabenordnung Finanzgerichtsordnung 13. Auflage Köln, Stand: November 1991.

Tries, Hermann - Josef : (Die verdeckte Gewinnausschüttung) Verdeckte Gewinnausschüttungen im GmbH - Recht. Gesellschaftsrechtliche Schranken und Rechtsfolgen unter Hervorhebung des Sondervorteilsverbots, Köln 1991.

Viegener, Johannes : Verdeckte Gewinnausschüttungen im französischen Steuerrecht, RIW 1988, S. 788.

Vogel, Klaus : Aktuelle Fragen des Außensteuerrechts, insbesondere des "Steueroasengesetzes" unter Berücksichtigung des neuen Doppelbesteuerungsabkommens mit der Schweiz, BB 1971, S. 1185.

Vogel, Klaus : (Verlust) Der Verlust des Rechtsgedankens im Steuerrecht als Herausforderung an das Verfassungsrecht in: Steuerrecht und Verfassungsrecht, S. 123, herausgegeben von *Karl Heinrich Friauf* im Auftrag der Deutschen Steuerjuristischen Gesellschaft e.V., Köln 1989.

Vogel, Klaus : (DBA) DBA. Doppelbesteuerungsabkommen. Kommentar, 2. Auflage München 1990.

Voß, Reiner : Steuern in Europa, DStR 1991, S. 925.

Wassermeyer, Franz : Verdeckte Nutzungseinlagen im Verhältnis zwischen in - und ausländischen Kapitalgesellschaften und ihre ertragsteuerliche Behandlung, AG 1985, S. 285.

Wassermeyer, Franz : Überlegungen zum Anwendungsbereich des § 1 AStG, BB 1984, S. 1501.

Wassermeyer, Franz : Rechtsprechungstendenzen zur Besteuerung der GmbH, GmbHR 1986, S. 26.

Wassermeyer, Franz : Einlagen in Kapital - und Personengesellschaften und ihre ertragsteuerliche Behandlung, StBJb 1985/1986, S. 213.

Wassermeyer, Franz : 15 Jahre Außensteuergesetz, DStR 1987, S. 635.

Wassermeyer, Franz : Einige grundsätzliche Überlegungen zur verdeckten Gewinnausschüttung, DB 1987, S. 1113.

Wassermeyer, Franz : 20 Jahre BFH - Rechtsprechung zu Grundsatzfragen der verdeckten Gewinnausschüttung, FR 1989, S. 218.

Wassermeyer, Franz : Zur neuen Definition der verdeckten Gewinnausschüttung, GmbHR 1989, S. 298.

Wassermeyer, Franz : Verdeckte Gewinnausschüttungen und verdeckte Einlagen, DStR 1990, S. 158.

Wassermeyer, Franz : Die Auslegung von Doppelbesteuerungsabkommen durch den Bundesfinanzhof, StuW 1990, S. 404.

Wassermeyer, Franz : Überlegungen zur geplanten Änderung des § 1 AStG, DB 1991, S. 1795.

Weber, Hans - Jürgen : Wertschöpfungen im Konzernverbund und wechselseitige Beurteilung von verdeckten Entnahmen (Gewinnausschüttungen) und verdeckte Einlagen durch Güteraustausch zwischen verbundenen Unternehmen, StBp 1987, S. 269.

Wessel, Eduard : (Doppelbesteuerung) Doppelbesteuerungen und EWG - Vertrag. Die Ableitung der DBA - Bestimmungen aus dem EWG - Vertrag, Diss. Bochum 1988.

wfr. : Verdeckte Gewinnausschüttungen im Dreiecksverhältnis und die Inanspruchnahme eines Schachtelprivilegs, DB 1988, S. 1192.

Widmann, Siegfried : (Zurechnungsänderungen) Zurechnungsänderungen und Umqualifikationen durch das nationale Recht in ihrem Verhältnis zum DBA - Recht in: Grundfragen des Internationalen Steuerrechts, S. 235, herausgegeben von Klaus Vogel im Auftrag der Deutschen Steuerjuristischen Gesellschaft e.V., Köln 1985.

Wiedemann, Herbert : Gesellschaftsrecht. Ein Lehrbuch des Unternehmens - und Verbandsrecht, Band I München 1980.

Wiedemann, Herbert : Spätlese zu Autokran - Besprechung der Entscheidung BGHZ 95, S. 330 ff. - ZGR 1986, S. 656.

Wilhelm, Jan : (Vermögensbindung) Die Vermögensbindung bei der Aktiengesellschaft und der GmbH und das Problem der Unterkapitalisierung in: Festschrift für Werner Flume zum 70. Geburtstag am 12. September 1978, Band 2, S. 337, herausgegeben von *Horst Heinrich Jakobs, Brigitte Knobbe - Keuk, Eduard Picker, Jan Wilhelm*, Köln 1978.

Wingert, Karl - Dieter : EG - Recht und deutsche Steuergesetzgebung beim Start in den Binnenmarkt, IWB 1993 Fach 11 Europäische Gemeinschaften Gruppe 2, S. 113.

Winter, Martin : Verdeckte Gewinnausschüttungen im GmbH - Recht, ZHR 1984, S. 579.

Winter, Martin : (Treuebindung) Mitgliedschaftliche Treuebindungen im GmbH - Recht. Rechtsformspezifische Aspekte eines allgemeinen gesellschaftsrechtlichen Prinzips, München 1988.

Wismeth, Siegfried : (Einlage) Einlage von Nutzungen und Leistungen, München/Wien 1985.

Wittkowski, Lutz : Haftung und Haftungsvermeidung beim Management Buy - Out einer GmbH, GmbHR 1990, S. 544.

Woerner, Lothar : Verdeckte Gewinnausschüttungen, verdeckte Einlagen und § 1 des Außensteuergesetzes, BB 1983, S. 845.

Woerner, Lothar : (Auflockerungstendenzen) Verdeckte Gewinnausschüttungen an beherrschende Gesellschafter einer Kapitalgesellschaft - Auflockerungstendenzen der Rechtsprechung des I. Senats ? in: Der Bundesfinanzhof und seine Rechtsprechung: Grundfragen, Grundlagen. Festschrift für Hugo von Wallis zum 75. Geburtstag am 12. April 1985, S. 327, herausgegeben von *Franz Klein* und *Klaus Vogel*, Bonn 1985.

Wolff, Ulrich: Die außensteuerlich bedeutsamen Regelungen des Standortsicherungsgesetzes - Teil I: Entlastende Maßnahmen -, IStR 1993, S. 401; Teil II: Belastende Maßnahmen und sonstige Rechtsänderungen, IStR 1993, S. 449.

Würfele, Peter : Gewinnberichtigungen bei zinsloser Darlehensgewährung im internationalen Konzern, IWB 1988 Fach 3 Deutschland Gruppe 1, S. 1189.

Zeitler, Franz - Christoph/ Krebs, Hans - Joachim : "Europataugliches" Anrechnungsverfahren im Standortsicherungsgesetz, DB 1993, S. 1051.

Zenthöfer, Wolfgang : Steuerklauseln und Satzungsklauseln - eine Zwischenbilanz, DStZ 1987, S. 185 (Teil I), S. 217 (Teil II), S. 273 (Teil III).

Neuerscheinungen des Josef Eul Verlages

REIHE: STEUER, WIRTSCHAFT UND RECHT
Herausgegeben von vBP StB Dr. Johannes Georg Bischoff, Köln; Dr. Alfred Kellermann, Vorsitzender Richter am BGH, Karlsruhe; Prof. Dr. Günter Sieben, Köln und Prof. Dr. Norbert Herzig, Köln

Band 109: Dieter Körner
Anreizverträglichkeit der innerbetrieblichen Erfolgsrechnung
Bergisch Gladbach 1994, 324 S., 65,— DM, ISBN 3-89012-372-4

Band 110: Lorenz Zwingmann
Die Abbildung ökonomischer Beziehungen zwischen Mutter- und Tochterunternehmen im Jahresabschluß des Konzerns
Bergisch Gladbach 1994, 400 S., 76,— DM, ISBN 3-89012-376-7

Band 111: Frank Reinhardt
Europäische Steuerrechts-Datenbanken
Bergisch Gladbach 1994, 396 S., 73,— DM, ISBN 3-89012-385-6

Band 112: Jochen Beumer
Entscheidungsunterstützungssysteme für Planung und Prognose bei Unternehmensbewertungen
Bergisch Gladbach 1994, 268 S., 62,— DM, ISBN 3-89012-392-9

Band 113: Christiane Tietjen
Die ertragsteuerliche Behandlung des Rettungserwerbs von Grundstücken für betriebliche Forderungen
Bergisch Gladbach 1994, 340 S., 77,— DM, ISBN 3-89012-396-1

Band 114: Barbara Knigge
Die Bewertung niedrig verzinslicher Forderungen
Bergisch Gladbach 1994, 216 S., 55,— DM, ISBN 3-89012-397-X

Band 115: Thomas Bezani
Die krankheitsbedingte Kündigung
Bergisch Gladbach 1994, 208 S., 64,— DM, ISBN 3-89012-405-4

Band 116: Astrid Linscheidt
Methodische Grundlagen zur Ermittlung der wettbewerbsrelevanten Unternehmenssteuerbelastung in der Europäischen Union
Bergisch Gladbach 1994, 264 S., 66,— DM, ISBN 3-89012-412-7

Band 117: Frank Thiede
Ökonomische Analyse der Körperschaftsbesteuerung bei ausländischen Einkünften
Bergisch Gladbach 1994, 368 S., 76,— DM, ISBN 3-89012-413-5

Band 118: Wolfgang Sturm
Die verdeckte Gewinnausschüttung im europäischen Konzern
Bergisch Gladbach 1994, 352 S., 76,— DM, ISBN 3-89012-414-3

REIHE: GRÜNDUNG, INNOVATION UND BERATUNG
Herausgegeben von Prof. Dr. Dr. h. c. Norbert Szyperski, Köln; vBP StB Dr. Johannes Georg Bischoff, Köln und Dr. Heinz Klandt, Köln

Band 16: Sabine Eggers
Existenz und Erfolg eines wechselnden Organisationsgrades in Innovationsprozessen
Bergisch Gladbach 1993, 304 S., 59,— DM, ISBN 3-89012-320-1

Band 17: Jochen Wenz
Unternehmensgründungen aus volkswirtschaftlicher Sicht
Bergisch Gladbach 1993, 264 S., 59,— DM, ISBN 3-89012-354-6

REIHE: WISO-STUDIENTEXTE
Herausgegeben von Prof. Dr. Eckart Bomsdorf, Köln und Prof. Dr. Josef Kloock, Köln

Band 1: Eckart Bomsdorf
Deskriptive Statistik – Mit einem Anhang zur Bevölkerungs- und Erwerbsstatistik – 8., überarbeitete Auflage
Bergisch Gladbach 1994, 208 S., 17,80 DM, ISBN 3-89012-366-X

Band 2: Eckart Bomsdorf
Induktive Statistik – Eine Einführung
5., durchgesehene Auflage
Bergisch Gladbach 1992, 216 S., 19,80 DM, ISBN 3-89012-276-0

REIHE: PLANUNG, ORGANISATION UND UNTERNEHMUNGSFÜHRUNG
Herausgegeben von Prof. Dr. Dr. h. c. Norbert Szyperski, Köln; Prof. Dr. Winfried Matthes, Wuppertal; Prof. Dr. Joachim Griese, Bern und Prof. Dr. Udo Winand, Kassel

Band 50: Dietrich von der Oelsnitz
Prophylaktisches Krisenmanagement durch antizipative Unternehmensflexibilisierung – Theoretische und konzeptionelle Grundzüge der Flexiblen Organisation
Bergisch Gladbach 1994, 360 S., 72,— DM, ISBN 3-89012-371-6

Band 51: Lutz Becker
Integrales Informationsmanagement als Funktion einer marktorientierten Unternehmensführung – Der Versuch einer Neuorientierung im Zeichen der Kommunikationswirtschaft, dargestellt am Beispiel absatzorientierter interaktiver Informations- und Kommunikationssysteme
Bergisch Gladbach 1994, 316 S., 58,— DM, ISBN 3-89012-373-2

Band 52: Jens Wallmann
Konversion als Unternehmensstrategie – Zentrale Problemfelder und Lösungs-

ansätze der Umgestaltung von Hochtechnologie-Unternehmen mit verteidigungstechnischer Ausrichtung
Bergisch Gladbach 1994, 328 S., 67,— DM, ISBN 3-89012-393-7

EINZELSCHRIFTEN

Rainer Scholz
Geschäftsprozeßoptimierung – Crossfunktionale Rationalisierung oder strukturelle Reorganisation
Bergisch Gladbach 1994, 284 S., 64,— DM, ISBN 3-89012-367-8

Markus Guthoff
Finanzinnovationen und der Wettbewerb der Banken an den Eurofinanzmärkten
Bergisch Gladbach 1994, 252 S., 63,— DM, ISBN 3-89012-370-8

Eckart Bomsdorf
Alternative Modellrechnungen der älteren Bevölkerung Deutschlands bis zum Jahr 2050
Bergisch Gladbach 1994, 128 S., 39,— DM, ISBN 3-89012-375-9

Henrich Blase
Warentermin- und Warenterminoptionsmärkte – Eine Analyse mathematischer Preismodelle, informationstheoretischer Aspekte und erfolgreicher Anlagestrategien
Bergisch Gladbach 1994, 480 S., 82,— DM, ISBN 3-89012-379-1

Michael C. Petersen
Die finanzwirtschaftliche Bewertung strategischer Unternehmungskäufe – Ein Konzept zur Evaluation von Akquisitionszielen im Rahmen der Unternehmungsentwicklung
Bergisch Gladbach 1994, 380 S., 73,— DM, ISBN 3-89012-381-3

Burkhard Bamberger
Der Erfolg von Unternehmensakquisitionen in Deutschland – Eine theoretische und empirische Untersuchung
Bergisch Gladbach 1994, 428 S., 75,— DM, ISBN 3-89012-383-X

Rolf O. A. Decker
Eine Prinzipal-Agenten-theoretische Betrachtung von Eigner-Manager-Konflikten in der Kommanditgesellschaft auf Aktien und in der Aktiengesellschaft
Bergisch Gladbach 1994, 424 S., 74,— DM, ISBN 3-89012-384-8

Christian Horn
Ordnungskonzept für die Einnahmenaufteilung und den Defizitausgleich bei Verkehrsverbünden des ÖPNV – Unter besonderer Berücksichtigung des Verkehrsverbundes Rhein-Ruhr
Bergisch Gladbach 1994, 300 S., 67,— DM, ISBN 3-89012-390-2

Jürgen Nawatzki
Integriertes Informationsmanagement – Die Koordination von Informationsverarbeitung, Organisation und Personalwirtschaft bei der Planung, Durchführung, Kontrolle und Steuerung des Einsatzes neuer Informationstechnologie in der Unternehmung
Bergisch Gladbach 1994, 268 S., 59,— DM, ISBN 3-89012-391-0

Fred G. Becker
Anleitung zum wissenschaftlichen Arbeiten – Wegweiser zur Anfertigung von Haus- und Diplomarbeiten – 2., überarbeitete Auflage
Bergisch Gladbach 1994, 96 S., 19,— DM, ISBN 3-89012-398-8

Eun Kim
Strategische Implikationen des EDI-Einsatzes bei den Geschäftstransaktionen
Bergisch Gladbach 1994, 260 S., 66,— DM, ISBN 3-89012-401-1

Kerstin Deike
Auswirkungen der Umweltschutzpolitik auf die industrielle Produktion
Bergisch Gladbach 1994, 248 S., 64,— DM, ISBN 3-89012-400-3

Susanne Rohloff
Die Unternehmungskultur im Rahmen von Unternehmungszusammenschlüssen
Bergisch Gladbach 1994, 268 S., 66,— DM, ISBN 3-89012-406-2

Matthias Eickhoff
Möglichkeiten und Grenzen bilanzanalytischer Erfolgsprognosen von Kapitalgesellschaften durch externe Jahresabschlußadressaten
Bergisch Gladbach 1994, 500 S., 89,— DM, ISBN 3-89012-411-9

Kai D. Kysela
Großhandelsmarketing
Bergisch Gladbach 1994, 412 S., 79,— DM, ISBN 3-89012-409-7

Andreas Otto
Unternehmenssteuerung im internationalen Wettbewerb – Theoretische Grundlagen und praktische Implikationen
Bergisch Gladbach 1994, 288 S., 68,— DM, ISBN 3-89012-403-8

REIHE: BIFOA-MONOGRAPHIEN
Herausgegeben von Prof. Dr. Dr. h. c. mult. Erwin Grochla †, Köln; Prof. Dr. Erich Frese, Köln und Prof. Dr. Dietrich Seibt, Köln

Band 32: Heiko Lippold, Heinz-Martin Hett, Jörg Hilgenfeldt, Dieter Klagge, Walter Nett
Elektronische Dokumentenverwaltung in Klein- und Mittelbetrieben
Bergisch Gladbach 1993, 152 S., 49,— DM, ISBN 3-89012-335-X

REIHE: BETRIEBLICHE PRAXIS

Band 1: Johannes Georg Bischoff/Jürgen Tracht
Wie mache ich mich als Handelsvertreter selbständig? 4. Auflage
Bergisch Gladbach 1992, 196 S., 58,— DM, ISBN 3-89012-306-6

Band 5: Johannes Georg Bischoff
Das Rechnungswesen der Handelsvertretung als Führungsinstrument
2. Auflage
Bergisch Gladbach 1991, 80 S., 29,— DM, ISBN 3-89012-254-X

REIHE: KUNSTGESCHICHTE
Herausgegeben von Prof. Dr. Norbert Werner, Gießen

Band 7: Susanne Ließegang
HENRI MATISSE - Gegenstand und Bildrealität - Dargestellt an Beispielen der Malerei zwischen 1908 und 1918
Bergisch Gladbach 1994, 200 S., 53,— DM, ISBN 3-89012-382-1

REIHE: QUANTITATIVE ÖKONOMIE
Herausgegeben von Prof. Dr. Eckart Bomsdorf, Köln; Prof. Dr. Wim Kösters, Bochum und Prof. Dr. Winfried Matthes, Wuppertal

Band 49: Martin Linden
Das Risikoverhalten linearer und adaptiver verzerrter Schätzer im linearen Regressionsmodell
Bergisch Gladbach 1994, 124 S., 45,— DM, ISBN 3-89012-368-6

Band 50: Wolfgang Kazmierowski
Abschreibungskosten der investitionstheoretisch fundierten Kostenrechnung
Bergisch Gladbach 1994, 236 S., 53,— DM, ISBN 3-89012-369-4

Band 51: Michael Röhrs
Empirische Untersuchung der Zeitstruktur des Zinssatzes
Bergisch Gladbach 1994, 212 S., 53,— DM, ISBN 3-89012-378-3

Band 52: Klaus Schäfer
Optionsbewertung mit Monte-Carlo-Methoden
Bergisch Gladbach 1994, 236 S., 55,— DM, ISBN 3-89012-386-4

Band 53: Anke Daub
Ablaufplanung - Modellbildung, Kapazitätsabstimmung und Unsicherheit
Bergisch Gladbach 1994, 308 S., 64,— DM, ISBN 3-89012-388-0

Band 54: Jens Schumacher
Qualitätserfolgsrechnung
Bergisch Gladbach 1994, 352 S., 69,— DM, ISBN 3-89012-389-9

Band 55: Dominik Kramer
Kostenorientierte Reihenfolgeplanung
Bergisch Gladbach 1994, 360 S., 76,— DM, ISBN 3-89012-402-X

Band 56: Stefan Olbermann
Renditeunterschiede, Marktstruktur und dynamischer Wettbewerb
Bergisch Gladbach 1994, 244 S., 64,— DM, ISBN 3-89012-404-6

Band 57: Klaus Röder
Der DAX-Future - Bewertung und empirische Analyse
Bergisch Gladbach 1994, 196 S., 59,— DM, ISBN 3-89012-408-9

REIHE: VERSICHERUNGSWIRTSCHAFT
Herausgegeben von Prof. Dr. Dieter Farny, Köln

Band 14: Christoph Lamby
Elementarrisiken und ihre marktwirtschaftliche Versicherung – Unter besonderer Berücksichtigung der Risiken Erdbeben, Überschwemmung und Sturm in der Gebäudeversicherung
Bergisch Gladbach 1993, 336 S., 77,— DM, ISBN 3-89012-348-1

Band 15: Claudia Schäfer
Produktions- und Kostentheorie für Versicherungsmakleruntenehmen
Bergisch Gladbach 1993, 104 S., 43,— DM, ISBN 3-89012-350-3

Band 16: Jürgen Riege
Gewinn- und Wachstumsstrategien von Versicherungsunternehmen
Bergisch Gladbach 1994, 416 S., 75,— DM, ISBN 3-89012-380-5

REIHE: WIRTSCHAFTSINFORMATIK
Herausgegeben von Prof. Dr. Dietrich Seibt, Köln; Prof. Dr. Dr. Ulrich Derigs, Köln und Prof. Dr. Werner Mellis, Köln

Band 8: Edda Pulst
Kundenorientierter Bürosystem-Einsatz
Bergisch Gladbach 1994, 364 S., 74,— DM, ISBN 3-89012-377-5

Band 9: Robert Dekena
Qualifizierung und Technologie – Betriebswirtschaftliche Aspekte der Qualifizierung bei Einführung von Technologien zur Unterstützung von Informations- und Kommunikationsprozessen im Büro- und Verwaltungsbereich
Bergisch Gladbach 1994, 380 S., 73,— DM, ISBN 3-89012-387-2

Band 10: Hartmut Herper
CASE-integriertes Software-Konfigurationsmanagement – Bestandsaufnahme und Gestaltungsempfehlungen unter Einbeziehung einer empirisch-explorativen Studie
Bergisch Gladbach 1994, 280 S., 63,— DM, ISBN 3-89012-395-3

Band 11: Joachim Bachem
Vorgehensmodelle für die Entwicklung wissensbasierter Systeme – Empirische Untersuchung der auf der Grundlage systematischer Vorgehensmodelle durchgeführten Gestaltung wissensbasierter Systeme
Bergisch Gladbach 1994, 300 S., 74,— DM, ISBN 3-89012-399-6

REIHE: PERSONAL-MANAGEMENT
Herausgegeben von Prof. Dr. Fred Becker, Jena und Prof. Dr. Jürgen Berthel, Siegen

Band 2: Margret Wehling
Personalmanagement für unbezahlte Arbeitskräfte
Bergisch Gladbach 1993, 332 S., 63,— DM, ISBN 3-89012-314-7

Band 3: Michael Fiedler
Dezentrale Organisation und marktorientierte Steuerung der Personalentwicklung – Betriebliche Personalentwicklung nach der Profit-Center-Konzeption
Bergisch Gladbach 1994, 252 S., 75,— DM, ISBN 3-89012-407-0

REIHE: EUROPÄISCHE WIRTSCHAFT
Herausgegeben von Prof. Dr. Winfried Matthes, Wuppertal

Band 1: Ralf-Peter Simon
Euro-Logistik-Netzwerke – Entwicklung eines wettbewerbsstrategischen Integrationskonzeptes für die Sammelgut-Logistik im europäischen Markt
Bergisch Gladbach 1993, 468 S., 74,— DM, ISBN 3-89012-313-9

Band 2: Michael Röding
Strategiekonzepte für den europäischen Binnenmarkt am Beispiel ausgewählter Branchen – Eine empirische Analyse
Bergisch Gladbach 1993, 248 S., 56,— DM, ISBN 3-89012-345-7

Band 3: Isabelle Hölper
Die Wettbewerbschancen der deutschen Süßwarenindustrie im EG-Binnenmarkt
Bergisch Gladbach 1994, 328 S., 72,— DM, ISBN 3-89012-410-0

REIHE: INSTITUT FÜR BETRIEBLICHE DATENVERARBEITUNG (IBD) e.V., Fachhochschule Düsseldorf
Herausgegeben von Prof. Dr. Felicitas Albers

Band 1: Michael Hoppe
Organisation und DV-Unterstützung der Personalwirtschaft – Aufbauorganisatorische, ablauforganisatorische und informationstechnische Aspekte, dargestellt am Beispiel der Hauptverwaltung einer Forschungsgesellschaft
Bergisch Gladbach 1993, 112 S., 39,— DM, ISBN 3-89012-343-0

REIHE: INTERNATIONALE WIRTSCHAFT
Herausgegeben von Prof. Dr. Manfred Borchert, Münster; Prof. Dr. Gustav Dieckheuer, Münster und Prof. Dr. Paul J. J. Weltens, Münster

Band 1: Karsten Hurcks
Internationale Beschaffungsstrategien in der Textil- und Bekleidungsindustrie – Eine theoretische und empirische Untersuchung
Bergisch Gladbach 1994, 344 S., 67,— DM, ISBN 3-89012-374-0

REIHE: MEDIZINISCHE FORSCHUNG
Herausgegeben von Prof. Dr. med. Victor Weidtman (em.), Köln

Band 7: Markus Reuber
Staats- und Privatanstalten in Irland – Irre, Ärzte und Idioten (1600–1900)
Bergisch Gladbach 1994, 232 S., 57,— DM, ISBN 3-89012-394-5